Margot Wieser

Stiller Aufbruch

Frauen in Ungarn erzählen

Mit einem Vorwort von Mária Ember

Reihe DOKUMENTATION Band 21

Milena Verlag

Gewidmet den dreizehn Frauen,
die mich einen Teil ihres Weges
mit ihnen haben gehen lassen
und mich auf meinem Weg in dieses Land
ein Stück begleitet haben.

Gedruckt mit freundlicher Unterstützung durch KulturKontakt Austria, BM für Bildung, Wissenschaft und Kultur, Abt. für Bilaterale Angelegenheiten, Magistrat Wien, Abt. für Stadtentwicklung und Stadtplanung und Frauenbüro der Stadt Wien

Die Deutsche Bibliothek – CIP-Einheitsaufnahme

Wieser, Margot:
Stiller Aufbruch : Frauen in Ungarn erzählen / Margot Wieser. – Wien : Milena Verl., 2001
(Reihe Dokumentation Bd. 21)
ISBN 3-85286-086-5

Covergestaltung: Birgitta Heiskel
Lektorat: Karin Ballauff
Satz und Layout: Vera Zwiauer
Druck: Börsedruck, Wien

Lange Gasse 51/10, A-1080 Wien
www.milena-verlag.at

ISBN 3-85286-086-5

Danksagung

An dieser Stelle möchte ich all jenen danken, die an der Entstehung dieses Buches mit Anregungen, Ratschlägen, Gesprächen, Zuhören, kritischen Anmerkungen und Ermutigungen mitgewirkt haben:

Meinen Gesprächspartnerinnen, im besonderen Detti, meinen Projektbetreuerinnen Waltraud Heindl und im besonderen Katalin R. Forray, György Dalos, Mária Ember, Bertalan Iker, Therese Kaufmann, Albert Koncsek, Andreas Pribersky, Béla Rásky, Tibor Sándor, meinen Eltern sowie Karin Ballauff vom Milena Verlag.

All den Frauen und Männern, die mich mit ihrem Interesse zur Weiterarbeit motivierten, all jenen, die Kontakte zu meinen Gesprächspartnerinnen vermittelten, all jenen, die mir bei den Übersetzungen und Transkriptionen zur Seite standen, all jenen, die geduldig meine unaufhörlichen Fragen ertragen und beantwortet haben, meinen Freundinnen in Österreich und Ungarn, die mir durch ihre kritische Lektüre geholfen haben, herzlichen Dank!

Das vorliegende Buch ist aus Ergebnissen des Projekts „Frauen in Ungarn" hervorgegangen, das von Dr. Katalin R. Forray und Dr. Waltraud Heindl betreut wurde. Ich danke der Stiftung Aktion Österreich-Ungarn für die Förderung des Projekts.

INHALT

VORWORT

Mária Ember

„Willst du ein Land kennenlernen, befrage seine Frauen!"

Im Sinne dieser recht persönlichen Devise versuchte die Österreicherin Margot Wieser in Ungarn heimisch zu werden, d.h. die ihr fremden Mitmenschen besser verstehen zu lernen, sich in deren Tun und Lassen einzufühlen, ihre Gedankengänge und die dahinter steckenden historischen Erfahrungen nachvollziehen zu können.

Die Frauen, mit denen sie anfangs vielleicht nur aus einfacher Neugier, später dann geplant Gespräche angeknüpft und geführt hat, sind sehr unterschiedlich: Schülerin und Universitätsdozentin, Sekretärin und Künstlerin, Landarbeiterin und Ärztin, Hausmutter und Feministin, Gläubige und Atheistin, Ungarndeutsche und Zigeunerin*, Selbstbewußte und Unentschlossene, Zufriedene und Auf-das-Glück-Wartende gibt es unter ihnen. Auch sind sie zugleich Vertreterinnen verschiedener Generationen; von der Gymnasiastin, die sich beklagt, weil die LehrerInnen nicht genug „Mitgefühl" haben und nicht verstehen, daß sie, die SchülerInnen, auch ihr „eigenes Leben" leben möchten (als ob die Schule nicht Teil ihres „eigenen" Lebens wäre ...), bis zur Pensionistin, die froh ist, daß sie ihren Lebensunterhalt mit Hilfe von Gelegenheitsarbeiten noch immer auf dem früheren Niveau halten kann. Soziologisch gesehen bietet das Buch einen guten Querschnitt von „Alltagsmenschen".

Aus Ungarn.

Diese Tatsache wird den LeserInnen gleich ins Auge fallen: infolge der historisch bedingten Erzählweise der befragten Frauen. Vielleicht (wahrscheinlich) würde eine Österreicherin über ihre Kindheit und Jugend, die Jahre der individuellen Reife, Liebe und

---

* Die Bezeichnung „Roma" setzt sich in Ungarn erst langsam durch. „Zigeuner" wird auch von Roma selbst verwendet und ist nicht diskriminierend zu verstehen, obwohl das ungarische Wort „cigány" in bestimmten Kontexten sehr wohl auch als Schimpfwort benutzt wird. In den weiteren Texten wurden die Bezeichnungen Zigeuner/Roma so übernommen, wie es die Gesprächspartnerinnen verwendet haben. (Anmerkung M.W.)

Ehe oder Scheidung nicht unter ständigem Einflechten von geschichtlichen Daten erzählen. Hier, hinter der „Leytha“ und dort drunten nach „Schwechat“ haben die historischen Ereignisse des 20. Jahrhunderts tiefe Einschnitte im Alltagsleben der Menschen hinterlassen. Margot Wieser muß ihrem Buch – in dem sie scheinbar „nur so“ mit Frauen „plaudert“ – eine Chronologie als Anhang mitgeben …

„Das hängt auch mit dem politischen System zusammen“, meint gleich die erste Gesprächspartnerin, als sie von der Aufmerksamkeit spricht, die einem Kleinkind von seiten der Mutter gewidmet wird (oder auch nicht). „Vielleicht sind wir darum so hart geworden, weil uns die politischen Verhältnisse so gemacht haben“, sagt die andere, als sie gerade davon erzählt, daß sie ihrem einstigen Ehemann seine Untreue nicht verzeihen konnte. Das eigene Portrait als Gruppenbild zu betrachten, hinter dem Einzelschicksal die politische „Landschaft“ erkennen zu können, ist nicht nur das Resultat einer jahrzehntelang andauernden Indoktrination der Gesellschaft, sondern auch die Folge erlebter und erlittener Erfahrungen.

Margot Wiesers Gesprächspartnerinnen äußern sich immer wieder auch über tagespolitische Fragen, machen sich Gedanken über die Entwicklung, die das Land gerade erfährt. In den Worten, die die Mehrzahl der Frauen über das frühere Kádár-Regime und die heutige Demokratie verliert, kommt eine statistische Durchschnittsmeinung zum Ausdruck. Eine gewisse Nostalgie macht sich spürbar der „guten alten“ Kádár-Zeit gegenüber, da ein sicheres – wenn auch geringes – Einkommen die mit Gesetzeskraft zur Arbeit verpflichtete Welt der Menschen geschützt hatte. Selbst die kritischste Aussage über das damalige Regime scheint die Jahre des offenen Terrors, die Jahre der Vergeltung nach der Niederschlagung der Revolution von 1956 vergessen zu haben. Die Unsicherheit in der Beurteilung der Revolution – obwohl diese im Volksmund immer schon *Revolution* hieß – ist schon an und für sich kennzeichnend für die Jahrzehnte des Vergessenmachens bzw. Vergessenwollens.

Über die junge Demokratie äußern sich die von Margot Wieser befragten Frauen eher skeptisch. „Wir müssen dieses neue Leben erst lernen", sagt die eine. „Am Anfang war das natürlich noch alles ganz interessant, und man versuchte, es zu verfolgen, aber später ...", erzählt die andere. „Mein Direktor ist jetzt nicht mehr in der Partei (in der kommunistischen, versteht sich), er redet jetzt immer darüber, daß man ein christliches Leben führen soll", hören wir von der dritten. Diese menschliche Komödie, deren Augenzeugen wir geworden sind, löst bei den nüchtern denkenden Frauen Ekel und Abscheu aus. „Die bisher die ersten waren in der Partei, die sind jetzt die ersten in der Kirchenbank": wie ein Sprichwort, so gut und treffend formuliert, gibt eine von ihnen ihre Meinung kund und fügt noch hinzu: „Das stört mich schrecklich." Eine andere behauptet einfach: „Viele wechseln alle vier Jahre die Fahne" –, weil es nämlich alle vier Jahre neue Parlamentswahlen gibt.

Was der politische Wandel für die Situation der Frauen mit sich gebracht und ob sich etwas verändert hat, ist in den Augen der meisten noch ungewiß. „Eine Veränderung braucht Zeit", meint eine der Gesprächspartnerinnen, und eine andere sagt dann klipp und klar: „Ich persönlich sehe keinen Wandel, ich würde eine Veränderung sehen, wenn endlich mal jede Straße gefegt wäre." Hinter dieser recht praktischen Behauptung erkennen wir, die Einheimischen, den jahrzehntelangen Ärger über die Verwahrlosung unserer Häuser, Straßen und Städte, die tagtägliche Wut und Trauer über den Verfall. Die glücklicheren österreichischen NachbarInnen – *tu felix Austria* – können sogar ein bißchen Neid spüren, der uns befiel, sooft wir die sauber gefegten Straßen und die gepflegten, gut erhaltenen Gebäude „da oberhalb der Leytha" zu sehen bekamen. Wahrscheinlich jedoch würde so eine Antwort auf eine ganz und gar politische Frage nur einer Frau einfallen – und es ist das Praktisch-Weibliche, das mich beim Lesen dieser in Form von Monologen verfaßten Gespräche immer wieder fasziniert ...

Mária Ember, im August 2000

Mária Ember, geb. 1931 in Abádszalók/Ungarn, mit 13 Jahren nach Strasshof (Österreich) deportiert, arbeitete im Eisen- & Stahlwerk Waagner-Biró in Wien Stadlau.

Schriftstellerin, Journalistin, Übersetzerin neuer deutscher Literatur. Lebt in Budapest. Ihr bekanntestes Buch „Schleuderkurve" handelt von der Deportation der Jüdinnen und Juden aus der ungarischen Provinz nach Österreich (Verlag Neues Leben. Berlin 1988).

DIE GESPRÄCHE

Margot Wieser

Die in diesem Buch dokumentierten dreizehn Gespräche wurden zwischen 1991 und 1995 geführt. Das Wissen um die Entstehungszeit ist wichtig für das Verständnis einzelner Aussagen und deshalb bei jedem Text angeführt. Fünf bis zehn Jahre liegen zwischen den Interviews und heute, wo Ungarn Beitrittsverhandlungen mit der Europäischen Union führt. Die Entwicklung der Geschichte und der Politik ist schnellebig und sehr dynamisch in diesem Land. Seit 1990 kam es alle vier Jahre zu einem Regierungswechsel, eine Vielzahl neuer Gesetze, die das Leben der Menschen beeinflussen, wurde verabschiedet. Die Texte halten Zustände, Sichtweisen und Lebenssituationen fest, die sich in den Jahren verändert haben, heute so nicht mehr geäußert oder anders beschrieben würden. Sie geben Einblick in die ersten Jahre einer Umbruchgesellschaft, entwerfen ein Bild des Überganges, eines Wandels, in dem vieles noch nicht klar und faßbar war und zum Teil anders eingeschätzt wurde, als es heute der Fall wäre.

Mit einigen der Befragten stehe ich noch in Kontakt und weiß, was in der Zwischenzeit in ihrem Leben passiert ist. Das Erzählen setzt sich fort, nur ohne Tonband. Aber auch die Geschichten jener Frauen, die ich damals nur ein- oder zweimal anläßlich der Interviews traf, finden eine Fortsetzung, als ich sie darüber informiere, daß unsere Gespräche nun tatsächlich als Buch veröffentlicht werden sollen. In Rücksprache mit den Frauen sind daraus zu den meisten Texten Nachsätze entstanden.

Bücher jedoch sind nie zu Ende ...

Die Auswahl meiner Gesprächspartnerinnen hat sich teilweise zufällig ergeben, war jedoch auch im Sinne dessen geplant, daß ich möglichst unterschiedliche Frauen bezüglich des Alters, des Berufes, der sozialen Herkunft, der Erfahrungen, des Lebensstils aufnehmen wollte. Oft wußte ich nur ein Detail am Rande oder kannte den Beruf. Oder eine Freundin sagte mir: „Mit dieser Frau mußt du unbedingt sprechen." Ich wußte oft überhaupt nicht, was mich erwartete, es war ein unvoreingenommenes Interesse an der Person, die sich bereit erklärt hatte, mir ihre Geschichte zu offenbaren. 1995 hatte ich dann eine Fülle von Interviews gesammelt, aus dem ich diese dreizehn Gespräche ausgewählt habe.

Das kürzeste Interview dauerte zwei Stunden, das längste einen ganzen Tag. Manchmal kam es zu einem zweiten, kürzeren Gespräch. Bei den Fragestellungen folgte ich einem groben Gesprächsleitfaden, der jedoch nur als Gerüst dienen sollte. Das Erzählen bekam eine Eigendynamik, meine Fragen waren oft nur noch kleine Impulsgeber, meine Rolle war vor allem die der Zuhörerin. Jede der Frauen setzte selbst ihre Schwerpunkte. Oft entstand eine Mischung aus Vertrautheit und Distanz – Privates wird einer Fremden berichtet und bleibt anonym. Es entsteht eine einzigartige Wechselwirkung zwischen Fragestellerin und Interviewten, die den Gesprächsverlauf und das Erzählen bestimmt. Ich habe die Frauen nicht unterbrochen, wenn ich anderer Meinung war, habe sie nicht auf Widersprüche hingewiesen. Manchmal hatte ich das Gefühl, daß so manch flüsternd Ausgesprochenes Erleichterung mit sich brachte. Ich war immer wieder bewegt von der Offenheit und Ehrlichkeit, von Eingeständnissen und Selbstkritik, von stillen Reflexionen, von Trauer, Mut, aber auch Hoffnungen. Das Überdenken des eigenen Lebens zwingt zur Auseinandersetzung mit sich selbst.

Die Selbstdarstellung wurde im Sprachfluß korrigiert, zurechtgerückt, Handlungen erklärt und reflektiert. Es ging mir „um die lebensgeschichtliche Erzählung in ihrem Informationswert, in ihrer eigenständigen und einzigartigen Leistung, soziale Wirklichkeit beschreibbar und verstehbar zu machen.“[1)] In der Erinnerung werden vergangene Erfahrungen und Ereignisse rekonstruiert und in einen Zusammenhang gebracht. Die Erzählerin wählt – ausgehend von ihrer heutigen Identität – jene Ereignisse aus, die bedeutend und verändernd auf ihr Leben gewirkt haben, und versucht für sich und die Zuhörende Handlungen, Entscheidungen zu erklären und nachvollziehbar zu machen. Gedächtnis und Erinnerung werden zu Folien, denen frau/man sich nicht entziehen kann.

Dabei wird unausweichlich auch die historische Dimension sichtbar. Die Lebensführung der einzelnen Menschen ist gesellschaftlich bedingt, auch wenn Erklärungen, Darstellungen und Sichtweisen subjektiv sind und „objektive Fehler“ enthalten mögen. Jedes historische Ereignis wird von jeder Frau und jedem Mann anders erlebt, und jedes Individuum ist mit seiner Geschichte in einen größeren Zusammenhang eingebettet.

Die Interviews gingen einen langen Weg von der Transkription bis hin zu den vorliegenden Texten. Ich habe gekürzt, zusammengefaßt, Passagen neu komponiert, geordnet und umgestellt, ausgewählt, mehrmals überarbeitet, um sie durchgehend lesbar zu machen, wobei auf größtmögliche Authentizität geachtet wurde. Einige Endfassungen wurden von den Frauen nochmals durchgesehen, andere verzichteten von vornherein darauf.

Ich habe mich um ein möglichst breites Spektrum von unterschiedlichen Lebensgeschichten bemüht, ohne Repräsentativität anzustreben. Die Texte sind Mosaiksteine, die ein Bild mit eigenwilligen Farben und Formen malen. Die Gespräche zeigen eine Vielfalt an Erfahrungen, die Gemeinsamkeiten erkennen lassen und gleichzeitig Verallgemeinerungen von sich weisen.

Bewußt habe ich auf eine Analyse der einzelnen Gespräche verzichtet. Meine Interviewpartnerinnen sind mir so vertraut und oft auch Freundinnen geworden, daß ich mich eigenartig fühlen würde, die Protokolle als auszuwertendes Material zu betrachten. Die Texte sind individuelle Stimmen von Frauen, die in Ungarn leben, und sie erzählen ein Stück ungarischer Geschichte. Sie sprechen für sich, lassen Brüche und Widersprüche im Erzählen und Erinnern erkennen, werfen Fragen und Themen auf, die die ungarische Gesellschaft – Frauen wie Männer – beleuchten, und geben Antworten, die durch Informationen am Ende des Bandes ergänzt werden.

Mein Wunsch für dieses Buch – eine etwas andere ungarische Landeskunde – ist, den Blick zu öffnen, vorgefaßte Meinungen in Frage zu stellen, zum Weiterfragen und Nachdenken – auch über sich selbst und die je eigene Geschichte – anzuregen und damit einen kleinen Beitrag zum Verständnis zwischen Ost und West zu leisten.

Ich danke all den Frauen, die mich einen Teil ihres Weges mit ihnen haben gehen lassen und die mich auf meiner Reise in dieses Land ein Stück begleitet haben.

Budapest im Herbst 2000

1) Werner Fuchs: Biographische Forschung. Eine Einführung in Praxis und Methoden. Westdeutscher Verlag. Opladen 1984. S. 153.

1991/92

DETTI, Grundschullehrerin
38 Jahre, Witwe, 1 Sohn

„Ich möchte einfach meine Ruhe haben."

Nachdem das Pflichtfach Russisch in den ungarischen Schulen abgeschafft war und somit ein großer Bedarf an „WestsprachenlehrerInnen" entstand, wurde an Hochschulen und Universitäten ein dreijähriger berufsbegleitender Weiterbildungsstudiengang für RussischlehrerInnen, aber auch GrundschullehrerInnen und LehrerInnen anderer Fächer durchgeführt („Russischlehrer-Umschulung").

Detti ist die Frau, der ich die Idee zu diesem Buch verdanke.

Sie ist eine der ersten „RussischlehrerInnen", die in den vergangenen Jahren zur Deutschlehrerin umgeschult wurde, eine der vielen, die ich in der Zwischenzeit unterrichtet habe, eine, mit der ich seither freundschaftlich verbunden bin. Mit ihr habe ich mein erstes Interview gemacht, sie hat mir die zweite Frau vermittelt und mich in meiner Arbeit bestärkt. Sie war diejenige, die mich wochenlang beschäftigte, bevor ich den Mut fand, sie um dieses Gespräch zu bitten. Sie sagt sofort zu.

Wir vereinbaren einen Termin bei ihr zu Hause, in einer Kleinstadt in Westungarn. Ich werde bei ihr übernachten. Leise und zögernd beginnt sie zu erzählen, viel Traurigkeit ist zu spüren.

Vor der Erstellung des Manuskripts schickt sie mir ihren Text nebst Anmerkungen mit den folgenden Worten zurück: „Obwohl dieses Gespräch schon Jahre zurückliegt, würde ich auch heute nicht viel anderes sagen."

Als ich noch ganz klein war, mußte ich schon Deutsch lernen. Meine Mutter wollte es, weil ihre Eltern aus Deutschland und dem Burgenland stammen. Mein Großvater, also der Vater meiner Mutter, hieß Weinhofer, die Großmutter Preller. Ich glaube, der Weinhofer kam aus dem Burgenland und der Preller aus Bayern. Meine Mutter ist den Deutschen irgendwie ähnlich. Das habe ich gesehen, als ich dieses Jahr in Bayern war. Die Frauen dort haben mich an sie erinnert. Man kann nicht sagen, daß sie eine stolze Frau ist, aber sie ist energisch und hat eine bestimmte Haltung. Sie ging z.B.

nie mit den Nachbarn auf die Straße tratschen, und dann sagte man, sie ist eine stolze Frau. Sie weiß genau, was sie will. Unsere Erziehung – ich habe noch einen Bruder – war sehr streng und kalt. Das hat mir oft nicht gefallen ... und das mache ich trotzdem jetzt auch mit meinem Sohn. Vorgestern habe ich mit ihm darüber gesprochen. Er hat gesagt, ich habe eine gute Mutti, und ich, das würde ich nicht sagen, ich bin nicht so lieb. Und er hat geantwortet, das ist gar nicht schlimm, das Leben wird nur besser so. Ich glaube, er versteht mich. Da mein Mann fehlt, bin ich noch stärker. Ich muß ihm auch den Vater ersetzen.

Ja, also das mit dem Deutschen. Eigentlich haben wir es gern gelernt, nur mußten wir das ein bißchen heimlich tun. In der Schule haben wir gehört, daß die Russen die Freunde sind und die Deutschen die Feinde, sie haben nur Schlechtes getan und alles gestohlen, und die Russen sind mit Schokolade und Blumen gekommen. Zu Hause habe ich das Gegenteil gehört. Meine Mutter hat oft über den Krieg gesprochen. In dem Haus, in dem sie wohnte, waren auch Russen und deutsche Offiziere. Meine Mutter konnte einen großen Unterschied zwischen Russen und Deutschen machen, und darüber hat sie sehr viel erzählt. Ich wußte nicht, wie ich mich in der Schule verhalten sollte, ich habe meiner Mutter geglaubt.

Mein Vater hat sich mit dieser ganzen Sache nicht beschäftigt. Er hat sich nicht besonders für unsere Erziehung interessiert. Meine Eltern haben sich scheiden lassen. Na ja, erst vor zehn Jahren. Aber er war ein typischer ungarischer Ehemann. Er arbeitet und bringt das Geld nach Hause, und die Kindererziehung ist Frauensache. Heute ist das vielleicht nicht mehr so. Mein Vater hat mir besonders gefehlt. Wir haben, glaube ich, vielleicht nie miteinander gesprochen. Ja, mein Vater hat alles gegeben, er meinte das Geld, sonst aber nichts.

Ich habe zu ihm keinen Kontakt, obwohl er noch lebt, nur zu meiner Mutter. Das ist besonders schade für meinen Sohn, weil er keinen Opa hat. Der Opa – ich meine meinen Schwiegervater – ist schon gestorben. Mein Sohn hat die Mutter und die Großmutter, aber keine männliche Bezugsperson, und das wäre sehr wichtig. Ich tue alles, damit man nicht merkt, daß er nur unter Frauen aufwächst. Ich glaube, ich setze vielleicht noch stärker fort, was mein Mann angefangen hat. Er hatte viele Ideen, und ich möchte das weitermachen. Sie hatten ein sehr gutes Verhältnis, das war wirklich super. Deshalb ist es so tragisch, weil es so ist, wie es ist. Mein Mann ist 1982 gestorben, ganz früh, bei einem Autounfall. Mein Sohn war vier Jahre alt. Er macht ganz viele Sachen so wie sein Vater. Ich glaube nicht, daß er sich daran erinnert, weil er noch zu klein war, er ist ihm einfach sehr ähnlich. Der Tod meines Mannes war nie ein Tabu zwischen mir und meinem Sohn. Wir leben so, als ob er hier wäre. Obwohl er kein Heiliger war, ich will ihn nicht idealisieren. Wenn mein Sohn fragt, spreche ich auch über die Fehler, die er hatte.

Meine Direktorin wußte immer, daß ich Deutsch gern habe. Und als diese Sache mit der russischen Sprache kam, wollte sie, daß wir in der Schule Deutsch unterrichten. Vor einigen Jahren gab es hier in der Stadt einen Kurs für Pädagogen. Ich habe mich gemeldet, dachte mir, es ist gut, endlich wieder etwas genau zu machen, zu sehen und zu lernen. Ja, und dann mußten wir diese Sprachprüfung ablegen. Gut, das hatte ich. Das war an einem Montag, und am Dienstag kam meine Chefin: „Fahr nach Sz. und mach die Aufnahmeprüfung für die Russischlehrerumschulung!" Was ich? Das kam so schnell. Sie wollte mir irgendwie etwas Gutes tun. Ich glaube, ich habe ihr auch erzählt, daß ich einmal Deutschlehrerin werden wollte. Ich hatte immer Lust dazu. Das hängt aber nicht mit der russischen Sprache zusammen, nicht, weil ich sie ablehne. Im Gegenteil, neben der Arbeit an der Grundschule habe ich noch Russisch studiert. Ich wollte mich immer mit irgendeiner Sprache beschäftigen, egal welche. Aber ich habe nie Russisch unterrichtet, und jetzt habe ich fast alles vergessen.

Mit 18 Jahren, nach dem Abitur, habe ich an der Hochschule die Ausbildung für Grundschullehrer gemacht. Ich wollte mich immer vor allem mit den jüngeren Kindern beschäftigen, und damals gab es in der Grundschule noch keinen Deutschunterricht. Ja, und die Kleinen, die habe ich immer gern gehabt. Nur hat es mir nie gefallen, daß ich Mathematik, Singen, Turnen und alles unterrichten muß. Mein Bruder hat mich später immer daran erinnert: „Denk daran, du wolltest Deutschlehrerin werden.“ Er war immer der Klügste und der Beste, und ich die kleine Schwester. Er ist um vier Jahre älter als ich, das habe ich ganz ernst genommen. Und jetzt nach 20 Jahren ... Ich hätte an der Uni Deutsch studieren können, aber ich hatte immer viele Hemmungen. Seit 17 Jahren arbeite ich nun als Lehrerin, und jetzt diese Umschulung. Als mir die Direktorin das gesagt hat, habe ich sofort wieder begonnen: „Nein, das kann ich nicht machen, das ist viel zu schwer für mich ...“ Ja, und jetzt mache ich das. Die Schule macht mir jetzt besonders großen Spaß. Ich unterrichte in allen Klassen, ich spreche mit den Kindern nur deutsch, und hoffentlich kann ich sie mit meiner Begeisterung anstecken. Ich habe 20 Stunden, und daneben gibt es noch in der ersten und zweiten Klasse Mittagskurse, das sogenannte Spieldeutsch, wo wir spielen und singen. Momentan, vielleicht noch ein paar Jahre, kann ich ohne Papier, d.h. ohne Diplom unterrichten, da es so wenig Deutschlehrer gibt, aber später wird das nicht mehr gehen. Deshalb ist es auch so wichtig, daß ich diese Umschulung mache. Da gibt es auch Lehrer, die jetzt erst die Sprache zu lernen beginnen, vorher kein Wort wußten. Ich frage mich, wie sie dann diese Sprache unterrichten werden. Das Niveau wird immer schlechter werden. Mit Russisch hatten wir auch sehr viele Probleme, obwohl wir jahrelang in der Schule die Sprache gelernt haben. Ich zum Beispiel habe das Abitur in Russisch gemacht, elf Jahre lang habe ich intensiv gelernt, konnte aber nie russisch sprechen. Ich hatte keine Möglichkeit, mit Russen zu sprechen, obwohl sie ja hier waren. Es war überhaupt kein Kontakt zwischen der Bevölkerung und den Russen. Sie waren außerhalb der Stadt, irgendwo. Sie kamen höchstens mal kurz in die Stadt zum Einkaufen, nur die Offiziere, die einfachen Soldaten nicht. Auch die russischen Familien waren da draußen. Ich hatte eine Russischlehrerin, die aus Rußland war. Sie hat einen Ungarn geheiratet, das war ganz etwas anderes. Das ist nicht so oft vorgekommen. Vielleicht, wenn Ungarn in der Sowjetunion studierten und mit einer Frau zurückkamen. Umgekehrt war das eigentlich selten.

Diese Massenumschulung sehe ich ganz tragisch. Frauen mit

45 oder 50, oft nicht weit von der Rente, müssen noch ein ganzes Studium absolvieren. Mit dem Alter ist das nicht so einfach, das weiß ich von mir. Ich glaube, die meisten in unserer Gruppe machen es aber gern, obwohl es sehr anstrengend und viel Arbeit ist, aber das wollen wir, die meisten von uns müßten das ja nicht machen. Also, ich hätte auch so noch Arbeit. Aber das ist eine ganz andere Sache für die Russischlehrer, die das unbedingt machen müssen, weil sie sonst arbeitslos wären. Viele haben keine Lust dazu. Ja, und diese Methode, die sie im Russischunterricht verwendet haben. Ich streite oft mit ihnen. Sie meinen, sie brauchen keine Fachdidaktik mehr zu lernen, weil sie das ja schon studiert haben. Aber wie? Das war ein ganz falscher Weg. In Ungarn haben wir alle Russisch gelernt, und niemand kann es. Na ja, ich denke auch, daß die Leute heute lieber Deutsch oder Englisch lernen als damals Russisch. Viele hier an der Grenze glauben, daß sie nur viel österreichisches Fernsehen schauen müssen und so Deutsch lernen. Aber so einfach ist das eben nicht.

Die Frauen, die berufstätig sind und mit Emanzipation kommen, wissen nicht genau, was sie wollen. Wir denken nur, daß wir Frauen sind, und wir sind auch gleich viel wert wie ein Mann. Aber wir haben andere Aufgaben, wie z.B. die Kindererziehung. Auf der anderen Seite finde ich es gut, wenn Vater und Mutter zusammen das Kind erziehen. Es gibt Hausarbeiten, die die Männer machen müßten, weil die Frauen nach der Arbeit auch keine Zeit haben. Obwohl wir nicht auf dem Traktor sitzen müssen, wollen alle Frauen arbeiten. Z.B. diese drei Jahre Kinderurlaub, ganz viele Frauen nehmen das gar nicht in Anspruch, oder wenn sie zu Hause bleiben, werden sie Alkoholikerinnen und können nichts mit sich und der Zeit anfangen. Das ist so! Das glaube ich nicht, das sehe ich. Ich bin auch in diesen drei Jahren zu Hause geblieben, und für mich waren das die schönsten Jahre in meinem Leben. In dieser Zeit bin ich mit meinem Mann oft ins Theater und ins Konzert gegangen, wir haben viele Ausflüge mit dem Kind gemacht. Viele Frauen, die ein Diplom haben, sind ganz schnell wieder arbeiten gegangen. Sie wollen sich wegen ihres Berufs keine Zeit für das Kind nehmen. Die Karriere ist wichtig. Und die Arbeiterinnen, die zu Hause waren, hatten nichts, konnten nichts tun. Sie haben früh die Wohnung sauber gemacht und sich dann im Treppenhaus versammelt, und, na ja, „komm zu mir einen Schnaps trinken" ... Am Nachmittag, am Spielplatz haben sie sich schon ein bißchen betrunken, und was das Kind macht, hat sie gar nicht interessiert. Das hängt auch mit dem politischen System zusammen, das betrifft meine Generation. Unsere Mütter haben schon gearbeitet, ich will sagen, diese Frauen haben als Kinder zu Hause auch nicht mit der Mutter gelebt. Sie haben nichts von der Mutter gesehen, sie lebten ohne Vorbild in der Kinderkrippe, im Kindergarten usw. Meine Mutter, ja, sie war Beamtin, aber als wir geboren wurden, hat sie mit der Arbeit aufgehört. Sie hat sich ihren Kinderurlaub selbst genommen. Erst als ich zwölf war, hat sie wieder gearbeitet. Ich glaube, daß eben diese Frauen selbst nichts anderes gesehen und erlebt haben, und daß sie auch mit ihren Kindern eigentlich nichts anzufangen wissen. Ich wußte, daß es irgendwie schön war, als ich mit meiner Mutter zu Hause war, und das wollte ich in diesen drei Jahren auch meinem Kind geben.

Der politische Wandel hat in der Situation der Frau noch nichts verändert. Eine Veränderung braucht Zeit. Auch die Menschen müssen sich ändern. Das werden erst unsere Enkel erleben, früher nicht. Bei einigen Familien ist es aber jetzt schon so, daß die Frau wirklich für die Kinder da ist. Ich habe eine Freundin. Sie wohnten in Budapest, und ihre Mutter war die typische Frau der 50er Jahre. Ihre Eltern waren Arbeiter in einer großen Fabrik. Sie hat in Moskau studiert, hatte eine hohe Position, war die Direktorin eines bekannten Unternehmens. Ich glaube, man kann sehen, wenn eine Frau ein Diplom hat. Mit ihr habe ich viel gesprochen, aber an der Art, wie sie redete, konnte man nicht merken, daß sie studiert hat. Meine Freundin war ganz anders als die Mutter. Sie war kaum mit ihr zusammen, weil die Mutter abends immer zu verschiedenen Veranstaltungen gehen mußte, und sie war sehr viel alleine. Später hat sie eine Schwester bekommen, zehn Jahre trennten die beiden. Meine Freundin hat die Schwester fast allein erzogen, für sie gekocht, sie in den Kindergarten gebracht, weil die Mutter keine Zeit dafür hatte. Sie hat jetzt selbst drei Kinder, und ich sehe, daß sie eine wunderbare Mutter ist, obwohl sie als Kind zu Hause kein gutes Beispiel hatte. Jedes Wochenende oder abends machen sie gemeinsam große Spaziergänge, mit ihnen haben wir auch sehr viele Ausflüge zusammen unternommen.

Die beste Lösung wäre, wenn die Frauen zu Hause bleiben könnten, oder nur halbtags arbeiten, irgend etwas Offizielles, damit sie sich auch wichtig fühlen können, wenn sie dieses Gefühl brauchen. Aber am Nachmittag sollten sie mit den Kindern zusammen sein, das wäre am schönsten. Man sagt, daß die Frauen aus finanziellen Gründen arbeiten müssen, in meinem Fall stimmt das ja auch. Aber meine Nachbarin arbeitet auch nicht immer. Der Mann verdient sehr schön, und sie ist zu Hause und fühlt sich sehr wohl. Daneben lernt sie Deutsch, ihr ist gar nicht langweilig.

Es ist nicht unbedingt notwendig, daß die Frauen arbeiten gehen. Dazu muß ich aber sagen, daß ich verstehen kann, wenn sie es wollen. Im Dezember war ich zwei Wochen lang krank. Obwohl ich sehr gern zu Hause bin, war ich schon ganz nervös, der Austausch mit meinen Kolleginnen und Kollegen hat mir gefehlt. Das ist vielleicht auch ein Grund, warum die Frauen arbeiten wollen. In Ungarn gibt es jetzt diese große Arbeitslosigkeit unter den Frauen, viele Büros waren voll mit Frauen, 50 oder 60, wo fünf oder sechs gereicht hätten. Das will man jetzt ändern. Natürlich sind aber auch Männer betroffen.

Um die Stimmung hier bei uns in Ungarn zu erfassen, braucht man nur in einem Bus zu fahren und zu hören, was die Menschen sagen. Man muß gar nicht die Zeitung lesen oder fernsehen.

Wir sind 90 Lehrer und Lehrerinnen in der Schule, ganz unterschiedliche Typen, darunter auch ehemalige Kommunisten, und von diesen gehen jetzt viele in die Kirche. Sie haben schon alles vergessen und reden nun ganz anders. Das gefällt mir überhaupt nicht. Und es gibt eine Gruppe, die auch heute sagt, daß wir nie mehr so gut und so schön wie während der Kádárzeit leben werden. Mit diesen Leuten kann man nicht diskutieren. Ich ärgere mich sehr darüber. Plötzlich sehe ich Leute in der Kirche, die vor ein paar Jahren noch dagegen waren und niemals hingegangen wären. Das paßt mir irgendwie nicht. Ich bin nicht gläubig, vielleicht auch wegen der Politik. Meine Mutter, ja, und auch der Vater waren sehr gläubig. Meine Mutter ging früher jeden Tag in die Kirche, und als ich noch ein Kind war, gingen wir zusammen mit der Familie. Später ... ich weiß auch nicht, wie das eigentlich war. Es hat mir aber immer irgendwie gefehlt, im Inneren. Aber als Lehrerin durfte ich das nicht. Ich kann nicht sagen, daß ich richtig glaube, ich habe nun einfach Probleme damit, weil es jetzt eine Mode ist, in die Kirche zu pilgern. Das ist auch ein Grund, warum ich jetzt nicht gehe, nur manchmal, aber wenn keine Messe ist. Mit diesen Leuten, von denen ich vorher gesprochen habe, werde ich mich bestimmt nicht zusammen in die Kirche setzen. Das ist bei mir einfach wegen der Politik so. Besonders seit dem Tod meines Mannes merke ich, daß mir irgend etwas fehlt, aber ich finde nicht den richtigen Weg, ich würde gerne an etwas glauben. Im Religionsunterricht haben wir nur darüber gehört, daß im Himmel ein Gott sitzt, darüber haben wir gelacht, und in der Schule wurde das auch noch bekräftigt. Ich bin da auch nicht gerne hingegangen, meine Mutter hat uns hingeschickt, das war in der Kirche und auch etwas heimlich. In der Kádárzeit war es für mich viel einfacher, sonntags nicht früh aufzustehen und ohne Frühstück in die Kirche zu gehen. Es kann sein, daß ich in meinem Leben nie eine richtige Gläubige war. Die Menschen kommen mit ihren Problemen zu mir. Im Krankenhaus habe ich eine alte Frau kennengelernt: Ja, du bist Bernadette. Schon seit fünf Jahren schreibt sie mir, auch, daß sie für mich betet. Das ist irgendwie so schön. Und ich möchte sie nicht enttäuschen. In Ungarn gibt es einen großen Bernadette-Kult, und ich habe auch das Gefühl, daß ich wegen meines Namens etwas machen muß. Das klingt vielleicht zu sentimental. Ich habe einen Film über diese Bernadette aus Lourdes gesehen. Viele Leute, die in Lourdes waren, haben gesagt, daß sie vorher nicht gläubig waren, aber seit dieser Reise sind sie es. Mein größter Wunsch ist, einmal nach Lourdes zu fahren. Ich habe auch dieses Buch von Zola über Lourdes gelesen. Französisch wollte ich auch einmal lernen, diese Sprache gefällt mir sehr. Besonders meine Mutter möchte, daß ich meinen Sohn religiös erziehe. Jetzt gibt es Religionsunterricht in der Schule, aber er hat keine Lust dazu. Vorher ist niemand hingegangen, und jetzt gehen alle. Es ist freiwillig, ich schicke ihn aber nicht hin. Er sieht so viele schlechte Beispiele: Wir haben Verwandte, die sehr gläubig und doch keine guten Menschen sind. Das kann ich ihm schwer erklären. Als mein Mann gestorben ist, hat man meinem Sohn gesagt, daß der Vater eingeschlafen ist. Mein Sohn hat dann immer gefragt, wann denn der Papa zurückkommt. Ich konnte nichts anderes sagen, als daß er einmal auferstehen wird, und daß er unter uns ist. Das hat ihn ganz lange beruhigt, diese Hoffnung, seinen Vater wiederzutreffen. Ich hatte keine andere Erklärung, was sollte ich machen, doch das war gut. Er war vier Jahre alt, aber das hat ihm geholfen.[1)] Ich kenne die Bibel kaum. Das ist ein großes Problem in Ungarn. Es war nicht direkt verboten, sie zu lesen, aber in der Schule wurde kein Wort darüber verloren.

Ich habe das Gefühl, daß mir durch das frühere politische System sehr viel genommen worden ist, durch all diese Verbote. Ich wurde irgendwie um meinen Glauben betrogen. Und wenn wir eigene Gedanken hatten oder etwas anders sahen, in der Schule oder öffentlich – in den 60er und 70er Jahren war es noch kritisch – durften wir ja nichts sagen, und mit der Zeit haben wir eben gar nichts mehr gesagt. Wir hatten gar keine Meinung mehr. Schon in der Schule haben wir gelernt, daß wir keine Meinung haben dürfen. Es ist sehr schwer, jetzt soll man plötzlich eine Meinung haben. In der Schule mußten wir an dieser politischen Weiterbildung teilnehmen. Dort war es natürlich auch nicht möglich, eine eigene Meinung zu vertreten. Einige haben gar nichts gesagt, und die anderen haben irgend etwas vorgelesen, aber so spontan hat sich niemand geäußert. Trotzdem habe ich das in Ungarn noch viel besser gefunden als in der DDR. Vor ein paar Jahren war ich mit einer Gruppe von Lehrern dort, und schon in Dresden haben wir zwei Deutsche zugeteilt bekommen, die dann immer bei uns waren. Mein Bruder hat mich schon vorher gewarnt, daß ich aufpassen soll, was ich sage, weil sie mich provozieren werden. Das hätte vielleicht später unbequem für mich werden können. Im ersten Satz haben sie dann auch schon von Politik gesprochen. Das war, als die Grenze hier aufgemacht wurde. Niemand wußte, wie das alles ausgehen würde. Wir hatten auch ungarische Leiter dabei, die offiziell mit uns kamen, das war eine Gewerkschaftsreise. Einer von denen hat auch gesagt, daß die Freundschaft zwischen Ungarn und der DDR in Gefahr ist, es kann nicht so weitergehen, daß die Ungarn so frei denken. Da war auch eine Frau, unter vier Augen hat sie ganz etwas anderes gesagt als vor dem Publikum. Im November hat sie mir geschrieben, daß sie sich schämt, weil die Deutschen davongelaufen sind. Vielleicht hatte sie Angst vor der Zensur ... Ich konnte ihr nicht mehr schreiben ... In Ungarn war das nie so stark. In den 80er Jahren konnten wir Kollegen ganz ruhig unter uns sprechen, egal was, auch wenn es etwas ganz Schlechtes über den Kommunismus und den Sozialismus war, wir konnten alles sagen und kritisieren, auch die Kommunisten beschimpfen, ohne Konsequenzen. Da konnte man in Ungarn schon frei über Politik reden. In der DDR war das nicht möglich. Wie ich von meiner Mutter weiß, war das bei uns so in den 50er Jahren. Wenn jemand dem Nachbarn oder vielleicht dem besten Freund etwas gesagt hat, wußte er nicht, ob das nicht auch die Staatssicherheit erfährt. In Ungarn war das später nicht mehr so. Wir hatten keine Angst mehr, wenn wir etwas gesagt haben.

Seit dem Systemwechsel hat sich für mich persönlich nichts geändert, außer daß ich eben diese Umschulung mache. Ja, nur das, aber sonst ... Und diejenigen, die besonders große Veränderungen erwartet haben, klagen auch viel. Ich höre immer wieder diese Varianten bei meinen Kollegen: Gott sei Dank, daß wir hier sind – es lebe Antall, es lebe Kádár –, und die Leute streiten sogar miteinander. Für mich weiß ich genau, ich will mich nie mehr mit Politik beschäftigen. Auch diese Regierung gefällt mir nicht. Sie wollen alles für sich haben, so wie vorher. Sie sagen im Fernsehen am Montag, die Lebensmittelpreise werden nicht erhöht, und am nächsten Morgen werden sie doch erhöht. Was hat sich also verändert? Vorher war es auch so. Und jetzt ist es auch so. Es hat uns nie gefallen, daß das Volk immer früher wußte, was später in der Zeitung stand oder offiziell wurde.

Es ist besser, wenn ich nicht über die Zukunft spreche, ich bin sehr pessimistisch. Wenn sich jemand darüber freut, daß ein Baby kommt, oder über ein anderes schönes Ereignis, dann ist alles vielleicht doch nicht so dunkel. Aber besonders während des Golfkrieges ... Und diese vielen Veränderungen, das ist alles so undurchschaubar. Hoffentlich wird das besser werden. Ja, und hier in Ungarn die Arbeitslosigkeit. Mein Sohn, was wird er machen, in welche Schule soll ich ihn schicken, damit er auch Chancen hat? Es ist nicht so wichtig, ob jemand klug oder nicht klug ist, er muß so geboren werden, daß er überall seinen Mann stehen kann. Wir haben hier in Ungarn auch nicht gelernt, daß die Leistung zählt. Wir müssen dieses neue Leben erst lernen. Sogar ein Arzt, ein Künstler, eigentlich ist es ganz egal, welchen Beruf ich nenne, konnte nur durch die Kommunistische Partei eine Position bekommen, also wenn derjenige einen guten „Taufpaten" hatte, wie wir das nannten, oder ein rotes Buch, aber daneben mußte er alles aufgeben. Und davor haben wir jetzt auch Angst, vielleicht sieht das diese neue Regierung auch so. Wenn nicht rot, dann grün ... An der ersten Stelle steht nun dieses MDF, da gibt es auch sehr viele Kommunisten.

In der Schule haben viele Angst, daß sie arbeitslos werden, sogar in der Schule, besonders die Männer, daß die Männer keine Arbeit mehr haben. In der Schule ist der Streß momentan größer als vorher, wir sind alle sehr nervös. Wir haben wenig Geld, und die Preise werden immer höher. Wir können nicht an die Zukunft denken, wir müssen an den nächsten Tag denken. Vielleicht werden es unsere Kinder schon besser haben. Es ist egal, wo mein Sohn lebt. Wichtig ist, was für ein Mensch er ist, davon hängt viel ab. Ich glaube, daß meinem Sohn diese politische Veränderung sehr bewußt ist. Die Kinder politisieren in der Schule jeden Tag. Das haben sie immer gemacht. Ich glaube, in der DDR war das nie so. Er kam sogar aus dem Kindergarten nach Hause und sagte, wir müssen zum 7. November gehen, und das wollen wir nicht. Ja, vielleicht habe ich auch zu Hause etwas gesagt ... Ab der vierten Klasse mußten sie Russisch lernen. Ich brachte die Schulbücher nach Hause. Er sah das Russischbuch und hat es auf den Boden geschmissen, nein, das will ich nicht lernen. Und ich habe nichts dagegen gesagt ...

Und dann diese Schulfeste, das war auch ganz unmöglich, dieser 7. November und der 4. April, und das noch 1989! Am 4. April haben uns die Russen befreit. Wir mußten jedes Jahr vor Rührung weinen, ja, das war am schönsten, ich meine das aber jetzt nicht ernst. Aber das mußten wir ernst nehmen, obwohl wir es nicht konnten. Als Lehrerin war das besonders schwierig. Ich habe ganz anders gedacht, und, na ja, ich wollte den Kindern nicht viel erklären, gar nicht darüber sprechen, ich habe mich sehr zurückgehalten. Das Schlimmste ist, daß wir vergessen haben, wie man richtig feiert. Wir können es nicht mehr. Z.B. der 15. März, das war die größte ungarische Feier. Das war schon in den 70er Jahren in Budapest ganz stark. Man durfte offiziell feiern, es war ein Feiertag, aber trotzdem wurde es nicht richtig gefeiert, man hat wenig darüber gesprochen, weil es zu ungarisch war. Und jetzt müssen wir das in der Schule feiern. Meine Kollegin hat diese Feier wirklich sehr schön gestaltet, doch die Kinder wußten nicht, wie und was sie jetzt machen müssen, ob sie das jetzt ernst nehmen dürfen. Vorher stand noch überall das Lenin-Bild, und plötzlich nicht mehr. Es ist auch für die Kinder schwierig, diese Veränderung zu begreifen, zu verstehen, worum es geht. Und dieses Pionierleben, das war auch ganz komisch. Als wir Lehrer mit den Kindern in so ein Lager gehen mußten, war es auch für uns Pflicht, dieses Tuch zu tragen. Ja, und nun gibt es kein Pionierleben mehr, Gott sei Dank.

Mein Sohn hat größere Hoffnungen als ich. Er hat sich über die neue Regierung sehr gefreut. Trotzdem hat er später eingesehen, daß die andere Partei, der SZDSZ, vielleicht doch besser ist. Ich glaube, es ist ganz normal, daß mein Sohn – er ist dreizehn Jahre alt – oder die Kinder sich damit beschäftigen. Sie haben das anders erlebt, sie hören die Erwachsenen und übernehmen auch die Meinungen von den Eltern. Vorher war es auch so, die Kinder haben vor mir gesprochen, aber wenn eine Kollegin dazukam, die ganz etwas anderes dachte, haben sie gewußt, jetzt sagen wir lieber nichts.

Ich möchte einfach meine Ruhe haben, so wie ich sie dieses Jahr im Sommer in Bayern gefunden habe. Die Leute dort haben auch Probleme, aber doch andere als unsere. Ich glaube, Ruhe wäre das wichtigste für mich. Das hängt mit Arbeitslosigkeit, mit

Geld, mit allem zusammen. Es ist kein Zufall, daß es bei uns so viele kranke Leute gibt, Herzinfarkt und Krankheiten, die durch Sorgen und Streß verursacht werden, Krebs kann man ja auch von Nervosität bekommen. Ich habe noch nicht darüber gesprochen, daß Ungarn bei Alkoholismus und Selbstmord ganz vorne steht. Und das wird sich nicht so schnell ändern. Vorher hat das bestimmt mit der Politik zu tun gehabt, und jetzt mit der Unsicherheit. Und diese vielen Obdachlosen. Bisher hat es keine gegeben, und jetzt überall. Sie haben immer weniger Möglichkeiten, Arbeit zu bekommen, diese Obdachlosen bestimmt nicht. Da macht sich eine sehr starke Resignation breit.

Ich möchte mit meinem Studium in dieser Umschulung weiterkommen. Das ist aber auch kompliziert, weil wir keine richtigen Bücher haben. Ich selbst habe zwar Unterlagen, aber keine Zeit, damit zu arbeiten. Wenn ich nur das tun müßte, dann könnte ich vieles besser machen.

Ich weiß nicht, ob ich wieder heiraten würde. Ich kann es nicht ertragen, wenn man mich verkuppeln will. Aber irgendwann ..., man kann niemals etwas ganz ausschließen. In meinem Alter ist es auch sehr schwer. Die meisten sind verheiratet ... oder geschieden, es gibt ja sehr viele Scheidungen in Ungarn. Ohne Kind wäre es natürlich auch einfacher. Ein Mann, der uns beide liebt, das ist selten.

Oft höre ich von Frauen, die Männer haben, daß sie alles alleine machen müssen. Ich muß auch alles alleine machen. Es gibt Arbeiten, wo ich Hilfe brauche, aber ich bitte nicht gern. Ganz viele Sachen mache ich ganz allein, mit der Zeit habe ich auch viele Männerarbeiten gelernt. Wenn ein Mann das machen kann, dann kann ich das auch. Und wenn es nicht unbedingt nötig ist, dann sage ich nichts. Gott sei Dank gibt es Menschen, die spüren, ja, du brauchst etwas, dann sage ich vielleicht Ja. In diesem Sommer zum Beispiel habe ich die ganze Wohnung tapeziert. Da kamen ganz viele Familien und haben mir geholfen. Das war wirklich schön. Nur möchte ich das irgendwie zurückgeben, unbedingt.

Als mein Mann noch lebte, habe ich oft gesagt, es ist so gut jetzt, daß ich hier einen Mann habe, und der Sohn schläft dort, es ist alles so ruhig. Das fehlt mir am meisten. Ich habe eine gute Mutter und eine Freundin. Mein Mann war acht Jahre älter als ich, er sah ganz gut aus, und für ihn war auch die Familie sehr wichtig. Wir haben uns gut verstanden, ich glaube, deswegen ist es schwer für mich, einen anderen zu suchen und zu ertragen. Ich würde nie einen Witwer heiraten, vielleicht sucht er nur seine verstorbene Frau. Ich glaube, daß ich das auch so machen würde, obwohl das ein Fehler ist, aber ich suche doch danach. Nach so vielen Jahren auch noch ...

Noch während ihrer Umschulung wechselte Detti in eine Fachmittelschule, wo sie nun schon seit Jahren Deutsch unterrichtet. Ihr Sohn besucht in Budapest die Schauspielakademie.

1) Anfang 1995 schreibt Detti mir folgendes: „Mein Sohn ist ein richtiger Gläubiger geworden. Er geht jeden Sonntag in die Kirche, er braucht dieses Milieu. Ich gehe immer noch nicht zur Messe."

MARIA, Pflegemutter
41 Jahre, verheiratet, 3 Kinder, 5 Pflegekinder

„Ich habe Kinder, für die muß es eine Zukunft geben."

Maria ist Dettis Schwägerin. Sie ist Deutsche und lebt seit mehr als zwanzig Jahren in Westungarn, wo sie ihre große Liebe kennengelernt hat. Die Familie bewohnt ein schmuckes, gemütliches Haus mit Garten, sehr freundlich werde ich von Maria und ihrem Mann empfangen. Sie erledigt noch einiges im Haushalt, bevor wir im Wohnzimmer Platz nehmen. Marias Mann würde gerne beim Interview dabeisein, er könne mir sehr viel über Ungarn erzählen, doch seine Frau weist ihn lachend aber bestimmt hinaus. Nur ab und zu werden wir unterbrochen, wenn ein Kind etwas braucht und schüchtern an die Tür klopft.

Ich werde zum gemeinsamen Abendessen eingeladen, Berge von Schnitzel und Pommes Frites türmen sich auf dem Eßtisch in der Küche, es geht sehr lebendig zu, obwohl nicht einmal alle acht Kinder zu Hause sind. Maria ist perfekt organisiert, eine kleine, quirlige Frau, die immer in Bewegung ist. Ihr Einsatz ruft Bewunderung hervor.

Ich bin Maria, mein Mann ist Josef, unser erstes Kind kam fast zu Weihnachten, nicht ganz, am dritten Januar. Ich komme aus Westdeutschland und lebe seit 1972 hier. Die Frage, warum ich nach Ungarn gegangen bin und nicht mein Mann zu mir nach Deutschland, hat sich nie gestellt, weil ich meinen Mann als schrecklichen Patrioten kenne. Für mich war das ganz klar, nicht, weil es sich gehört, als Frau dem Mann nachzulaufen, aber ich war auch von zu Hause aus viel mehr losgelöst als mein Mann. Er hing vor allem an seiner Mutter, aber auch wenn er die nicht gehabt hätte, er würde die Heimat nie verlassen, obwohl er das zwar heute behauptet. Die Ungarn an sich sind viel mehr Patrioten als die Deutschen, hier leben nur wichtige Menschen, und alles, was die Ungarn getan haben, sind großartige Sachen. Es war aber auf jeden Fall leichter für mich, hierher zu kommen, denn mein Mann war noch im Militäralter. Wir haben jedoch nie versucht, eine Ausreise für ihn zu beantragen.

Wir haben uns hier in Z. 1965 kennengelernt, als ich mit meiner Familie in Ungarn auf Urlaub war, ich glaube, ich war fünfzehn. Das war das erste Jahr, wo wir aus dem Westen hierher reisen durften, nach '56 war die Grenze ziemlich zu. Eine westdeutsche Familie war damals die Attraktion. Aus der Nachbarschaft wurden alle geholt, die Deutsch konnten, damit die Gäste unterhalten werden, und mein Mann lernte Deutsch. Wir sind dann eigentlich jedes Jahr hierher gefahren, hatten Bekannte, mal bin ich mit meinem Bruder gekommen, mal mit meiner Schwester, mal mit meiner Mutter, dann mit der Freundin, mit Kolleginnen später. Immer nur in den Sommerferien, aber jedes Jahr. Erst war's nur ein Briefwechsel einmal im Monat, dann wurde es immer mehr. So entwickelte sich das.

Wir haben uns dann im engsten Kreis der Familie verlobt. Es war nicht so einfach, daß wir sagen konnten, wir heiraten, und dann komme ich hierher. Ich fuhr wieder zurück nach Deutschland, und mein Mann bekam Besuch von der Polizei. Da wurde erst mal gefragt: „Na, was will die? Wo kommt die her? Was hat sie für Verwandtschaft?" Mein Mann hat damals noch in Szeged studiert. Wenn meine Briefe kamen, hatte die Polizei sie eher gelesen als mein Mann. Wir beantragten die Heirat, was ziemlich schwierig war. Wir brauchten alle möglichen Papiere, das ging über Ostberlin, bis heute weiß ich nicht, was die in Ostberlin mit meinen Papieren wollten, die Stempel kamen nicht von West-, sondern von Ostberlin. Vom Frühjahr '71 bis August '72 haben wir nur Papiere besorgt, um heiraten zu dürfen. Dann war es endlich soweit, aber auch dann habe ich noch keine Aufenthaltsgenehmigung bekommen, sondern nur ein Visum. Das bedeutete, einen Monat hier, dann fuhr ich wieder nach Deutschland, nur um das Visum zu beantragen, wieder zurück nach Ungarn, nach einem Monat wieder raus. Das war damals alles viel komplizierter als heute. Mit der Zeit wurde es etwas leichter, dann konnte ich schon in Wien ein Visum beantragen. Also, das war so ein richtiges Spielchen. Ob sie mich vielleicht auf die Probe stellen wollten oder nur geguckt haben, weiß ich nicht. Erst im Frühjahr '74, nachdem unsere Tochter geboren worden war, habe ich die Aufenthaltsgenehmigung bekommen, bis dahin ging das so hin und her.

Ich bin das dritte Kind, auch ein bißchen Nesthäkchen vielleicht. Mein Vater ist gestorben, als ich zwei Jahre alt war, von daher hing meine Mutter ziemlich an mir. Die anderen Kinder waren schon von zu Hause weg, ihr ist sehr schwergefallen, daß auch ich ging. Sie hat alles versucht, manchmal mit nicht ganz schönen Mitteln, unsere Heirat kaputtzumachen. Solange mein Mann nicht mein Mann war, war er lieb und gut. Wie es sich aber herausstellte, daß er mich heiraten will, hat sie alles versucht, um es zu verhindern, sogar versucht – Bösartigeres gibt's nicht –, meine Freundin zu bestechen, ihr Geld angeboten, damit sie mir das ausredet. Heute, mit ein bißchen Abstand, versuche ich, sie zu verstehen. Ich war ihre letzte Hoffnung, und sie wußte, Ungarn ist weit weg, vielleicht auch, weil es ein kommunistisches Land war. Sie hat es jedenfalls immer gesagt, und sie hatte Angst um die Sprache: „Mein Gott, wie wirst du das lernen, du kannst Englisch, Französisch, warum mußt du in ein Land gehen, wo du die Sprache nicht mal kannst?" Dann haben wir ziemlich unten angefangen, ich habe von zu Hause keine Hilfe bekommen, sie hat mir als Strafe auch nicht das gegeben, was ich an kleinem Erbe von meinem Vater hatte, und von mir her war's sicher Trotz.

Ich hab' schon als Kind zu meiner Mutter kein besonders gutes Verhältnis gehabt. Das hat es mir auch sicher leichter gemacht, nach Ungarn zu gehen, in gewisser Hinsicht war ich froh darüber. Meine Mutter hat das Pech, daß alle drei Kinder Ehepartner aus dem Osten haben. Meine Schwester hat einen Mann aus der DDR, mein Bruder eine Frau aus der DDR geheiratet, und ich bin dann ganz in den Osten gezogen. Meine Mutter ist eine sehr stolze Arierin, die von Hitler ausgezeichnet wurde, genauso wie ihre Mutter, die dem Führer viele Arier geschenkt hat, neun Kinder, alle solche Superkinder. Meine Mutter war das älteste und die einzige, die studieren durfte. Ich will ihr nichts Böses, ich bin langsam so alt, daß ich versuche, sie zu verstehen. Sie ist 75, aber sie meint immer noch, sie müßte ihre Kinder an den Zügeln halten, sonst werden sie mit dem Leben nicht fertig. Sie ist sicher nicht böswillig, aber sie mischt sich immer in das Leben ihrer Kinder ein, auch jetzt noch. Bei meiner älteren Schwester hat sie es geschafft, die Ehe kaputtzumachen. Mein Bruder hat es ähnlich gelöst wie ich, er ist aus dem Ruhrgebiet nach Bayern gezogen, weit weg von zu Hause. Meine Mutter hat immer versucht, uns drei Geschwister gegeneinander auszuspielen, das macht sie heute noch. Sie hat ihre ganz komische Art, irgendwie Sachen kaputtzumachen. Wenn ich meiner Mutter Briefe schreibe, dann schreib' ich, wie schön das Wetter ist und daß die Schneeglöckchen schon blühen. Ich hab' Verständnis für sie, ich weiß, daß sie im Leben viel durchgemacht hat. Ich hab' mich sehr von ihr unterkriegen lassen, und das hat die ersten Ehejahre bei uns sehr beeinflußt. Sie kann sich nicht über das freuen, was ihre Kinder erreicht haben, was ihre Kinder machen. Ich habe schreckliche Angst davor, dieselben Fehler zu begehen wie meine Mutter, ich sage immer, dann gebt mir eine Pistole. Ich versuche, mich über jeden kleinen Erfolg zu freuen, den meine Kinder haben, über alles, was sie selbständig tun.

Für mich war es kein Problem, in ein kommunistisches Land zu gehen, ein bißchen war es sicher Abenteuerlust, ich war so jung, ein bißchen war es Trotz, ich mach's trotzdem, und dann war's die große Liebe. Ich war in meinen Mann wirklich verliebt wie ... daß ich mir alle Schwierigkeiten, die von hier und da kamen, angetan habe, wie man es in dem Alter allgemein tut. Das macht nichts, damit werde ich fertig. So richtig Heimweh habe ich auch nie gehabt, wirklich nicht. Mein Mann und ich haben uns von Anfang an sehr gut verstanden. Wenn man ein Zuhause hat, oder wenn man sich im Kreis der Familie wohl fühlt, ist es ganz egal, wo man lebt. Bereut habe ich es nie, obwohl wir wirklich ganz klein angefangen haben. Wir haben in Pécs zur Untermiete gewohnt in einer Kellerwohnung, wo es nur ein Zimmer mit kaltem Wasser gab und die Toilette draußen war. Auf dem Trödelmarkt haben wir uns ein Bett und einen Schrank gekauft, mein Mann studierte noch. Ich hatte relativ wenig Geld, denn ich bin ein halbes Jahr nach dem Abschluß meiner Ausbildung gekommen, und das bißchen Geld, das ich gespart hatte, brauchten wir für die Untermiete, die auch damals schon sehr teuer war. Ich habe Kinderkrankenschwester gelernt und wollte hier arbeiten, bekam aber keine Arbeitsgenehmigung. Zuerst keine Aufenthaltsgenehmigung, danach keine Arbeitsgenehmigung. Und dann war praktisch die Notlösung, na, dann eben die Kinder. Man muß nicht warten, daß man erst ein Haus hat und Geld und so, wir wollten einfach ein wenig Freude haben. So sind die Kinder relativ früh gekommen. Ich meine, so früh war's auch nicht, aber ich hätte sicher erst lieber gern gearbeitet, damit wir ein bißchen Existenz aufbauen, aber da ich nicht durfte, ging mein Mann den ganzen Tag arbeiten. Dann kamen die Kinder relativ schnell hintereinander. Es wurde auch hier immer besser und leichter, so daß ich – ich glaube, 1978 im September – eine Arbeitsgenehmigung bekam. Ich weiß nicht, ob es mit der Politik zu tun hatte oder daran lag, daß ich zwei Kinder hatte, die im Kindergartenalter waren. Ich bekam auf jeden Fall eine Arbeitsgenehmigung und habe erst einmal ein Jahr bei einem praktischen Arzt gearbeitet, sprachlich konnte ich das, was nötig war. Danach war ich sieben Jahre an der Blutspendezentrale im Krankenhaus, wo ich mich sehr wohl fühlte. Das habe ich sehr gerne getan, und ich wurde auch voll akzeptiert. Ich meine, es gab immer mal so hinten herum „die Deutsche, ja, die wird es uns zeigen, der deutsche Fleiß, die will es uns hier beibringen" und so, aber das hat mich weiter nicht gestört.

Mein Mann ist Lehrer von Beruf, hat aber nicht sehr lange unterrichtet. Erst einmal ist er in eine kleine Dorfschule gegangen, weil wir dort eine Wohnung zur Verfügung gestellt bekamen, dann hier in eine Mittelschule, das hat ihm aber auch nicht so ganz zugesagt. Danach hat er im Kinderheim gearbeitet, wo er solche Kinder betreute, die aus den Händen des Staates entlassen worden waren ... mit 18 wurden sie praktisch aus dem Kinderheim ausgesetzt und standen dann plötzlich im Leben, und niemand half ihnen. Die konnten sich nicht mal selber ein Butterbrot schmieren. Er brachte das Problem mit nach Hause, wie schwer die Kinder es haben. Wir hatten zwei Kinder damals. Vom Westen her wußten wir, daß es anders geht, daß diese großen, riesigen Kinderheime nichts wert sind, daß dort keine Kinder erzogen werden. Und 1980 wurde hier in Ungarn der erste Versuch gemacht, es als Beruf anzuerkennen, Kinder zu Hause zu erziehen. In den Dörfern gab's immer schon Pflegekinder. Wir haben uns beworben, doch bis

1985 wurde es immer abgelehnt. Das hing nicht so sehr damit zusammen, daß ich Deutsche bin, sondern viel mehr, daß wir immer mit dem deutschen Beispiel kamen. Mein Mann wurde noch ausgepfiffen, als er mal bei irgendeiner Tagung gesagt hat, daß in diesen Kinderheimen keine guten Kinder erzogen werden. „Wie kannst du denn so was sagen, so was darf man doch nicht sagen. Es ist das große Beispiel im Sozialismus, und bald wird es überhaupt keine Kinderheime mehr geben, denn es gibt keine Eltern mehr, die im Gefängnis sitzen." Eigentlich weiß ich nicht, wie es in Deutschland ist, ich bin zu jung gewesen, um zu sehen, wie da was funktioniert, aber hier darf auf jeden Fall nicht der kleine Mann mit Vorschlägen kommen, denn die guten Vorschläge, die kommen immer von oben. So manches, was wir damals gesagt haben, wird jetzt verarbeitet und kommt jetzt so als Vorschlag von oben her.

Im August 1985 haben wir dann die fünf Kinder aufgenommen, ich bin offiziell bezahlte Pflegemutter. Der Älteste ist jetzt ein halbes Jahr jünger als mein ältester Sohn, sechzehn Jahre alt, meine Tochter ist siebzehn. Dann Miki mit dreizehn, die anderen sind elf, zehn und neun. Das letzte Kind ist mein eigenes und dreieinhalb Jahre alt. Also zwei Mädchen und drei Jungs, bzw. mit unseren eigenen drei Mädchen und fünf Jungs. Es ist kein Zufall, daß es fünf Zigeunerkinder sind. Erstens sind hier in den Kinderheimen zu 90% Zigeunerkinder, zweitens wollten wir Kinder, die keinen Kontakt zu ihren leiblichen Eltern haben. Zumindest damals konnte ich mir schwer vorstellen, daß die Kinder mich als Mutter – oder ja, einfach akzeptieren und immer noch von außen her jemand kommt und ihnen sagt. „Ich bin aber deine richtige Mutter." Heute ist das auch schon wieder ein bißchen anders, aber damals wollten wir auf jeden Fall, daß die Kinder keinen Kontakt hatten zu ihren leiblichen Eltern, und deshalb haben wir eben diese Kinder ausgesucht. Wir haben sofort fünf aufgenommen, weil wir dachten, wenn wir erst nur eines zu unseren eigenen nehmen, ändert sich unser Leben nicht, kommt dann das nächste dazu, wird es schon kritisch, es paßt vielleicht nicht mehr rein. Deshalb haben wir gesagt, die fünf auf einmal, denn die gehören dann auf jeden Fall irgendwie schon zusammen, so sind sie wenigstens Geschwister. Und auch unsere eigenen haben dann nur einmal diesen Sprung machen müssen. Wir wußten, daß sich jetzt unser Leben ändern würde, obwohl ich von Schönerem geträumt habe, als dann die Wirklichkeit gebracht hat. Ich habe mir vorgestellt, daß ich sie wirklich wie meine leiblichen Kinder erziehen kann, was mir nicht gelungen ist.

Anfangs haben z.B. die drei ältesten Jungs in einem Zimmer geschlafen. Nach einer Woche habe ich meinen eigenen Sohn herausnehmen müssen, weil die beiden großen Kinder, damals elf und neun Jahre alt, Bettnässer waren, aber so sehr, daß man in dem Bettkasten Schiffchen fahren konnte. Ich mochte das meinem Sohn nicht zumuten. Ihre ganze Ausdrucksweise, ihre Moral war wirklich so, daß ich Angst um mein eigenes Kind hatte. Sie waren einfach schon relativ alt, hatten im Kinderheim viel gesehen, viel gehört. Was ich erst nicht geglaubt habe, war, daß es auch von der Intelligenz her einen großen Unterschied gibt und ich meine eigenen Kinder nicht auf das Niveau 'runterziehen möchte. Ich kann meinem Sohn nicht sagen, es reicht für dich, wenn du eine Stunde am Tag lernst und nur Dreien nach Hause bringst. Das ist das eine, und das nächste: Die Kinder können nichts dazu, aber die beklauen mich, wo ich daneben sitze, auch jetzt noch. Wie der Jocó auch sagte: Ich kann es nicht sehen, wenn da das Geld herumliegt. Er muß das einfach an sich nehmen. Und solche Dinge, die ... also das muß man einfach durchleben, das kann man nicht beschreiben. Von daher ein bißchen Distanz ... Auch das Verhalten in der Schule, was wir von den Lehrern zu hören bekamen: Ihre Kinder ... Ich habe dann versucht, mir zu sagen, es ist ja nicht deines, du tust nur das beste für sie, aber es ist nicht deines. Ich glaub', sonst macht man sich selber was vor, oder man schafft das nicht. Ich mag mich nicht selbst belügen, ich sag' nicht, ich werde damit fertig, wenn das nicht stimmt.

Das Ausschlaggebende, warum wir die Kinder aufgenommen haben, war, daß mein Mann von den Kinderheimen erzählt hat, daß sie erst in ein Übergangsheim, dann je nach Alter in ein Säuglingsheim, in ein Kindergartenheim, in ein Schulheim kommen, und wenn die leiblichen Eltern umziehen, gehören die Kinder wieder woanders hin, also wie mit so Spielbällen wird mit denen 'rumgeworfen, die Kinder haben überhaupt keine Bezugsperson. Sie kommen mal zu Pflegeeltern, und wenn die sagen, nee, da haben wir keine Lust mehr zu, geht's wieder zurück ins Heim, aber erst wieder Übergangsheim und dieses Heim, jenes Heim. Daß aus den Kindern einfach so nichts werden kann, auch wenn sie gute Anlagen haben ... Mich interessierte einfach, ob man das wirklich machen kann, ich hab' Kinder gern, und ich hab' gesagt, warum eigentlich nicht. Wir haben uns natürlich auch überlegt, was wir unseren damals zwei Kindern zumuten, und sind auch viel gewarnt worden, daß wir das nicht tun sollen. Wir haben versucht, unsere Kinder vorzubereiten, und sie haben auch die „neuen" Kinder akzeptiert. Sie haben ihren letzten Fillér Taschengeld ausgegeben, um ihnen Geschenke zu kaufen. Die Mädchen bekamen eine Puppe von meiner Tochter, die Jungs Autos, jeder ein Auto. Meine Kinder sind wirklich selbst in die Stadt gegangen und haben eingekauft, auf dem großen Schreibtisch ihre Legostadt aufgebaut. Wir haben ihnen gesagt, Kinder, die können nichts dazu, daß sie anders aussehen, sie können nichts dazu, daß sie keine Eltern haben, das werden eure neuen Geschwister, und das wird toll, wir werden viel mehr unternehmen, ich werde dann nicht mehr berufstätig sein, ich werde immer zu Hause sein, Mutter wird dann vormittags alles fertigmachen, die Wochenenden werden viel schöner, als sie jetzt sind.

Aber dann kam die graue Wirklichkeit. Die Kinder waren unselbständig, sie waren nur im Heim gewesen, mit elf Jahren konnte man sie nicht allein auf die Straße lassen. Sie sagten zu einem Kohlkopf: Mein Gott, ist das eine große Kartoffel. Sie bekamen eben immer nur Mensaessen vorgesetzt, sie haben nie in der Küche mitgearbeitet, haben nie gesehen, wie eine Kartoffel geschält wird. Es gab eine Unmenge von Problemen, die ich nicht so richtig im voraus gesehen habe. Und dann die Bettnässer, ich hab' nichts anderes getan im ersten Monat als nur gewaschen und gebügelt. Wo mir dann die vom Kinderheim gesagt haben, warum denn mein Gott, die machen das heute abend wieder, warum muß man dann die Betten abziehen? Das ist auch so 'ne Einstellung. Sie kamen in die Schule, hatten unheimliche Nachteile, kamen einfach nicht weiter.

Im Kinderheim gibt es zwar auch eine Schule, und man verwendet die gleichen Schulbücher, sie haben sogar kleinere Klassen, aber die Kinder wechseln ständig. Es kommt ein neues Kind, ein anderes zu Pflegeeltern, eins darf zu Besuch nach Hause, weil der Vater eben aus dem Gefängnis 'rausgekommen ist. Sie schlafen in Riesenschlafsälen mit 25 anderen Kindern, na, wenn sie nicht gut geschlafen haben, dann dürfen sie eben in der Schule ein bißchen weiterschlafen, irgendwann müssen sie sich ja mal ausschlafen. Man kann dem Lehrer eigentlich nichts Böses nachsagen, warum er es nicht geschafft hat, ordentlich zu unterrichten. Wir verbrachten die Wochenenden damit, daß wir versuchten nachzuholen, was die Kinder in der Schule versäumt hatten. Mein Mann sagte mal so schön: „Liebe ist nicht wie eine Leberwurst, die zu Ende geht, Liebe kann man so viel geben." Aber Zeit ist ein Problem. Heute behaupte ich, wenn wir nicht die fünf hätten, sondern nur zwei, gäbe es viel weniger Schwierigkeiten. Eigene Kinder beanspruchen schon eine ganze Menge, das sehe ich ja an meinem kleinen Sohn, der macht schon Ellbogen, ich bin hier, und jetzt zeige ich euch, daß ich euch brauche.

Sie sind auch sehr liebesbedürftig und machen alles, um im Mittelpunkt zu stehen. Ich vergesse nicht die ersten Weihnachten, da waren sie ein halbes Jahr bei uns. Wir sitzen zusammen, Weihnachten, Freude, Liebe, alles, bloß keine Schimpfe, und unser Jocó sagt beim Kaffeetrinken: „Jetzt scheiße ich in die Hose." Und er tat es wirklich! Er besuchte damals die erste Klasse und hatte das Problem, daß ihm das öfter passierte, wenn er gestreßt war. Aber da war das absichtlich, weil er wußte: Jetzt werde ich gebadet, jetzt dreht sich alles um mich. Ähnliches macht er heute noch: Wenn er z.B. klaut, verschwindet das Geld und taucht dann irgendwo auf. Er klaut eine Tafel Schokolade und teilt sie mit den anderen, obwohl er genau weiß, daß sie für sie bestimmt ist. Aber so ist es viel interessanter, na, jetzt hab' ich was Großes getan, Mutter beschäftigt sich mit mir, es folgt eine Predigt oder sonst was.

Dann kam noch dazu, daß die Zigeunerkinder sexuell viel eher reif sind, das ist meine Erfahrung. Pista hatte ein Auge auf meine Tochter geworfen, sie war zwölf, er elf. Das erste Jahr ging noch. Meine Tochter mußte damals durch die beiden Schlafzimmer der Kinder in ihr eigenes Zimmer gehen, und dabei wurden ihr alle möglichen Anträge gemacht, so daß wir dann ganz schnell umorganisieren mußten, damit sie hier im Haus relativ unabhängig ist. Zuerst schlief sie zusammen mit den Mädchen, aber die schrien, wenn ein Hund bellte, vor allen Dingen die Bözsi, sie ist jetzt auch in einer Psychiatrie, also das ist ein sehr schwieriges Kind, kann nachts nicht schlafen, schreit stundenlang, beißt, kratzt, zerreißt ihre Sachen. Nicht, daß meine Kinder was Besonderes sind, aber um sie zu schützen, bekamen sie ihr eigenes Zimmer, damit wir nicht später einmal den Vorwurf bekommen: Deretwegen hab' ich nicht gelernt.

Ich habe mir schon mal gedacht, so jetzt reicht es, ich will nicht mehr. Es war wohl, als ich ein bißchen gestreßt war nach der Geburt meines letzten Kindes. Ich wurde schwanger, ich überlegte hin und her, na ja, ich war 38, Abtreibung gehört hier einfach dazu, also ich hätte keine Schwierigkeiten damit gehabt. Doch da hab' ich mir gesagt, mein Gott, wir haben sieben Kinder, ich werde auch mit einem achten fertig. Ich bin ich, ich habe zwei Kinder relativ schnell hintereinander gehabt, es liegen nur dreizehn Monate dazwischen, ich bin auch mit den beiden Kleinen fertig geworden. Dann kam's aber eben anders, wie es immer anders kommt. Die Geburt war schwieriger, ich mußte länger im Krankenhaus bleiben, der Kleine hatte einen eingeklemmten Leistenbruch und mußte – er war gerade vier Wochen alt – operiert werden. Das hieß, daß ich morgens um fünf ins Krankenhaus ging bis abends um zehn, zwischendurch raste ich für ein paar Stunden nach Hause und versuchte, die Kinder so gut wie möglich zu versorgen. Da kam der Punkt, wo ich gesagt habe, na, jetzt reicht's, warum tu' ich das? Ich könnte genauso gut jetzt mit meinem Säugling zu Hause sitzen, ihn schaukeln, hätte das Recht, drei Jahre auf Kinderurlaub zu gehen und müßte nicht für die fünf noch da sein. Ich habe wirklich daran gedacht, die Kinder zurückzugeben. Sie haben natürlich gespürt, daß ich viel weniger Zeit für sie hatte, auch als ich aus dem Krankenhaus zurück war. Die fünf mußten nun viel selbständiger sein, waren aber auch viel aggressiver, um eben doch irgendwie an mich 'ranzukommen. Da hab' ich gesagt, es ist genug. Ich habe geglaubt, mein Mann hätte mich verstanden und wir würden die Kinder wirklich zurückgeben. Er alarmierte meinen Chef, der mir sagte. „Gib's schriftlich, dann nehmen wir die Kinder." Also wieder diese Einstellung, na, ein Papier, und die Kinder sind wieder weg, ist doch egal, fünf mehr oder weniger im Heim. Was mir wieder schrecklich weh tat. Wieso kommt der Mann nicht und fragt nach den Schwierigkeiten? Man könnte eine Hilfe für die Übergangszeit schicken, daran hat niemand gedacht. Später hab' ich 'rausgekriegt, daß mein Mann nach Budapest ins Ministerium gefahren ist und dort die Leute verständigt hat, er wurde gebeten, mit mir zu reden. Er sah, daß ich wirklich ziemlich am Ende war. Er war auch berufstätig und konnte nicht zu Hause bleiben, bloß weil die Mutter ein Kind gekriegt hat. Die Dame aus dem Ministerium konnte mich viel mehr beeinflussen, obwohl sie selber keine Kinder hat, aber vielleicht, weil sie eine Frau war. Sie hat mir wieder Mut gemacht: „Mensch, da kommst du darüber weg, versuch mal, eine Woche Pause zu machen, eine Woche jemand anders zu holen." Also konkrete Hilfe hat sie mir auch nicht angeboten, aber trotzdem irgendwie wieder Mut eingeflößt. Ich habe das dann irgendwie geschafft, aber sehr wohl gesagt, wir müssen das Familienleben besser organisieren. Bis zu dem Zeitpunkt war es wirklich so, daß die fünf einfach dazugehörten, praktisch bis zur Geburt des Kleinen. Drei Kinder in der Pubertät sind sowieso ein bißchen schwierig, und dann haben wir versucht, ein bißchen zu sortieren: „Ihr müßt nicht mit denen am Tisch sitzen, wenn ihr das nicht wollt." Es war ganz schrecklich mitanzusehen, sonntags, meine Tochter saß dem Ältesten am Tisch gegenüber, und entweder guckten sie nur auf den Teller oder schnitten Grimassen. Das war kein Sonntagsmittagessen. Ich habe gesagt: „Wer nicht will, setzt sich an einen anderen Tisch. Wenn du mit dem Pista nicht Fußball spielen willst, muß das nicht sein." Erst war es so, na, das ist jetzt dein Geschwister, und du mußt. Ich weiß heute, daß das total verkehrt war. Seit es das Muß nicht mehr gibt, funktioniert alles besser. Dieses „Man muß sie lieben wie die eigenen Kinder" wird hier so von oben diktiert, doch das ist einfach falsch. Wie der Toni, mein Jüngster, ein halbes Jahr alt war, bekamen wir vom Ministerium einen Ferienplatz am Velencesee, wo nur so Großfamilien waren wie wir. Ich war die einzige, die zugegeben hat, ich lieb' die Kinder nicht wie meine eigenen. Die anderen Frauen sind über mich hergefallen: „Wie kannst du so was tun und dann auch noch vor deinen Vorgesetzten sagen?" Ich kann eben nicht so lieben, es gibt einfach einen Unterschied, ich weiß nicht warum ... Es sind Kleinigkeiten, man muß sie anders erziehen, man muß sie anders anfassen, nicht nur, weil ich mit ihnen nicht schwanger war. Ich liebe sie, aber ganz anders. Damals waren es zwölf Familien wie wir, jetzt kommen jedes Jahr neue solche Familien hinzu, und ich bin auch heute noch die einzige, die das ausspricht. Nach außen hin wird immer gespielt, daß es keine Probleme mit den Kindern gibt. Vorgestern war eine Helferin hier, die gesagt hat, ich weiß genau, daß es da die gleichen Probleme gibt, aber das darf man nicht nach außen zeigen. Für meine Begriffe erschwert das alles.

Wir haben damit angefangen, haben die ältesten Kinder. Solange die Kinder noch klein sind, geht das noch, aber wenn sie mal in die Pubertät kommen, ist das nicht mehr so einfach. Ich habe immer mehr Angst, daß irgendwann einmal etwas passiert. Das ältere von den Mädchen wird jetzt im Mai zehn, ist schon geschlechtsreif, in ihrem Kopf aber absolut nicht. Mit Einschließen wird das Problem an sich nicht gelöst. Man versucht, sie immer wieder zu überzeugen und ihnen zu sagen, ihr seid Geschwister, aber sie wissen nun mal, daß sie es nicht sind. Ich weiß nicht, wie ich damit umgehen soll, es ist ein Problem, und es wird auch eins bleiben. Pista hat nichts anderes im Kopf als die Mädchen, jetzt ist er fünfzehn, alt genug. Pistas Mutter war vierzehn, Jocós Mutter war dreizehn oder vierzehn. Wir wissen von den Eltern der Kinder. Mein Mann ist ein kleiner Wandervogel. Nachdem er im Kinderheim gearbeitet hat, ist er zum Gericht gegangen als Bewährungshelfer, von daher kennt er die meisten Eltern. Die wissen aber nur, daß die Kinder in Familien sind, aber nicht in welcher. Pista hatte mal so eine Phase, wo er sich sehr für seine Eltern interessierte. Seine Mutter hat ihn sofort im Krankenhaus gelassen, er war überflüssig. Das hat er dann akzeptiert, er will bis heute seine Mutter nicht sehen. Miki ist das dreizehnte Kind und hatte hin und wieder Kontakt zu seinen Eltern. Sie kamen ihn mal besuchen, aber es ging einfach nach dem Motto, so viele Mäuler können wir nicht stopfen. Ich glaube, im vorigen Jahr hat ein Bruder ihm mal geschrieben, durch Bekannte haben wir dann erfahren, daß er hier war. Hat mich auch weiter nicht gestört, also jetzt würde ich egal wen hier reinlassen. Miki sagt, ich möchte zu meinen Eltern, wenn ich den Schulabschluß habe, aber du kommst dann mit, du paßt auf mich auf. Der Miki, es lohnt sich, den anzugucken, der Miki ist einer von Charakter und der Mut macht, er ist sehr fleißig, sehr hilfsbereit, über den kann man nur Gutes sagen. Wenn man nur den hätte ... obwohl er sich sehr schwer in der Schule tut, aber er bemüht sich, und das wird dann auch von den Lehrern meist honoriert. Als ich schwanger war, haben die Kinder gefragt, ob sie auch in meinem Bauch waren. Ich sage immer nur so viel, wie sie wirklich wissen wollen. Ich weiß über die Kinder mehr, als sie von sich selber wissen. Die eine Kleine, die sicher irgendwie eine Schädigung hat, ist mit dreieinhalb von der Mutter in einem Geschäft liegengelassen worden, dann hat die Mutter das Kind wieder bekommen, das Paket ist aus Versehen dann wieder wo vergessen worden, einen Monat später hat sie es nachts im Busbahnhof zurückgelassen. Das für ein Dreieinhalbjähriges, es muß ein schreckliches Erlebnis gewesen sein. Sie kann Dunkelheit einfach nicht ertragen. Es ist gut, daß ich das weiß, denn man versteht doch viel leichter. Sie wird selber nicht mit ihrer Pubertät fertig, und ich glaube, daß das der auslösende Punkt ist. Es war so schlimm, daß wir Angst hatten, daß das Kind dabei zugrunde geht. Jetzt ist sie in der Psychiatrie, sie hat innerhalb von drei Tagen fünf Kilo abgenommen, mit ihrer Schreierei, ich tu' nicht, ich will nicht, ich mach' nicht, ich nehme ein Messer, ich laufe unters Auto ...

Ich bin offiziell bezahlte Pflegemutter. Als Arbeitsstelle wird es gesetzlich akzeptiert, wenn wenigstens fünf Kinder aufgenommen werden. Wer nur vier Pflegekinder hat, der darf schön weiter arbeiten gehen. Die finanzielle Unterstützung ist ziemlich wenig. Die Kinder werden vom Staat zweimal im Jahr, Frühjahr und Herbst, angezogen. Alle drei Jahre gibt's einen Wintermantel, jedes Jahr ein

Paar Turnschuhe, alle zwei Jahre ein Paar Stiefel. Das wird jetzt geändert bzw. verbessert. Die offiziellen Pflegeeltern erhalten ein richtiges Gehalt, wir bekommen Kindergeld für alle acht Kinder, Wohnungszuschuß und Kleidergeld. Wir haben damals sofort gesagt, wir wollen nicht zweimal im Jahr Kleider bekommen, sondern die Kinder sollen wie unsere eigenen Kinder selber mit uns ins Geschäft gehen, sollen aussuchen, und nicht: du kriegst einen Wintermantel, weil du vor zwei Jahen einen bekommen hast, sondern du kriegst deshalb einen, weil du einen brauchst. Das ist in dem Kinderheim hier ganz schlimm. Im September kriegen alle eine neue Schultasche, neue Turnschuhe, eine neue Federmappe, alles neu, weil die Schule beginnt, ob sie es brauchen oder nicht. Bei den eigenen Kindern gibt's so was auch nicht. Anfangs hat die Behörde hier das einfach nicht eingesehen, es war ein Kampf, dieses Geld ausbezahlt zu bekommen, obwohl es nicht viel ist, es sind heute noch 600 Forint im Monat. 600 Forint für Kleider, Schule, davon soll ich die Hefte kaufen, Taschengeld und alles, was dazu gehört. Wo ein Paar Schuhe für die Kinder 2000 Forint kosten, ist das lächerlich. Genauso bekommen wir Wohngeld, im Moment auch 600 Forint, davon kann ich weder die Heizung noch das Wasser bezahlen. Aber ich hoffe, ich bin keine Pessimistin, irgendwann wird's besser werden. Das Kindergeld ist relativ hoch, das sind nochmals 2000 Forint pro Kind. Man kann mit dem Geld auskommen, obwohl ich nicht einsehe, daß ich mein Gehalt auch für die Kinder ausgeben muß.

Wir hatten zuerst nur einen Teil des Reihenhauses. Das haben wir mit Ersparnissen und ziemlich großen Hypotheken – die gab's ganz günstig mit 2% – geschafft. Nachdem meine Mutter sich ein bißchen mit der Lage abgefunden hatte, willigte sie 1983 ein, mir mein Erbe zu geben. Wir haben das Nachbarhaus gekauft, also nochmals so eine Reihenwohnung mit drei Zimmern. Was sehr schwierig war, denn damals gab es in Ungarn noch so Gesetze, daß eine Familie nur eine Wohnung haben darf. Aber wo Verbote sind, gibt's auch immer kleine Türchen. Wir haben mit Devisen bezahlt, und der Mann, der den Kaufvertrag unterschrieb, bekam vom Ministerium eine Auszeichnung, weil er so viele Devisen ins Land gebracht hat, das war eine gute Tat. Wir haben oben die Wand durchgebrochen, um Raum zu haben. Das ist unser Eigentum, das haben wir nicht vom Staat bekommen, sondern da steckt unser Geld drin. Die Nachbarn meinten, na, aber die Kinder kommen doch auf die andere Seite. Ich habe mir nur gedacht, wenn es meine eigenen wären, könntet ihr mir auch nicht vorschreiben, wo ich meine Kinderzimmer unterbringe. Sie haben dann auch nur eine Zeitlang sehr kritisch geguckt. Wir haben wohl hier im Garten einen Zaun gezogen, und ich habe die Kinder auch nie alleine zu Hause gelassen, nicht, daß es wegen einer abgepflückten Blume oder so was Konflikte gibt. Jetzt glaube ich, daß wir hier anerkannt sind. Die Nachbarn, die ich nur so vom Sehen her kenne, sagen, Hut ab, Sie haben aber gut erzogene Kinder, die grüßen sogar. Das ist das wenigste. Die Kinder sind darum bemüht, in die Familie integriert zu sein. Mein jüngster Sohn, der geboren wurde, als die fünf schon bei uns waren, gehört mehr zu ihnen als zu uns. Wenn wir getrennt essen, ißt er sicher mit den anderen und nicht mit uns. Toni paßt auch vom Alter her besser dazu, sie beschäftigen sich viel mehr mit ihm, die eigenen Kinder gehen ins Gymnasium, sie haben nicht sehr viel Zeit, sich um den Kleinen zu kümmern. Sie verstehen sich auch gut, aber spielen geht er zu den fünf anderen Kindern. Also, so Riesenkonflikte gibt's nicht, vor allem, seit wir gesagt haben, es muß nicht sein.

Solange die Kinder im Heim waren, hatten sie kein Problem damit, daß sie Zigeuner sind, denn da sind praktisch nur Zigeunerkinder. Das Problem tauchte erst in der ersten Woche auf, als sie zu uns kamen. Da saß mein Miki, mein schöner Miki, in der Badewanne und sagte: „Kannst du mir bitte die Badebürste geben, ich schrubbe mich mal, damit die Farbe abgeht, weil jetzt muß ich ja in eine weiße Schule gehen." Er schämte sich und wußte genau, er wird Schwierigkeiten bekommen. Das war so schrecklich für mich, denn ich hatte eben keine Vorurteile gegen ihn. In der Schule hat es viele Probleme gegeben. Das Dumme ist, daß wir hier zu einer Schule gehören, die sich für was Besseres hält. Mit Beziehungen hatte der Rektor erreicht, daß in seine Schule keine Zigeunerkinder kamen. Unsere eigenen Kinder besuchten dort den Unterricht, und natürlich schrieben wir die anderen auch in diese Schule ein. Der Rektor hat zu meinem Mann gesagt: Du willst die doch wohl nicht zu uns bringen. Das haben wir dann doch getan, aber das war der größte Fehler, den wir machen konnten. Denn die Kinder haben tagtäglich gehört: „Auch wenn du bei den Ks. wohnst, du bleibst doch ein Zigeuner." Nicht die Kinder sagten das, sondern die Klassenlehrerin. Die Zigeunerkinder müssen viel mehr beweisen als meine eigenen, sie haben es viel schwerer im Leben. Daß wir nach einem Jahr die Kinder, auch unsere eigenen, aus der Schule rausgenommen haben, mag vielleicht wieder ein Fehler gewesen sein, aber irgendwann hat es gereicht. Einmal sagte die Lehrerin zu Jocó: „Du darfst nachmittags nicht in der Schule bleiben, du mußt nach Hause gehen." Wie kann man ein Kind auf diese Art bestrafen? Alle Kinder freuen sich, wenn sie zu Hause sind, und diese Kinder bestimmt. Wie kann man einem Kind sagen, es ist eine Strafe für dich, wenn du bei deiner Mutter bist. Das war für mich so ein unmöglicher Gedanke. Ich bin keine Pädagogin, aber das paßte nicht. Na, und dann hat mein Mann gesagt, es reicht. Wir haben alle Kinder abgemeldet. Das war ein bißchen unangenehm, denn meine Tochter war im achten Schuljahr und gewann gerade Schülerwettbewerbe. Ich glaube aber nicht, daß es für sie irgendwie Nachteile brachte. Sie hat noch andere Lehrer kennengelernt, andere Menschen, ist auch viel selbständiger geworden. Jetzt gehen sie in eine vielleicht nicht so gute Schule, aber sie werden nicht benachteiligt. Man merkt's jedenfalls nicht so tagtäglich.

Mein Mann war Pädagoge, und damals gehörte es sich für einen Lehrer nicht, die Messe zu besuchen, kirchlich zu heiraten, Kinder christlich zu erziehen, das gefährdete die Stelle. Ich behaupte nicht, daß keiner der Lehrer damals in die Kirche ging, sie fuhren in andere Dörfer oder vom Dorf hier in die Stadt, wo man sie nicht kannte. Es gefährdete schon ein wenig, aber das war kein Grund, denn wenn ich's unbedingt gewollt hätte, wäre ich sicher auch hier weiter regelmäßig in die Kirche gegangen. Das war eher von zu Hause her ein übertriebenes Muß und dann wieder meine Trotzreaktion. Ich habe als Kind nie aus Überzeugung die Messe besucht, sondern immer nur, weil sich das so gehörte, und weil man das mußte. Meine ersten beiden Kinder wurden nur getauft, weil meine Mutter es wollte. Sie hat da so manches kaputtgemacht, gerade mit ihrem Zwang. Religionsunterricht gab es damals in den Schulen in Ungarn noch überhaupt nicht, nur in der Kirche. Na ja, nach dem großen Umschwung ..., jetzt gibt's kein rotes Halstuch mehr, jetzt kann man Religionsunterricht an der Schule nehmen. Die Kinder kamen aus einem staatlichem Heim, natürlich waren sie nicht getauft. Jetzt möchten sie auch in den Religionsunterricht gehen. Wenn sie wollen, sollen sie, besonders den Miki interessiert das. Er geht auch jeden Sonntag in die Kirche, in eine Franziskanerkirche. Dort gibt es junge Patres, die dürfen ja auch erst jetzt wieder den Orden erweitern. Er hat dort einen jungen Pater gefunden, der ihm sympathisch ist, der ihm extra Religionsunterricht erteilt, der ihm versprochen hat, daß er nach diesem Jahr getauft wird. Wir haben unsere Kinder überhaupt nicht religiös erzogen, auch unser Toni, das letzte Kind, ist nicht getauft. Das ist im Moment ein bißchen eine Streitfrage in der Familie. Mein Mann sagt: „Wir müssen ihn noch schnell taufen lassen, er wird sonst Nachteile haben. Wenn er in die Schule kommt, dann ist die große Sitte wieder da." Das ist so eine Wende, kann man sagen, eine hundert- oder dreihundertsechzigprozentige. Die bisher die ersten waren in der Partei, die sind jetzt die ersten in der Kirchenbank. Das stört mich schrecklich, jetzt gehört's halt dazu. Im vorigen Jahr hat die Klassenlehrerin von der Bözsi gemeint: „Wieso, das Kind ist das einzige, das nicht am Religionsunterricht teilnimmt." Das sagte mir eine Frau, deren Mann der zweite in der Partei war. Ja, der gesellschaftliche Wandel in Ungarn. Wenn ich ehrlich bin, ich spür' bloß ein schreckliches Durcheinander.

Die größere Wende ist schon in dem letzten kommunistischen Regime unter Miklós Németh, Gyula Horn geschehen. Das sind für mich größere Politiker als die jetzigen, denn die haben die Öffnung ermöglicht, die haben's erreicht, daß wir wirklich die Visumfreiheit in den Westen bekamen. Sie haben die größeren Handelsbeziehungen geschaffen, größeren Austausch, sie haben die DDR-Bürger hier 'rausgelassen, sie haben innerhalb ihrer kommunistischen Partei die Spaltung hervorgerufen und Reformen in die

Wege geleitet. Sie haben viel mehr gemacht, auch der Pozsgay, der jetzt ganz weg ist. Und die, die jetzt gekommen sind, haben auch einfach keine Übung. Wenn man im Fernsehen eine Parlamentssitzung sieht, hört man soviel dummes Zeug, das überhaupt nicht dahin gehört. Sie können sich drei Tage lang streiten, wie groß jetzt die neue Flagge werden, ob die Krone schief oder gerade stehen soll, also solche lächerlichen Sachen, die in einer richtigen Demokratie sicherlich nicht im Parlament besprochen werden, sondern viel früher. Ich persönlich sehe keinen Wandel, ich würde eine Veränderung sehen, wenn endlich auch mal jede Straße gefegt wäre. Jetzt sitzen nur andere Leute da, die sich genau die gleichen großen Gehälter in die Tasche stecken. Eine Partei redet gegen die andere, anstatt gemeinsam was Großes zu tun.

Mein Mann war ein Vierteljahr in der Partei, ganz am Ende ist er noch mit reingezogen worden. Erst hat er sich immer nicht für reif erklärt, er brauchte die politische Reife, er hat sich 'rausgeredet, solange er konnte. Als es schon anfing zu bröckeln, ist er in die Partei eingetreten, aber er hat sich nie sehr dafür interessiert.

Ich bin nicht stolz, daß ich Deutsche bin, aber ich bin auch keine Ungarin. Ich habe nie versucht, großen Kontakt aufzunehmen mit Ungarndeutschen oder mit denen aus der DDR, hier in der Stadt sind eine Menge DDR-Deutsche. Ich fühle mich einfach wohl oder genauso wohl unter Ungarn. Aber ich würde auch nicht die ungarische Staatsangehörigkeit annehmen. d.h. ich würde keinen Zirkus machen, damit ich da irgendwie etwas ändere. Zu Hause fühle ich mich hier, denn ich hab' hier meine Familie, ich hab' hier mein Haus, wir leben nicht im Luxus, aber ich glaube, ich könnte mir im Westen auch nicht viel mehr leisten. Meine Freunde hab' ich hier, eine kleine Verwandtschaft, obwohl wir durch die vielen Kinder nicht mehr sehr beweglich sind. Wenn meinem Mann was passieren würde, würde ich nicht zurückgehen, ganz sicher nicht. Als Ungarin fühle ich mich jedoch nicht.

Die Ungarn sind sehr nationalstolz. Im Prinzip sind es 15 Millionen, wovon nur 10 Millionen hier leben, aber so wie jetzt zum Feiertag wird ein großes Spektakel gemacht, warum in Rumänien die Ungarn nicht mit der Flagge 'rumlaufen dürfen. Die Deutschen feiern hier auch nicht mit einer deutschen Flagge, und die Ungarn in Österreich holen sie auch nicht für die ungarischen Feiertage hervor.

Die Ungarn sind sehr gastfreundlich. Sie bringen alles auf den Tisch, was sie nur haben, auch wenn sie nachher drei Tage lang Schmalzbrot essen, aber der Gast muß sich wohl fühlen. Es wird zehnmal so viel gekocht wie gegessen, es muß ordentlich was auf den Tisch kommen. Ich weiß aber nicht, ob ich das nur von zu Hause her kenne, wenn wir sechs Personen waren, waren höchstens sieben Schnitzel auf dem Tisch, aber nicht zwanzig. Es mag Sparsamkeit meiner Mutter gewesen sein, aber so übertrieben, wie die Ungarn das machen, ist es sicher nicht bei den Deutschen. Nachher muß es sich die Familie wieder absparen. Was mich noch sehr irritiert: die Ungarn sind stolz darauf, daß sie sagen können: „Ich hab' natürlich eine Wohnung, ich hab' ein Haus am Plattensee, ich hab' einen Weinberg und" – wenn möglich – „ich hab' ein Auto." Es ist ganz egal, wie das aussieht, aber man muß das haben, dafür heißt es: „... also ich brauch' keine guten Möbel, ich esse auch gern mein Schmalzbrot, ich mache auch keine Reisen." Auch wenn sie es von der Arbeit her gar nicht schaffen, die Arbeit im Weinberg, im Haus ... also es ist egal, daß dort im Hof Dreck liegt, Hauptsache, ich kann das, was ich habe, zeigen. In meinem Bekanntenkreis ist es auf jeden Fall so.

Die Scheidungsquote ist in Ungarn angeblich entschieden höher als in den westlichen Staaten. Ich glaube, das liegt an der berufstätigen Frau, den viel engeren Wohnverhältnissen, und das bewirkt sicher den viel größeren Alkoholkonsum.

Die ungarische Frau geht nun mal arbeiten und hat dann nur am Wochenende Zeit, von daher ist auch weniger Kontakt unter Frauen. Es gehört einfach dazu, daß die Frau hier berufstätig ist. Das ganze Regime war ja bisher so, es darf keine Arbeitslosen geben, es werden so viele Arbeitsplätze geschaffen, wie Werktätige da sind. Im Krankenhaus waren wir zu fünft, für die Arbeit hätten aber zwei gereicht. Die Arbeitszeit wird ganz sicher vergeudet, so viel Kaffee wie hier überall wird in keinem deutschen Büro getrunken, und dadurch ist es eben sehr schlecht bezahlt. Die Familie ist aber wiederum darauf angewiesen, daß die Frau wirklich mitverdient, denn von einem Gehalt kann man hier nicht satt werden, es sei denn, der Vater hat eine sehr gute Stelle. Es ist auch alles für arbeitende Mütter eingerichtet. Wenn ich meine Kinder in den Kindergarten schicken will, muß ich sie den ganzen Tag dort lassen. Das war für mich damals auch das Problem, meine Kinder sollen in den Kindergarten gehen, damit sie Ungarisch lernen, und ich sitze den ganzen Tag zu Hause und warte, daß meine Familie abends kommt. Wir hätten uns irgendwie leisten können, daß ich zu Hause geblieben wäre. Sicher ist, die ungarische Frau muß einfach berufstätig sein, damit die Familie ihren Lebensstandard halten kann, aber die ungarischen Frauen sind auch nicht in erster Linie Mutter, so wie die deutschen Mütter. In meinem Bekanntenkreis gibt es viele Frauen, die nach dem halben Jahr Mutterschaftsurlaub ihr Kind in die Kinderkrippe gegeben haben. Die Möglichkeit ist da, sie geht lieber wieder arbeiten, obwohl es finanziell keinen großen Vorteil bringt. Ungarische Frauen wollen Karriere machen, meiner Meinung nach viel eher als eine deutsche Frau. Ein halbes Jahr lang wird den Müttern volles Gehalt gezahlt, das heißt, sechs Monate erzieht jede Mutter ihr Kind zu Hause. Danach gibt es zwei Jahre lang so um die 75% des Lohnes. Der Staat macht möglich, daß die Mütter drei Jahre lang zu Hause bleiben können, wenn sie das möchten. Das wird als Arbeitsverhältnis anerkannt, doch nicht sehr genützt. Man hört von vielen ungarischen Müttern: „Ich langweile mich mit meinem Kind, ich weiß nicht, was ich mit meinem Kind machen soll." Ich glaube, das wird sich jetzt ändern, schon dadurch, daß die Arbeitslosigkeit kommt, man wird eher die Frauen nicht mehr weiterbeschäftigen. Wir werden sehen, wie weit der Mutterschutz dann gehen wird, ob die Frauen nach zwei, drei Jahren Kinderpause wieder angestellt werden, die Gesetze sind erst noch im Kommen. Ich würde sagen, wenn es schon immer mehr Arbeitslose gibt, sollte man einen Schritt in die Richtung tun, daß die Männer besser bezahlt werden und man dafür die Frauen zu Hause läßt, wenigstens, solange die Kinder klein sind ... aber das macht wieder so eine altmodische Kleinbürgerin.

Ich bin nicht so pessimistisch, was die Zukunft hier anbelangt.

Wohnungsnot gab's immer und wird es auch sicher weiter noch geben, wenn nicht irgendwas ganz Tolles passiert. Junge Ehepaare wohnten immer bei den Eltern in den kleinen Wohnungen oder zur Untermiete. Die Arbeitslosigkeit wird sicher steigen ... Doch wenn die Deutschen damit fertig werden, dann wird man es auch in Ungarn schaffen. Es muß nur eben umorganisiert werden. Ein Problem hier ist die Organisation, daß Gesetze noch fehlen, und dies und jenes fehlt. Die Inflation ist ganz schrecklich. Das bekommen wir in der großen Familie sehr zu spüren, die Lebensmittel sind sehr teuer geworden. Bisher konnten wir wenigstens ein bißchen auf die Seite tun für irgendwas Größeres, aber momentan geht das nicht.

Ich habe Kinder, für die Kinder muß es Zukunft geben. Ich meine, wenn alle nur sagen, es wird nicht weitergehen, dann geht's bestimmt nicht weiter. Man darf nicht aufgeben. Es wird besser werden, früher oder später.

Sieben Jahre lang hat Maria als Pflegemutter gearbeitet. Am Telefon erzählt sie mir: „Es hat genauso viel Mut gebraucht, zu sagen ‚Ich tu's nicht mehr' wie ‚Ich mach's weiter'." Mit den drei größeren Jungen ist sie noch in Kontakt, zwei ihrer eigenen Kinder haben bereits das Studium abgeschlossen. Maria arbeitet heute als Deutschlehrerin in einer Schule.

Oktober 1994

Wer bringt die Liebe hinüber
Bin ich einst tot, wer betet dann
für mich die Grillenfidel an,
wärmt Zweige, rauhreifüberzogen?
Wer spannt sich auf den Regenbogen,
umarmt als weich gewellte Wiesen
weinend die Knie der Felsenriesen?
Und wer liebkost die Mauerfugen,
wo Haare, Adern Wurzeln schlugen?
Wer wird zerstörten Glaubens Grauen
aus Flüchen einen Dom erbauen?
Bin ich einst tot und sink hinab,
wer schreckt von mir die Geier ab?
Wer wird die Liebe in den Zähnen
ans andre Ufer retten können?
László Nagy*

BOGLÁRKA, Schriftstellerin
44 Jahre, Witwe

„Ich bin mit dieser Angst zur Welt gekommen."

Meine Freundschaft mit Boglárka beginnt 1993. Immer wieder bringt sie mich durch ihr Verhalten und Handeln zum Staunen, erst nach diesem Gespräch beginne ich, ihre Einstellung zum Leben auch zu verstehen. Es ist ein Leben, das durch und durch von Politik bestimmt worden ist, und trotzdem oder gerade deshalb sagt sie: „Politik hat mich nie interessiert." Fast immer stand sie auf der falschen Seite und mußte Prügel, im wörtlichen und übertragenen Sinne, einstecken.

Bei unserem Gespräch spüre ich, daß mir eine Schriftstellerin gegenüber sitzt. Sie erzählt chronologisch und klar, weiß genau, was sie sagen will, selektiert die Informationen. Manchmal zittert sie leicht, kommt ins Stocken, doch sie versucht, keine Emotionen aufkommen zu lassen, keine Schwächen zu zeigen. Manchmal lacht sie schallend auf.

---

*a.d. Ung.: Annemarie Boestroem, aus: *Ungarische Lyrik des zwanzigsten Jahrhunderts*, © Aufbau-Verlag Berlin und Weimar, 1987.
Abdruck mit freundlicher Genehmigung des Verlages.

Boglárka bewohnt alleine ein großes Haus in einem winzigen Dorf nicht weit von Budapest. Eine schmale, holprige Straße durch einen Wald führt zu ihrem Grundstück, das von zwei bissigen ungarischen Hirtenhunden bewacht wird. Die geschmackvolle Einrichtung erinnert an ehemaligen Wohlstand. Hohe Bücherwände zieren das Wohnzimmer. Mit ihrem Mann gemeinsam hat sie dieses Haus gebaut. Jetzt fühlt sie sich oft einsam dort draußen.

Ich bin in der Hortobágy, im Osten des Landes, in einem Arbeitslager geboren worden, und das bestimmt auch mein ganzes Leben.

Wir haben unter sehr unmenschlichen Umständen gelebt, in einem Stall für Schafe. Auf der einen Hälfte haben die Tiere gehaust, und auf der anderen Hälfte die Familien, auf Heu, ganz gut situierte Familien, Intellektuelle, Ingenieure, Juden. Leute, die irgend etwas besessen haben, ein Haus oder eine Villa, oder auf irgendeine Weise mit dem System nicht einverstanden waren, wurden angezeigt und dann einfach weggebracht. Meine Eltern haben eine Villa in Buda gehabt, und einen Tag später ist dort eine Genossin eingezogen. Nach dem Arbeitslager konnten wir nicht mehr zurückkehren, nicht einmal mehr nach Budapest. Ich bin wie gesagt in diesem Arbeitslager geboren, und als Säugling habe ich eine Hirnhautentzündung bekommen. Es war nicht sicher, ob ich überhaupt am Leben bleibe, deshalb bin ich bis 1953 gar nicht offiziell registriert worden. Die Leute, die auf diese Weise umgesiedelt worden waren, wurden von bewaffneten Männern bewacht. Sie sind oft verprügelt worden, auch meine Eltern, weil sie untereinander deutsch oder französisch gesprochen haben. Das hat den Wachleuten nicht gefallen, denn sie konnten diese Sprachen nicht verstehen. Man durfte überhaupt nicht reden, wenn, dann nur auf Ungarisch. Es ist auch oft vorgekommen, daß Frauen, die dort gelebt haben, von den Wachleuten vergewaltigt wurden. Das ist auch meiner Mutter passiert. Mein Vater wäre beinahe halb tot geschlagen worden, weil er versucht hat, meine Mutter zu verteidigen. In meiner Mutter lebt die Angst, und in mir auch, weil ich mit dieser Angst zur Welt gekommen bin. Meine Eltern, die Leute dort, haben gearbeitet. Sie mußten den Acker bearbeiten, damit Reis angebaut werden konnte. Der Boden, eine Weide, war für diesen Zweck überhaupt nicht geeignet. Es gab auch eine LPG, die Kühe hatte. Meine Mutter mußte als Melkerin arbeiten, obwohl sie vorher noch nie eine Kuh aus der Nähe gesehen hatte. Sie ist adeliger Herkunft, die Tochter eines heruntergekommenen Barons, aber sie wurde in einem Schweizer Internat erzogen. Eigentlich haben wir nichts mehr besessen, weil mein Großvater das ganze Geld ausgegeben hatte, z.B. auch in Paris beim Kartenspielen, oder für Frauen. Es war eigentlich nur mehr der Ruhm der Vergangenheit, geblieben war die Villa in Budapest. Sie wurde dann beschlagnahmt, und wir hatten gar nichts mehr. Mein Vater stammt aus Siebenbürgen. Seine Familie mußte von dort fliehen, da mein Großvater noch während des ersten Weltkrieges Rumänen getötet hatte, die seine Frau vergewaltigen wollten. Die Familie hat viel Land besessen, auch Mühlen, Wälder und Felder, die sie bewirtschaftet haben. Sie mußten über Nacht fliehen und sind hier mit Nichts angekommen. Mein Großvater – also der Vater meines Vaters – hat dann eine Arbeit auf dem Landgut von Miklós Horthy bekommen – als Haupttrittmeister des Gestüts von Horthy. Wie schon gesagt, meine Mutter mußte als Melkerin arbeiten, und sie mußte zweimal am Tag die Kühe melken. In der Nacht konnte sie nur so auf dem Heu schlafen, daß auf beiden Seiten Eimer mit Wasser standen, und ihre Hände waren im Wasser, weil sie so angeschwollen waren und so geschmerzt haben, daß sie sonst nicht hätte schlafen können. 1956[1)] sind wir dann nach Túrkeve gezogen, wir durften nicht mehr zurück nach Budapest, sondern in Túrkeve wurde irgendeine Unterkunft angegeben, und wir mußten dorthin.

1956, als das passierte, von dem ich nicht weiß, wie ich es bezeichnen soll, Revolution oder Konterrevolution, ich komme immer in Verlegenheit, wenn es um die Bezeichnung geht ... Also 1956 wollten meine Eltern das Land verlassen, sie wollten in die Schweiz. Dort lebte eine Freundin meiner Mutter. Sie sind aber dann doch nicht weggegangen, weil meine Schwester, die 1953 im Arbeitslager geboren wurde, schwer krank war, eine Herzmuskelentzündung. Meine Eltern mußten all ihr Geld für die Ärzte ausgeben, und in der Zwischenzeit wurden die Grenzen gesperrt. So sind wir dann doch hiergeblieben, und ich habe in Túrkeve die Grundschule besucht.

Das größte Problem war, daß mein Vater 1966 gestorben ist, als ich die achte Klasse der Grundschule besuchte. Ich war damals 16 Jahre alt. Wir standen mit Nichts da, wir hatten nichts zu essen, kein Brot, gar nichts. Meine Mutter konnte wegen ihrer Vergangenheit keine Arbeit finden. So mußte ich einspringen. Mit Beziehungen habe ich eine Stelle als Gehilfin eines Kuhhirten bekommen. Das war wirklich etwas Besonderes, denn diese Arbeit wurde sonst immer von Männern gemacht. Es war auch eine saisonale Arbeit, vom Frühling bis zum Herbst, und ich habe für die ganze Saison 200 kg Weizen und monatlich 400 Forint bekommen. Damals war das eine riesengroße Summe. Meine Schwester hat dann Frisörin gelernt. Das war auch etwas ganz Besonderes, daß sie diese Schule besuchen konnte. Und zwar hatte meine Mutter einen Skandal verursacht. Sie sagte, wenn meine Schwester das nicht machen kann, dann sollen wir alle an die Wand gestellt und erschossen werden, ansonsten würden wir halt verhungern. Dann ist ein Wunder geschehen: Meine kleine Schwester wurde in diese Schule aufgenommen.

Für mich gab es dort kaum Möglichkeiten mehr. Ich bin dann nach Budapest gekommen, und wiederum mit Beziehungen habe ich eine Arbeit gefunden. Ich habe als Hilfsarbeiterin auf Csepel in einer Fabrik angefangen. Dort habe ich monatlich 450 Forint verdient. Ich konnte in einem Arbeiterheim der Fabrik wohnen. Das war so eine Zeit in meinem Leben – ich war 16 Jahre alt –, in der ich immer Hunger hatte. Mit meinem Lohn mußte ich alles bezahlen, meine Unterkunft, mein Frühstück, mein Mittagessen. Ich mußte auch Geld nach Hause schicken, weil meine Schwester noch die Schule besuchte. Damals habe ich immer einen Liter Sonnenblumenöl und Brot gekauft. Das Brot habe ich in Stücke gebrochen, ins Öl getan, gesalzen, und das habe ich hauptsächlich gegessen, auch am Wochenende. Dazu habe ich Wasser getrunken. Ja, so war's. Das ging ein paar Jahre so. Ich wäre sehr gerne in die Schule gegangen, aber das ging nicht, weil die KISZ mich nicht unterstützt hat. Sie hat mich nicht empfohlen. Ich war zwar Mitglied dieser Organisation, doch ich habe den Sekretär verprügelt, weil er mit mir frech war. Ich hätte seine Empfehlung gebraucht, damit hätte mich auch die Gewerkschaft empfohlen, und dann hätte ich auch die Abendschule besuchen können.

Mit 18 bestand meine Arbeit darin, die verschiedenen Teile der Maschinen mit Petroleum zu waschen, oder ich habe acht Stunden am Tag mit der Maschine Isolierstoffe, Asbest geschnitten. Innerhalb der Fabrik gab es die Möglichkeit, einen anderen Arbeitsplatz zu bekommen. Das war wichtig, weil ich so in diesem Heim bleiben konnte. Hätte ich zur Untermiete wohnen müssen, hätte das die Hälfte meines Lohns gekostet, und ich hätte meine Schwester und meine Mutter nicht unterstützen können. Ich besuchte innerhalb der Fabrik eine Schule und wurde als Kesselheizerin ausgebildet. Ich habe zwölf Stunden Schicht gemacht, von sechs Uhr morgens bis sechs Uhr abends, manchmal in der Nacht von sechs Uhr abends bis sechs Uhr in der Früh. Ich war die einzige Frau unter den vielen Männern in dieser Schule, und ich habe sie mit dem Prädikat „Ausgezeichnet" absolviert. Das war für mich von großer Bedeutung. So habe ich monatlich schon 1200 Forint verdient, soviel wie ein Mann. Es war sehr wichtig für meine Existenz, daß ich sehr gut arbeite und sehr gut in der Schule bin. Doch dann habe ich wieder einen Fehler begangen. Man hätte mich nämlich beinahe wieder fürs Abendgymnasium empfohlen, nur dieses Mal habe ich den Sekretär der Gewerkschaft verprügelt. Ich wurde mit der Begründung abgelehnt, daß ich in einer sozialistischen Gemeinschaft nicht leben und mich nicht benehmen kann. Das ist eigentlich nur deshalb passiert, weil ich mich nicht habe vergewaltigen und demütigen lassen.

Im Rahmen einer Literaturausschreibung wurde ein Abschnitt aus einem Roman von mir veröffentlicht. In der Fabrik gab es eine Zeitung mit dem Namen „Csepel". Darin erschien diese Ausschreibung, und später auch mein Text. Von diesem Zeitpunkt an habe ich irgendwo hingehört. Ich war nun freie Mitarbeiterin dieser Zeitung, ich habe Artikel über die Arbeiter in der Fabrik geschrieben. Der Dichter Lajos Tamási war für Literatur zuständig. Seine Gedichte konnte man '56 überall lesen – „Rotes Blut fließt auf den Pester Straßen“ wurde an Wände von Budapester Häusern plakatiert. Er mußte damals auch ins Gefängnis, und damit er nicht verhungert, hat er später die Stelle bei dieser Zeitung bekommen. Dieser Mann hat eine sehr wichtige Rolle in meinem Leben gespielt, er hat den Platz meines Vaters eingenommen. Seine Familie, seine Frau und seine Töchter waren meine Familie, ich konnte sie am Wochenende besuchen. Er hat meinen Geschmack beeinflußt. Ich habe ja immer sehr viel gelesen, ich habe unter Buchstabenhunger gelitten, und alles, was ich in die Hände bekommen habe, habe ich gelesen. Nach seinen Ratschlägen habe ich meine Lektüre ausgewählt und selektiert, alles mögliche, die französischen Klassiker, auch deutsche, englische, amerikanische Literatur, alles, was man damals bei uns in der Bibliothek finden konnte. Dort gab es einen Klub, „Der Klub des arbeitenden Lesers“, man darf nicht vergessen, wir sind auf Csepel. In diesen Klub wurden Schriftsteller und Künstler eingeladen. So konnten wir dort ungarische Schriftsteller und Dichter persönlich kennenlernen. Im voraus wurde immer angekündigt, wer kommen würde, z.B. Péter Veres, und dann haben wir alles, was man so von ihm bekommen konnte, gelesen, um dann auch darüber zu diskutieren. Wir waren somit immer auf dem letzten Stand, wir hatten immer die neuesten Sachen, wir wußten das ganze Jahr im voraus, wer kommen würde, z.B. auch Sándor Csoóri oder István Csurka. Einerseits konnten wir uns vorbereiten und alles lesen, und andererseits galt das auch für die Schriftsteller, weil sie einen direkten Kontakt zum Publikum hatten und sich auch vorbereiten konnten. Das war wirklich ein Erlebnis für alle und alles diesem Lajos Tamási zu verdanken, der das organisiert, und, ja, unseren geistigen Hunger gestillt hat. Dann war aber auch diese schöne Welt zu Ende.

Es ist folgendes passiert: In Túrkeve, wo meine Mutter mit meiner Schwester gewohnt hat, riß ein riesengroßer Sturm das Dach vom Haus. Ich mußte mir überlegen, wie man das Dach reparieren konnte. Mit dem Geld, das ich verdient habe, konnte ich das nicht bezahlen. Außerdem ging es mir auch nicht so gut an meinem Arbeitsplatz, ich hatte so ein angespanntes Verhältnis, weil ich ja diesen Gewerkschaftssekretär verprügelt hatte. Diese Lage war nicht mehr zu halten, wegen dieser Prügelei konnte ich ja das Gymnasium nicht besuchen. Damals hat man am besten in der Bauindustrie verdient. Das war die Zeit, wo gesagt wurde, wir bauen den Sozialismus mit auf. Man hat mit dem Bau der großen Wohnsiedlungen begonnen, diese Neubauwohnungen in Kelenföld, Újpalota und Óbuda. Es wurden sehr viele Hilfsarbeiter gebraucht, und man bezahlte sie auch sehr gut. Für mich war es wichtig, daß ich dort in so einem Arbeiterwohnheim wohnen konnte. Das kostete mich nur 120 Forint im Monat, das Zimmer wurde jeden Tag geputzt, und alle zwei Wochen haben wir frische Bettwäsche bekommen. Wir hatten die Möglichkeit zu waschen, zu kochen, das war wirklich etwas Besonderes. Der Nachteil war, daß es in jedem Zimmer acht Betten gab, so Stockbetten. Ich habe als sogenannte Mörtelmarie zu arbeiten begonnen; so wurden die Frauen genannt, die Mörtel gerührt haben. Das war das größte Erlebnis meines Lebens. Die Leute, mit denen ich zusammengearbeitet habe, waren alle ganz interessante Figuren. Viele von ihnen standen unter Polizeiaufsicht, d.h. sie kamen aus dem Gefängnis bzw. mußten sich regelmäßig jede Woche bei der Polizei melden. Es waren Leute, die meistens aus politischen Gründen eingesessen haben, und auch Barone, Grafen und Pfarrer. Mit denen gemeinsam habe ich Mörtel gerührt. Es waren aber auch Leute darunter, die wegen Vergewaltigung ein Jahr im Gefängnis sitzen mußten. Dort arbeiteten auch ganz viele Zigeuner und eine militärische Einheit, so eine Kompanie, also Soldaten. Es war eine äußerst schwere Arbeit, auch deshalb, weil es fast jeden Tag zu einer Prügelei kam, und fast jeden Tag wurden Frauen vergewaltigt. Ich war auch sehr oft in Schlägereien verwickelt. Die Maurer, mit denen ich in dieser Brigade gearbeitet habe, haben Wetten abgeschlossen, wer welche Mörtelmarie aufs Kreuz legen wird. Um mich wurde auch eine Wette abgeschlossen, und dem einen Maurer, der es mit mir versucht hat, habe ich so auf den Kopf geschlagen, daß er dort ein paar Stunden liegen geblieben ist. Dieser Mann wollte mich dann mit drei anderen Typen packen. Das war wirklich so eine Situation, daß der eine mich von hinten um den Hals gehalten und mich gewürgt hat, und dann habe ich es doch irgendwie geschafft, ihm mit der Hand zwischen die Beine zu greifen, da hat er mich losgelassen. Vor allen habe ich dann gesagt: „Denjenigen, der noch einmal versucht, mir etwas anzutun, werde ich töten." Das habe ich mit so einem Haß gesagt, daß man mich dann in Ruhe gelassen hat. Ich bin wirklich mit einem blauen Auge davongekommen, dank meiner Entschlossenheit und Kraft. Aber wirklich, jeder Frau, oder fast jeder Frau ist es passiert.

Immer wenn ich einen Auftrag zu einer Arbeit bekomme, dann versuche ich, sie am besten zu machen. Auch meine Vorgesetzten haben gesehen, daß ich fleißig bin und mich nicht vor der Arbeit drücke. Das einzige, worum ich mich gekümmert habe, war die Arbeit, und daß ich viel Geld nach Hause bringe. Man konnte sich in der Berufsschule der Fabrik bewerben, wo die Facharbeiter ausgebildet wurden, die dort gebraucht wurden. Folgende Möglichkeiten gab es: Maurer, Zimmermann, Schlosser und Kranfahrer. Faszinierend habe ich den Turmdrehkran gefunden. Dort ist man allein! Wenn man dort jemanden sekkieren will, muß man 35 Meter hinaufklettern. Die meisten sind halt feige und haben Angst vor der Höhe, der Kran bewegt sich. Ich wollte Kranfahrerin werden! In der damaligen Zeit war es wirklich eine Seltenheit, daß eine Frau diese Arbeit machen wollte, deshalb hatte ich ein Gespräch mit der Partei. Ich war sehr aufgeregt, weil ich Angst hatte, wieder abgelehnt zu werden. Dann ist mir die Lehre eingefallen, die mir meine Mutter eingeprägt hat: „Wenn man dich danach fragt, was deine Eltern sind, mußt du sagen, sie sind dreckige Bauern, aber ich bin noch dreckiger. Wenn ihr das sagt, dann läßt man euch in Ruhe!" Sie hat gemeint, dieses System braucht so ungebildete Leute. Als man mich gefragt hat, habe ich wirklich gesagt, meine Eltern sind Bauern gewesen, und ich bin ein noch größerer Bauer, aber ich möchte am Sozialismus bauen, das ist mein einziger Traum. Das hat ihnen so gefallen, daß sie eingewilligt haben – oh Wunder. In Debrecen habe ich dann eine Schule für Großmaschinen besucht, wo ich einen Platz in einem Heim und Gehalt bekommen habe. Diese Schule habe ich mit einem Gut (also einer ungarischen Vier) absolviert. Das war ziemlich schwierig, wir mußten alles über die Maschinen wissen, wie der Kran aufgebaut ist, ein Teil war Theorie, und ein Teil war Praxis. Nach der Schule bin ich dann zurückgekehrt nach Budapest in diese Fabrik. Dort hätte ich auch als Kranfahrerin arbeiten können, bei diesen Neubauwohnungen, die Fertigteile mit dem Kran hinfahren und einbauen. Nur mußte man das auch in der Nacht tun, und ich sehe im Dunkeln nicht so gut, überhaupt in 30 Metern Höhe. Ich habe mich deshalb umschulen lassen, um mit anderen Maschinen – also nicht auf einem Kran – zu arbeiten. Ich legte noch eine Prüfung ab und konnte dann einen Bagger fahren. Nach einer weiteren Prüfung konnte ich dann einen Bulldozer mit Kettenantrieb und einer Schaufel vorne betätigen, und dann noch mit einer anderen Prüfung eine Stapelmaschine. Weiters noch eine tragbare Dampfmaschine. Man hat gesehen, daß ich alle diese Prüfungen mache, und daß ich fleißig bin. Nun ja, so besuchte ich innerhalb der Fabrik noch eine andere Schule. Ich bin in Ungarn die einzige Frau, die Baumaschinenmechanikerin ist.

Endlich durfte ich auch das Gymnasium besuchen und so eine Art Fernstudium machen. In das József Attila-Gymnasium hier in Budapest wollte man mich nicht aufnehmen. Ich war sehr wütend darüber, weil ich nun doch endlich eine Empfehlung von meinem Arbeitsplatz hatte. Damals war ich 22 Jahre alt. Ich habe den Direktor des Gymnasiums aufgesucht und ihn gefragt, warum er mich nicht nehmen will. Ich habe ihm gesagt, er soll mich nicht wegen meiner Herkunft bestrafen, ich könne nichts dafür, daß meine Eltern umgesiedelt wurden. Ich mußte unbedingt das Abitur machen, da ich dann studieren wollte. Er hat geantwortet, daß ich deshalb nicht aufgenommen werde, weil es in den Klassen überhaupt keine freie Bank mehr gäbe, es gibt keinen Platz für andere. Dann habe ich ihm gesagt, das macht nichts, ich werde jedes Mal einen Stuhl mitnehmen. Da mußte er lachen und war auf einmal einverstanden. Ich habe dann wirklich einen Monat lang immer einen kleinen Hocker mitgeschleppt. Zum Glück blieben einige Schüler mit der Zeit weg.

Ich habe sehr viel gearbeitet, auch samstags und sonntags, und schon sehr viel Geld verdient. Ich konnte eine Wohnung beantragen, d.h. die Leute, die in der Fabrik gut arbeiteten, hatten die Möglichkeit, mit bestimmten Begünstigungen eine Wohnung zu kaufen. Ich hätte auch gerne so eine Wohnung mit anderthalb Zimmern gehabt, das war damals die kleinste Wohnung. Das Frauenheim war der Hölle gleich, ich wollte unbedingt weg. Anderthalb Jahre lang habe ich gearbeitet, ohne Feiertage, an Wochenenden, ich habe auch keinen Urlaub gehabt. Inzwischen habe ich auch das Gymnasium besucht und die Prüfungen absolviert. Ich träumte von dieser eigenen Wohnung. In Gedanken habe ich diese Wohnung mit Möbeln eingerichtet. Ich habe so gespart, daß mein Abendessen ein einziger Kaugummi war, weil der nur einen Forint gekostet hat. Dann ist mir auf einmal aufgefallen, daß Leute die Wohnung bekommen, die sich viel später gemeldet hatten als ich. Ich habe bei der Gewerkschaft nachgefragt, wie das möglich ist. Am Anfang wollte der Mann mir die Wahrheit nicht sagen, er hat nur gelogen. Ich flehte ihn an, Onkel Toni, sagen Sie mir bitte die Wahrheit, was ist los. Er war so ein alter Mann, der mich sehr respektiert hat, er wollte mich nicht kränken, und deshalb wollte er mir nicht die Wahrheit sagen. Dann rückte er doch damit heraus: Ich würde die Wohnung bekommen, wenn ich mit all diesen Männern schlafen würde, deren Unterschriften auf dem Papier sind. Wir haben ausgerechnet, daß ich ungefähr mit sechs Vorgesetzten hätte schlafen müssen. In mir entstand so ein Ekel und eine solche Enttäuschung, alle meine Träume waren auf einmal hin. Ich habe all das Geld zusammengehabt, 40.000 Forint für eine Anzahlung, auch das Geld für die Möbel. In meiner Freizeit bin ich immer sehr gerne in Möbelgeschäfte gegangen und habe mir alles schön ausgesucht.

Zu diesem Zeitpunkt lernte ich meinen Mann kennen. Inzwischen hatte ich das Gymnasium absolviert und mich an der Hochschule beworben. Für meine gute Arbeit habe ich auch die Einwilligung, die Unterschrift, bekommen. Ich hatte ein Tief, war sehr deprimiert wegen dieser Wohnungsgeschichte.

Dann habe ich eine Lesung in Csepel gehabt, ich hatte ein Drama geschrieben. Mein Mann hat seine Dramaturgin dort hingeschickt, man muß wissen, daß mein Mann Regisseur war. Diese Frau hat ihm dann erzählt, es wäre interessant, dieses Thema zu bearbeiten und daraus einen Film zu machen. Ohne daß wir es wußten, hatten wir einen gemeinsamen Bekannten, einen Dichter. Wir haben uns dort bei S. in der Wohnung getroffen. Mein Drama war auf Tonband aufgezeichnet. Die Frau des Dichters und er selbst haben sehr gerne Wein getrunken. Ich war sehr verärgert, weil er während des Zuhörens immer seine Frau gefragt hat: „Sag mal, meine Liebste, wohin hast du den Wein versteckt?" Sie haben sich gestritten, weil jeder dem anderen verboten hat, weiterzutrinken, und sie haben immer mehr getrunken. Ich war sehr wütend, wir wollten uns das Drama anhören, und sie stritten sich um den Wein. Inzwischen hat mich mein Mann, den ich dort das erste Mal gesehen habe, sehr genau angeschaut, und das hat mich auch gestört. Ich war schon dabei wegzugehen, ich habe mir gedacht, das war alles umsonst, die Inbrunst, mit der wir uns das hätten anhören müssen, hat gefehlt. Ich war tief beleidigt. Und als ich dann sagte, ich muß jetzt gehen, stand auch mein Mann auf. Wir sind dann gemeinsam weggegangen. Auf dem Weg haben wir uns unterhalten. Es hat sich herausgestellt, daß ich auch Filme von ihm kannte. Er hat Kurzfilme, populärwissenschaftliche Filme gedreht, aber auch Spielfilme. Er fragte mich, ob ich mit jemandem zusammen bin, ich verneinte. Er erzählte mir, daß er geschieden sei und zusammen mit seiner Tochter in einer Neubauwohnung lebt. Er wollte, daß ich ihn besuche und wir gemeinsam an einem Drehbuch arbeiten. Ich habe mich sehr gefreut. Wir haben uns verabredet und uns in seiner Wohnung getroffen. Ich bin in aller Ruhe dort hingegangen, ich war gewohnt, so alleine wegzugehen, so frei zu sein. Mit meinen Bekannten, so Studenten, sind wir oft abends bei jemandem zusammengesessen, haben Schmalzbrote gegessen und Wasser getrunken, und wir wollten die Welt erlösen. Ich habe keinen Verdacht geschöpft. Ich bin zu ihm gegangen, und da hat sich herausgestellt, daß seine Tochter nicht da war. Das ist keine romantische Geschichte in meinem Leben. Ja, mein Mann war Regisseur, und er war wahrscheinlich gewohnt, daß die Frauen sich hingeben, wenn er nur einmal winkt. Es ist folgendes passiert: Ganz unerwartet hat er gegrapscht, also an meinen Busen gefaßt, ich habe ihm eine riesengroße Ohrfeige gegeben, so daß ein Stuhl gebrochen ist. Ich saß in einem Schaukelstuhl und habe auch die

Lehne getroffen. Ich bin weggerannt und habe die Tür so zugeschlagen, daß der Putz 'runtergebröckelt ist. Ich haßte die ganze Welt. Am nächsten Tag hat mir mein Mann einen Riesenstrauß Rosen mit einem Brief geschickt. Man muß wissen, daß ich noch in diesem Arbeiterwohnheim wohnte, als der Bote dort mit dem Strauß ankam. Dieser Bote hatte einen großen Erfolg, alle Pförtnerinnen schnupperten an den Rosen. In dem Brief entschuldigte er sich, er schrieb, daß er sich für sein Verhalten schäme, nicht wisse, wie das passieren konnte ... Dann haben wir uns getroffen, wir sind zusammengekommen, und daraus wurde eine große Liebe. Einige Monate später hat er mich geheiratet. Er hat auch gesagt, daß diese Ohrfeige rechtzeitig für ihn kam. Von diesem Zeitpunkt an haben wir zusammengearbeitet, und damit hat sich auch mein Wohnungsproblem gelöst. Inzwischen besuchte ich schon die Hochschule für Grundschullehrer. Ein Semester habe ich in Eger studiert. Das war ganz schwierig, das Geld war knapp, ich konnte meine Mutter nicht mehr unterstützen. Ich habe dann in Budapest weitergemacht, mit einem Fernstudium.

Zu dieser Zeit habe ich das Drehbuch für einen Spielfilm geschrieben. Daraus wurde aber nichts. Der damalige Kultusminister György Aczél hat es nicht genehmigt. Er hat gesagt, daß meine Werke den Sozialismus schwächen würden. Ich müßte etwas schreiben, was glücklich ist und in die Zukunft zeigt, nicht so etwas Pessimistisches. Als ich meinen Mann kennengelernt habe, wollten drei verschiedene Theater mein Drama auf die Bühne bringen, der Kultusminister hat es auch nicht genehmigt. Das Drehbuch habe ich dann umgeschrieben, daraus wurde ein kurzer Roman, der 1980 erschienen ist. Inzwischen absolvierte ich diese Hochschule und arbeitete mit meinem Mann zusammen. Ich habe für ihn geschrieben. Mein Mann hat ein sehr abwechslungsreiches Leben geführt. Er und der Genosse Aczél haben gemeinsam studiert und die Schauspielhochschule besucht. Sie waren in einer sehr berühmten Klasse. Mein Mann hat meistens die Hauptrolle bekommen, der Genosse Aczél immer die kleinste, winzigste und letzte Rolle. Später hat ihm mein Mann die Frauen ausgespannt. Der Genosse Aczél war sehr verärgert. Er wollte sich scheiden lassen, doch als Minister konnte er sich das moralisch nicht leisten. Mein Mann hatte viele Schauspielerinnen, hübsche, junge. Wenn mein Mann etwas machen wollte, legte ihm der Genosse Aczél Steine in den Weg. Ja, mein Mann war 33 Jahre älter als ich. Dieser Minister hielt es für unmoralisch, daß mein Mann eine so junge Frau heiratet. Als er erfahren hat, daß ich mit meinem Mann zusammenarbeite, hat er alles getan, um uns an der Arbeit zu hindern. Wir haben das so gelöst, daß die Drehbücher, die ich schrieb, unter dem Namen meines Mannes erschienen, und dann wurden wir in Ruhe gelassen. Später ist dann mein zweiter Novellenband erschienen.

Ich habe immer große Sehnsucht nach Kindern gehabt, ich wollte viele Kinder, vier oder fünf. Damals hatte ich eine Fehlgeburt im neunten Monat. Das war so ein Schock für mich, daß ich monatelang nicht sprechen konnte. Wir sind zu Psychologen und Logopäden gegangen. Dieser Schock hat auch meinen Sprachfehler verursacht, erst allmählich habe ich wieder zu sprechen begonnen.

Dann ist ein Roman von mir beim Szépirodalmi Verlag erschienen. Der Genosse Aczél konnte nicht verhindern, daß wir auch Filme für das ungarische Fernsehen gemacht haben. Ein Film, wo auch schon mein Name aufscheinen konnte, hat einen Preis bekommen, und ich bin sehr stolz darauf. Wir haben dann auch einen Spielfilm gedreht, wozu ich das Drehbuch geschrieben habe, und auch da schien wieder mein Name auf. Von da an war immer mein Name als Drehbuchautorin zu sehen.

Ich möchte noch sagen, daß wir ein sehr schönes Leben geführt haben. Als Menschen haben wir sehr gut zueinander gepaßt. Viele Leute haben meinem Mann gesagt, ich würde ihn in einem Jahr auspressen wie eine Zitrone und dann wegschmeißen und mir die Wohnung behalten. Das sei mein Ziel. Ich habe etwas für ihn getan, was nicht viele Frauen für ihren Mann tun würden. Ich habe geschworen, eine Hochschule für Krankenschwestern zu besuchen. Es ist folgendes passiert: An einem Abend saß mein Mann auf der Toilette, auf einmal kam Blut aus ihm, er wäre fast gestorben. Wir wohnten im vierten Stock, und die Haustür war immer abgeschlossen, kein Fremder konnte so ohne weiteres ins Haus kommen. Als wir auf die Rettung gewartet haben, bin ich jede Minute hinunter gerannt. Da standen Mülltonnen vor dem Haus, und ich kniete mich hin, obwohl ich nicht religiös bin. Aber wenn man in Schwierigkeiten steckt, sagt man nicht „oh meine Partei", sondern „oh mein Gott". Ich habe mich vor die Mülltonnen hingekniet und Gott geschworen, wenn du mir nicht meinen Mann nimmst, werde ich etwas für dich tun. Dann kam die Rettung, und mein Mann wurde ins Krankenhaus gebracht. Die Ärzte sagten mir, sie könnten nichts mehr für ihn tun, mein Mann würde am nächsten Tag in der Früh sterben. Ich konnte mich damit nicht abfinden, er war der erste Mann in meinem Leben, er war die schönere Hälfte meiner Seele. Das Schöne, was ich vom Leben bekommen habe, habe ich von diesem Menschen bekommen. Alles, was eine Frau von einem Mann bekommen kann, Liebe, Respekt, Liebkosung, das habe ich von ihm bekommen. Ich habe ihn genauso geliebt und geehrt, und ich hätte mir mein Leben ohne ihn nicht mehr vorstellen können. Die ganze Nacht habe ich gebetet, besser gesagt, mich mit Gott gestritten. Um sechs Uhr in der Früh bin ich dann mit dem Auto zum Krankenhaus gefahren, man wollte mich nicht 'reinlassen. Dann habe ich den Pförtner so weggeschubst, daß er wahrscheinlich immer noch nicht zu sich gekommen ist. Mein Mann hat gelebt. Zur größten Überraschung der Ärzte hat mein Mann gelebt. Dann ist mir mein Gelübde eingefallen. Wenn ich schon etwas ausgesprochen habe, muß ich es auch machen. Ich bin so. Ich habe darüber nachgedacht, wie ich büßen könnte, und ich dachte mir, wie wäre es, wenn ich Krankenschwester werden würde. Dann könnte ich immer bei meinem Mann sein, ihm helfen, und wir würden keine Panik bekommen. Um das in die Tat umzusetzen, bin ich zum damaligen Gesundheitsminister gegangen. Ich habe ihm von meinem Gelübde erzählt. Das tue ich aus Liebe zu meinem Mann, und das würde er auch verstehen. Ich wollte nicht gegen Bezahlung und beruflich als Krankenschwester arbeiten, sondern einfach so, das hatte ich geschworen. Er hat eingewilligt bzw. dazu beigetragen, daß ich anstatt drei nur zwei Jahre diese Schule besuchen mußte. Da ich schon ein Lehrerdiplom hatte, wurde ich von bestimmten Fächern wie Mathematik, Biologie und Chemie befreit.

Sie bestanden auf allen theoretischen Prüfungen und auf das Krankenhauspraktikum. Als ich dann dieses Praktikum absolvierte, habe ich immer zwei, drei Monate auf den einzelnen Stationen gearbeitet. Das habe ich nicht wie eine normale Krankenschwester für ein Gehalt geleistet, sondern umsonst, das war sogenannte Gesellschaftsarbeit. Darauf bin ich am stolzesten, weil ich das aus Liebe zu jemandem gemacht habe. Obwohl ich wirklich große Schwierigkeiten hatte, diesen Ekel zu bekämpfen, den man im Krankenhaus erlebt. Unsere Krankenhäuser sind wirklich sehr schrecklich, sehr unmenschlich. Dazu kam auch noch, daß ich nicht sehr beliebt bei den anderen Krankenschwestern war, weil sie nicht verstanden, warum ich kein Trinkgeld annahm. Es gab immer Mißverständnisse im Krankenhaus. Es war nämlich üblich, daß man nach jeder Schicht das Trinkgeld in eine Schachtel gegeben hat. Alle wußten, daß die Kranken mich sehr geliebt haben, weil ich jeden so gewaschen und gepflegt habe wie meinen Mann. Ich mußte immer kämpfen, wenn die Kranken mir Trinkgeld in die Taschen stecken wollten. Die Krankenschwestern dachten aber, daß ich mir das Geld immer behalte. Sie wollten es nicht glauben, daß ich von niemandem Geld annehme.

Es hat sich gelohnt, diese Zeit durchzumachen und zu erleben, denn ohne sie wäre ich einfach menschlich ärmer. Ich habe gedacht, es wird so sein wie in dem Gedicht von László Nagy, „Wer bringt die Liebe hinüber“, ich könnte den Tod austricksen und so meinen Mann verteidigen und schützen. Ich habe gelernt, wie man mit Akupunktur umgeht, weil mein Mann auch an Angina pectoris gelitten hat. Wir nahmen immer diese Nadeln mit, z.B. als wir in der Wüste einen Film gedreht haben, stand ich immer in der Dämmerung auf, um die Nadeln auszukochen. Er hat unter diesen Umständen immer noch am besten die Arbeit in der Wüste ertragen. Die anderen waren schon fix und fertig, er konnte noch weiterarbeiten.

Der Mensch ist nicht allmächtig, so ist es nun einmal. Im Januar 1990 ist mein Mann an einem Herzinfarkt gestorben. Seitdem muß ich für mich auch meinen Mann stehen, und das ist sehr schwierig. In der Zwischenzeit hatten wir auch dieses Haus hier aufgebaut, und ich blieb allein mit den Schulden. Ich habe auch keine Arbeit bekommen. Es ist nämlich so in der Filmfabrik, daß jeder Regisseur mit einem Partner, mit einem Drehbuchautor, zusammenarbeitet.

Dann kam der Wechsel, die Wende, die Antall-Regierung. Ich hatte es auf einmal doppelt so schwer. Ich hätte zwar bei einer Wochenzeitung eine gut bezahlte Stelle als Redakteurin bekommen. Wir hatten uns schon geeinigt, daß ich dort anfange. Ich kam mit meinem Arbeitsbuch[2)] dort an, und der Chefredakteur fragte mich, du trittst doch ein, und ich sagte, ja, deshalb bin ich hier. Dann hat er gesagt, nicht nur als Kollegin trittst du ein, sondern auch in die Partei, in das MDF. Ich war sehr empört. Ich wollte meine Unabhängigkeit unter allen Umständen bewahren. Ja, und was ist das für eine Zeit, wo nicht die Arbeit zählt, die man auf den Tisch legt, sondern nur, in welcher Partei man ist. An einer anderen Stelle bin ich wegen meines Mannes nicht genommen worden. Er war nämlich ein guter Freund von Kádár, noch aus der Jugendzeit. Bis zu seinem Tod waren sie gute Freunde, und mein Mann war auch in der Kommunistischen Partei. Noch zweimal ist es vorgekommen, daß ich eine Arbeit nicht bekommen habe, weil mein Mann Parteimitglied war. Ich habe mir gedacht, es interessiert mich nicht, auch wenn ich verhungern muß, ich werde ihn nicht verleugnen. Er war ein Teil meines Lebens, und zwar der schönste Teil meines Lebens, und wegen solcher Dummheiten werde ich ihn nicht verleugnen.

Dann habe ich keine andere Wahl gehabt, ich habe bei den Neureichen geputzt und ziemlich gut von dem Geld gelebt. Es war wirklich eine schicke Sache, daß man sagen konnte, meine Putzfrau ist eine Schriftstellerin. Einmal ist folgendes passiert: Dort, wo ich geputzt habe, blieb das Kind zu Hause, weil es krank war. Ganz lieb hat es zu mir gesagt, wenn ich einmal groß bin, werde ich nur Schriftstellerinnen zur Putzfrau haben, weil sie so nett sind und nicht klauen. Meine Karriere als Putzfrau hat ein sehr unrühmliches Ende genommen. Ich war sehr krank, habe hohes Fieber gehabt und kam in eine Wohnung, wo es einen Schrank mit Vitrinen voller Porzellanfiguren, Vasen und Kristallgläsern gab. Ich kletterte auf eine Metalleiter, um alles abzuräumen, zu putzen und wieder hinzustellen. Mit der Leiter bin ich dann gegen den Schrank gestürzt und habe alles runtergerissen, eine Porzellanfigur ist zerbrochen und eine Kristallschüssel, mir blutete der Kopf, dann saß ich da zwischen den Scherben und weinte. Am liebsten wäre ich dort gestorben. Was für eine Schande! Es war ein schrecklicher Zustand. Ich konnte nichts tun, ich wartete auf meine Dienstgeber. Wir rechneten den Schaden aus, ungefähr 60.000/80.000 Forint. Ich hatte keinen Groschen zu Hause. Keine Wertgegenstände, Teppiche oder Bilder, da ich nach dem Tod meines Mannes alles verkauft hatte, um die Schulden tilgen zu können. Ich wußte nicht, wie ich den Schaden bezahlen sollte. Wenn man mich dort totgeschlagen hätte, hätte ich auch nichts tun können. Es gab zwei Möglichkeiten, entweder zahle ich in Raten das Geld zurück, oder ich arbeite zwei Jahre lang Woche für Woche eine Stunde dort. Als ich die größten Schwierigkeiten hatte, erschien auf einmal D. Er hat mich nach Wien eingeladen, eine Novelle von mir ist in einer bekannten österreichischen Literaturzeitschrift erschienen. Für Leute, die darin publizieren, organisiert man Lesungen, und mit diesem Geld konnte ich dann den Schaden bezahlen. Meine Karriere als Putzfrau war zu Ende. Dann kam man im Dorf zu mir und fragte mich, ob ich nicht Englisch könne und überhaupt Nachhilfestunden für Kinder geben würde. Ich habe gesagt, ich kann und weiß alles, was man braucht. Seitdem beschäftige ich mich mit Kindern, die ich als Partner betrachte, und die mich auch als Partner betrachten. Zu meiner größten Überraschung sind sie in Englisch am besten. Wie ich das schaffe, weiß ich nicht.

Seit der politischen Veränderung ist meine persönliche Situation schlechter geworden. In der alten Gesellschaft, als mein Mann noch lebte, hatten wir eine sichere Arbeit, von der wir gut leben konnten. Mir fehlt leider die Fähigkeit, Leuten zu schmeicheln. Ich sage immer, was ich denke, und damit schade ich mir selber. Ich bin Mitglied des ungarischen Schriftstellerverbandes. Alle zwei Jahre gibt es eine Tagung, wo ich auch immer hingehe. Doch ich fühle mich dort sehr allein, es gibt verschiedene Gruppierungen und Cliquen, jeder gehört irgendwohin, ja, und ich bin allein. Die Menschen sollen mich wegen meiner selbst akzeptieren, nicht wegen irgendwelcher Ideen. Viele wechseln alle vier Jahre die Fahne. Ich habe einen Lebensweg, den ich gehen möchte: Ich möchte niemandem etwas antun, mich nicht vor mir selbst schämen müssen, nicht irgendwann einmal in den Spiegel schauen und dorthin spucken. Ich habe meinen Stolz, sonst nichts. Auch jetzt gehöre ich nirgendwo hin. Jetzt gibt es wieder so verschiedene Machtpositionen und Kräfte, die mich auch mitreißen könnten. Die Politik hat mich nie interessiert. Die Politiker sind besessen von der Macht.

Ich habe eine Schule absolviert, und ich habe immer gedacht, wenn ich die gleiche Qualifikation habe, verdiene ich auch soviel wie ein Mann, aber ich habe oft nur die Hälfte bekommen. Heute müssen die Frauen arbeiten gehen, die Familie braucht das Geld, und zu Hause wartet der Haushalt auf sie. Ganz früher war es so, daß der Mann genug verdient hat, und die Aufgabe der Frau war, als Hausfrau und Mutter die Familie zusammenzuhalten. Das gibt es heute nicht mehr. Die Frau ist jetzt so verzerrt männlich geworden. Es geht eben nicht, daß die Frauen die Universität besuchen und in wichtige Positionen kommen, sich aber auch danach sehnen, geehrt zu werden in der Familie und auch als Mutter und Geliebte gut zu funktionieren. Ja, das alles auf einmal, das geht nicht. Auch die Familie hat sich verändert. Die wahre Familie gibt es nicht mehr. In der Familie haben jetzt zwei die Hosen an. Früher hat der Mann die Familie auf den Schultern getragen, und die Frau hat den Mann einfach geehrt und verehrt. Die Frau von heute sagt, warum sollte ich dich ehren oder verehren, ich habe genauso einen Schulabschluß wie du, ich habe genauso eine Arbeit wie du, ich arbeite genauso viel wie du, warum bin ich weniger wert als du? Aus diesem Grund gibt es auch viele Scheidungen, Ungarn nimmt eine gute Position in diesen Scheidungsstatistiken ein. Die Rollen werden getauscht, und keiner hat Achtung vor dem anderen. Es ist alles so verzerrt ...

Ich persönlich habe keine Hoffnungen. Nach dem Tod meines Mannes habe ich an Selbstmord gedacht ... Ich habe jetzt eine bestimmte Lebensform für mich geschaffen, und das geht seit ein paar Jahren so. Wie es weitergeht, weiß ich nicht. Meine alltäglichen Probleme sind immer präsent, die Dinge, die mir Schwierigkeiten machen. Es ist auch nicht so wichtig, was ich esse. Zu mir gehören auch zwei Hunde. Daß ich ihnen jeden Tag was zu fressen gebe, und wie ich dieses große Haus halten kann, das bereitet mir sehr große Sorgen.

Die Mehrheit der Leute, die der jetzigen Regierung ihre Stimme gegeben hat, lebt auf dem Dorf, und für sie war 1945 eine Befreiung. Sie konnten ein Haus bauen und arbeiten und stehlen, eigentlich für mehrere Generationen. Die Parole war „Die Fabrik gehört dir", und das hat man wortwörtlich genommen. Eine andere Losung war „Das Land gehört dir, du baust es dir selbst". Die Leute konnten ein Haus besitzen, und in den vierzig Jahren wurde das Land doch irgendwie aufgebaut. Diejenigen, die alles an diesen vierzig Jahren schlechtmachen wollen, ja, die Wahlen haben gezeigt, daß sie im Unrecht waren.

Was jetzt kommt, das kann man nicht wissen, vielleicht wirklich so ein riesengroßer Niedergang, wie viele andere es gerade sehen.

Boglárka hat im März 1996 nach Deutschland geheiratet, wo sie auch heute lebt.

1) wahrscheinlich schon 1953/54 (vermutlich ein Erinnerungsfehler), vgl. Chronologie
2) Arbeitsbuch (ungar. *munkakönyv*): offizielles Dokument, Arbeitsausweis; existierte von 1950 bis 1992. Das Arbeitsbuch enthielt die wichtigsten Angaben über das Arbeitsverhältnis des/der Arbeitnehmer/in. Ohne Arbeitsbuch gab es keine Anstellung.

Oktober 1994

RÓZA, Malerin
46 Jahre, ledig, 1 Sohn

„Ich wollte immer gehen, gehen, unterwegs sein ..."

Eine Freundin erzählt mir von Róza, vermittelt das Interview. Bei unserer ersten Begegnung auf einer Party gibt mir Róza ihre Telefonnummer, und schon kurze Zeit später sitze ich ihr gegenüber in einem großen Raum, einer Mischung aus Atelier, Wohn- und Kinderzimmer. Sie strahlt Herzlichkeit und Wärme aus, fasziniert Männer wie Frauen mit ihrer offenen Art. Sie ist eine ewig Suchende, die immer wieder von Selbstzweifeln geplagt wird. Wir sind in ihrer Wohnung, die alles andere als luxuriös eingerichtet ist. Die Wände sind dicht mit ihren Bildern behängt, inmitten eines gerahmten Gemäldes an der Wand steht mit großen Buchstaben „nicht fertig". Ich komme mir vor wie in einer kleinen privaten Galerie. Das Gespräch dauert mehr als drei Stunden, und wir hätten noch lange weiterreden können, doch Róza muß ihren Sohn vom Kindergarten abholen. Beim Abschied umarmen wir uns, und sie sagt: „Mit diesen Aufzeichnungen wirst du ein Porträt von mir malen." Es werden noch viele Gespräche ohne Diktaphon folgen.

Die Konfrontation mit dem fertigen Text fällt Róza schwer: „Du hast es zu gut gemacht, das bin ich." Im ersten Moment will sie alles zurückziehen, sie kommt sich entblößt vor, Schuldgefühle plagen sie. Bei unserem nächsten Treffen sagt sie mir dann doch, daß sie sich mit der geschriebenen Form des Bildes anfreunden konnte.

Ich will bei meinen Eltern und bei meiner Kindheit beginnen. Mit dem, was ich geglaubt habe, und wie sehr ich später enttäuscht worden bin. Ich bin Jüdin, und die ganze Familie meines Vaters wurde im Konzentrationslager umgebracht. Nur mein Vater ist zurückgekommen. Die Familie meiner Mutter hatte mehr Glück, sie kamen mit dem Leben davon. Mein Vater hatte ein großes Haus und ein Geschäft, meine Großeltern auch. Sie wohnten in einem schwäbischen Dorf, und die Leute dort hatten ihn sehr gern, weil er ihnen immer geholfen hat. Als er zurückgekommen ist, haben sie ihm dann auch sehr geholfen. Das ist diese ungarische Geschichte, einmal der eine, einmal der andere. Er konnte wieder Geschäfte machen, arbeitete sehr viel, und dann kamen die Kommunisten und haben ihm alles weggenommen, was ihm die Faschisten noch nicht weggenommen hatten. Als er schon studierte, arbeitete er auch in einer Fabrik, doch weil er Jude war, mußte er die Universität verlassen. So ist er in einer Maschinenfabrik ein einfacher Arbeiter geworden. Er hat dann eine Facharbeiterausbildung an einer Abendschule gemacht.

Die Mutter meiner Mutter war sehr religiös, sie sind sehr oft in die Synagoge gegangen, und meine Mutter später auch noch. Mein Vater sagte, nach all dem, was passiert ist, geht er nicht mehr hin. Zu Hause hatte ich keine religiöse Erziehung. Ich war sehr romantisch und idealistisch. Alles, was ich in der Schule und aus den Medien gehört habe, nahm ich wie ein Schwamm auf, schon mit zehn Jahren. Ich war so eine romantische Revolutionärin und wäre gerne auf die Barrikaden gegangen. Ich glaubte alles, was gesagt wurde. Von meinem Vater lernte ich, wie wichtig das Lesen ist. Er kam von der Fabrik nach Hause, und schon fünf Minuten später hatte er ein Buch in der Hand. Er spielte Klavier und Banjo. Das war sehr schön. Ich habe sehr viel gelesen, schon sehr früh. Er hat immer gesagt, du mußt ehrlich sein und gute Arbeit leisten. Ich denke, ich habe von ihm diese allgemein menschlichen Werte gelernt, aber nichts über Politik oder so, das war kein Thema zu Hause. Meine Großmutter wollte, daß wir religiöser sind. Und ich war das Gegenteil: die kleine Revolutionärin, die Proletarierin und alles, was man sich vorstellen kann. Es hat mir sehr gefallen, daß ich immer mit meiner armen Großmutter so streiten konnte.

Wir wohnten in einem sehr großen Haus, wo es noch drei Familien mit vielen Kindern gab. Das war eine sehr schöne Zeit. Und als die Revolution oder Konterrevolution – ich habe schon genug von dem Ganzen – war, kamen sie alle zu uns ins obere Erdgeschoß, weil sie Angst hatten. In dem Jahr wurde auch mein Bruder geboren, er lag in einem großen Korb. Die Erwachsenen hatten den Keller sehr gemütlich gemacht, und ich habe es sehr genossen, daß immer so viele Leute bei uns waren. Wir mußten in den Keller gehen, das war sehr romantisch und lustig, und in die Schule mußten wir auch nicht gehen. Ich war acht Jahre alt und wußte nichts über diese Ereignisse, Freunde in meinem Alter haben mir erzählt, daß sie das schon mitbekommen haben.

Na ja, mein Vater hat gearbeitet und meine Mutter auch. Wir waren nicht reich. Ich denke, von der intellektuellen Seite her haben wir so ein mittelbürgerliches Leben geführt. Viele Bücher, Konzerte, Theater ... Geld hatten wir immer sehr wenig, aber ich habe das nicht besonders gespürt. Ich war irgendwie so: wenn meine Eltern gesagt haben, daß sie für etwas kein Geld haben, na, dann eben nicht. In diesem Sommer habe ich erfahren, daß unsere Familie sehr reich war, besonders die Familie meines Vaters, ja, ich hätte viel geerbt. Mein Vater hat niemals über das Konzentrationslager gesprochen, nie. Die einzige, die davon erzählte, war meine Großmutter, aber auch nicht viel. Mein Vater hat nie irgend etwas Negatives erzählt, nur schöne Geschichten aus seiner Kinderzeit.

In der Schule war ich immer ausgezeichnet, die Beste in der Klasse. Sehr lange wollte ich Ballerina werden, und dann Malerin, schon mit vierzehn Jahren. Meine Mutter war sehr böse darüber. Am Kunstgymnasium haben sie mich nicht genommen, dann ging ich auf ein anderes Gymnasium, das war ein großes Glück – nur wußte ich das damals noch nicht – denn ich habe dort sehr gut Englisch gelernt. Doch ich wollte immer noch Malerin werden, und sieben Jahre lang versuchte ich alles, um an die Kunsthochschule zu kommen. Das war eine sehr schwere Zeit für mich. Schon während meiner Kindheit hatte ich ganz große Probleme mit meiner Mutter, und auch in diesen Jahren, auch mit meinem Freund, und daß ich Malerin sein will und es nicht funktioniert. Ich hatte sehr viele psychische Probleme in dieser Zeit, Minderwertigkeitsgefühle, aber ganz starke. Ich hatte große Schwierigkeiten mit dem Sexualleben, kein Glück mit dem ersten Mann, ich war damals schon 21 Jahre alt. Ich habe immer in einem Märchen gelebt und geträumt. Große Liebe – nach zwei, drei Jahren wollten die Männer immer heiraten, aber ich wollte das nie, und dann war ich weg. Auch heute weiß ich eigentlich nicht, warum. Jetzt denke ich manchmal, ich sollte es mal probieren. Im vorigen Jahr habe ich mir gedacht, jetzt solltest du doch mal heiraten, dein Sohn braucht einen Vater, es ist nicht so schön, alleine zu leben, ich sollte einen Partner haben, aber das ist alles nicht so einfach, das ist klar. Jetzt könnte ich mir vorstellen, daß immer jemand da ist. Das habe ich schon so lange nicht mehr gehabt. Vorher war das meistens so, daß ich zwei, drei Jahre mit einem Mann zusammengelebt habe. Seit ich meinen Sohn habe – er ist jetzt fünfeinhalb –, führe ich ein sehr ruhiges Leben, obwohl es nicht einfach ist. In Ungarn heiratet man eigentlich sehr schnell und sehr früh. Für mich ist die Freiheit wichtig, ich bin neugierig, und noch ein Grund ist, daß ich die Ehe sehr ernst genommen habe. Ich habe gedacht, wenn ich heirate, dann ist das für das ganze Leben. Ich habe aber nie einen Mann gefunden, mit dem ich mir das vorstellen konnte. Dann lieber nicht! Ich habe immer geglaubt, daß ich eben den richtigen noch nicht gefunden habe. Dann war ich schon über dreißig, und ich dachte, ich sollte heiraten, aber ich wollte alles mit vollem Herzen machen, Hausfrau, Ehefrau, aber dann habe ich gedacht, daß das vielleicht doch nichts für mich ist. Warum soll ich das dann machen? So habe ich mich entschieden, von nun an nur mehr zu arbeiten und ein oder zwei Liebhaber zu haben, die gibt es immer.

Ich habe dann den Vater meines Sohnes kennengelernt, war aber überhaupt nicht verliebt in ihn, es war nicht besonders aufregend mit ihm im Bett, er war einfach ein guter Freund und ein guter intellektueller Partner. Und er war eine große Hilfe für mich gegen meine Mutter, auch wenn es sehr schlecht von mir ist, das zu sagen. Aber gegen meine Mutter hat er gesiegt. Wir haben zusammengelebt, ich wollte das nicht, er war sehr aggressiv, und ich hatte das Gefühl, daß er mich voll einnimmt. Ich konnte ihn aber nicht mehr hinauswerfen. Ich habe alles gemacht, um kein Kind von ihm zu bekommen. Einmal war ich auch schwanger und habe, ohne daß er es gewußt hat, eine Abtreibung machen lassen. Ein Jahr später wurde ich wieder schwanger, ich weiß nicht wie, ich konnte mich nicht erinnern, mit ihm Liebe gemacht zu haben. Ich glaubte, es wäre nur psychosomatisch, daß meine Periode nicht kam. Aber ich war wirklich schwanger und so glücklich darüber, daß ich beschlossen habe, das Kind zu bekommen. Die Beziehung ist für eine Weile besser geworden, dann aber ganz schlimm. Wir haben uns getrennt, als mein Sohn noch nicht mal zwei Jahre alt war.

Ich glaube, die Beziehung zu meiner Mutter wäre ein Bergmann-Thema. Er wäre glücklich damit gewesen. Meine Mutter hat mein halbes Leben kaputtgemacht. Ich bin sicher, daß sie mich geliebt hat und das Beste für mich wollte, aber sie wollte nicht akzeptieren, daß ich irgendwie anders bin. Ich habe alles in meiner Kindheit bekommen, habe Deutsch gelernt, als ich erst sechs Jahre alt war, ich hatte sehr lange Ballettunterricht, weil ich mir das gewünscht habe. Aber dort am Ballettinstitut bei der Oper haben sie dann gesagt, daß ich aufhören soll, weil ich Plattfüße habe, es ist unmöglich, daß ich Tänzerin werde. Meine Mutter war eine sehr praktische Frau, sie nahm mich aus dieser Schule, weil sie in ihren Augen keinen Sinn mehr hatte. Die Tanzstunden waren mein Leben, doch das war nicht wichtig, sie hatten keinen praktischen Sinn mehr, also Schluß. Das war sehr schlimm für mich. Mein ganzes Leben lang habe ich gehört, daß ich nicht klug bin, nichts Besonderes, nicht schön. Sie hat gesagt, wie ich nur denken kann, zu erreichen, was ich will, so etwas gibt es nicht, jeder muß Kompromisse machen, warum sollte gerade ich erreichen, was ich möchte, sie meinte die Malerei. Sie tat alles, um mir Minderwertigkeitskomplexe einzureden, ich weiß nicht, ob absichtlich oder unabsichtlich. Also Zärtlichkeit habe ich von ihr nie bekommen, ein Küßchen oder Streicheln, nie. Zumindest erinnere ich mich nicht daran. Später hat sie mir gesagt, sie wollte verhindern, daß ich eingebildet werden würde. Aber das war blöd. Sie hat mir solche Minderwertigkeitsgefühle eingeredet, daß ich schon ins Krankenhaus gehen wollte. Vor sieben, nein, acht Jahren habe ich an Selbstmord gedacht, weil ich mich unbrauchbar für das Leben fühlte. Ich kann nichts, ich bin für nichts gut, warum mache ich mir all diese Mühe. Ich war psychisch so schwer krank, daß ich drei Wochen lang im Spital lag. Das ist auch ein gutes Beispiel: Meine Mutter hat mich in dieser Zeit nicht im Krankenhaus besucht, sondern sie hat den Arzt angerufen und ihm gesagt, er soll sich nicht so viel um mich kümmern, ich bilde mir nur etwas ein und bin verrückt. Schon mit vierzehn Jahren hatte ich ganz schwere neurotische Symptome. Sie wußten nicht, was das ist, ich war zwei Wochen lang im Krankenhaus, man sagte mir, daß ich eine vegetative Neurose habe. Wenn ich ein Kind mit vierzehn, fünfzehn Jahren mit dieser Krankheit hätte, würde ich alles tun, um herauszubekommen, woher das kommt und warum, was ist der Grund, das ist nicht normal. Bei meiner Mutter war das so: ja, physisch ist sie gesund, sie ist halt verrückt, das habe ich immer schon gewußt. Von dieser Zeit an war ich die Idiotin, sie hat mir die gelbe Karte gegeben. Ich war eigentlich kein Problemkind, immer gut in der Schule, hatte nichts mit Jungs. Ich hatte zwar immer viele Freunde, aber mit Sexualität hatte ich nichts am Hut. Ich war sehr lange ein Kind. Meine Mutter hat mir soviel Schlimmes über sich, über ihre Probleme erzählt, was für ein Mädchen nur schlecht sein kann, wenn die Mutter das erzählt. Also Sexualität war für mich etwas Schmutziges. Sie erzählte, daß meine Freunde mit ihr schlafen wollen usw. Schon sehr früh als Kind hat sie mir immer Schuldgefühle eingeredet. Es gibt Bücher, in denen man das alles nachlesen kann. Ich hatte einfach kein Glück, ich mußte das alles durchleben.

Meine Eltern hatten kein gutes Zusammenleben. Meine Mutter war eine sehr lebendige, fröhliche, nette Frau, alle hatten sie sehr gerne. Sie war eine kleine, lustige Frau. Mein Vater war ein ganz anderer Charakter, er war still, er war tief, er hat immer Bücher gelesen, er hat auf einem anderen Niveau, in einer anderen Welt gelebt. Sie waren sehr unterschiedliche Typen. Mein Vater ist schon krank aus dem Konzentrationslager zurückgekommen, vielleicht nicht so sehr krank, weil sie ja dann heirateten, aber ich erinnere mich, schon als ich noch ein Kind war, war er fast immer krank, und es ist immer schlimmer geworden. Von meiner Mutter habe ich immer gehört, daß mein Vater bald sterben wird. Ich habe meinen Vater sehr geliebt.

Der Vater meines Sohnes hat mir großes Selbstbewußtsein gegeben, in meiner Arbeit, mit seiner Liebe. Er ist eine sehr starke Persönlichkeit, und er konnte sich gegen meine Mutter durchsetzen. Ich fühlte mich, als wenn sich zwei große Mächte um eine kleine Kolonie streiten – ich war die Kolonie. Damals hatte sie schon Krebs, das hat wahrscheinlich alles noch schlimmer gemacht. Als ich ihn kennengelernt habe, hat sie ihm nur Schlechtes über mich erzählt, z.B. daß ich eine Prostituierte bin, und mit dem Kind, das war ganz furchtbar ... Es ist absurd und grausam, meine Mutter ist gestorben, als mein Sohn ein Jahr alt war, aber seither geht es mir besser. Ich weiß, daß ich so etwas nicht sagen dürfte ... Ich habe immer um die Liebe meiner Mutter gekämpft, und ich habe sie nie bekommen, ich habe sie nie gefühlt. Sie konnte immer etwas Negatives über mich sagen, aber immer! Wenn ich mich mal schön gefühlt habe, hat sie immer etwas gefunden, na, aber deine Haare, irgend etwas immer. Jetzt, wenn ich mir die Photos ansehe, weiß ich, daß ich ein auffallend schönes Mädchen war, ich hatte einen sehr schönen Körper. Ich war intelligent, lernte Sprachen, ich konnte viel. Und ich dachte, daß ich häßlich sei, einen fürchterlichen Körper habe, ich müsse glücklich sein, wenn der letzte Mann von mir etwas will. Das war eine schizophrene Tragödie. Ich glaube, meine Mutter war eifersüchtig auf mich, sie war sehr jung verheiratet, nicht glücklich mit meinem Vater. Sie bekam mich mit 20 und war 44 – so alt wie ich selbst jetzt bin –, als mein Vater gestorben ist. Eine junge Frau. Ich wollte etwas anderes. Sie wollte, daß ich schnell heirate, und es hat sie fürchterlich irritiert, daß ich trotz allem Malerin geworden bin und auch Erfolg hatte. Freunde haben mir geholfen, wenn es sehr wichtig war. Sie wollte mir überhaupt nicht in meiner Arbeit helfen, als ich an der Akademie war, durch nichts. Ich habe diese Wohnung bekommen. Meine Großeltern haben hier gewohnt. Während der ganzen Zeit an der Akademie hat sie mich nicht unterstützt, ich habe mir alles selbst finanziert, mein Bruder, ja, der hat mir schon geholfen. Ich bin sehr traurig, daß mein Vater nicht mehr erleben konnte, daß ich es an die Akademie geschafft habe. Ein Jahr vorher ist er gestorben. Obwohl man nie wissen konnte, was er dachte, er sagte nie etwas. Freundlich sein und lächeln. Während der Pubertät war das Beispiel meiner Mutter viel attraktiver für mich, sie sah gut aus, war meine Partnerin. Mein Vater war kein Partner, in dieser Zeit gab es eine Mauer zwischen uns. Ich denke trotzdem, daß er stolz auf mich war. Ich habe ein Superabitur gemacht, und es gab keine Probleme mit mir. Ich hatte noch nicht mal einen Jungen geküßt.

Aber manchmal waren meine Mutter und ich fast wie Freundinnen, ich habe ihr immer alles erzählt. Ich hatte das Gefühl, daß wir uns gut verstehen. Wir waren wie zwei Mädchen, und alle Freundinnen haben mich um meine Mutter beneidet. Jetzt glaube ich, daß das nicht gut war, eine Mutter sollte ein bißchen wie eine Mutter sein. Sie hatte mir so Blödheiten gesagt, mit denen ich heute noch Probleme habe, wie: wenn dir dieser Mann gefällt, dann sag's ihm. Und ich tat es.

Ich habe immer Probleme mit Männern, nicht, daß sie mich nicht haben wollen. Ich weiß nun schon, daß ich auch heute noch attraktiv bin. Aber ich mache immer etwas falsch. Diesen Sommer habe ich etwas verstanden, es war so eine kurze Geschichte. Die Männer haben vor mir immer irgendwie Angst, und ich glaube, daß sie von einer Frau wie mir, so wie sie mich sehen, erwarten, daß es schwer ist, sie zu erreichen. Und wenn ich aber dann leicht zu haben bin, dann stimmt für sie etwas nicht. Das hängt alles mit dieser Erziehung zusammen, warum soll man diese Rolle spielen und stolz sein. Ich kenne dieses Wort „Stolz" nicht. Für mich existiert dieses Wort nicht. Mit mir kann ein Mann alles machen. Ich war immer die letzte, alle waren schöner, klüger als ich. Das einzige: ich bin fleißig.

Seitdem ich Mutter bin, habe ich mich sehr entwickelt. Meine Mutter wollte nicht, daß ich ein Kind habe, früher ja, aber jetzt nicht, weil ich schon so alt bin, weil ich keine gute Mutter sein kann, weil ich ja nur das mache, was ich will. Ich glaube, sie hätte gerne, daß wir wie zwei Mädchen auf Männersuche gehen, Abenteuer haben. Deshalb war sie auf den Vater von meinem Sohn böse, er war stark, mit meinen anderen Männern hatte sie nie Probleme.

Ich habe sehr darunter gelitten, daß ich immer alles alleine machen mußte und mir niemand geholfen hat. Neben der Akademie habe ich sehr viel gearbeitet. Jetzt denke ich, daß das gut war, ich habe sehr viel gelernt, für mich selbst, es hatte einen Sinn. Nun bin ich alleine mit meinem Sohn, und ich konnte sehr viel erreichen, mehr als früher. Ich fühle mich oft müde und schwach, und ich sehne mich nach einem großen, starken Bären, um meinen

Kopf an seine Schulter zu legen, ein paar Streicheleinheiten zu bekommen. Ich vermisse von meiner Kindheit, daß jemand sagt: es ist gut, daß du da bist, oder das hast du gut gemacht. Das habe ich nie bekommen. Vielleicht bei dieser Ausstellung in Berlin. Deshalb war sie so wichtig für mich. Andere sagen, daß ich stark bin. Es gibt eine alte Frau in der Familie, die mich immer fragt: woher nimmst du diese Kraft. Und dann denke ich, ich arme Róza, ich fühle diese Stärke nicht. Manchmal denke ich, ich kann nicht weitermachen, ich kann nicht malen. Manchmal denke ich, wie das gewesen wäre, wenn ich Hilfe von zu Hause gehabt hätte, finanzielle oder seelische, emotionale Hilfe. Dann hätte es vielleicht nicht zwanzig Jahre gedauert, um zu erreichen, was ich jetzt habe, und vielleicht könnte ich jetzt etwas glücklicher leben. Obwohl ich oft Glück hatte, Hoch- und Tiefgefühle, aber ich glaube, das ist normal, bei allen Menschen oder Künstlern, so ein bißchen manisch-depressiv.

In den letzten Jahren habe ich ein bißchen Ruhe gefunden, in meinem Leben, in meiner Arbeit. Natürlich hat es mich sehr gestört, daß viel jüngere Leute mehr Erfolg hatten, und nicht immer mit besseren Arbeiten. Ich weiß, wie das geht, aber ich könnte das nicht machen, das wollte ich nie. Das Problem war auch, ich war attraktiv, und alle wußten, ich lebe allein hier in meiner Wohnung. Früher sah ich das so: meine Arbeit und ich als Frau müssen sehr streng getrennt werden. Wenn ich bemerkt habe, daß das für jemanden zusammenhängt, dann war ich feindlich und böse. Das hat mich fürchterlich gestört und hängt sicherlich mit meinen Minderwertigkeitskomplexen zusammen. So habe ich mir Feinde und Mißerfolge geschaffen. Ich wußte, ich mußte den Preis zahlen, und dann lieber nicht. Meistens waren es Männer, die sich für meine Arbeiten interessierten, und sie kamen hierher, um die Bilder zu sehen, und wollten mehr, ich hatte genug von denen. Wenigstens hatte ich keine Probleme, aber meine Bilder habe ich für den Schrank gemacht. Jetzt verstehe ich das schon besser. Seitdem ich ein Kind habe, bin ich viel selbstbewußter. Mein Sohn gibt mir sehr viel Kraft. Wenn nicht für mich, dann für ihn, ich muß mehr ausprobieren. Es ist alles viel besser geworden. Ich kann viel mehr.

Der Vater meines Sohnes kommt erst seit einem Jahr, um nach

ihm zu sehen. Er fühlt sich für niemanden verantwortlich, er ist ein bißchen verrückt. Er hat ein sehr gutes Herz, er ist sehr klug, ist Physiker, das hat mir sehr imponiert, aber das war auch schon alles. Er war ein phantastisch guter intellektueller Partner, wie ich vorher noch keinen hatte. Erstmals hatte ich das Gefühl, daß ich mit jemandem auf demselben Niveau stehe. Die Männer vor ihm waren intellektuell unter meinem Niveau. Ich glaube auch deshalb, weil ich mich selbst immer unterschätzt habe, ich hatte gar keinen Mut, mit Männern Kontakt zu haben, die ich gerne wollte. Wie komme ich dazu, ich? Ich war oft ganz überrascht, wenn so ein Mann Interesse an mir fand, von mir etwas wollte, ich! – häßlich, dumm, ein Nichts. Er ist auch ganz tief geschädigt von seinen Eltern, vor allem von seinem Vater. Er lebt in Budapest, ist fast fünfzig, hat kein Geld, keine Wohnung, viele Kinder, zwei davon sind schon an der Uni und noch eines, dann meinen Sohn. Er wollte mit mir zusammenleben, er wollte von mir ein Kind haben, unbedingt. Er sagt immer, ich habe ihn hinausgeschmissen, das ist auch irgendwie wahr. Ich konnte ihm nicht das geben, was er von mir wollte. Er konnte mir kein normales Leben bieten. Er lebt in seinem Kopf.

Ich bin immer noch sehr romantisch, ich brauche etwas Emotionales, sonst funktioniere ich nicht richtig. Ich habe viele Männergeschichten, aber ich kann schon viel besser damit umgehen, da sie mir nicht mehr so wichtig sind. Ich weiß, daß ich kein Kind mehr haben werde. In diesem Sommer habe ich einen Mann kennengelernt, ich glaube, der könnte gut für mich sein. Doch er lebt im Ausland, hat viele Probleme, hat auch eine Frau, doch das funktioniert nicht mehr. Ich wollte das nie mit einem verheirateten Mann, doch die Beziehung ging von ihm aus, ich fühle mich nicht schuldig. Er hat mir zu verstehen gegeben, daß er es sehr ernst meint. Ich habe mir gedacht, wenn jemand solche Gefühle haben kann, dann kann es mit seiner Frau nicht mehr gut gehen. Ich habe mir Vorwürfe gemacht, das kannst du nicht machen, die arme Frau. Ich weiß nicht, ob wir überhaupt zusammen sein können, ihm geht es sehr schlecht ohne mich, mir geht es nicht so schlecht ohne ihn, weil ich meinen Sohn habe und Freunde. Was aber für mich eine neue Erfahrung ist, daß ich trotzdem noch Interesse an anderen Männern habe. Wenn ich früher verliebt war, war das nicht so. Vor zwei Wochen war ich mit einem jungen Mann zusammen, irgendwie wollte ich das, und es war sehr schön. Das Besondere war, ich hatte kein schlechtes Gewissen. So wie ich mich kenne, hätte ich wenigstens ein großes Schuldgefühl haben müssen. Das verstehe ich überhaupt nicht. Ich weiß schon gar nicht mehr, wie ich wirklich bin, vielleicht eigne ich mich nicht dazu, mit jemandem zusammenzuleben.

Als mein Sohn noch klein war, hatte ich ziemlich lange Zeit keinen sexuellen Kontakt. Für eine Weile war das normal. Ich bin so erzogen, daß Sex nur gut sein kann, wenn man verliebt ist. Heute weiß ich, daß das nicht ganz so ist. Es ist auch schon phantastisch, weil ich Sex genießen kann. Seit ich ein Kind habe, bin ich auch schon viel lockerer. Das ist auch ein großer Fortschritt. Manchmal glaube ich, daß es nur Selbstschutz ist, wenn ich mir sage, ich bin nicht verliebt, oder der Mann ist nicht frei. Das andere, ich muß mich jeden Tag um so viele Dinge kümmern, das ist sehr schwer für mich, ich habe keine Energie.

Ich hatte meistens jüngere Männer, ich glaube, ich bin eine große Mutter. Ich sollte zehn Kinder haben, dann hätte ich endlich Ruhe. Ich habe immer die Liebe vermißt, nicht die Liebe zwischen Mann und Frau, sondern ich hatte nie genug „szeretet".[1)] Wenn ich nach zwei Jahren eine normale Beziehung führte, war es für mich schon zu wenig. Deshalb sind meine Beziehungen schief gegangen. Ich bin weggegangen und habe nach einer anderen „szeretet" gesucht. Jetzt habe ich schon ein Kind, und ich weiß, daß es nicht ehrlich ist, daß ich nun die ganze Liebe, die ich nicht von meinen Eltern bekommen habe, von einem Mann will. Das geht nicht. Mit einem Kind ist die Liebe schon geteilt, vielleicht könnte ich jetzt eine normale Beziehung führen.

Viele wissen nicht, daß ich unverheiratet bin. Seit ein paar Jahren kann man in Ungarn seinen Mädchennamen behalten, auch wenn man verheiratet ist. Mein Sohn wurde nicht hier geboren, ich denke, im Krankenhaus in Ungarn wäre das anders gewesen. Der Vater meines Sohnes hat in Berlin als Gastwissenschaftler gearbeitet. Ich habe ihn begleitet, mein Sohn wurde dort geboren. Ich bin froh darüber, denn hier behandeln dich die Frauenärzte meistens nicht wie einen emanzipierten Menschen. Ich habe sehr böse Erfahrungen. In Berlin war ich überrascht. Als ich zu Ärzten ging, haben sie sich zuerst einmal mit ihrem Namen vorgestellt. Auch im Krankenhaus dort war das so eine phantastische schöne Erfahrung.

Von der Gesellschaft und von Männern höre ich: die arme Frau ist allein mit dem Kind. Das irritiert mich. Manchmal denke ich, daß ich mit einem ungarischen Mann keine Beziehung mehr haben kann. Vielleicht hatte ich kein Glück, aber ich glaube, es ist kein Zufall, daß ich in den letzten Jahren nur Geschichten mit ausländischen Männern hatte, für die war das ganz normal, daß ich alleine mit meinem Kind lebe. Hier, man kann nicht sagen, daß es eine Schande wäre, aber es ist eigenartig.

Vom Staat gibt es Hilfen für alleinstehende Mütter. Ich denke, daß ich gar nicht alles ausnütze. Es gibt viele Frauen, die alleine mit ihren Kindern sind, ob geschieden oder ledig, und vielen geht es schlechter als mir. Nur die ungarischen Männer reagieren komisch, weil sie denken, daß es für alle Frauen am wichtigsten ist, verheiratet zu sein. Vielleicht ist das auch wirklich für viele Frauen wichtig. Es hängt mit der Gesellschaft und mit Geld zusammen. In Holland oder Deutschland ist es nichts Außergewöhnliches, wenn eine Frau allein mit ihrem Kind ist. Hier schon, die Frauen haben meistens sehr wenig Geld, es ist sehr schwierig für sie. In vielen Firmen wird eine Frau mit einem kleinen Kind nicht aufgenommen, besonders wenn sie allein ist, hat sie viel weniger Chancen. Na ja, wenn das Kind krank ist, wird sie zu Hause bleiben. Für eine Frau hier ist es sehr schwer, unabhängig zu leben. Früher war die soziale Sicherheit noch viel besser als in dieser sogenannten Demokratie.

Ich mag diese Situation, wie wir sie jetzt haben, überhaupt nicht. Ich habe gesagt, daß ich sehr idealistisch war, und als ich sah, daß all das, woran ich geglaubt habe, eine furchtbare Lüge war, war ich sehr enttäuscht. Es war ein fürchterlicher Schock für mich. Nachher haben alle gesagt, jetzt wird etwas anderes kommen, es wird besser werden. Was ich jetzt fühle und sehe, ist nicht besser. Ja, es gibt schon einige Verbesserungen. Doch damals hat es für normale Leute ein normales Leben gegeben, Sicherheit. Nicht nur finanziell, es gab auch ethische Grenzen, ich meine für das Volk, die Großen haben immer gemacht, was sie wollten. Jetzt ist das alles weg, die Crème gibt es nach wie vor, sie hat furchtbar viel Geld, ich weiß nicht woher. Jetzt zählt nur das Geld. Davon habe ich die Nase voll. Ich habe auch genug davon, daß sich jedes Jahr die Geschichte verändert. Du kennst doch sicher „1984" von George Orwell, diese Geschichte paßt ganz genau auf die Veränderungen hier. Jetzt ist es vielleicht schon ein bißchen besser. Aber in den letzten Jahren wurde immer nur darüber gesprochen, wer schuld an allem ist, wer muß dafür bestraft werden, und nicht, wie man es besser machen kann. Von hinten herum wurde alles mögliche Schlechte gesagt. In der Schule haben wir gelernt, daß bei den alten Türken alle paar Jahre ein Mann das Reich hatte, und in dieser Zeit wollte er so viel Geld einstecken wie möglich, was danach kam, war ihm gleichgültig. Und so ist es jetzt auch hier. Die letzte Regierung, dieses MDF, hat so viel Korruption und Schwindel gemacht, so viel unehrliches Geld bekommen. Sie haben sich überhaupt nicht darum gekümmert, was mit den Leuten und dem Land geschieht. Sie haben Fabriken verkauft, ich glaube, drei Viertel des Landes sind verkauft. Inzwischen haben die Leute alle Träume verloren, sie glauben nicht mehr daran, sie trauen niemandem mehr, ich auch nicht, niemandem. Alle ideellen Werte, die ich hatte, sind weg. Hier gibt es keine mehr. Noch dazu hat in diesen Jahren der Nationalismus zugenommen, dann die katholische Kirche, der Antisemitismus ist stärker geworden, viele Lügen sind ans Licht gekommen. Vor zwanzig Jahren haben wir gehört, es gibt kein Zigeunerproblem in Ungarn, es gibt keinen Antisemitismus, na, jetzt kann man sehen, es gibt wieder alles.

Es sieht niemand, daß ich Jüdin bin, dafür muß man Experte sein. Vielleicht kann man es besser sehen, wenn ich älter werde. An der Akademie habe ich oft gehört, daß ich sehr lieb bin, obwohl ich Jüdin bin. Ja, eigentlich gescheite Leute haben das gesagt. Das stört natürlich. Berlin war deshalb auch so wichtig für mich, weil ich dort meine Angst vor dem Antisemitismus, meine Komplexe verloren habe. Seither kann ich ruhig sagen, daß ich Jüdin bin. Ich habe es früher auch immer gesagt, aber ich hatte Angst. In Berlin habe ich einfach solche Leute getroffen, für die das egal war. Hier ist es immer noch ein Thema. Ich höre immer wieder von Leuten, die in der Arbeit oder irgendwo gehört haben, ja, die Juden haben wieder die Macht. Und dann die Sterne, die an die Wände geschmiert werden, und daß der SZDSZ die Judenpartei ist. Das ist alles mit dem MDF gekommen. Ich hatte schon das Gefühl, daß das heilige Wasser beim Wasserhahn herauskommt. Das ist auch irgendwie eine Diktatur. Ich muß das sehen, ich muß das hören, warum? Jeder kann natürlich seine Religion ausüben. Ich gehe auch gerne in eine katholische Kirche, in alle Kirchen. Ich denke, wenn es etwas gibt, und irgend etwas gibt es, dann ist es ein Gott, und alles andere, alle Religionen haben die Menschen gemacht. Wenn es diese Kraft gibt, dann kann es nur eine sein. Es ist nicht wichtig, zu welcher Religion man gehört. Ich mache das so: Den Weihnachtsbaum schmücke ich mit jüdischen Sternen, ich bringe meinen Sohn in die katholische Kirche ...

Vor 1989 habe ich diesen Antisemitismus nicht so offen gespürt; es gab auch keine andere Religion. Seit der Demokratie ist das anders, jetzt ist die katholische Kirche ganz stark. Ich sage das nicht, weil ich Jüdin bin. Religion ist eine private Sache. Das ungarische Fernsehen gehört nicht der katholischen Kirche.

Es gibt zwei Typen von Juden, die einen, die stolz darauf sind, und die anderen, die sich andauernd dafür entschuldigen. Ich habe einmal einen sehr guten Schweizer Film gesehen. Da war ein alter Mann, der getötet werden sollte, und er sagte, ich bin Jude, auch wenn ich mich dafür schäme, auch wenn ich stolz darauf bin, aber da bin ich lieber stolz darauf. Das Problem ist, daß wir uns überhaupt darum kümmern müssen, immer noch entscheiden müssen, ob wir uns schämen oder stolz darauf sind. Ich mag auch nicht diese so ganz „frechen" Juden. Die gibt es. Natürlich gibt es auch Nicht-Juden, die so sind, doch für die anderen Leute ist das nicht so auffällig.

Wir haben unsere Religion zu Hause nicht praktiziert, doch

ich habe immer gewußt, daß ich Jüdin bin, wir sind auch manchmal in die Synagoge gegangen. Meine Mutter hat für den Glauben schon etwas getan. Ich wußte immer, daß die Juden leiden sollten, weil sie Juden sind. Das war für mich immer sehr wichtig, vor allem, als mein Vater mit 51 Jahren starb. Ich kann nicht verzeihen, daß er so früh sterben mußte. Ich bin mir sicher, daß er heute noch leben könnte, wenn er nicht im Konzentrationslager gewesen wäre. Wie könnte ich sagen, daß ich nicht Jüdin bin, wenn mein Vater dafür sterben mußte! Und wie viele andere auch. Ich trage immer den Ring meines Großvaters, ich will dazu stehen, ich will es nicht leugnen. Es ist auch wieder eine Frage, besonders hier in Ungarn, ob es ein Volk oder eine Religion ist. Es ist oft vorgekommen, daß ich von anderen Juden angesprochen wurde, komm, bilden wir eine Gruppe, machen wir eine Ausstellung jüdischer Künstler. Das mache ich nicht. Ich denke, es gehört zu meinem persönlichen Leben. Ich bin nicht eine jüdische Künstlerin, ich bin eine Künstlerin oder eine ungarische Künstlerin. Ich spreche ungarisch, habe die ungarische Geschichte gelernt, war in einer ungarischen Schule. Ich habe mit den Juden nichts zu tun. Warum sollte ich nach Israel gehen? Ich habe nichts mit ihnen zu tun, das ist nicht mein Volk. Das ist irgendwie kompliziert, denn es ist ja trotzdem mein Volk. Der Vater meines Sohnes ist nicht Jude, aber ich werde zu meinem Sohn sagen, daß wir Juden sind. Ich möchte nicht, daß er einmal von der Schule nach Hause kommt und schlecht über die Juden spricht. Mein jüngerer Bruder hat das einmal gemacht, er wußte nicht, daß er selbst Jude ist. Meine Eltern haben es ihm nicht gesagt, da hatten sie schon Angst. Er weiß es jetzt natürlich und nimmt das ernst. Viele aus meiner Generation wußten es von sich selbst nicht, ihre Eltern haben es ihnen nicht gesagt. Hier die Leute haben so vieles schon erlebt während dieser vierzig Jahre. Viele jüdische Eltern hatten Angst, ihren Kindern zu sagen, daß sie Juden sind, dachten, besser, sie wissen es nicht. Ich kenne viele solche. Sie wurden mit den großen kommunistischen Ideen erzogen, daß alle gleich sind. Ich habe eine Freundin, die Selbstmord begehen wollte, weil sie so durcheinander war. Sie hatte alles ernst genommen und kannte sich nicht mehr aus.

Trotz des Kommunismus hatten meine Eltern Angst. Da war auch diese Revolution oder Konterrevolution, wo wieder die Juden eine Rolle gespielt haben. Ich weiß darüber zu wenig, weil das bei uns zu Hause kein Thema war. Vielleicht war das in anderen Familien besser. Mein Vater war ein Arbeiter. Ich habe schon gehört, daß er weiter hätte sein können und mit mehr Geld, wenn er mit den Genossen zusammen getrunken hätte. Er machte seine Arbeit und kam anschließend nach Hause. Er hat sich nirgendwo eingemischt. Meine Eltern hatten keine höheren Funktionen, machten keine höher qualifizierten Arbeiten. Was konnte mit uns sein, wenn es so ein normales Leben war?

Ich hatte richtig Angst davor, Jüdin zu sein, in der Mittelschule, immer. Ich hatte immer Angst, obwohl mir nichts Grausames passiert ist, mein Leben ruhig war, aber ich hatte immer furchtbare Träume, ich glaube, ich war einfach sehr sensibel. Unser Name ist K., ein jüdischer Name, und ich wollte ihn ändern. Mein Vater hat es mir erlaubt. Ich wollte wie einer der großen jüdischen Könige heißen. Ich habe einen noch jüdischeren Namen angenommen! Kann man das verstehen? Das ist schon ein totales Durcheinander in der Identität. In Ungarn glaubt man wegen meines neuen Namens, ich sei aus Siebenbürgen, doch in Deutschland hat mich jeder zweite gefragt, ob ich Jüdin sei. Dann habe ich meinen deutschen Freunden diese Geschichte mit meinem Namen erzählt, und sie haben sich totgelacht. Bei meinem ursprünglichen Namen hätte niemand gedacht, daß ich Jüdin bin, das ist ein normaler deutscher Name. Ich war 21 Jahre alt, als ich diese Namensänderung machen ließ. Zu der Zeit lebte ich mit einem Mann zusammen, der auch dafür war, er war auch Jude. Als mein Vater dann starb, war das sehr schlimm für mich: Er konnte nicht miterleben, daß ich an der Akademie bin, ich trug nicht mehr seinen Namen, und wenn ich Erfolg haben würde, würde niemand wissen, daß ich seine Tochter bin. Ich wollte den Namen zurückändern, aber das ging nicht mehr, auch nicht ein Doppelname. Den neuen Namen hatte ich noch mit meinem Vater ausgesucht, meine Mutter hat nichts dazu gesagt, aber mein Bruder war sehr böse auf mich. Eine blöde Geschichte. Als ich die Akademie beendet hatte, hätte ich einfach einen Künstlernamen wählen können, dann könnte ich jetzt beide Namen tragen. Dieser Name ist wirklich zu dumm, was habe ich damit zu tun? Und auch mein Vorname ist ein anderer. Ein Junge in meiner Klasse hat seinen Vornamen geändert, und da habe ich gedacht, dann kann ich das auch. Ich heiße eigentlich Mária, das hat mich irritiert. Wie kann eine Jüdin Mária heißen? Alles war so ein Durcheinander. Am ehesten konnte ich noch mit meinem Vater darüber sprechen, aber da war er schon ganz verschlossen. Ich wollte Mária zu Eszter verändern, wenn schon, dann ein jüdischer Vorname. Aber das klang furchtbar, dieser Vorname mit dem neuen Nachnamen, wie eine Kuh. Ich habe mir dann einfach selbst einen neuen Vornamen zugelegt, den habe ich nun schon lange, aber manchmal denke ich: Wer ist das? Für meine Arbeit wäre es nicht gut, meinen Namen wiederum zu ändern. Ich bin unter meinem jetzigen Namen bekannt. Meine alten Freunde nennen mich immer noch Mária. „Entschuldige, aber du bist für uns Mária." Ich weiß nicht, ob das alles richtig war oder nicht, aber irgendwie hängt mein Leben als Erwachsene, meine Arbeit damit zusammen. Meinen alten Namen hätte sich niemand merken können, und ich habe doch davon geträumt, eine große ungarische Malerin zu werden. Kurz nach der Namensänderung habe ich ein Aufnahmeprüfung an einer Schule gemacht. Man hat die Liste mit den Namen der Anwesenden vorgelesen, doch ich habe nicht auf meinen neuen Namen reagiert und gefragt, warum mein Name nicht auf der Liste steht. Die Lehrerin hat gefragt, wie ich heiße, ja, und dann, richtig, wie heiße ich? Natürlich war mein Name auf der Liste. Ich habe lange gebraucht, bis ich mich daran gewöhnen konnte.

Mit meiner Identität hatte ich lange Zeit Probleme, und habe sie immer noch. Ich wollte von Ungarn weggehen, ich habe mich schlecht gefühlt und den Fehler immer bei mir und in mir gesucht. Dann war ich mit einem Stipendium für drei Monate in Belgien, ich war ganz alleine dort, kannte niemanden. Nach meiner Rückkehr hatte ich das Gefühl, daß ich ganz normal bin, daß der Fehler nicht in mir liegt, sondern hier, die Leute sind anders, oder ich bin anders als die meisten Leute hier. Ich hatte sehr lange das Gefühl, daß ich nicht hierher passe. Freunde haben mir das bestätigt, doch gesagt, daß ich mich dafür nicht schämen, sondern es positiv sehen sollte. Ich konnte das nie. Ich habe es immer negativ gesehen und sehr darunter gelitten. Noch vor ein paar Jahren wollte ich weggehen. Jetzt fühle ich mich ein bißchen besser. Ich wollte nicht für immer das Land verlassen, aber für lange. Es wäre eine Dummheit, für immer wegzugehen, denn ich bin dabei, hier einen Wert zu erreichen, nicht was das Geld betrifft, sondern ich habe wenigstens einen intellektuellen Wert. Jetzt in ein fremdes Land gehen mit einem kleinen Kind, ganz von vorne beginnen ...? Ich wollte nur weggehen, um zu malen, um neue Eindrücke zu gewinnen, und nicht, um besser leben zu können. Warum sollte ich in ein anderes Land gehen, um dort zu putzen? Nicht nach Westeuropa, das wollte ich nicht, sondern etwas, was ich noch nie gesehen, gefühlt habe, für den Körper etwas, für die Augen. So bin ich auf Afrika gekommen. Der andere Grund war, daß es normal ist, wenn ich mich im Ausland fremd fühle. Wenn ich mich zu Hause fremd fühle, ist das nicht normal. Im Ausland stört mich das nicht. Dann ist noch die Krankheit meines Sohnes dazugekommen. Ich habe überlegt, daß ich hier nie so viel Geld haben werde, um zu einer anderen Wohnung zu kommen. Es ist ein fürchterlicher Verkehr hier, die Lebensqualität ist sehr schlecht. Ich habe eine Einladung als Dozentin an einer Kunsthochschule in Afrika bekommen, daraus ist aber immer noch nichts geworden. Also mit einem Stipendium oder einer solchen Einladung oder einer Ausstellung würde ich weggehen, sonst nicht, ohne Geld, ohne Freunde etwas von ganz vorne zu beginnen, das wäre verrückt. Hier habe ich wenigstens meine Freunde und Freundinnen, meine Kontakte. Ich habe das Gefühl, daß die letzten zwei, drei Jahre einen Sinn hatten, daß ich etwas mit meiner Arbeit erreichen konnte. Für ein Jahr würde ich schon ganz gerne in einem anderen Land leben. Das war mein Traum, seit ich zwanzig bin: Gehen, gehen, gehen, immer, überall, ja, ich wollte immer gehen, immer unterwegs sein. Das möchte ich immer noch. Hier in Budapest habe ich das Gefühl, daß die Leute von überallher zu mir kommen. Vielleicht wäre es genauso, wenn ich woanders leben würde. Ich glaube schon, daß ich einmal noch gehen werde. Einmal muß ich, sonst kann ich mich nicht mehr ernst nehmen. Ich warte schon so lange darauf. Ich muß für mich gehen und sehen. Das ist das andere, ich habe einfach genug von all diesen westeuropäischen Kulturen. Ich glaube, daß sehr lange jetzt nichts mehr kommt, nichts mehr 'rauskommt. Wir kochen schon in derselben Suppe.

Für mich ist die wichtigste Verbesserung hier, daß wir reisen können. Doch das ist vielleicht auch das ungerechte Schicksal. Wenn jemand aus Westeuropa wenig Geld hat, kann er trotzdem reisen, das wenige Geld bleibt das wenige Geld überall. Aber wir? Auch wenn wir viel Geld haben, ist dieses Geld nichts wert. Soviel Geld kann man gar nicht haben. Wir können nur theoretisch reisen, nicht praktisch. Das gilt natürlich nicht für die Reichen. Freunde aus Westeuropa konnten mit dem wenigen Geld mit sechzehn, achtzehn Jahren herumreisen, wie sie wollten. Das ist meine große Traurigkeit, weil ich das nicht machen konnte. Ich habe das Gefühl, daß ich etwas versäumt habe, sie haben mir das weggenommen, und für mich wäre es sehr wichtig gewesen, ich möchte es immer noch. Jetzt habe ich schon Angst, daß es nicht mehr geht. Es ist schon komplizierter, ich habe ein Kind, er muß in die Schule gehen, ich kann ihn nicht alleine hierlassen. Deshalb möchte ich jetzt gleich weggehen für ein Jahr. Wenn nicht nach Afrika, dann irgendwo anders hin. Ich fühle, daß ich etwas anderes sehen muß, Abstand brauche. Ich möchte nicht als Touristin dorthin fahren, sondern den Alltag erleben. Ich hatte das in Berlin, das war sehr schön, aber Berlin ist irgendwie wie Budapest, obwohl natürlich die westeuropäischen Städte anders sind. Die Lebensform ist eine andere, und wie die Menschen miteinander umgehen, das war in Westberlin viel besser als hier in Budapest. Die Beziehungen zwischen den Menschen sind besser. Die Leute auf der Straße sind freundlich. Wenn ich mich wohl fühlen will in Budapest, dann verlasse ich meine Wohnung nicht. Es stört mich, wenn ich hinaus muß. In Berlin war es umgekehrt. Wenn ich mich wohl fühlen wollte, bin ich auf die Straße gegangen. In diesen anderthalb Jahren in Berlin habe ich so viele gute Erfahrungen mit fremden Leuten gemacht wie nie hier in Budapest, vielleicht war es Glück, vielleicht weil ich eine Mutter mit einem Baby war. Wenn sonst nichts, aber ein Lächeln wenigstens. Hier sind die Menschen neurotisch, sie laufen immer, sie sind ungeduldig, sie sind meistens unfreundlich, feindlich. Ich fühle hier keine gute Atmosphäre. Sie haben dieses Unsicherheitsgefühl, Angst, sie arbeiten zuviel, sind nervös, sie müssen egoistisch sein, weil sie sonst nichts haben, sie kümmern sich nicht umeinander, sie beachten sich nicht, sind mißtrauisch, sie sind irgendwie müde.

Die politischen Veränderungen können ohne finanzielle Änderungen nichts bewirken. Für die Durchschnittsfrauen ist es wichtig, was sie auf dem Markt bekommen. Für den Durchschnittsbürger hat es bisher nur gebracht, daß alles viel teurer geworden ist. Mit dem Geld können sie nicht mehr das bekommen, was früher möglich war. Milch, Brot, Obst, Gemüse, Fleisch, es ist alles schrecklich teuer. Die Leute sind schon irgendwie skeptisch und unruhig. Ich habe nicht viel Geld, aber ich denke, wenn ich schon auf den Markt gehe, dann muß man wenigstens gute Laune haben, wenn man sonst schon nichts hat. Ich genieße es, auf den Markt zu gehen, die alten Frauen anzulächeln, mit ihnen zu plaudern, sie sind dann sehr dankbar. Wenn man schon nicht helfen kann, die Realität zu verändern, dann muß man wenigstens mithelfen, daß man sich ein bißchen wohl fühlt.

Wenn ich mir etwas wünschen könnte, würde ich gerne eine größere Wohnung haben, in der ich besser arbeiten kann, ein Kindermädchen für meinen Sohn. Oder eine Freundin, Nachbarin, bei der ich ihn manchmal lassen könnte, irgend jemand, der mir hilft. Ich würde manchmal gerne ein bißchen freier sein, ich habe Lust abends auszugehen. Ich sehne mich nach diesen Berliner Frauen. Ich hatte dort so ein Solidaritätsgefühl. Zwischen den Frauen hier herrscht meistens ein Konkurrenzkampf um die Männer. Meine Freundinnen helfen mir schon, aber ihre Kinder gehen meistens schon an die Universität. Hier im Kindergarten habe ich nur mit einer Österreicherin näheren Kontakt, mit den ungarischen Frauen kaum. Es wäre doch normal: zwei, drei Frauen, die sich abwechselnd um die Kinder kümmern. Das funktioniert hier nicht.

Für mich ist es jetzt besser als vorher, aber das hängt mit meinem persönlichen Leben zusammen, das hat nichts mit den gesellschaftlichen Veränderungen zu tun. Freunde von mir, die vorher ein gutes, normales Leben geführt haben, haben jetzt größere Schwierigkeiten. Ich habe ein großes Glück, weil für mich kann es nur besser werden. Ich kann meinem Sohn normal zu essen geben, nicht, was er sich wünscht oder was ich möchte, aber es geht. Kleider sind nicht drinnen. Wir leben von so wenigem, von dem man eigentlich nicht leben kann. Ich bekomme die Kleidung für ihn, ich habe noch nie etwas Neues für ihn gekauft, für mich auch nicht, überhaupt nichts. Alles, was ich trage, ist von meinen Freundinnen, alles. Wir haben nur das Geld zum Essen, nicht für Salami, sehr wenig Fleisch, nur das, was wichtig ist. Wir sollten von 11.000 Forint leben ... Manchmal verkaufe ich ein Bild, das ist ganz eigenartig, weil ich daran gewöhnt bin, von ganz wenig zu leben. Seit drei Jahren bin ich das Geld für die Heizung schuldig. Man wollte mich pfänden, und der Mann, den man geschickt hat, war sehr nett, und wir haben uns darauf geeinigt, daß ich immer nur ein bißchen bezahle. Jetzt bezahlt eine Freundin für mich monatlich 1000 Forint. Momentan unterrichte ich, noch bis Ende Dezember, dafür bekomme ich 12.000 Forint. Ich habe auch ein paar Bilder verkauft, und weil ich Angst davor habe, was danach kommt, habe ich ein wenig gespart. Deshalb bin ich noch nicht in richtiger Panik. Für ein halbes Jahr geht es. Das macht die Leute unruhig, du weißt nicht, was morgen kommt. Es kann sein, daß in drei Tagen alles doppelt so teuer ist, der Strom, die Wohnung, das Wasser, alles, das macht mich unruhig. Doch es war schon immer so: Wenn etwas sehr schlecht war und hoffnungslos, ist etwas Gutes passiert, ich habe eine große Arbeit bekommen, oder ich konnte etwas verkaufen, oder ein Stipendium. Ich habe das Gefühl, es gibt eine Kraft, die will, daß ich diese Arbeit leiste, darum bekomme ich Hilfe. Ich muß es natürlich sehr gut machen, so gut ich kann. Es sieht so aus, als ob eine solche Hilfe wieder kommen würde: ein Mann, dem ich sehr sympathisch bin, will mich unterstützen. Er wollte mehr, doch ich habe ihm gesagt, daß das nicht in Frage kommt. Er will trotzdem mit mir zusammenarbeiten, Ausstellungen machen, und auch, daß ich ruhig arbeiten kann, deshalb will er mir für ein halbes Jahr Geld geben. Er meint, daß meine Bilder hier schon ein Schatz sind, einen großen Wert haben. Am Ende des halben Jahres bekommt er von mir ein Bild. Ist das nicht phantastisch? Das ist wie im Märchen. Und was das Größte ist, ich habe das Gefühl, daß das für meine Arbeit ist. Es gab immer Männer, die mich unterstützen wollten, aber anders ... Seit ein paar Tagen fühle ich mich so gut. Ich habe mich schon gefragt, warum ich immer diesen Knoten im Hals habe, mein Sohn ist gesund, alles ist in Ordnung. Jetzt weiß ich es. Ich habe schon geglaubt, es liegt daran, weil ich keinen guten Liebhaber habe. Jetzt weiß ich, daß ich unbewußt doch Angst hatte, alles hängt an einem Haar. Ich wollte nicht daran denken. Es ist auch belastend, wenn du keine Schuhe für dein Kind kaufen kannst, nichts, was du möchtest, nicht ein Buch, nicht ins Theater gehen, in ein Konzert. Ich lasse mich nicht einmal ein Eis essen, es ist wie eine Krankheit nach einer Weile. Nun bin ich optimistisch, ein halbes Jahr in Ruhe arbeiten, da geht etwas weiter, vielleicht verkaufe ich etwas. Ich hoffe nur, daß dieser Mann es wirklich ehrlich meint. Das Geld, das er mir geben wird, ist der normale Preis für ein großes Bild. Für mich ist es viel Geld, für ihn nicht so sehr, er ist Ausländer, und ich hoffe, daß ich ein gutes Bild für ihn malen kann.

Ich wollte immer deshalb malen, um anderen etwas zu geben. Da hatte ich so ein schönes Erlebnis in Berlin. Bei meiner Ausstellung war eine Frau, die zu mir kam und sich bedankte, sie konnte nicht weggehen, sie hat gesagt, daß sie nun so ruhig ist und ihr die Bilder Mut machen und Leben geben, die Sonne scheint wieder. Das war wunderschön für mich, daß ich so etwas schaffen kann, was auch andere brauchen. Warum mache ich das sonst? Wenn ich frustriert bin, denke ich: Warum tue ich das, es wäre besser aufzuhören, eine Arbeit zu suchen, mit der ich Geld verdienen und ruhig leben kann, ich habe keinen Erfolg, niemand braucht das, für niemanden ist es interessant, nur für mich. Dann ein anderes Mal: Ich muß das tun, weil ich deshalb so viel Gutes vom Leben bekomme. Manchmal denke ich, daß ich verrückt bin, weil ich alles so transzendent deute. In den letzten vier Jahren habe ich sehr viel gearbeitet und sehr viel gegeben, und ich finde, es wurde Zeit, daß ich etwas bekomme. Damals als ich mich für die Akademie beworben habe, dachte ich, wenn sie mich jetzt nicht nehmen, dann werde ich heiraten. Dann haben sie mich Gott sei Dank aufgenommen. Und einmal – ich war schon ganz unten – ist ein schwedischer Galerist gekommen. Wenn ich glaube, daß es nicht mehr weitergeht, dann kommt irgend etwas, daran glaube ich, eine Kraft von oben. Das ist meine Erfahrung. Einmal konnte ich nichts mehr bezahlen, habe monatelang Brot und Zwiebeln gegessen, sonst nichts, o.k. macht nichts, ich male. Dann konnte ich schon die Wohnung nicht mehr bezahlen, plötzlich kam ein Telefonanruf, komm schnell, es gibt große Arbeit. Ich bin immer mit Arbeit zu Geld gekommen, und jetzt ist es das erste Mal, daß ich es fast als „Geschenk" bekomme.

Wenn ich früher in sehr schwierigen Situationen war, konnte ich darüber nicht sprechen. Ich weiß, daß ich diesem Mann sehr gefalle, vielleicht ist er auch ein bißchen verliebt. Früher hätte ich gedacht, daß ist nicht ehrlich, daß ist nicht moralisch, so etwas anzunehmen. Im ersten Moment habe ich auch jetzt nein gesagt. Ich habe nur ein kleines bißchen gelogen und behauptet, daß ich einen Freund hätte. Er weiß, er kann jetzt nur Freundschaft von mir bekommen, sonst nichts. Es ist immer noch schwer für mich zu glauben, daß er mir nur wegen meiner Bilder helfen will. Ich denke, in Deutschland ist so ein Mäzen schon etwas Normales, hier nicht, das paßt nicht mit dem sozialen Etikett zusammen. Es gab früher staatliche Förderungen, aber nur für bestimmte Leute. Man kann schon um Stipendien ansuchen, ich habe es einmal versucht und etwas Geld bekommen. Wo viel Geld ist, gibt es auch Korruption, es geht darum, wen du kennst ... Vielleicht habe ich das zu wenig gemacht. Ein Kollege hat mir einmal gesagt, daß mir deshalb solche Dinge wie mit diesem Mann, der mir jetzt Geld gibt, passieren, weil ich die letzte in diesem Land bin, die noch daran glaubt, daß es so etwas gibt. Irgendwie bin ich eine verlorene Optimistin. Manchmal verstehe ich selbst nicht, wie ich mit diesem Alter und all den Enttäuschungen und negativen Erfahrungen, die ich gemacht habe, noch glauben und optimistisch sein, mich wohl fühlen kann. Es ist eigenartig, ich habe die Zuversicht nicht verloren.

Irgendwie habe ich schon genug von diesem Studentenleben. Ich träume von Erfolg, Geld, Reisen. Ich möchte aussehen wie eine

Frau, mit schönen Kleidern, mit meinem Sohn in ein Restaurant gehen, ohne das schlechte Gewissen wegen des Geldes zu haben. Früher wollte ich mehr den Erfolg, jetzt möchte ich vielleicht schon mehr das Geld. Das ist nicht so, weil meine Werte sich geändert hätten. Doch früher habe ich geglaubt, der Erfolg kommt mit der guten Arbeit. Jetzt sehe ich leider, daß das nicht immer zusammenhängt. Ich hatte nun schon gute Reaktionen auf meine Arbeit, die Kritik macht mir nicht mehr soviel aus. Ich weiß, daß es gut ist, was ich mache. Nicht super, aber gut, schlecht und unwichtig ist es nicht, so daß ich es auch schon selbst weiß. Es ist nicht so, daß ich zufrieden bin. Das war nur die Vorbereitung, und jetzt sollte ich die richtig guten Bilder machen. Das ist mein eigener Anspruch. Ich möchte etwas ganz Wichtiges machen, keine Bildchen.

Erstmals in meinem Leben habe ich auch den Wunsch, Geld zu haben. Früher war das überhaupt nicht interessant für mich, jetzt habe ich ein Kind. Mein Sohn wird immer größer, hat eigene Ansprüche. Immer diese Geldprobleme ... Leider war es schon immer so, daß das Geld die Welt bedeutet. Kultur, Kunst, Geschmack zählen nicht. Für die Neureichen ist ein neues Auto wichtig, aber nicht die Kunst. Sie kaufen höchstens Antiquitäten, nicht weil sie ihnen gefallen, sondern einfach, weil sie wertvoll sind. Leute mit Geld gehen nicht in eine Galerie, um ein Bild zu kaufen, weil es ihnen gefällt, und diejenigen, die das tun würden, haben kein Geld. Denen kann man es nur schenken. Alles ist voll mit diesem neuen kapitalistischen Kitsch, den man überall kaufen kann. Früher gab es Dinge, die verboten waren, die Kunst zeigte Privatleben, Liebe, Sex, Geheimnisse. Nun hat sie diese Funktion verloren. Das habe ich irgendwo gelesen, und ich sehe es genauso. Jetzt kommt alles mit dem Fernsehen, mit den Werbungen, immer dieselben Beispiele, Bilder, es entsteht eine Einheitskultur. Und die Leute denken, alle im Westen leben so, wie sie es in den Werbungen sehen. Ich weiß, daß das nicht so ist. Sie arbeiten sehr viel für das, was sie haben.

In Ungarn hat es immer eine hohe kulturelle Erziehung in der Schule gegeben, vor allem Klassische Literatur und Geschichte wurden gelehrt, es ging um Kenntnisse und Wissen, Kreativität und

Eigenständigkeit wurden nicht so sehr gefördert. Die klassische Kultur – Opern, Konzerte – waren zugänglich für alle, für das Volk erreichbar, da die Karten sehr, sehr billig waren. Nun kann sich das nicht mehr jeder leisten. Positiv ist, daß jetzt noch mehr Künstler aus dem Westen kommen, es gibt mehr Kontakte, man kann hier in Budapest sehr viel sehen, im Theater, bei Ausstellungen, Filme. Es gibt mehr Rock- und Popkonzerte, mehr Avantgarde. Das kulturelle Leben ist vielschichtiger geworden, eine intellektuelle Bereicherung. Abstrakte Kunst war früher, in den 50er und 60er Jahren, verboten, sie wurde als Gift des Kapitalismus und der westlichen Länder betrachtet. Ich glaube, das kulturelle Leben in Budapest ist jetzt lebendiger als in manchen westeuropäischen Städten. Die Leute hier sind neugierig, ja, hungrig darauf, obwohl Ungarn nie so abgeschlossen wie andere östliche Länder war.

Ansonsten haben die politischen Veränderungen nur den wenigen etwas gebracht, die unglaublich reich geworden sind oder schon reich waren. Für die normalen Leute schaut nicht viel Gutes heraus, es ist jetzt so eine Übergangsperiode, wo der klassische Kapitalismus herrscht. Vielleicht wird das besser, ich weiß nicht, wieviel Zeit es noch braucht.

Ein Jahr nach diesem Gespräch erhielt Róza ein Stipendium und ging gemeinsam mit ihrem Sohn nach Nordafrika, wo sie einige Jahre gelebt und an einer Kunsthochschule unterrichtet hat. 1999 ist sie erneut aufgebrochen: Kanada, Mexiko … Róza wollte immer gehen, gehen, unterwegs sein … Zur Zeit lebt sie in Montreal.

1) Im Ungarischen gibt es zwei Wörter für „Liebe“:
szerelem: Verliebtheit; erotische, sinnliche Liebe …
szeretet: Liebe, Zuneigung (Elternliebe, Geschwisterliebe, Nächstenliebe …)

November 1994

MARGIT, Universitätsdozentin/Philologin
70 Jahre, Witwe, 2 Kinder

„Machst du etwas mit Freude, ist die Freude das wichtige, nicht die etwaigen negativen Begleiterscheinungen."

Margit lerne ich im Frühjahr 1993 auf einem Symposion in Österreich kennen. Sie ist eine humorvolle, aufgeschlossene ältere Dame voller Forscherinnengeist. Interessiert hört sie zu, als ich ihr von meinem Projekt erzähle, und ist sofort einverstanden mitzumachen.

Wir sitzen gemütlich bei Tee und Keksen im Wohnzimmer ihrer Wohnung in einem ruhigen Pester Stadtteil. Es ist später Nachmittag, das Gespräch dauert bis in die Nacht hinein. Margit ist sich ihrer Rolle bewußt, bemüht sich um die Darstellung ihrer Geschichte, der Ereignisse und ihrer Ansichten. Sie fragt zurück, will wissen, was ich denke, was die anderen interviewten Frauen gesagt haben. Am Ende sind wir beide müde, anstrengende Stunden liegen hinter uns.

Später gibt sie mir den Text sorgfältig korrigiert zurück, um ihn mit mir nochmals genau zu besprechen.

Man muß alles von der Kindheit an zurückschrauben.

Ich bin ein Einzelkind, mein Vater war Beamter, meine Mutter Hausfrau. Das waren die Zeiten, wo der Vater der „Herr", der „Chef der Familie" war. Der Tisch soll schön gedeckt sein, und wenn er nach Hause kommt, soll das Essen warm serviert werden. Das war noch in der Horthy-Zeit, also vor 1945. Mein Vater hat um acht Uhr die Arbeit begonnen, um halb eins ist er nach Hause gekommen, da stand das Mittagessen schon auf dem Tisch, so wie er es gewünscht hatte, um ein Uhr war er damit fertig, dann nahm er ein Pölsterchen und hat so fünfzehn, zwanzig Minuten lang geschlafen und ging dann wie neugeboren und frisch um zwei Uhr in die Arbeit zurück. Meine Mutter war, nein, nicht Sklavin, sie hielt gerne alles in Ordnung, wie es damals Sitte war. Was meinen Eltern Freude machte, waren Freunde und Verwandte, sie besuchten sich gegenseitig, man mußte mal zur Oma gehen und die Tante Soundso einladen, und das füllte ihr Leben aus. Ich möchte sogar sagen, daß sie ein bißchen stolz darauf waren. Mein Vater hatte kein hohes Einkommen, er hat in einem Büro gearbeitet, aber alles war so ziemlich schön und normal. Idyllische Arbeitsbedingungen für den Familienchef. Das Leben pulsierte und kam auch in die Wohnung. Es war kein Puppenheim, so daß wir nur an uns interessiert gewesen wären.

Ich war eine sogenannte Vorzugsschülerin, ich lernte leicht, und das bedeutete, daß ich kaum Schulgeld und auch an der Uni weniger zahlen mußte. Dadurch konnte ich auch zum Gleichgewicht des Familienbudgets ein wenig beitragen, und als ich in der zweiten Klasse Gymnasium war – damals dauerte das Gymnasium acht Jahre lang, von zehn bis achtzehn Jahren –, habe ich Nachhilfestunden für jüngere Schüler gegeben. So habe ich auch mein Wissen immer wieder aufgefrischt. Ich wußte, daß mich nicht die besten Schüler brauchen, doch manchmal war das schon etwas traurig. Ich wollte helfen, und „meine" Schülerin schaute mich so komisch an und fragte: „Essen Sie gerne Letscho?", wo wir gerade über Horaz gesprochen hatten …

Die Urgroßmama war für mich sehr wichtig. Meine Großmutter, die Mutter meiner Mutter, habe ich nicht gekannt, sie ist früh gestorben. Meine Mutter war Halbwaise, und meine Urgroßmutter hat sie erzogen. Sie war erst vierzig Jahre alt, als sie Großmutter wurde, so um die Jahrhundertwende. Sie war agil und klug, spielte auch manchmal Karten, ging ins Theater und war bei verschiedenen Gesangsvereinen. Ich hatte einen Onkel, der Maler und ein bißchen verrückt war, er hat ein Porträt mit blauen Haaren gemalt. Er ist zwar dann ein berühmter Maler geworden, doch er war so das schwarze Schaf der Familie. Die Erwachsenen um mich haben bestimmt meine Gedanken sehr beschäftigt und mich beeinflußt. Ein sehr kluger Onkel, der ziemlich stolz auf mich war, brachte mich zum Lesen, gab mir Bücher aus seiner Bibliothek, wollte aber auch, daß ich Schlittschuhlaufen gehe. Das war eine elegante Sache damals, für mich zwar nicht so, wir wollten damit auch nicht aufschneiden und gingen nicht jeden Tag auf den Eislaufplatz, aber jeden zweiten Tag. Ich erinnere mich an meine Kindheit, an meine Schulzeit, vielleicht auch deshalb, weil die ganz schlimmen Ereignisse damals noch ein bißchen weiter von uns entfernt waren. Es hat mich nicht gestört, daß ich nicht zur Eliteklasse gehörte, wo es sehr wohlhabende Mädchen gab. Manchmal wurde ich zu solchen Kränzchen eingeladen. Es hat mich auch nicht gestört, daß ich nicht die eleganteste war.

Die meisten Frauen bekommen eine Orientierung von den Männern, die sie umgeben, und sie folgen diesen Linien ein bißchen. Wenn ich einen Maler als Verehrer habe, werde ich öfter ins Museum gehen. Wenn ich einen Musiker habe, werde ich öfter ins Konzert gehen, weil er mir dieses oder jenes erklärt. Ich hatte eine sehr hübsche Freundin in der Schule. Zufällig wohnte in dem Haus, in dem sie mit ihrer Familie lebte, ein junger Geiger, der in einem Orchester spielte, und er lud sie zu Hauptproben ein. Die Mutter wollte ihr zuerst nicht die Erlaubnis geben, weil sie erst vierzehn oder fünfzehn Jahre alt war. Das sind heute lächerliche Sachen. Ich bin mit ihr gemeinsam in die Musikakademie gegangen, und nach den Konzerten haben wir zu dritt das Gehörte besprochen. Obwohl er in das schöne Mädchen verliebt war, hat er mit mir die Gedanken ausgetauscht. Sie war hübsch, hat gelächelt, doch ich war nicht frustriert, weil ich niemanden hatte, der mir den Hof machte. Ich habe immer Partner gefunden, mit denen ich mich in der Beziehung gut fühlte, von denen ich etwas lernen oder sie bewundern konnte. Literatur hatte ich immer gerne, aber daß mein Mann so wunderschön Gedichte rezitieren konnte und früher auch bei solchen Abenden aufgetreten ist, das brachte mir viele ungarische Dichter näher, viel mehr als früher. Die Männer bestimmen in einem guten Sinne die Orientierung der Frau. Es kann ein Onkel sein, sie haben mehr Einfluß als die kluge Tante oder die wunderbare Großmutter.

Das war die Jugend bis zur Uni. Dann ging es weiter, mit dem Lernen, auch mit kleinen Reisen, z.B. nach Frankreich und in die Länder der ehemaligen Monarchie. Für die Familien, die Verwandte in Zagreb, Wien, Preßburg usw. hatten, bedeutete das Reisen: Hinreisen, Herreisen, Besuche kommen, eine Tante aus Wien, ein Onkel kommt aus dem Banat und will „Die Fledermaus" anschauen.

Ich habe mein Diplom 1945 bekommen. Die Universitätszeit war für mich interessant und abwechslungsreich. Ich hatte die Möglichkeit, mit meinen Lehrern Fremdsprachen zu sprechen, es gab Bücher, Musik, Konzerte, Karten für das Nationaltheater, nicht die erste Reihe, sondern ganz oben. Ein Blaustrumpf sitzt vor Ihnen ...

Ich war eine junge Studentin, die sich schon für diesen oder jenen Mann interessierte, doch nicht ich ergriff die Initiative. Ich sagte immer: „Das ist ungerecht, nur derjenige kommt zu mir, der mich bemerkt hat, und nicht ich kann sagen ..." Wissen Sie, was man beim Tanzen Damenwahl nennt? Ich hatte ein Leben ohne Damenwahl. Ich war einmal von einer verwandten Familie im Sommer eingeladen. Dort lernte ich einen jungen Arzt kennen, der sich in mich verliebte, das war eine angenehme Überraschung, aber er war nicht aus Budapest. Wir haben uns so schöne Briefe geschrieben ... Eines Tages kam ein Brief, in dem er berichtete, daß ein sehr reicher Gutsbesitzer für seine Tochter einen Arzt als Mann haben möchte und man ihn vorgeschlagen hätte, und natürlich würde er nur mich lieben, sein ganzes Leben lang würde er nur an mich denken, aber so eine Möglichkeit, daß er eine eingerichtete Praxis bekommt, darauf könne er nicht verzichten. Ich habe ihm geantwortet, daß er das natürlich machen soll, das sei wichtig für sein Glück, aber wir sollen uns nicht mehr schreiben, weil mir das weh tun würde. Also so kleine Romanzen, das hat auch dazugehört. Es kamen aber Probleme mit der Schilddrüse, es hat also doch sehr weh getan. Der Arzt hat gesagt, es ist nicht nur eine Krankheit, bei der man Arzneien einnehmen muß, sondern ich muß ins Gebirge, die gute Luft wird mich bestimmt in Ordnung bringen. Dort gab es nichts, nur die gute Luft, wenig Leute, Touristen. Ein einziges Ereignis gab es am Tag, der Bus aus Budapest, man ging dorthin, um zu schauen, wer ankommt. Wir waren drei Mädchen, und eines Tages lernten wir an der Haltestelle einen jungen Mann kennen, der von seinem Freund erzählte. Er würde am nächsten Tag nachkommen. Wir haben ihn gemeinsam abgeholt, wir drei Mädchen gingen vorne und hinter uns die beiden jungen Männer. Angeblich hat der Neuankömmling sich nach mir erkundigt: „Wer ist das?" „Wer?" „Na, die mit der Brille und dem Dirndlkleid." „Irgendeine kleine Studentin, glaube ich. Warum?" „Die werde ich heiraten." Und er hat mich geheiratet! So hat er mich entdeckt. Ich erfuhr das erst drei Tage später, daß er sich in mich verliebt hatte, nicht sofort. Wir gingen spazieren, ich habe bewundert, wieviele Gedichte er auswendig kann und wie schön er singt, er erzählte von seiner Familie, von seinem Vater, der Architekt und geschieden war. Nachdem wir dann nach Budapest zurückgekommen waren, besuchte er uns. Er war zufrieden mit der Umgebung, die er bei uns sah, meine Eltern waren ihm wahrscheinlich auch sympathisch. Als er mir dann sagte, daß er mich heiraten wollte, wehrte ich ab: „Das kommt nicht in Frage, ich möchte zuerst mein Diplom haben." usw. Das ist eine Dummheit, daß man damals mit allem bis zum Heiraten gewartet hat, es gab keine Vorschüsse. Heute sage ich, daß es vielleicht eine Dummheit ist, aber sowohl er als auch ich haben einander in der Beziehung respektiert. Als er sich dann entschlossen hat, sich mit seinen ernsten Absichten bei meinen Eltern zu melden, waren sie einverstanden. Vielleicht dachten sie, daß mir ein Lehrer oder ein mehr intellektuell veranlagter Partner besser entsprochen hätte. Er war auch nur ein Angestellter, aber er wußte so viel mehr über Literatur und Kunst, er spielte ausgezeichnet Klavier. Nachdem wir dann geheiratet hatten, kam 1946 das erste, 1947 das zweite Kind, damit war meine Jugendzeit vorbei.

Anfangs habe ich Babys gestillt und war glücklich, daß sie schon ein Wort sagen können, ich war in erster Linie Mutter. Auf meine Bewerbung an das Ministerium, daß ich unterrichten möchte, habe ich keine Antwort bekommen, weder Pro noch Kontra. Es hat mich auch nicht so sehr gestört, weil ich ja die Mutterrolle habe ausüben dürfen.

1948 wurden die Schulen verstaatlicht. Als der Mindszenty-Prozeß war, gab es viele Emotionen und Animositäten. Die Schulen wurden aus den Händen der sogenannten „schwarzen Reaktion" gerissen, und die Antwort der katholischen Kirche blieb nicht aus. Sie hat den Lehrern, die vorher in kirchlichen Schulen unterrichtet haben, verboten, in den verstaatlichten Schulen zu bleiben und für den „teuflischen roten Staat“ zu arbeiten. Sie dachte wahrscheinlich, jetzt gibt es einen Krach, denn Schulen ohne Lehrer funktionieren nicht. Ich war auch sehr überrascht, ich wurde ins Ministerium gerufen und gefragt, ob ich Mut und Lust hätte, in einer ehemaligen kirchlichen Schule zu unterrichten. Ich glaube, wenn diese ganze Mindszenty-Sache nicht gewesen wäre, hätte man all diese alten gelben Antragsformulare nicht durchgesehen. Ja, wo nehmen wir denn die Lehrer her? Meinen Antrag hatte ich drei Jahre vorher bei zwei Behörden – bei der Hauptstadt und beim Kultusministerium – eingereicht. Es gab wahrscheinlich einige so unerfahrene Lehrerinnen und Lehrer wie mich, daß sie vom Staat angenommen wurden, und so konnten diese Schulen funktionieren. Ich glaube, nach ein paar Jahren hat man den Piaristen oder den Benediktinern einige Schulen zurückgegeben.

Ich war wirklich sehr froh, daß ich unterrichten durfte. Es hieß aber bald, daß die moderne Pädagogik schmutzig, antimarxistisch, gefährlich sei. Es hieß weiter, es gebe noch Mädchen und Jungen, die vom schwarzen Klerus beeinflußt seien, wir sollen in der Schule dagegen ankämpfen. Ich sah meine Aufgabe darin zu unterrichten, nicht solche politische Tendenzen mit einem Crescendo in der Schule zu verstärken. Das war Anfang der 50er Jahre, die Zeit, wo alles in eine Richtung beeinflußt hätte werden sollen, wo die junge Frau vom Dorf auf dem Traktor sitzen und der Lehrer in der Schule gegen den schwarzen Klerus sprechen und die Mädchen davor retten sollte. Diese politische Erziehung war sehr intensiv, hätte sie sein sollen. Der damalige Minister sagte: „Wir wollen nicht nur Lehrer haben, sondern ihre Seele und ihr Herz ...“, sehr schön ausgedrückt, und man soll in die Partei. Da dachte ich mir: „Ich habe ganz kleine Kinder mit drei, vier Jahren. Warum soll ich spät nach Hause kommen und mit Menschen, die mir fremd sind“ – bitte nicht mißverstehen – „an einer meistens langen Sitzung teilnehmen? Ich bin weder Aristokratin noch Proletarierin. Habe ich mit ihnen etwas gemeinsam? Vielleicht ja, vielleicht nein.“ Es war eine Zeit, in der es sozusagen zum guten Ton gehörte, daß man diese politischen Linien und Diskussionen von innen kennt.

Man mußte nicht unbedingt in die Partei eintreten. Es stellte sich die Frage: „Kann ich Dummheiten vertreten? Vielleicht kann ich meine Träume und Hoffnungen verwirklichen?" Es gab bestimmt solche Arbeitsplätze, wo man als Nicht-Parteimitglied keine Chance hatte, im Ungarischen sagt man: wo man mit dem Fuß den Ball nicht berühren konnte. Aber in Ungarn war es nicht ein Entweder-Oder, bist du in der Partei, dann bist du ein Hundertprozentiger, wenn nicht, dann bist du nichts. So war es nicht. Ist man in der Partei, kann man in Kleinigkeiten das Wort erheben, kann man vielleicht etwas verändern, kann man vielleicht sagen, daß der aus Jugoslawien stammende Kollege nicht unbedingt ein Spion von Tito sein muß. Künstliches Mißtrauen wurde gezüchtet. Immer weniger Leute haben sich getraut, miteinander offen und aufrichtig zu sprechen. Ich habe Glück gehabt, daß ich nicht aus unmittelbarer Nähe diese ganz negativen Erscheinungen habe erleiden müssen. Wir hatten keine Fabrik, die man uns weggenommen hatte. Meine Kinder wurden nicht bevorzugt – sie waren keine Arbeiterkinder –, aber auch nicht benachteiligt – sie waren keine Kinder von einer in der Horthy-Zeit hochgepriesenen Familie. Wir waren in der Mitte, weder jemandem auffallend noch jemandem schadend, ja, kleinbürgerlich. Es hat eine Art von Moral gegeben. Wir haben unser kleines, alltägliches Leben mit kleinen Streitereien, Schwierigkeiten und Freuden so führen können, daß es viel mehr Positives als Negatives gab.

Als ich in der Partei war, hatte ich nie irgendeine Funktion. Ich fragte eine wichtigtuerische Mathematiklehrerin, die unzufrieden mit mir war, weil ich keine Parteiarbeit machte: „Was ist das: Parteiarbeit? Irgendwelche Papiere erledigen?" Man mußte einen Dichter, einen Schriftsteller verurteilen, weil seine Werke die Arbeiterklasse nicht auf das Podest stellten, wie es der Parteilinie entsprach. Ich weiß, daß ich immer ein wenig ketzerisch war. In der Parteiterminologie gab es zwei Klassen: die Arbeiterklasse – mit lauter großgeschriebenen Buchstaben – und die Bauern, und dann die Intellektuellen. Da habe ich einmal so ganz normal die Frage gestellt: „Warum sind nicht auch die Intellektuellen eine formierende Klasse?" Das sorgte für Aufregung, und ich wurde gefragt, ob ich die Arbeiterklasse verachte. Solche Dummheiten. Es gab auch eine Zeit, in der nur Kinder aus Arbeiterfamilien gefördert wurden. Das ist doch klar, wenn du begabt bist und nicht die Möglichkeiten hast, keine Bücher zu Hause hast oder bestimmte Verwandte, muß ich dir helfen. Aber nur deshalb, weil jemand ein Arbeiter- oder Bauernkind ist ... und Kinder von ehemaligen Richtern, von Nicht-Arbeitern sollen keine Hilfe, keine Unterstützung, keine moralische Anerkennung bekommen? Aber es ist nicht wahr, daß es Direktiven gegeben hat wie: von den Vorzugsschülern und -schülerinnen müssen 90% Arbeiterkinder sein, und nur 10% andere. Diese Sachen stimmen nicht, es ist nicht wahr, daß die anderen unterdrückt wurden. Auch wenn man das irgendwo lesen kann, oder besonders in den letzten vier Jahren, in denen diese ganze Auswertung um 180 Grad gedreht wurde: Es ist nicht wahr, das kann ich beweisen, ich war doch selbst im Unterricht. Richtig ist, daß man vor allem die Arbeiterkinder unterstützen sollte, diese mit großer Anstrengung in die Höhe gehobene Arbeiterklasse-Jugend, wenn es z.B. darum ging, Mitglieder für einen Chor zu finden, oder die guten Rollen für ein Theaterstück zu verteilen.

Viel später, in den 70er Jahren, gab es in der ungarischen Kultur die sogenannten „drei T's" des Kultusministers Aczél: **t**ámogatni, **t**űrni, **t**iltani.[1] Diese drei Kategorien galten für die Kunst, Literatur, Musik, Malerei. Man steckte die Kulturschaffenden in Schachteln. So was gab es auch – nicht in dieser krassen Form – in den Zeiten vor 1956, obwohl man in der Partei diese Reibungen und Dummheiten sah. Warum soll ich „Die Tragödie des Menschen" – das ist der ungarische „Faust" – verurteilen, weil eine Szene angeblich antikommunistisch oder schädlich für die Partei ist. Von Madách! Es ist unmöglich, so etwas bejahen zu können.

Anfang der 50er Jahre gab es diese Schauprozesse, wo viele Leute hingerichtet wurden. Wie viele interniert und umgebracht worden sind, kann niemand sagen, weil es leider keine Statistiken gibt. Diese kommunistischen Greuel, wo Menschen ohne Prozeß eingesperrt, gefoltert oder hingerichtet wurden ... Unschuldige ... Wenn Ungerechtigkeit regiert, schalten und walten kann, dann ist das Ausmaß fast nicht mehr so wichtig. Die Tatsache, daß Ungerechtigkeit von der Gesellschaft toleriert wird, ist an und für sich schrecklich. Es ist ehrlich, wenn ich einen ungerecht Verurteilten oder eine Verfolgte bedauere. Aber ich darf ihn oder sie nicht bedauern, weil doch der Staat darauf verweist, daß er oder sie ein Sünder ist. Auch Kreon hat Antigone nicht erlaubt zu trauern. „Wo Tyrannei regiert", schreibt Illyés.[2]

Ich glaube schon, daß 1956 gegen die Ungerechtigkeit gekämpft wurde, aber ich bin nicht damit einverstanden, daß man 1956 ein für allemal alles, was seit 1945 war, mit einem Besen wegputzen wollte. Es ist eine Tatsache, daß für Arbeiterkinder, die früher nicht lesen konnten, auf dem Dorf lebten und vielleicht noch nie eine Zahnbürste gesehen hatten, Chancen geschaffen wurden. Es gab Leute, denen diese zehn Jahre von 1945 bis 1956 Fortschritte und bessere Lebensbedingungen gebracht haben. Wenn dies aber ungerecht, nicht den Tugenden entsprechend geschehen ist, dann ist ein solches Regime untragbar.

Es gab viele politische Witze in den 50er Jahren, zum Beispiel: Kommt der A und trifft den B, sie haben sich schon lange nicht mehr gesehen.

„Na, wie geht es dir?"

„N-n-a-a ..."

„Was ist los, was ist geschehen?"

„I--i--ch wo--llte zu-zum Ru-Rundfunk und wo-wo-wollte Spea-spea-speaker wer-wer-werden."

„Wie bist du denn auf die Idee gekommen?"

„Na-na-na, wa-wa-warum nicht?"

„Und? Bist du Speaker geworden?"

„Nei-nei-nein, ich bi- bibin kein Kokokommunist, ich kokonnte es ninicht werden."

Das waren diese Witze, in allen gibt es bestimmt Übertriebenes und Wahrheitskernchen. Da gibt es Witze wie: „Kann man in der Schweiz Sozialismus aufbauen?" „Ja schon, aber wozu?" usw., usw. Es gab bestimmt auch positive Dinge. Es ist übertrieben, wenn man nur Schwarz und Weiß, Engel und Teufel gegenüberstellt. Bis – sagen wir – zu dieser letzten Wende um 1990, bis dahin, nein, noch früher, bis in die 70er Jahre hätte man alles hochjubeln sollen. „Ein sowjetischer Film ist kein Film, das ist eine

Schöpfung der sowjetischen Filmkunst." Kennen Sie den Witz vom Elefanten? Der ist aus dieser Zeit. Ein internationales Preisausschreiben: Über den Elefanten soll etwas geschrieben werden; die verschiedenen Nationen reichen ihre 30 Seiten oder was immer ein, und der Beste soll den ersten Preis bekommen. Natürlich schreiben die Franzosen: Das Liebesleben des Elefanten; die Italiener: der Elefant in der Kunst; die Amerikaner: die wirtschaftliche Rolle des Elefanten; die Deutschen: ein Gesangschor mit Elefant; die Russen: der erste sowjetische Elefant im Ural. Und die Ungarn schreiben: Unser Vorbild ist der große sowjetische Elefant. Das ist immer aufs neue wiederholt worden: Unser Vorbild ist der große sowjetische Elefant. Alle Nationen schreiben ihren Traditionen gemäß, aber „unser Vorbild ist der große sowjetische Elefant" war kennzeichnend.

In den Jahren um 1956 ist hier ein starker Wunsch nach Veränderung entstanden.

Der Petőfi-Kreis war eine Kritik der Intellektuellen gegen die dummen Parteifunktionäre. Einen guten Parteifunktionär soll man nicht lächerlich machen oder verurteilen, aber einen blöden, boshaften, ungeschickten, talentlosen schon. Das ist jetzt ein großer Sprung bis 1968, wo der Dubcek in Prag einen Sozialismus mit einem menschlichem Gesicht wollte, also eine reformierte Politik. Ich glaube, so etwas Ähnliches wollte man hier 1956.

Noch ein Witz: „Die Maus und der Büffel müssen eine Ehe schließen, weil sie doch einander helfen wollen ..." Das ist lächerlich.

„Wozu sind die russischen Soldaten noch da?" fragten sich einige Leute. „Es ist kein Krieg mehr, sie haben bei uns nichts mehr zu suchen." Da spielt der Staatsvertrag von Österreich 1955 eine sehr große Rolle. Es ist kein Zufall, daß es ein Jahr später zum Aufstand in Ungarn kam. Hätte man in Österreich die Russen nicht nach Hause schicken können, wäre es ihnen also nicht gelungen, sie loszuwerden, dann hätten die ungarischen Demonstranten den Aufstand ein Jahr später vielleicht nicht gewagt, nicht einmal davon geträumt. Ich weiß nicht, ob das stimmt. Also, die Forderungen von

1956, mit denen die Jugend, die Studierenden, auch die Arbeiter und Arbeiterinnen auf die Straßen gingen, waren teils wirklich korrekte und annehmbare Wünsche, wirtschaftliche, ideologische. Die Parteiführung war moskautreu, und deshalb waren wir auch gegen die Moskauer Parteileitung, gegen die ungarischen Rákosi und Konsorten. Man wollte diese Leute loswerden, die ÁVH *(Államvédelmi Hatóság)*, die Geheimpolizei. Ich bin all dies betreffend keine Expertin. Für mich gab und gibt es sehr viele offene Fragen. Mit meinem Mann habe ich sehr oft darüber gesprochen. Man wollte uns zwingen, zu einer Frage Stellung zu nehmen, obwohl wir nicht wußten, wer was gemacht oder gesagt hat. Man konnte sich kein Urteil bilden, hatte keine Informationen, auf die man sich wirklich verlassen konnte. Wir haben nur Halbinformationen, Halbwahrheiten gehört. Halbe Wahrheiten sind manchmal sogar gefährlicher als gar keine Informationen. Auf einmal verschwindet z.B. „Mein guter Onkel" aus dem Fernsehprogramm. Dann erfährt man: „Ja, weißt du, derjenige, der die Hauptrolle gespielt hat, war gegen die Partei." Diese Skepsis, diese unbeantworteten Fragen, die man erlebt hat ... Majakovskij hat darüber ein Gedicht geschrieben, daß der Arbeiter eine neue Partei, eine neue Wohnung gefunden hat, mit Badezimmer in der Wohnung. Majakovskij ist ein großer Dichter gewesen. Er hat sich umgebracht, aber das habe ich erst viel später erfahren. Es schickt sich nicht, daß ein sowjetischer Dichter, der über Lenin geschrieben hat, Selbstmord begangen hat. So was darf ich als normale Sterbliche nicht wissen.

Ich glaube, daß es '56 eine Parole „Sozialismus, aber ohne Fehler" gab, und damit ging die Bevölkerung auf die Straße. Wenn schon die Leute auf die Straße gehen, ist es unvermeidlich, daß sich auch solche Kräfte anschließen, die andere Ziele haben. Diejenigen, deren Sohn nicht an die Universität aufgenommen wurde, oder diejenigen, deren Vater eingesperrt war, gingen nicht für einen guten Sozialismus oder eine gerechtere, bessere politische Form auf die Straße. Sie waren gegen alles, was bisher war, alles war schlecht, die Kommunisten sollen aufgehängt werden ... Ich spreche von Oktober 1956, als diese zunächst positive Bewegung so ausgeartet ist. Dann kamen die Russen Anfang November mit den Panzern ... Diesen Aufstand mußte man „Konterrevolution“ nennen. Früher sagte man zuerst „die Oktober-Ereignisse“, dann „die bedauernswerten Oktober-Ereignisse“, dann „nein, das war eine Revolution“, dann offiziell „eine Konterrevolution“, weil doch die Feinde der sozialistischen Gedanken all dies in Bewegung gebracht hatten.

Die großen Träume waren ausgeträumt, der Westen oder Amerika würden sich nicht wegen Ungarn in einen Krieg einlassen. Diese Zeit, in der eine Bewegung begann, d.h. wo für ein besseres Leben gekämpft wurde, ist nicht in Einklang zu bringen damit, daß Leute erschossen und aufgehängt wurden, daß solche Feindseligkeiten entstanden. Bestimmt wurden wir sehr unterdrückt, und die Feder, die hinuntergedrückt wurde, die des Handwerkers und auch die des Schriftstellers, ist aufgesprungen. Wenn sich etwas biegt, muß ich es in die andere Richtung biegen, um es flach zu machen. Bestimmt haben sich diese Extreme gegeneinander ausgespielt ...

Was nach '56 kam, ist eine sehr interessante Mischung aus einigen, wenigen Verbesserungen. Ich glaube, daß der in den 50er Jahren von der Staatspolizei gefolterte Kádár Angst hatte, der Rákosi würde zurückkommen, aber nicht nur aus persönlichen Gründen wollte er seinen Einfluß verteidigen und seine Leute in die wichtigen Positionen bringen. Diese Zeit nach '56 brachte einige Mini-Verbesserungen, das ging wie so ein Werkl, ein Leierkasten weiter. Dann hat man eingesehen, daß eine politisch steif gewordene Einrichtung keinen wirtschaftlichen Aufschwung erlaubt, deshalb muß man wirtschaftlich modernisieren, und auch politisch. Das alles führte dann langsam und unsicher in die 70er und 80er Jahre und endete 89/90 mit dem Zentrum der katholisch-konservativen Gruppe. Die Fehler, die diese neue Regierung gemacht hat, bestehen meiner Meinung nach darin, daß es da auch ältere Herren gab, die in ihrer Nostalgie die Horthy-Zeit zurückbringen wollten.

In den 70er Jahren habe ich meine Eltern verloren, sie fehlten mir sehr. Es ist lächerlich, daß man sich in diesem Alter als Waisenkind fühlt. Sie wären vielleicht glücklich gewesen zu erleben, was ich hier und dort veröffentlicht habe, da habe ich das geschrieben, dort habe ich meine wissenschaftlichen Leistungen, weil ich Zeit hatte, weil es mir Freude gemacht hat. Ihre einzige Tochter hat das geschafft. Ende der 60er Jahre habe ich Autofahren gelernt, und wir haben den ersten Wagen gekauft. Meine Mutter hatte das Meer noch nie gesehen, nie ein Gebirge mit schneebedeckten Gipfeln, und ich habe ihnen das geben können. Ich sehe jetzt noch ihre Freude, wie sie sich dann später daran erinnerten und erzählten: wir waren da und dort. Nicht nur, wie schön es in Kroatien oder in der Tatra war, sondern: wir waren dort mit dem Wagen unserer Tochter.

Meine Kinder waren normal lernende Schulkinder. Meine Tochter hat geheiratet, aber ihre Ehe war sehr, sehr schlecht. Sie haben sich scheiden lassen, es hat viele Probleme gegeben.

Mein Sohn sah eine sehr gute Ehe seiner Eltern und eine schreckliche seiner Schwester, also wem sollte er glauben? Kurz und gut, er ist bis heute ein Junggeselle geblieben.

Meine Ehe war unwahrscheinlich schön. Ich glaube an den Zufall; im Bett oder im Zusammenleben, wo immer auch, wir haben uns phantastisch verstanden. Mein Mann wurde dann vor ungefähr zehn Jahren krank, er litt an der Parkinson-Krankheit, es begann mit einem Zittern, doch er konnte fast alles selbst tun. Und einmal kam er nach einer Kontrolle im Krankenhaus nicht mehr nach Hause. Ich saß neben ihm, streichelte seine Hand und sagte: „Du weißt, daß ich hier bin, und ich bin überzeugt, daß es besser wird." Die Krankenschwester hat gesagt, daß er es spürt und fühlt und hört. Ich bin dem Schicksal dankbar, daß er nicht gegen den Tod kämpfen mußte, mit dem Mann mit der Sense, er lag nicht in Agonie, er schlief, er wartete vielleicht auch auf eine Besserung, ich hatte die Hoffnung nicht aufgegeben. Das ist auch so eine schöne Sache. Er hat bestimmt gelitten, als sein Vater seine Mutter verlassen hat, er hat gelitten, als seine Schwester einen Unfall hatte, es war für ihn sehr schwer, die unglückliche Ehe seiner Tochter zu erleben, es war traurig, daß unser Sohn ein Junggeselle geblieben ist, es waren negative Ereignisse in seinem Leben, aber er lächelte dem Leben zu, und das ist etwas sehr Schönes. Wenn ich nicht umsonst gelebt habe, dann nicht deshalb, weil ich Bücher geschrieben habe und wissenschaftlich tätig sein durfte, sondern weil in meiner unmittelbaren Umgebung das Schöne des Alltags und Harmonie das Leben bestimmten. Wenn ich unfreundliche Personen, Boshaftes, Dummes, Unverständliches erleben muß, dann sage ich, das gehört auch dazu. Es ist nicht alles ideal, das wäre irreal. Auch wenn ich heute Schwierigkeiten habe oder wegen irgend etwas traurig bin, dann finde ich auf der anderen Seite etwas Positives, das ist meine Lebenshaltung. Traurig macht mich, wenn ich mißverstanden werde, oder wenn ich nicht das geben kann, wovon ich weiß, daß es dem anderen eine Freude machen könnte. Jeder Mensch hat Zeiten in seinem Leben, in denen er mißverstanden wurde.

Es gibt ein schönes Märchen von Andersen, „Der silberne Zwanzigtaler" oder so ähnlich. Dieses Märchen fand ich damals, als so viele Fragen unbeantwortet blieben, da habe ich immer an dieses Märchen gedacht. Es erzählt die Geschichte eines Geldstückes, es ist aus Silber und kommt direkt aus der Münzpresse, blendend, wunderschön, ein jeder freut sich, es in die Hand zu nehmen, und der Papa gibt es dem Sohn, einem Vorzugsschüler, um ihm eine Freude zu machen, und dann wird es ausgegeben. Ein Greis bekommt es, er hält es in der Hand: „Oh wie schön ist es, dieses gute, schöne Glänzende streicheln zu dürfen." Das Geldstück ist glücklich. Einmal gelangt es zufällig in das Portemonnaie eines Herrn, der ins Ausland fährt, und zufällig gibt er genau dieses Geldstück aus. Als es aber dann in die Hand eines Dritten kommt, gibt es einen Aufschrei: „Falsches Geld!", nur schnell loswerden, und er spuckt darauf, weg, weg, weg. Die Liebe, mit der dieses Geldstück umgeben wurde, verändert sich in Verachtung. Das Geldstück ist sehr unglücklich: „Ich weiß, daß ich kein falsches Geldstück bin, aber niemand glaubt mir." Als es wieder einmal Krach gibt, betrachtet ein Mann es genauer: „Das ist kein Falschgeld, das ist unser altes Geld, gebt es doch mir." Er fährt mit dem Geldstück im Portemonnaie in sein Land zurück, es ist schon nicht mehr so glänzend und glitzernd, aber niemand sagt mehr, daß es falsches Geld ist. Dies ist eine sehr lehrreiche Geschichte, um auszuhalten und durchzustehen, was einem vielleicht weh tut. Denn früher oder später wird sich herausstellen, daß weder Sie noch ich falsche Geldstücke sind ...

Mein Mann sagte mir immer – und das habe ich auch sehr an ihm geschätzt: „Niemand ist boshaft, um böse zu sein, der Boshaftigkeit wegen, du mußt immer nachdenken, warum er so unausstehlich oder warum sie so unmöglich war, etwas muß dahinter stecken." Normalerweise ist der Mensch wohlwollend. Man darf nicht einfach jemanden verurteilen. Man muß eben versuchen, die Leute zu verstehen, und dann ist das Leben eine mehr oder weniger erträgliche Sache.

Die Sprachen Englisch und Französisch waren nicht beliebt. „Zum Glück" hat es die DDR gegeben, sonst wäre die deutsche Sprache auch als Erfindung des Teufels verurteilt worden.

Ab Ende der 50er Jahre wurden mehr Fremdsprachen unterrichtet. Es kamen Kolleginnen und Kollegen für den Unterricht von Englisch, Französisch, Italienisch, Spanisch an die Universität. Früher brauchte man die nicht. Ich bedauere heute, daß die russische Sprache weggeblasen wurde, nicht nur deshalb, weil sie „die Sprache von Puschkin" ist, sondern auch, weil Rußland ein wichtiges Land ist und wir früher oder später wieder wirtschaftliche Beziehungen haben werden. Es ist eine Tatsache, daß Gorbatschow eine offene und aufrichtige Politik eingeführt hat.

Das ist übrigens sehr interessant mit dem Gorbatschow. Er hat doch auf dem Kopf so rote Flecken. Ich muß sagen, anfangs wurde er immer so fotografiert, daß ich das nicht gesehen habe. Nach vielen Monaten ist es mir zum ersten Mal aufgefallen: was hat er denn da? Es hat sich herausgestellt, daß es ein Geburtsfehler, oder ich weiß nicht was ist. Aber die Tatsache, daß Gorbatschow diese Hautverfärbung hat und ich diese als normale Sterbliche zu sehen bekomme, das ist schon etwas Besonderes. Das erinnert mich an Thomas Manns „Königliche Hoheit" ... Breschnew war schon sterbenskrank, aber niemand hat darüber auch nur ein Wort sagen oder bemerken dürfen, daß er gestützt werden mußte, um nicht umzufallen.

Übrigens noch ein Witz:

Es gibt ein Land, in dem der König gestorben ist. Ein neuer

König kommt und hält eine Thronrede: „Von nun an ist alles anders, nichts bleibt so, wie es bisher war." Alle sind glücklich. „Hurra, hurra." Die Mützen werden in die Luft geschleudert, und alle tanzen auf der Straße. „Jetzt haben wir einen neuen König, der alles, was bisher war, verändern wird." Dann sagt der König: „Ja, noch etwas ... Von nun an ist 2x2 sechs." „Endlich, wunderbar!" Es gibt eine kleine Gruppe von Leuten, die Brillen tragen und nicht diese Arbeiterhände haben. Diese Gruppe wird zusammengeholt, und alle werden erschossen. Aber auch dieser König regiert nicht für eine Ewigkeit, und als er stirbt, kommt ein neuer Herrscher. Der neue König hält auch eine Thronrede: „Von nun an wird alles anders." „Hurra, herrlich." Alle sind wieder sehr glücklich. Und dieser König sagt am Ende, als alle nur mehr jubeln: „Ja, um nicht zu vergessen, von nun an ist Weihnachten zu Pfingsten, und 2x2 ist fünf." Herrlich, Jubel. Es gibt eine Gruppe von Intellektuellen, Forschern, die widersprechen: „Weihnachten kann doch nicht zu Pfingsten sein." Der König ruft sie zusammen, aber anstatt sie zu erschießen, sagt er ihnen: „Ihr blöden Kerle, ist es nicht besser, wenn 2x2 nicht sechs ist, sondern fünf?"

Das ist auch ein politischer Witz gewesen, der kennzeichnend ist.

Wir waren mit einem sehr lieben Ehepaar 1989 im Sommer in Österreich. Ich habe den Wagen chauffiert, wir waren in Kärnten und in der Steiermark, haben nicht teuer in Zimmern mit Frühstück gewohnt, so daß wir uns wohl gefühlt haben. Am Abend sahen wir fern, nachdem wir schon von den Spaziergängen erschöpft waren. Damals waren die DDR-Bürger an die österreichische Grenze gekommen, und wir konnten im Fernsehen sehen, daß sie nicht gegen Stacheldraht kämpfen mußten, sondern sozusagen auf rotem Samtteppich – das ist natürlich übertrieben – in die freie Welt fahren durften. Der Mann meiner Freundin sagte: „Wißt ihr, was wir jetzt gesehen haben, ist das Ende des Polizeisystems." An diesem Augustabend waren wir uns dann alle einig, daß eine neue Zeit begonnen hatte. Daß es dann zum Fall der Berliner Mauer kommen würde und unter Miklós Németh zu den freien Wahlen in Ungarn, das alles ahnten wir damals noch nicht. Wir sahen nur diese Szene, und dann kam die neue Periode – wie '56 – mit all ihren negativen Begleiterscheinungen. Das ist wie ein Komet mit einem Schwanz. Viele sagten: „Gott sei Dank ist jetzt dieser Alptraum zu Ende, natürlich wollen wir die anderen wählen." Die Wende, die Neuheiten, die man damals angekündigt hat, waren oft mit lächerlichen Figuren besetzt. Zufälligerweise hatte ich unter meinen ehemaligen Studenten einige Funktionäre von der heutigen FIDESZ. Sie waren nicht besonders klug, wahrscheinlich haben sie hier irgendeinen Ausweg, irgendeine Karriere gefunden. Das ist natürlich subjektiv. Die sogenannte ehemalige kommunistische Partei, also die Horn-Linie, war verunsichert, mußte dagegen ankämpfen, daß man in ihnen nicht die roten Kommunisten mit dem Messer und dem Blut an der Hand sieht. Das hat sie, glaube ich, viel Energie gekostet, obwohl Horn eben deshalb Prestige hatte, weil er zur Aufhebung des Eisernen Vorhangs beigetragen hatte. Die anderen, die Freien Demokraten, waren auch höhnisch und sagten: „Ach, das sind alle Trottel." So darf man nicht politisieren. Denen kann man kein gutes Zeugnis ausstellen. Gut, ich bin keine Politikerin und manchmal zu kritisch, aber ich hätte in keinem einen Gralsritter sehen können, weder in der einen noch in der anderen politischen Partei. Was sie gemacht haben, ja, das kann man schon bei Thomas Mann nachlesen. In „Mario und der Zauberer" sagt Cipolla zu Mario: „Du sollst tanzen." Er will nicht tanzen, doch etwas nicht zu wollen, ist kein Inhalt. Nur wenn ich etwas will, kann ich etwas machen. Da Mario nur „Ich will nicht tanzen" sagt, kann er keine Gegenkraft ausstrahlen. Die Leute, die nur gegen die Kommunisten gesprochen haben, oder die Kommunisten oder die Freien Demokraten, die nur gegen die anderen sind ... Den einen lächerlich zu machen, den anderen als Clown im Parlament zu behandeln, das sind keine korrekten Maßnahmen, und außerdem bringt Negatives nichts Positives. Ich würde heute nicht unbedingt sagen, daß es eine wirklich große Wende zum Besseren hin gegeben hat.

Seit den letzten Jahren herrschen Arbeitslosigkeit und Inflation. Von 10.000 Forint bekommt man nur 6.000, weil 40% Steuern abgezogen werden. Es ist ein Wahnsinn. Diese Sachen erzeugen großen Unmut und Unzufriedenheit. Die Leute sagen: „Ja, damals war es schön, als es noch keine Arbeitslosigkeit gegeben hat, als das Brot und die Milch so und soviel gekostet hat." In den 60er Jahren haben sich sehr viele Leute Sommerhäuschen und kleine Grundstücke von ihrem ersparten Geld kaufen können. Sie waren zwar nur in Preßburg oder in der DDR, aber das konnten sie sich leisten. „Das waren die schönen Zeiten."

Es gibt heute aber eine sehr kleine, mit großem Pomp auftretende, reiche Spekulantenschicht, nicht einmal in Wien sieht man solche Autos wie hier. Dieses Aufschneiderische, das sind die Neureichen. Man soll zufrieden sein, wenn ein begabter junger Forscher mit dem Computer ein System für die ungarische Rechtschreibung ausarbeitet und dafür gut bezahlt wird, das ist schon richtig. Aber wenn einige wenige so viele Jetons kaufen können, daß sie in einem Kasino in einer Nacht zwei Millionen verlieren, woher haben sie soviel Geld gehabt, daß sie es beim Roulette ausgeben können? Das ist nicht meine Gewichtsklasse, ich gehe nicht dorthin, ich gehöre auch nicht zu den Obdachlosen, und ich will auch nicht die arme, kleine Rentnerin spielen, die man im Fernsehen sieht. Ich möchte keine solchen großen Sprünge machen, nicht, weil ich nicht will, daß man mich beneidet, sondern meine Ansprüche sind andere. Neulich war ich sehr traurig, etwas ist mißlungen. Dann habe ich mir eine Mozartkassette gekauft und sie angehört, das hat mich getröstet.

Es gibt so viele kleine Ereignisse, zu denen wir noch nicht genügend Abstand haben. In zehn Jahren werden wir es besser sehen, aber die Polarisierung der Wirtschaft, der ganzen Gesellschaft, der Kultur, das ist offen, da kann auch Positives enthalten sein. Extreme haben sich herausgebildet, die früher nicht da waren. Wunderschöne Häuser dort in den Villenvierteln – und die Obdachlosen. Jetzt gibt es so viele Arme, die auf den Malteser-Hilfsdienst angewiesen sind, um eine Suppe zu bekommen. Auch in der Kádárzeit hat es Arbeitslose gegeben, in einem anderen Sinn. Sie haben wenig Geld für das bißchen Arbeit bekommen, aber sie hatten nicht wirklich etwas zu tun. Man sagte im Ungarischen, das war so eine Redensart: „Kis pénz, kis foci."[3] Man gibt uns wenig Geld, und wir arbeiten wenig. Die Fußballer sind doch ein wenig wie das

Volk. Wenn sie gut bezahlt werden, dann laufen sie und bemühen sich, für wenig Geld strapazieren sie sich nicht.

Ich habe einen Vortrag von einem sehr guten Historiker, Hanák, in der Akademie der Wissenschaften gehört. Er hat über Kossuth gesprochen, der ein Emigrant war. Der Kaiser und die ungarische Regierung hatten ihn als Feind der damaligen Ordnung betrachtet. Kossuth wurde vom Volk anerkannt wie vorher kaum ein Politiker in Ungarn. Es ging um sein Begräbnis. Der damalige Ministerpräsident konnte sich nicht erlauben, überhaupt kein öffentliches Geleit aufmarschieren zu lassen. Das wäre eine Schande gewesen. Er konnte sich aber auch keine große festliche Geste gegenüber Kossuth leisten, weil er damit den Kaiser verletzt und gegen die Treue zu seinem Herrn verstoßen hätte. Und Hanáks Satz: „Auch als Privatmensch kann er nicht zu diesem Begräbnis gehen ..." Das war eine Anspielung auf das Begräbnis von Horthy im vergangenen Jahr, zu dem die Mitglieder der ungarischen Regierung als Privatpersonen gingen. Hanák abschließend dazu: „Das konnte sich Andrássy nicht erlauben."

In meinem Leben ist der größte Verlust der Tod meines Mannes. Ich muß mich jetzt alleine erhalten und habe mir mein kleines Leben so eingeteilt, daß sich durch meine Pluseinkommen, die ich neben meiner Rente noch verdiene, meine Lage nicht verschlechtert hat. Im Alltag merke ich, daß eine Theaterkarte das doppelte, eine Konzertkarte das doppelte, ein Buch das dreifache kostet. Ich habe Kleider, die ich bis zu meinem Tod tragen kann. Sie machen viel Lärm im Schrank, denn einmal gehen sie aus der Mode und kommen dann zurück mit lauten Schritten. Meine Lebensform ist die einer alternden Frau, die damit einverstanden ist und damit rechnet, daß ihr Leben nicht mehr so lange dauern wird wie das, was sie bisher hatte. Ich arbeite gerne. Es macht mir Freude, wenn ich die Gesichter, die Augen meiner Studenten und Studentinnen sehe, wenn ich mit meinen Kollegen spreche. Es hat einen Sinn, am Morgen aufzustehen, sich schön anzukleiden. Wenn ich nur von meiner Rente leben müßte, könnte ich bestimmt auskommen, vielleicht mit einer weniger guten Qualität von Fleisch und Aufschnitt. Extrawurst ist billiger als Schinken.

Es gibt keine Gleichberechtigung. Ich werde jetzt ein sehr spezielles Wort gebrauchen, das werden Sie fressen müssen: Ich nenne das Phallokratie. Der Mann hat die Macht. In diesen 40 Jahren, von 1950 bis 1990, gab es in jeder Regierung vielleicht eine Ministerin oder eine Staatssekretärin, um zu zeigen, daß wir für die Gleichberechtigung der Frau sind. Die waren nur da, um den Prozentsatz der Frauen zu füllen. Einfach lächerlich! In unserer Gesellschaft und Tradition gibt es einige Gebiete, in denen die Frauen keine Rolle spielen. Dann gibt es typische Frauenberufe, und die sind sehr schlecht bezahlt. In welchen Industriezweigen arbeiten die Frauen? Ich glaube, heute ist es vor allem die Textilindustrie, da gibt es die niedrigsten Löhne. Die Frau als Werktätige wird schlechter bezahlt und steht auf einem niedrigeren Niveau, nicht nur was das Geld, sondern auch was die Hierarchie betrifft. Wenn an einer Schule 40 Lehrende sind, davon 37 Frauen: der Direktor ist bestimmt ein Mann. So wenige Frauen sind in führenden Positionen, und das kann man sehr schön erklären: Die Frau hat mit ihrer Monatsregel nicht immer die körperliche Kraft, überhaupt ist sie schwächer, subjektiver, sensibler, das sind eben von der Natur bestimmte Eigenschaften. Man soll sich auch nicht zu sehr bewegen, um unbedingt an den Realitäten herumzuschütteln. Das wäre ein aussichtsloser Kampf.

Auf dem Papier hatte die Frau natürlich die gleichen Chancen in den 40 Jahren. Aber ein Unternehmen, ein Büro, egal an welchem Arbeitsplatz, die Frau wurde immer schlechter bezahlt und hatte nicht die führende Position inne. Man war so stolz auf diese ausgewählten einzelnen Ingenieurinnen, Chefärztinnen, die nur deshalb da waren, um die Statistik zu verbessern.

Ich bin weder feministisch noch antifeministisch, doch ich glaube, daß eine Frau Vorteile in gewissen Bereichen hat. Wenn Sie mich auslachen wollen, dürfen Sie es! Eine Studentin ist sehr oft fleißiger und will vielleicht als Frau auch bessere Leistungen vorzeigen. Sie will sich durch ihren Fleiß, durch ihre Korrektheit – so wie sie ein schönes Kleid anzieht, Eitelkeit ist doch auch positiv – ein bißchen von den jungen Männern abheben. Das heißt nicht, daß es bei den Burschen nicht ebenso wäre, aber bei den Mädels fällt es in der Schule mehr auf. Vielleicht ist das auch eine schlechte Brille, die ich putzen oder austauschen muß. Aber soll ich mit solchen Dingen kommen wie: Es gibt keine Frauen auf dem Gebiet der Physik? Oder schauen wir z.B. die Nobelpreisträger an, ja, die Madame Curie ... Und vorher und nachher? Wen haben wir noch, Schriftstellerinnen, wenige, Schauspielerinnen schon, aber Malerinnen, Komponistinnen, sehr wenige. Ist keine tragische Sache, glaube ich.

Die Frauen hier konnten nicht frei entscheiden, ob sie arbeiten gehen wollen oder nicht, sie mußten ganz einfach. In einem normalen Wirtschaftsleben sollte der Mann soviel verdienen, daß die Frau dazu nicht gezwungen ist, denn man kann nicht bestreiten, daß für das Baby und für das kleine Kind die Mutter viel mehr bedeutet als eine sehr gute Kinderkrippe oder der Kindergarten. Natürlich soll einer Frau mit Diplom, mit einem Beruf, einem Handwerk ermöglicht werden zu arbeiten. Wenn sie will, aber nicht wegen wirtschaftlicher Schrauben, die sie dazu zwingen.

Was die Arbeit betrifft, stellt sich nur die eine Frage: Macht sie mir Freude oder nicht? Wenn man nicht mit seiner Seele bei der Sache ist, dann baut man um sich einen Panzer wie die Schildkröte; man geht in der Früh hin, und am Abend kommt die Arbeit zu Hause, mit der Familie, mit den Kindern, mit der Küche, mit dem Einkaufen, aber man hat keine Freude daran. Eine Nachbarin hat zu mir gesagt: „So eine gute Großmutter wie du bist. Ich weiß nicht, wie viele Jahre hindurch deine beiden Enkelkinder nach der Schule bei dir zu Mittag gegessen haben." Mit meinem Stundenplan ist sich das gut ausgegangen. Wären das Strapazen für mich gewesen, hätte ich gesagt: „Geht in die Kinderhortküche, wo die anderen Kinder auch nicht hungrig bleiben." Warum sollte ich noch mehr Gewicht auf meine Schultern laden? Es war für mich aber keine Mehrarbeit. Das ist wieder ein Schlüssel: Machst du etwas mit Freude, ist die Freude wichtig, nicht die etwaigen negativen Begleiterscheinungen. Die Frauen, die gestreßt sind, sind in irgendeiner Beziehung unglücklich.

Es ist wunderbar, daß mein Kopf noch funktioniert, und wenn ich Forschungsthemen oder Aufgaben auf verschiedenen Gebieten meiner bisherigen Tätigkeit erweitern oder dazu noch etwas finden kann – ich gehe in die Bibliothek, ich schreibe hier zu Hause –, bin ich glücklich. Das Leben geht für mich aber auch weiter, wenn ich an einer Konferenz nicht teilnehme oder einen Vortrag nicht halte. Freude würde es mir machen, wenn es in meinem engeren Familienkreis mehr Harmonie gäbe, aber ich will mich nicht einmischen ... Einer meiner Wünsche ist, mein Leben so zu beenden, daß es einen Sinn gehabt hat. Ein bißchen bin ich schon auf dem Rückweg, das bedeutet, daß man abgerundeter ist. Ich soll nicht die Rolle der kleinen Gymnasiastin spielen, der kleinen begeisterten Schülerin, die ich vielleicht auch noch irgendwo bin. Liebe geben und anderen Freude machen, wäre mein Traum, aber das ist nicht immer möglich. Mit der zitternden Angst vor der Zukunft soll man sich nicht beschäftigen. Man muß ein bißchen zuversichtlich sein.

Margit ist im Juli 1999 verstorben.

1) Fördern, dulden, verbieten
2) „Ein Satz über die Tyrannei" ist der Titel eines der bekanntesten Gedichte von Gyula Illyés, erstmals 1956 in *Irodalmi Újság* („Literaturzeitung") erschienen.
3) Wörtlich übersetzt: Kleines Geld, kleiner Fußball.

November 1994

ERZSÉBET, Schülerin
18 Jahre, ledig

„Sehr viel liegt an unserer Generation,
an denen, die jetzt jung sind."

Mit Erzsébet treffe ich mich im Stadtzentrum, um gemeinsam mit ihr in meine Wohnung zu fahren und dort das Gespräch aufzuzeichnen. Wir haben uns noch nie vorher gesehen, nur einmal kurz telefoniert, um einen Termin zu vereinbaren. Über eine Bekannte haben wir den Kontakt zueinander aufgenommen. Im Bus betrachtet sie mich neugierig von der Seite, wirkt etwas nervös, lächelt freundlich. Sie ist gespannt darauf, was ich sie wohl fragen werde. Ich erzähle ihr von mir und meinem Vorhaben. Als ich das Diktaphon zwischen uns stelle und einschalte, wird Erzsébet verlegen, verliert sich immer wieder in Wiederholungen, doch mit der Zeit gewinnt sie an Selbstsicherheit, und wie des öfteren höre ich in irgendeiner Form den Satz: „Jetzt will ich ganz offen sein."

Ich bin acht Jahre lang in der Nähe von Budapest in V., wo ich wohne, in die Grundschule gegangen. Anschließend habe ich mich für ein zweisprachiges Gymnasium in Budapest entschieden. Es war meine Idee, nicht die meiner Eltern. Eigentlich dachte ich, daß diese Schule bestimmt zu schwer für mich ist, in einer fremden Sprache die Fächer zu lernen und so. Da habe ich einen meiner Lehrer zufällig auf der Straße getroffen, und er fragte mich, ob ich mich nicht doch für diese Schule melden möchte. Er sagte, ich könne damit nichts verlieren, ein normales Gymnasium würde mir immer noch offen stehen. Ich habe die Aufnahmeprüfung gemacht und mich wahnsinnig gefreut, daß sie mir gelungen ist. Deutsch sprechen wir in den Fächern Mathe, Physik und Geschichte, die ungarische Geschichte lernen wir aber auf Ungarisch. Vorher hatten wir auch Geographie auf Deutsch, dann ist aber unsere Lehrerin schwanger geworden, und die Schule hat keinen Lehrer gefunden, der dieses Fach in der Fremdsprache unterrichten kann.

Die Beziehung zwischen uns, also meiner Klasse und den Lehrenden, ist jetzt etwas angespannt. Die Lehrer können sich nicht so gut vorstellen, was 17-, 18jährige Schüler und Schülerinnen fühlen. Für uns ist das Lernen jetzt nicht unbedingt das Wichtigste, na ja, natürlich das auch, aber wir möchten mehr von der Welt erfahren, warum die Erwachsenen das tun, was sie tun, und warum sie über einige Dinge so denken, wie sie denken. Wir achten darauf, welche Vorstellungen, Meinungen die Lehrer von der Welt haben, die sind oft ganz verschieden. Früher hat uns das nicht so interessiert, aber jetzt gehört das auch dazu. Es beeinflußt uns, wie sich die Lehrer benehmen. Unser Klassenlehrer z.B. äußert seine Gedanken immer so frei, er sagt, was er von der Politik hält. Wir können so die Lage des Landes, Ungarn, besser beurteilen, denn wir hören seine Meinung und können sie mit dem vergleichen, was wir selbst darüber denken. Klar, wir können darüber natürlich auch mit unseren Eltern sprechen, aber Lehrer und Lehrerinnen haben auch die Aufgabe, uns aufs Leben vorzubereiten. Ich bin zwar nicht immer einverstanden mit unserem Klassenlehrer, denn ich sehe ja auch, was in Ungarn passiert, aber ich finde gut, daß er das macht. Er zwingt uns nicht, doch irgendwie spürt man, er will, daß wir uns mit der Lage der Gesellschaft beschäftigen. Auch wenn uns das nicht so sehr interessiert, irgendwie setzen wir uns dann doch damit auseinander. Meistens sagt nur er, was er denkt, eigentlich könnte er uns darüber diskutieren lassen. Die anderen sprechen nicht so offen, weil es auch, glaube ich, verboten ist, in der Schule auf diese Weise über Politik zu reden. Ab und zu sprechen wir ein bißchen mit unserer Geschichtslehrerin darüber. Unter uns in der Klasse ist Politik schon ein Thema. Manchmal sind die Meinungen ganz unterschiedlich, manchmal kommt es auch zum Streit. Wir diskutieren oft heftig über Kommunisten, wie es vorher war und was jetzt ist, denn jetzt sind ja auch vor allem diejenigen in der führenden Partei, in der MSZP, die auch früher während des Kommunismus aktiv waren, ob das so gut ist oder nicht, ob das mehr bringt oder nicht. Ja, mal sehen, das können wir jetzt nicht beurteilen. Wir müssen abwarten, was die machen werden. So lange regieren sie ja noch nicht.

Die Lehrer und Lehrerinnen sollten ein bißchen mehr Mitgefühl haben. Es werden so viele schlechte Noten verteilt. Sie sagen, wenn wir nicht lernen, dann interessiert es sie auch nicht, wir müssen lernen, weil das schon zur Aufnahmeprüfung für die Uni zählt, und daß das, was wir jetzt in diesen zwei Jahren machen, also in der dritten und vierten Klasse, unsere Zukunft begründet. Irgendwie begreifen wir das schon, aber wir möchten auch unser eigenes Leben leben. Wir möchten uns amüsieren, wir möchten mehr vom Leben haben, nicht nur lernen, obwohl wir wissen, daß es wichtig ist, gute Noten zu bekommen, denn sonst können wir nicht weiterstudieren.

Ich möchte viel mehr Zeit haben, meinem Vater bei der Arbeit zu helfen, das mache ich sehr gerne. Er arbeitet bei einer Firma, die auch deutsche und englische Briefe bekommt, man muß Kontakte aufnehmen, und beim Schreiben dieser Briefe assistiere ich ihm, denn er kann nicht so gut Deutsch. Einfach praktische Arbeit, das mag ich. Ich bin der Typ, der lieber etwas Praktisches macht als etwas Theoretisches. Ich möchte ein Ergebnis sehen. Ja, ich weiß, das Ergebnis des Lernens werde ich später sehen ... Später würde ich gerne in einer Firma arbeiten. Wie man Kontakte mit anderen Ländern und Firmen herstellt, wie man die Geschäfte abwickelt, das interessiert mich. Es wäre schön, einmal eine eigene Firma zu haben, selbständig zu sein.

Das Verhältnis zwischen den Jungs und den Mädchen in unserer Klasse ist sehr gut, das finde ich toll. Wir verstehen uns bestens, als ob wir Geschwister wären, es gibt keine Wand zwischen uns. Auch diejenigen, die nicht so offen waren, sind schon viel lockerer geworden. Eigentlich gehe ich gerne in diese Schule, es ärgert mich nur, daß sich die Schule nicht um genügend Sprachunterricht gekümmert hat. Man hat uns versprochen, daß die zweisprachige Klasse in fast allen Fächern in der Fremdsprache unterrichtet wird. Wir werden auch das Abitur auf Deutsch in diesen Gegenständen machen können, aber jetzt lernen wir nur drei Fächer auf Deutsch. Wir haben nicht das bekommen, was wir erwartet haben. In der Literaturstunde diktiert die Lehrerin, wir müssen mitschreiben, und dann wird der Stoff abgeprüft. Wir waren schon zwei Mal auf Austausch in Deutschland und besuchten dort auch einige Unterrichtsstunden, die sind ganz anders als bei uns. Wir üben die Sprache auch nicht genügend, ich habe ziemlich viel vergessen seit dieser nullten Klasse. Wir haben schon noch das Fach Deutsch, aber der Lehrer spricht viel mehr als wir. In Deutschland haben sich die Schüler und Schülerinnen mit dem Lehrer während der Stunde unterhalten, sie haben ihre Meinungen geäußert und besprochen, das hat mir sehr gefallen. Wir machen das nicht. Ich habe eigentlich schon das ganze ungarische Schulsystem satt, vielleicht ist das auch nur eine Übergangsphase. Hier bei uns gibt es diese blöden Aufnahmeprüfungen, und wenn wir die nicht schaffen, können wir nicht an die Uni, müssen ein Jahr warten oder arbeiten gehen. Ich mag auch nicht, daß wir jeden Tag mündlich geprüft werden. Man kann sich nicht jeden Tag auf alle Fächer vorbereiten. Manchmal habe ich einfach nicht die Zeit dazu, und wenn ich dann am anderen Tag geprüft werde, bekomme ich eine Eins. Es wird nicht das geprüft, was wir wissen, sondern das, was wir nicht wissen. Wenn ich mich amüsieren möchte und Lust habe, ins Kino oder in die Disco zu gehen, kann ich das nicht tun, weil ich lernen muß. In Deutschland erfährt man am Anfang des Jahres schon die Termine für die sechs Klausuren, da weiß man, womit man rechnen kann. Bei uns werden die Arbeiten oft kurzfristig angekündigt. Gut, jetzt haben wir Mittwoch, am Freitag schreiben wir die Klausur! Das kommt auch vor. Wenn man nicht mitgelernt hat, muß man alles in zwei Tagen schaffen. Das finde ich total blöd. Wenn ich Macht und Gelegenheit hätte, würde ich das ganze Schulsystem hier umgestalten.

Auch die Lehrer haben sich verändert. Ich möchte keine Namen nennen, ich kenne auch einige persönlich, die damals Kommunisten waren, sie waren in der Partei. Nach diesem Systemwandel bzw. schon vorher haben sie ihre Kinder in religiöse Schulen gegeben, damit sie später – ich glaube, sie haben geahnt, daß die Kommunisten nicht mehr lange an der Macht bleiben werden – sagen können, na was denn, meine Kinder sind doch in kirchlichen Schulen! Im Ungarischen gibt es so ein Sprichwort, daß sie von der einen Seite des Pferdes auf die andere gefallen sind. Die Feste, die wir damals gefeiert haben, haben sich verändert, die Pioniere gibt es auch nicht mehr. Das war aber kein besonderer Einschnitt für mich. Man hat gesagt, es gibt keine Pioniere mehr, und wir haben das akzeptiert. Wir sind dieselben geblieben, wir haben einfach darüber gelacht, daß wir damals Pioniere waren und jetzt nicht mehr. Für mich hat das nie eine Bedeutung gehabt. Ich glaube, das hat niemand von uns ernst genommen. Es gab diese sechs bzw. zwölf Punkte, bis zur sechsten Klasse hatten wir sechs Gesetze, zum Beispiel: „Ich muß die Natur sauberhalten." Na ja, o.k., das gilt auch jetzt, aber nicht als geschriebenes Gesetz, sondern das ist selbstverständlich. Wir hatten so ein kleines Heftchen mit unserem Foto und dem Namen, und darin standen diese Gebote und daß wir Mitglied der Pioniertruppe sind. Wir haben den Mist sogar einfach auf die Straße geworfen, wir wollten das einfach nicht einhalten. Diese Gebote hatten mehr schlechte Folgen als gute. Nach der Wende hat man gesagt, daß das, was wir damals gelernt haben, eine Lüge und die Wahrheit ganz anders ist. Die Geschichtsbücher wurden umgeschrieben. Ich wußte schon, daß man während der Zeit des Kommunismus die Wahrheit nicht aussprechen durfte, denn da konnte man verhaftet werden, man konnte nicht so offen über Politik sprechen, man konnte auch angezeigt werden von anderen, die Kommunisten waren. Ich glaube, man kannte eigentlich die Wahrheit, doch man durfte nicht darüber reden. Als mein Großvater noch lebte, habe ich ziemlich oft mit ihm über die früheren Zeiten gesprochen. Er hat auch den zweiten Weltkrieg erlebt und erzählt, daß die Russen hier waren, auch in V. und in der Straße, wo er mit seiner Familie wohnte. Sie haben das englische Klo nicht gekannt und wollten da den Fisch waschen und solche Dinge.

In der Grundschule habe ich fünf Jahre lang Russisch gelernt, aber ich kann kein Wort mehr. Ich hatte dann Deutsch und auch noch Englisch. Vielleicht sollte ich wieder anfangen, Russisch zu lernen. Das Grundwissen habe ich schon, und wenn ich meine Kenntnisse auffrische, würde es schon leichter gehen. Ich habe schon während der Grundschule privat mehr als ein Jahr Deutsch gelernt. Mein Vater hat mich dazu überredet. Ich weiß nicht warum, damals hatten wir noch keine deutschen Bekannten. Er hat vielleicht schon gewußt, daß man später die Sprache brauchen wird.

Mit der Situation in Ungarn bin ich gar nicht zufrieden. Die Menschen haben sich verändert – und nicht gerade zum Positiven. Viele sagen, daß sie früher während des Kommunismus mehr Geld hatten, daß es ihnen besser ging als heute. Ich glaube, sie haben vom MDF ein Wunder erwartet, das in diesen vier Jahren ein neues Ungarn zaubert. Das kann man nicht in vier Jahren schaffen, das ist eigentlich klar. Viele sind jetzt der Meinung, daß sich diese Regierung nicht genug angestrengt hat, die Lage zu verbessern. Ich glaube, das ist auch der Grund, warum diese MSZP gewählt wurde. 1990 hat man gesagt, es ist egal, welche Partei an die Macht kommt, nur nicht die MSZMP. Jetzt haben sie vermutlich gedacht, alles, nur nicht das MDF.

Es gibt viel mehr Arbeitslose als früher. Ich weiß nicht, ob das auch mit dem politischen Wandel im Zusammenhang steht, aber jetzt wollen viele immer mehr Geld haben und nicht soviel dafür arbeiten. Natürlich gilt das nicht für alle, aber trotzdem sehe ich es so. Vielleicht liegt es daran, daß die Menschen nicht genug Geduld haben abzuwarten, was noch kommt. Ich muß geduldig sein, ich bin ja erst 18. Sehr viel liegt an unserer Generation, an denen, die jetzt jung sind, und natürlich auch an den späteren Generationen, unseren Kindern. Wir und sie können noch viel verändern. Das ist ein langer Prozeß, es geht nicht von einem Tag auf den anderen. Generationen müssen wechseln, bis es zu einem Wohlstand kommt.

Hier in Ungarn müßte sich schon fast alles verändern. Das wichtigste aber wäre, daß die Auffassung, das Denken der Menschen anders wird. Wie ich schon gesagt habe, ich glaube, die meisten erwarten ein Wunder. Alles wäre einfacher, wenn der Staat mehr Geld hätte. Wir erwarten und brauchen Hilfe und Unterstützung von den anderen Ländern. Ich glaube, in Deutschland und Österreich müssen sich die Menschen nicht so sehr anstrengen wie bei uns, um etwas zu erreichen. Sie haben nicht so viele Sorgen, nicht so viele Probleme wie die Menschen in Ungarn. Hier müssen die Menschen schauen, damit sie das Geld zum Leben zusammen bekommen, an Urlaub können sie gar nicht denken. Ich spreche auch offen mit meinen Eltern über diese Dinge, besonders mit meinem Vater. Irgendwie beschäftige ich mich damit, aber nicht mit den kleinen Dingen, was dieser Außenminister macht, nicht mit den Politikern, sondern mit der gesellschaftlichen Lage. Ich glaube, nicht nur ich, sondern viele Jugendliche wollen etwas tun, um die Situation zu verändern. Ich möchte später einen Job haben, der sich damit beschäftigt, ich möchte etwas für das ungarische Volk tun. Ich sehe ja, daß viele Politiker nur wegen des Geldes im Parlament sitzen. Die vielen Parteien machen diese Situation auch noch komplizierter. Die wollen alle nur Macht haben. Nicht das Volk ist für sie das wichtigste. Der Staat gibt auch sehr viel Geld für diese Wahlen aus. Alle machen nur Versprechungen, die sie dann nicht einhalten. Ich möchte, daß die Menschen ohne Sorgen leben und verwirklichen können, was sie sich wünschen, und daß das Geld nicht das Wichtigste ist. Es ist ein aktuelles Thema, aber es geht nicht darum, reich zu werden, sondern genug Geld zu haben, um leben und überleben zu können. Das hat auch Auswirkungen auf das Familienleben, die Eltern haben nicht genug Zeit für die Kinder. Die meisten tun wahrscheinlich alles, damit sie mehr Zeit mit den Kindern verbringen können, aber ich sehe auch bei meinen Eltern, daß es ein Muß ist, soviel zu arbeiten. Auch sie können nicht immer das machen, was sie gerne wollen ... Man lebt im ständigen Streß, das stört mich, und das kritisiere ich. Ich spreche auch mit meinen Freunden und Freundinnen über all das, besonders jetzt, aber das bringt nicht so viel, das sind nur Gespräche.

Ich habe einen Bruder, der elf Jahre alt ist. Meine Mutter arbeitet auch, das ist schon wieder eine Geldfrage. Gott sei Dank ist unsere Familie noch nicht in einer schlechten Lage. Es gibt viele Familien, die nicht genug Geld haben, obwohl beide Eltern arbeiten ... Es wäre schon schön, wenn meine Mutter zu Hause wäre, dann hätte sie auch mehr Zeit für uns. Mein Vater ist aber jetzt öfter daheim, weil er eigentlich sein Büro dort hat. Seitdem er zu Hause arbeitet, ist es anders. Jetzt spüren wir nicht so sehr, daß meine Mutter arbeitet. Als ich in die erste Klasse der Grundschule ging, hat sie meinen Bruder bekommen und war drei Jahre lang daheim. Das war natürlich sehr gut für mich, denn ich bin gerade in die Schule gekommen, und sie konnte nachmittags immer mit mir zusammen lernen und mir helfen, wenn ich etwas nicht konnte. Dann ist sie wieder arbeiten gegangen, und sie hat mir wirklich gefehlt. Vielleicht, weil ich es schon so gewöhnt war, es gab z.B. immer ein warmes Mittagessen nach der Schule. Das mußte ich dann schon für mich selber machen, dazu hatte und habe ich nicht immer soviel Lust. Aber ich denke, jetzt, wo ich schon 18 bin, bedeutet es schon nicht mehr so viel wie früher, wenn sie zu Hause gewesen wäre. Ich komme jetzt auch erst später von der Schule, so um halb fünf, dann gehe ich gleich lernen, weil wir immer ziemlich viel aufhaben.

Männer beschäftigen sich mehr mit Politik als Frauen. Meine Mutter interessiert sich z.B. nicht so sehr dafür wie mein Vater, das sehe ich auch bei den Verwandten und Bekannten. Bei den Frauen ist nicht eben Politik das Hauptthema, sondern die Kinder und die Familie. Die Frau hat die Rolle, die Familie zusammenzuhalten, Gemütlichkeit im Haus zu schaffen. Das war schon immer so. Es liegt sehr viel an der Frau in einer Familie, denn die Männer machen die Hausarbeiten nicht, also nicht so gerne. Wenn es nicht so wäre, dann würde es ein Chaos geben. Natürlich soll und kann auch der Mann, also der Vater, die Familie zusammenhalten, sie haben ja die gleichen Rechte, und der Mann gehört ja auch zur Familie. Ich weiß nicht ... irgendwie sind die Männer stärker als die Frauen. Die Männer sind meistens optimistischer ... Ich glaube, Frauen und Männer ergänzen sich. Eine Familie braucht beide, ohne den Vater oder ohne die Mutter ist es einfach nicht mehr so schön.

In der heutigen Welt haben Frauen und Männer die gleichen Rechte. Das ist nicht nur meine Meinung, sondern das ist so. Vielleicht wollen die Männer das nicht immer akzeptieren, aber sie lassen es die Frauen nicht spüren. Manchmal gibt es schon Nachteile, daß ich eine Frau bin ... Wir haben einen Lehrer, der sich immer so äußert, als ob Frauen nicht die gleichen Rechte hätten. Wir streiten dann mit ihm. Aber ich denke, daß das nicht ganz sein Ernst ist, er weiß schon, daß es nicht so ist, wie er das sagt ... na ja, aber ansonsten ... Ich hatte schon öfter das Gefühl, daß es gut ist, eine Frau zu sein, natürlich bringt das Vor- und Nachteile mit sich. Ich darf z.B. nicht so lange wegbleiben wie die Jungs. Meine Eltern geben mir zwar immer die Erlaubnis, wenn ich irgendwohin gehen will, aber ich sehe, daß sie sich Sorgen machen. Das verstehe ich, ich würde mir auch um meine Kinder Sorgen machen, aber ich finde es blöd, daß Frauen mehr Angst haben müssen als Männer. Sie können nicht in der Nacht so herumlaufen, wir könnten überfallen werden. Das stört mich, aber dagegen kann man ja nichts machen. Es ist so und ist immer so gewesen.

Wenn es möglich wäre, ich weiß nicht, wie es jetzt ist, würde ich Abtreibung verbieten. Ich bin gegen Abtreibung, weil ich glaube, daß es die Probleme nicht löst. Die Frauen sind dafür verantwortlich, was sie machen, und wenn sie schon einmal schwanger werden, dann müssen sie auch die Konsequenzen tragen. Ich kann es jetzt nicht wissen, aber ich denke, daß viele Männer Abtreibung auch für ein Mittel halten, um das Problem zu lösen. Dann kann man so weiterleben wie bisher! Die Frau und der Mann sollten darüber reden, wie sie mit dem Kind weitermachen können, wenn es schon mal passiert ist. Nicht einfach Abtreibung, ich bin gegen Abtreibung.

Einen Freund habe ich nicht, aber es gibt einen Jungen, den ich liebe. Also, ich werde jetzt ganz offen sein ... Ich habe schon mit ihm darüber gesprochen. Ich glaube, er liebt mich auch, aber er will diese Beziehung nicht, er hat Angst davor. Das hat er gesagt ... Ich habe das schon geahnt. Ich habe auch Freundinnen, die in eine Berufsschule gegangen sind und schon arbeiten, die meisten von ihnen haben schon einen Freund. Vielleicht ist das deshalb so, weil wir, die noch ins Gymnasium gehen, viel Zeit zum Lernen brauchen, wir gehen auch nicht so oft aus wie die anderen. Sie haben ja den Abend frei, so können sie auch leichter einen Freund haben. Der Junge, in den ich verliebt bin, geht in meine Klasse. Das Schlimmste ist, daß ich ihn jeden Tag sehe. Einige in der Klasse ahnen es schon, sie sagen aber nichts. Einmal konnte ich ganz offen mit ihm darüber sprechen, aber jetzt nicht mehr. Ich bin vielleicht auch ein bißchen stolz. Ich bin die Frau, und wenn er nicht zu mir kommt – auch wenn ich ihn liebe –, werde ich nicht zu ihm gehen. Ich denke immer daran, daß er ja auch erst 18 ist und nicht so viele Erfahrungen von diesem Teil des Lebens hat, genauso wie ich. Momentan weiß ich nicht, was ich tun soll, es beschäftigt mich sehr.

Ich würde gerne in Deutschland oder Österreich weiterstudieren. Ich habe in der letzten Zeit ziemlich viele Probleme, auch wegen diesem Jungen, na ja, vielleicht auch, weil ich 18 bin ... Vielleicht möchte ich vor diesen Problemen fliehen. Ich kann nicht das machen, was ich will. Einerseits sind wir von unseren Lehrern abhängig, von denen bekommen wir unsere Noten, andererseits auch von den Eltern, aber das will ich nicht so betonen, denn ich brauche meine Eltern, ich könnte mir mein Leben ohne sie nicht vorstellen. Aber die Abhängigkeit ist das, was mich am meisten stört, ich möchte selbständig sein, ich hasse es, wenn mir jemand sagt, was ich tun soll. Schon als kleines Kind habe ich das gehaßt. ... obwohl im Ausland hätte ich auch diese Abhängigkeit wie in Ungarn, auch die gleichen Probleme, aber ich möchte einfach mal raus. Ich spüre, daß ich nicht mehr die alte Erzsébet bin. Ich kann mich nicht mehr so auf das Lernen konzentrieren, auf das, was mich eigentlich interessiert ... wenn ich an ihn denke, geht nicht mehr weiter, was ich angefangen habe. In der Grundschule habe ich Tag für Tag gelernt, ich habe es nicht verschoben wie jetzt, daß ein Haufen Stoff zusammenkommt und ich alles auf einmal lernen muß. Ja, damals mußten wir auch nicht so viel lernen wie jetzt, aber trotzdem, da hat es mir Spaß gemacht. Alles war viel einfacher als jetzt ...

Wir haben nun Religionsstunden einmal pro Woche, aber es ist kein Pflichtfach, obwohl das schön wäre. Bei uns gehen nicht so viele hin. Das liegt aber nicht daran, daß sie nicht religiös wären, sondern sie haben einfach keine Zeit oder sie machen irgendwo anders Religion, es gibt so Gruppen, auch von der katholischen Kirche aus, die sich einmal pro Woche treffen und einfach zusammen sind, und viele gehen lieber dorthin. Ich bin auch religiös, in der nullten und ersten Klasse habe ich noch den Religionsunterricht besucht, jetzt nicht mehr. Nicht, weil ich nicht mehr glaube ... vielleicht weil wir vorher eine sehr nette Frau als Lehrerin hatten, ihre Stunden waren echt super, ich habe mich wirklich wohl gefühlt. Es wäre gut, wenn wir eine Stunde Religions- oder Ethikunterricht hätten, denn diejenigen, die nicht religiös sind, können ja nicht dazu gezwungen werden, diese Stunde zu besuchen, aber Ethikunterricht sollte unbedingt eingeführt werden.

Es ist ein Glück, daß ich religiös erzogen worden bin. Jetzt weiß ich, daß das sehr wichtig für mich ist. Das gehört einfach zu meinem Leben. Vielleicht könnte ich es ohne Gott nicht schaffen, ich hätte vielleicht auch Selbstmord begangen. Es ist so blöd ... ich weiß nicht, ob du das verstehst. Gott ist sehr wichtig für mich. Dabei hat meine Großmutter eine große Rolle gespielt, denn ich bin mit ihr sehr oft in die Kirche gegangen, als ich noch klein war. Von Gott aus ist alles, was ich erreicht habe, und alles, woran ich Freude habe, ein Glück. Fast alle haben Träume, die sie verwirklichen möchten, Vorstellungen, wie sie glücklich leben könnten. Für alle Menschen bedeutet Glück etwas anderes. Ich möchte mein Abitur machen und dann weiterstudieren, einen Job finden, der mir Spaß macht. Ich möchte eine Familie haben. Ich möchte, daß alle Menschen, die ich liebe, nein, alle Menschen, denn jeder ist für irgend jemanden wichtig, glücklich sind. Ich vertraue Gott, und ich weiß, daß er für mich das Beste möchte. Wenn die Beziehung mit diesem Jungen nicht so gut klappt, tut mir das jetzt sehr weh, aber etwas hat er damit vor. Ich muß daraus Konsequenzen ziehen, vielleicht werde ich so auch mehr Erfahrungen gewinnen, vielleicht gehört das auch einfach zum Erwachsenwerden. Es ist schön, daß er – Gott – für mich da ist. Ich weiß, daß ich ihm vertrauen und er mich verstehen kann. Die Dinge, die ich auch meinen Eltern nicht sage, sind ihm bekannt. Er ist für mich die Zukunft.

Erzsébet hat in der Zwischenzeit die Außenhandelshochschule in Budapest absolviert und arbeitet in einem Unternehmen.

November 1994

MÓNIKA, Sekretärin
22 Jahre, ledig

„Sie wollen dich fühlen lassen, daß du vom Osten bist."

Seit ich Mónika kenne, zieht sie entweder um oder renoviert mit Mutter und Bruder die gemeinsame Wohnung. Sie ist immer sehr beschäftigt und teilt ihre Zeit genau ein. Sie wirkt zurückhaltend und ist manchmal sehr ernst und nachdenklich. Meistens spricht sie nur, wenn sie etwas zu sagen hat. Zum Interview treffen wir uns in meiner Wohnung. Sie kommt gerade vom Friseur und hat auch noch anschließend eine Verabredung. Wir müssen uns beeilen. Bevor wir uns an diesem Tag verabschieden, sagt sie: „Ich hoffe, daß du damit etwas anfangen kannst."

Ich habe eine wirtschaftliche Fachmittelschule mit dem Schwerpunkt Außenhandel besucht, in Ungarn gibt es dafür in der Mittelschule einen eigenen Zweig. 1990, nach dem Abitur, habe ich ein halbes Jahr nicht gearbeitet, weil ich mich auf Deutschprüfungen vorbereiten wollte. Man macht das Abitur im Frühling, und dann war ich eben ein halbes Jahr lang zu Hause. Im Januar ist dann ein Bekannter zu uns gekommen und hat gesagt, daß er der Chef einer Firma in der Nähe von Budapest ist, die Strümpfe herstellt und damit handelt, und daß er gerne jemanden haben würde, der zu deutschen Firmen Kontakt aufnimmt und die Korrespondenz auf Deutsch erledigt. Sie hatten niemanden im Büro, der Deutsch konnte. So habe ich die Stelle bekommen. Dort war ich aber noch keine Sekretärin, sondern ich machte wirklich solche Abwicklungsarbeiten mit dem Außenhandel. Ich habe dort auch ein bißchen Zoll und solche Sachen gelernt. Nach zweieinhalb Jahren – ich fühlte mich dort nicht mehr besonders wohl – habe ich gemeint, daß es Zeit ist und nicht schlecht wäre, einen neuen Job zu suchen. Meine Mutter hat erfahren, daß die Leiterin eines österreichischen Büros hier in Budapest jemanden sucht. Ich habe mich vorgestellt, es hat geklappt, und so wurde ich Sekretärin. Lustig daran ist, daß ich mit zehn Jahren immer Sekretärin werden wollte. Das ging dann vorbei, später ist mir das nicht mehr eingefallen. Jetzt lächle ich, wenn ich daran denke, daß ich schließlich doch Sekretärin geworden bin. Ich hatte später eigentlich keine Vorstellung mehr, was ich werden wollte. Vielleicht habe ich deshalb auch keine Universität oder Hochschule besucht, weil ich nicht wußte, in welche Richtung ich etwas lernen wollte. Es gab kein Gebiet, für das ich mich wirklich besonders interessiert habe. Ich glaube, daß ich in meinem jetzigen Bereich bleiben werde, nur möchte ich halt dazulernen, da gibt es auch Gebiete, wo man ein bißchen mehr leisten kann, nicht nur Sekretärin ist. Vielleicht mich so noch weiterentwickeln ... Zur Zeit sehe ich keine Chance, daß ich eine ganz große Veränderung in irgendeine Richtung machen werde. Früher habe ich immer gemeint – ich glaube, das denken alle Kinder –, daß es schön wäre, eine Arbeit zu haben, bei der man nicht immer in einem Büro sitzt. Das finde ich natürlich auch jetzt nicht so gut. Vielleicht habe ich deshalb Außenhandel in der Schule gewählt, weil ich da noch gedacht habe, es wäre toll eine Geschäftsfrau zu sein, die immer in verschiedene Länder fährt. Das ganze Geschäftsleben paßt aber nicht zu mir und es gefällt mir nicht so sehr, daß ich darin irgendeine Position haben oder dem mein Leben widmen möchte. Das sehe ich jetzt. Meine Natur ist auch ein bißchen anders. Ich mag es, wenn man wirklich ehrlich sein kann. Im Geschäft kann man das nicht immer. Das wäre für mich schwer, ich könnte das nicht schaffen.

Mein berufliches Leben begann also in dieser deutsch-ungarischen Firma. Der deutsche Eigentümer, dem zu 50% die Firma gehörte, war ein furchtbarer Mann. Er hatte Geld, aber menschlich war er eine Katastrophe. Ich habe noch nie bei einer Firma gearbeitet, die rein ungarisch ist, aber das Arbeitsklima hängt nicht von der Firma ab, sondern von den einzelnen Personen und vom Geschäftsführer. Was aber einem Ungarn, einer Ungarin immer auffällt – und das hat nicht nur mit dem Geschäftsführer zu tun – man fühlt immer, daß eine westliche Firma mit der Leistung einer ungarischen nie zufrieden ist, auch dann nicht, wenn wir etwas besser machen. Man spürt immer, daß sie dich fühlen lassen wollen, daß du vom Osten bist. Das ist schon so eine gewisse Arroganz. Das war sehr interessant: In der Strumpffabrik wurde Lohnarbeit für

Deutschland gemacht. Sie haben dann auch nach 1990 in Ostdeutschland eine Fabrik gekauft, und wir hatten immer Kontakte mit diesen Firmen. Nach der Wende konnte man spüren, daß auch die ehemaligen DDR-Leute uns als Ostler sehen. Das ärgerte mich natürlich.

Es ist schwer zu beurteilen, ob sich seit 1989/90 etwas verändert hat. Die größte Veränderung für mich war, daß ich vorher Schülerin war und dann in das Berufsleben eingestiegen bin. Das ist auch schon ohne diese politische Wende eine große Umstellung. Das war 1990 für mich die größte Aufgabe, die ich für mich gesehen habe.

In der Schule, z.B. im Geschichtsunterricht, konnte man schon bemerken, daß sich etwas verändert. Wir haben nicht mehr aus den Büchern gelernt. Früher waren die Lehrer und Lehrerinnen gezwungen, das zu unterrichten, was in den Schulbüchern stand, und die haben ja nicht immer die richtige Geschichte enthalten. Unsere Lehrerin hat uns auch erzählt, daß sie immer zu verschiedenen Weiterbildungsseminaren gehen mußte, und dort wurde gesagt, das und das kann man löschen. Darüber wurde auch ganz offiziell gesprochen. Um 1989 waren die Lehrer auch schon freier, trotzdem haben wir die Geschichte nach 1945 nicht gelernt. Wir waren eben in dem Jahr, wo man noch nicht wußte, was man lehren und lernen kann. Die Geschichte nach dem Zweiten Weltkrieg war in Ungarn noch nicht neu geschrieben, und da hat man lieber nichts darüber in der Schule gemacht. In den Wirtschaftsstunden wurde schon eher versucht, das zu lehren, was man im Leben braucht. Früher gab es Bücher, daraus mußte man lernen. Ob man es später verwenden konnte oder nicht, interessierte niemanden. Wir haben dann auch schon ein bißchen mehr über die Börse gehört, das war damals noch ganz neu in Ungarn. Man hat sich darauf eingestellt. Früher ... ach, wir hatten furchtbare Stunden, in denen wir über Marx und Genossen alles gelernt haben. Und auch in diesen Stunden haben wir dann schon anderes erfahren, Dinge, die man z.B. auch heute lehrt. Heute kann man sie nachlesen, sie sind inzwischen niedergeschrieben worden.

Früher war Politik nicht so sehr ein Thema. Wir mußten wissen, wer der Präsident ist und wie die Minister heißen, aber ansonsten ... Es gab immer nur eine Partei in Ungarn, und dann sind diese neuen gekommen, wie z.B. FIDESZ, die jungen Demokraten, das interessierte natürlich uns junge Leute. Wir versuchten zu verfolgen, was in Ungarn geschieht. Auch von seiten der Lehrer und Lehrerinnen ist dazu eine Initiative gekommen. Wir wurden gefragt, was wir darüber wissen, welche Parteien es gibt, und welche Konzeptionen und Vorstellungen sie zu den Wahlen haben. Ja, damals wußte ich es noch, heute nicht mehr. Am Anfang war das natürlich noch alles ganz interessant, und man versuchte, es zu verfolgen, aber später ... Ich habe von mehreren Leuten gehört, daß das alles schon viel zuviel ist, man kommt nicht mehr mit, und sie machen nicht so großartige Dinge. Es lohnt sich nicht, sich damit zu beschäftigen. Es ist nicht nur deshalb schwierig, weil man zu viele Daten und Informationen bekommt und hört, sondern man kann die Parteien nicht mehr verstehen. Am Anfang hatte jede Partei eine Richtung, aber heute ist das schon so gemischt. Sie sagen sehr viel, aber tun nicht soviel. Ein Beispiel: Es ging um die Preiserhöhungen von Gas und Strom im Herbst 1994. Das ist von Nachteil für uns, aber was kann man dagegen tun? Dann liest man, nein, sie werden die Preise nicht erhöhen. Dann liest man: doch, sie werden, aber nicht in dem Ausmaß. Man bekommt das Gefühl, daß die Regierung Angst hat zu handeln. Wenn sie wirklich gezwungen ist, das zu tun, dann gut, es ist für alle unangenehm, aber sie sollen es doch bitte einfach tun! Vielleicht bin ich noch nicht so stark betroffen, daß ich immer daran denke, daß alles schlechter werden wird. Trotzdem weiß ich, daß es noch schlechter werden wird. Ich bin nicht glücklich damit, aber ich sehe ein, daß es eine Pflicht unserer Regierung ist einzusparen, ansonsten geht das ganze Land kaputt. Man hört von vielen Leuten, ja, in den 70er Jahren, da hatten wir noch alles. Aber sie denken nicht nach, warum. Was jetzt ist, ist eine Folge davon.

Finanziell geht es den meisten seit dem Systemwandel ein bißchen schlechter. Natürlich gefällt mir, daß alles offener geworden ist, daß man frei über alles reden kann, die Geschäfte voll mit westlichen Waren sind, man frei ins Ausland fahren kann. Das war früher nicht. Die Welt wurde ein bißchen größer. Ja, es ist gut, daß wir nun einen neuen Film, der einen Oscar bekommen hat, nicht erst nach zehn Jahren, sondern sofort bei uns sehen können. Aber das alles sind eigentlich Kleinigkeiten. Dagegen diese Arbeitslosigkeit ... mein Bruder wurde auch arbeitslos. Wenn man im nachhinein das System betrachtet, auch wenn es schlecht war: die Menschen hatten einen sicheren Arbeitsplatz. Vielleicht haben sie weniger verdient, aber die Sicherheit war da. Und das ist heute nicht mehr so. Ich höre das auch von anderen, diese Unsicherheit, die man heute immer mehr spüren kann. Davon werden auch die Leute nervös. Mich betrifft das zum Glück noch nicht, aber man kann das nie wissen. Zur Zeit ist meine Ausbildung noch gefragt, die ganze Situation ist in Ungarn noch so, daß die Firmen Leute wie mich brauchen. Ich hoffe, daß es so bleiben wird. Da es jetzt so viele Joint Ventures mit westlichen Firmen gibt, ist für mich der Arbeitsmarkt eigentlich größer geworden.

Meine Familie hat nie zu den Reichen gehört, eher ein bißchen unter dem Durchschnitt. Deshalb habe ich nie den Vorteil gehabt, den eine finanziell gute Situation mit sich bringen kann. Aber der Weg eines Menschen hängt nicht nur davon ab, sondern auch davon, welchen Menschen man begegnet, welche zwischenmenschlichen Kontakte man hat. Meine Freunde und Freundinnen haben meine Entwicklung sehr geprägt. Ich hatte eine Freundin, die ich sehr geliebt habe, und das war in meinem Leben wirklich ein Erlebnis. Meine Mutter hat manchmal gemeint, daß wir zuviel zusammen sind. Jetzt bin ich nicht mehr in Kontakt mit ihr, unsere Wege haben sich mit der Zeit getrennt. Was ich an ihr gemocht habe, war, daß sie anders als die anderen war. Ich konnte mich mit ihr von der ganzen Welt ausschalten. Ich mochte nie das tun, was alle machen.

Ich bin jetzt in dem Alter, wo ich wirklich entscheiden will, was wichtig für mein Leben ist. Man hat eine Idee, wie man leben möchte, aber die ganze Situation ist augenblicklich nicht so, daß ich viel erreichen könnte. Ich glaube, es ist normal, eine Wohnung haben zu wollen. Zur Zeit kann ich mir gar nicht vorstellen, wie ich das schaffen soll. Es wäre natürlich gut, wenn ich mir keine Sorgen machen würde, auch nicht darüber, mit welchem Mann ich zusammenleben werde. Ich bin jetzt 22 Jahre alt und habe noch Zeit. Aber es macht mir Sorgen. Seit drei Jahren habe ich einen Freund, momentan machen wir eine Pause. Ich weiß nicht, ob wir uns wirklich lieben, oder ob es nur Gewohnheit ist, daß wir zusammen sind. Wir kommen eigentlich ganz gut miteinander aus, aber ich bin nicht sicher, ob ich ihn als Mann haben möchte. Er ist 25 Jahre alt, aber er ist ein Kind. Er hat keine richtigen Vorstellungen von seinem Leben. Ich habe nicht den Eindruck, daß er sich darum kümmert, wie es weitergehen oder wie es ihm einmal gehen wird. Er meint, seine Eltern werden ihre Wohnung gegen zwei kleinere tauschen, damit wird sein Problem gelöst. Also, ich finde nicht, daß er selbst etwas tut, damit es ihm besser gehen wird. Er lebt für das Heute, und das ist vielleicht nicht immer gut. Ich möchte etwas im Leben erreichen, aber ich weiß auch noch nicht ganz genau, was. Dazu wäre ein Partner von Vorteil, der dabei hilft, der auch etwas erreichen will. Z.B. sagt mein Freund, er möchte nicht für ewig leben, es reicht ihm, wenn er bis zum Alter von etwa 50 Jahren ein gutes Leben führt. Er möchte noch viel reisen, aber dazu braucht man Geld. Na ja, er ist noch ledig, lebt mit seinen Eltern, so kann er sich das leisten. Aber später, wenn er mit seinem Monatsgehalt nicht mehr auskommen kann, wie will er dann reisen? Ich weiß nicht, welche Vorstellungen er hat, woher das Geld kommen wird. In Ungarn ist Geld leider für alle ein großes Problem, wahrscheinlich in der ganzen Welt, aber im Osten, in den früheren sozialistischen Ländern ganz sicher.

Wir haben alle ein ideales Bild vor Augen, aber dies zu erreichen, hängt nicht nur davon ab, ob man genug dafür tut. Meine ideale Vorstellung wäre, daß wir für alle Dinge, die wir gerne haben möchten, Geld und Zeit hätten. Dazu gehört nicht ein Hundert-Zimmer Haus, sondern daß man reisen kann, nicht darüber nachdenken muß, ob ich diese Hose kaufen kann oder nur die andere, die mir nicht gefällt, aber billiger ist. Man sagt: Geld macht nicht glücklich, aber es stört nicht, wenn man welches hat. Das Geld ist sicherlich nicht das wichtigste auf der Welt, aber wichtig ist es leider schon. Für mich bedeutet es sicherlich nicht alles, aber man braucht es einfach. Ich gehe gerne ins Theater, aber dazu braucht man schon Geld. Heutzutage kann ich mir weniger Bücher kaufen als damals, als ich noch Schülerin war. Sie sind so teuer geworden. Das ist noch nicht so ein Problem wie eine Wohnung, und trotzdem machen solche Kleinigkeiten das Leben bitter.

Ich bin nicht in einer führenden Position und muß trotzdem ständig Überstunden machen. Ich frage mich, wie ich das schaffen würde, wenn ich schon Kinder hätte. Ich möchte immer arbeiten gehen, nur Hausfrau möchte ich nicht sein. Das ist langweilig. Die Arbeit braucht man für sich selbst. Mir fehlt z.B. die Schule, weil ich da immer etwas Neues gehört habe, dort ist immer etwas passiert. An der Arbeitsstelle ist es schon langweiliger, man ist schon mehr gezwungen, immer dasselbe zu tun, auch wenn es abwechslungsreich ist. Wenn man nicht einmal mehr das hat ... Ich möchte unbedingt arbeiten, etwas Interessantes, etwas, was mir wirklich Freude macht. Das ist auch jetzt ein Problem mit meinem Freund, weil er von sieben bis drei Uhr nachmittags arbeitet, manchmal macht er auch Überstunden, aber meistens ist er ab drei Uhr frei. Er hat auch zu Hause nichts zu tun, er hat viel Zeit, und ich nicht. Das ist heute schon ein Problem, obwohl wir noch keine Familie oder Kinder haben. Die Rollen in der Familie sind so eindeutig klar aufgeteilt. Die Frau versorgt die Kinder, führt den Haushalt, aber sie geht auch noch arbeiten. Und dazu sagen die Männer: Die Frauen wollten das doch, diese Gleichberechtigung. *Sie* wollten arbeiten gehen. Aber die Männer denken nicht darüber nach, daß die Frauen damit viel mehr Arbeit haben. Das war eine dumme Person, die auf die Idee mit dieser Art von Gleichberechtigung gekommen ist. Unter Gleichberechtigung verstehen die Männer, daß die Frauen neben der Arbeit zu Hause eine Arbeitsstelle haben wollen. Ich glaube nicht, daß das Gleichberechtigung ist. Einiges hat sich aber doch schon geändert. Für mich ist Gleichberechtigung, daß auch die Frauen entscheiden können, was sie machen wollen. Es ist eigenartig, bei einem verheirateten Mann wird eine Freundin eher akzeptiert als bei einer Frau. Er spürt kaum gesellschaftliche Konsequenzen. Es war immer ganz natürlich, daß ein Mann seine Freizeit irgendwo verbringt, die Frau kann das aber nicht machen, weil sie die Hausarbeit erledigen muß. Ich glaube, die Frauen wollten das verändern, so daß auch sie ein bißchen mehr Freiheit haben. Es ist schwierig, allgemein darüber zu sprechen, es hängt immer von dem einzelnen ab. Mein Vater war nicht so, er hat meiner Mutter zu Hause sehr viel geholfen, und jeder in seiner Umgebung hat ihn für einen sehr guten Mann gehalten. Aber niemand wußte oder wollte sehen, daß er für seine Familie nur Kleinigkeiten und nicht so viel für die Zukunft gemacht hat. Es sollte auch in der Zukunft irgendwie so bleiben, daß der Mann das meiste für die Familie verdient. Ich glaube, das war nicht schlecht. Der Mann bringt das Geld, die Frau macht die Hausarbeit. Sie ist aber nicht unbedingt nur zu Hause, sie kann auch arbeiten gehen, wenn sie will. Nur ist das heutzutage so ein Problem: Neben der Arbeit und dem Haushalt machen die Frauen noch Überstunden, damit sie noch mehr verdienen. Das Geld ist überall knapp. Am besten wäre es für eine Frau, halbtags zu arbeiten, aber es ist leider so, daß die Arbeiten, die gut bezahlt oder interessant sind, halbtags kaum zu kriegen sind. Der Haushalt wäre dann ihre Sache. Es wäre auch gut, wenn die Familien es sich leisten könnten, wenigstens einmal in der Woche oder im Monat eine Zugehfrau zu haben, die den Großputz erledigt. Die meisten können sich das jedoch nicht leisten.

Mein Vater hat sich nie für die Zukunft seiner Kinder interessiert. Er hatte kein Ziel, hat sich nie überlegt, wie wir zu einer Wohnung kommen könnten. Er kann wirklich nichts dafür, daß er nicht der reichste ist, aber wenigstens in Gedanken ... Es war immer nur die Sorge meiner Mutter, uns mehr zu geben. Sie war früher in einer Kinderkrippe beschäftigt und hat diese Arbeit sehr geliebt. Da sie aber dort sehr wenig verdient hat, hat sie sich um eine andere Stelle bemüht. Ich kann mich noch erinnern, wie sie weinte, als sie die Kinder verlassen mußte. Von meinem Vater hat sie nie echte Anerkennung dafür bekommen, und mit dem Geld, das sie verdiente, konnte sie auch nicht wirklich machen, was sie wollte, weil sie immer Gewissensbisse hatte. Sie hat sich dazu entschlossen, etwas zu verändern, mein Vater hat darüber nie nachgedacht. Er hat immer gemeint – nicht nur was uns, sondern was die ganze Familie betrifft –, es genügt, was wir jetzt haben. Er hat 15 Jahre lang immer weniger verdient als meine Mutter und nie versucht, eine andere Arbeit zu finden. Meine Eltern sind jetzt geschieden. Ich wohne mit meiner Mutter und meinem Bruder zusammen, manchmal telefoniere ich mit meinem Vater, manchmal kommt er zu uns. Ich glaube, er fühlt sich allein. Wir hatten nie besonders guten Kontakt, auch keinen schlechten, aber wir waren uns nie sehr nahe. Mein Bruder hatte größere Probleme mit meinem Vater. Er ist ihm ein wenig ähnlich, trotzdem hat mein Vater immer mit ihm geschimpft wegen Dingen, die er ganz genauso macht. Er war nie zufrieden, auch wenn mein Bruder etwas geleistet hat. Nicht deswegen, weil er mehr von seinem Sohn erwartet hätte, nein, er hat gar nichts von ihm erwartet. Als mein Bruder dann schon besser verdiente als er, hat es meinen Vater merkbar gestört. Er konnte sich darüber nicht freuen. Das ist schwer zu verstehen …

Meine Eltern paßten überhaupt nicht zusammen. Ich glaube, schon nach ein paar Jahren klappte das nicht mehr besonders gut. Sie haben früh geheiratet. Meine Mutter wollte sich schon früher scheiden lassen, wegen Kleinigkeiten war sie schon mit den Nerven am Ende. Mein Vater hat nicht getrunken oder so, aber es war sehr schwer, mit ihm zu leben. Als wir Kinder dann schon fast erwachsen waren, hat meine Mutter gemeint, jetzt kann sie gehen. Wir haben eine kleine Wohnung gesucht, unsere alte mußten wir verkaufen. Vielleicht ist es nicht schön, das zu sagen, aber der Grund, warum wir die eine Wohnung hatten, war, daß meine Mutter Geld geerbt hatte, und damit konnten meine Eltern die Wohnung kaufen. Früher haben sie bei meinen Großeltern gelebt, und mein Vater hat immer gesagt, daß das gut so ist. Als sie aber plötzlich Geld hatten, wollte er nicht mehr dort bleiben. Er mußte ja nichts dafür tun! Es ist gut, einfach etwas zu bekommen, aber selbst hätte er nichts dafür getan. Meine Mutter sagt immer, daß sie nicht gerne sehen würde, daß mein Freund und ich zusammenbleiben, weil sie Angst hat, daß ich den gleichen Fehler mache wie sie. Obwohl mein Freund in vielen Dingen meinem Vater gar nicht ähnlich ist. Vielleicht beschäftigte ich mich in den letzten Jahren deshalb nicht so sehr mit der Politik und der ganzen Entwicklung, da es in dieser Zeit zu große Veränderungen in meinem persönlichen Leben gab.

Zur Gleichberechtigung fällt mir noch ein: ich habe gelesen, daß laut Statistik zu wenige Frauen in führenden Positionen sind. Das ärgert mich insofern, als ich finde, daß sich das nicht ändern sollte. Eine Frau in einer führenden Position kann für ihre Familie nicht genug Zeit haben. Eine Frau hat hier für eine Partei kandidiert, und ich habe im Fernsehen eine Sendung darüber gesehen, in der gesagt wurde, daß ihre Kinder bei den Großeltern gewohnt haben, als die Wahlen waren. Ich denke, das war nicht nur bei den Wahlen so, sondern das wird sehr oft der Fall sein, daß sie keine Zeit für ihre Kinder hat. Vielleicht bin ich altmodisch, aber ich glaube, für eine Mutter ist es eine der wichtigsten Aufgaben, bei den Kindern zu sein. Man kann nicht immer eine gute Lösung finden, aber wenn das solche Folgen hat, dann sollte eine Frau lieber nicht in einer führenden Position sein. Das Problem ist, sie muß es irgendwie schaffen, beides unter einen Hut zu bringen. Ich finde es nicht verbindlich für eine Frau, zu Hause zu sein, aber sie muß sich entscheiden – zwischen ihrer Karriere und den Kindern. Vor kurzem habe ich mit meiner Mutter darüber gesprochen. Es gibt Frauen, die die Karriere wählen, sie sind sehr tüchtig, oft noch jung, aber ich glaube, ein Mann kann das nicht verstehen, daß sie sich so entschieden hat. Oder sie wählt die Kinder, und dann wird sie ihr ganzes Leben mit dem Gedanken verbringen, daß sie deshalb auf ihre Karriere verzichtet hat. Oder sie wählt beides, versucht das zu verbinden, aber zeitlich wird ihr das wahrscheinlich nicht gelingen. Die Kinder werden erwachsen, und sie sieht, daß sie sie verloren hat, keine Beziehung zu ihnen aufbauen konnte. Vielleicht haben andere schon eine gute Lösung gefunden, aber ich sehe keine. Mit dieser Gleichberechtigung kommen wieder Probleme. Aber was bedeutet eigentlich „Gleichberechtigung“, das ist etwas, worüber man stundenlang Gespräche führen könnte. Wenn das die ganze Gleichberechtigung ist, dann ist das schon keine Gleichberechtigung mehr. In Ungarn sind die Frauen nicht gleichberechtigt. Wenn man mit dieser sogenannten Gleichberechtigung mehr

Arbeit hat, dann soll das schon eine Art Gleichberechtigung sein, so sieht man das. Ich bin wahnsinnig neugierig, ob man in der Geschichte einmal eine gute Lösung finden wird. Im Leben haben die Männer andere Rollen als die Frauen. Schon deswegen können sie nicht die gleichen sein, die gleichen Aufgaben oder die gleichen Rechte haben. Das muß man akzeptieren. Man muß damit leben, vielleicht entsteht dann eine Gleichberechtigung.

Ich persönlich mag es gerne, wenn ich einen Mann als Chef habe. Am schlechtesten können zwei oder mehrere Frauen miteinander auskommen, bei Männern ist das anders. Das ist wegen der Natur so. Das habe ich mehrmals gehört, und damit bin ich einverstanden. Ich habe mit meiner Familie einmal darüber gesprochen. Ich habe irgendwo gelesen, daß die Natur der Männer und Frauen schon von Geburt an entschieden oder verschieden ist, sie sind schon mit diesen Unterschieden geboren. Meine Familie hingegen sagte, es gestalte sich später, daß die Gesellschaft Frauen und Männer verschieden mache, sie erwarte von einem Mann und einer Frau anderes, und deswegen seien sie verschieden oder müssen sie verschieden sein. Na ja, sie haben in manchen Dingen recht, aber ich glaube das wirklich, ja, man bekommt schon als Kind unterschiedliche Sachen geschenkt. Ich weiß nicht, ob ein Arzt das klären könnte, ob man das wirklich schon in sich hat, mit den Hormonen oder so. Es wäre wirklich interessant, eine Untersuchung darüber zu machen, warum Männer und Frauen verschieden sind.

Wenn mehrere Frauen zusammen sind, schimpfen sie miteinander viel mehr. Oft eben in schwierigeren Situationen kommt das heraus, daß sie einander nicht aushalten. Vielleicht sprechen sie eher aus, was sie denken, na, ich weiß nicht. Die Männer sagen z.B. oft, daß die Frauen sich viel zu viel mit Kleinigkeiten beschäftigen und daraus große Probleme machen. Ich war in der Mittelschule in einer Klasse, wo wir vierzig Mädchen und vier Jungs waren. Es ist viel besser, wenn eine Klasse oder Gruppe gemischt ist. Ich weiß nicht genau, warum, aber vielleicht ist das dem Leben einfach ähnlicher, in verschiedenen Situationen, auf der Straße oder überhaupt. Manche Situationen lassen sich anders lösen, wenn Frauen und Männer zusammen sind. Sicher gibt es Probleme, die eine Frau besser bewältigen kann, oder eben ein Mann. Männer haben es leichter untereinander, das habe ich so beobachtet.

Was die Rollen angeht, finde ich, daß die Hausarbeit eher zur Natur einer Frau paßt. Ein Mann kann sich mit einer Sache ganz tief und ganz lange beschäftigen, aber mit mehreren Kleinigkeiten zur gleichen Zeit nicht. Und die Hausarbeit ist so etwas. Man muß nachdenken, was man kochen wird, wann gegessen werden soll, wie man mit dem Geld auskommt. Die Männer meinen, dies seien Kleinigkeiten. Aber wenn sie es selbst machen sollen, finden sie das ganz schwierig. Es ist interessant, daß man bestimmte Aufgaben einer Frau oder einem Mann zuordnet. Wir Frauen denken vielleicht über die Sachen der Männer nicht so. Ich glaube, daß es keine größere Aufgabe ist, eine Frau zu sein, aber eine andere.

Ich halte die Hausarbeit für langweilig. Auch wenn ich finde, daß sie zur Rolle der Frau gehört, muß ich diese Arbeit noch nicht lieben. Ich denke nichts Schlechtes über Frauen, die das gar nicht machen wollen. Wenn sie es so lösen können, daß ihr Mann das für sie macht ... Das Wichtigste aber ist, daneben noch Zeit für die Kinder zu haben.

In unserer Familie war immer meine Mutter die Tonangebende, sie war stärker als mein Vater. Ich denke manchmal darüber nach, wie es wäre, wenn ich einen starken Mann haben würde, ob ich diese Situation akzeptieren könnte. In den meisten Familien bestimmt der Vater das Geschehen: wann die Kinder nach Hause kommen müssen, wofür das Geld ausgegeben wird. Über solche Dinge hat mein Vater nie nachgedacht. Das Geld einzuteilen, war die Aufgabe meiner Mutter, uns zu erziehen, war die Aufgabe meiner Mutter, die Wohnung schön zu gestalten, war auch ihre Aufgabe. Ich bin neugierig, wie das bei mir sein wird, aber ich finde es gut, wenn ein Mann zu Hause derjenige ist, der bestimmt. Ich habe eine Freundin, ihr Vater arbeitet sehr viel, macht verschiedene Geschäfte, er hat keine Zeit für die Familie und kommt mit ihr sehr schlecht aus. Manchmal hat man das Gefühl, als ob er die Mitglieder der Familie wie seine Angestellten behandelt. Er ist daran gewöhnt, daß er der Chef ist. Mit ihm ist es sehr schwer zusammenzuleben. Wenn sich die Familie beschwert und sagt, daß sich etwas ändern muß, dann sagt er immer, sie können froh sein, daß er das Geld verdient. Das ist auch nicht gut. Die ideale Lösung, glaube ich, kommt sehr, sehr selten vor.

Ich suche den richtigen Mann für mich, ob es mir gelingt, weiß ich noch nicht. Es soll ein Mann sein, der mir gefällt, der Pläne hat und einen guten Humor, aber der auch ernsthaft denken und sprechen kann. Es kann sein, daß ich ein bißchen viel von meinem Partner erwarte. Ich sage nicht, daß ich jemanden möchte, der mir ganz ähnlich ist. Vielleicht ist es besser, wenn wir einander ein wenig ergänzen. Es kann sein, daß ich deshalb mit meinem Freund gut auskomme, weil er ganz anders ist als ich, aber vielleicht schon zu anders. Ich bin manchmal ein bißchen zu ernst, und ich weiß, daß es manchmal nicht leicht ist, mich auszuhalten. Ich bin von meinen Stimmungen abhängig. Und wenn ich mich an meiner Arbeitsstelle konstant halte, bekommt meine Familie zu Hause nicht unbedingt meine beste Seite zu spüren. Irgendwo muß es raus. Aber ich denke, daß das anderen genauso geht.

Was Abtreibung betrifft, meine ich, daß es das Recht der Frau sein sollte, darüber zu entscheiden. Für mich ist ein Fötus noch kein eigenständiger Mensch. Wenn eine Frau gezwungen wird, ein Kind zu bekommen, das sie nicht haben will, kann sich das auf *ihr* Leben sehr schlecht auswirken. Warum wird sie gezwungen? Ist das gegen sie? Wie kann ein Außenstehender beurteilen, wie die Frau zu leben hat? Dann zwingt sie ein Außenstehender zu einem Leben, das sie nicht möchte. Sie kann darüber nicht entscheiden, ob das Baby geboren wird oder nicht, aber ein Außenstehender darf über das Leben der Frau entscheiden. Wieso? Das Kind ist noch nicht geboren, es ist noch nichts Schlechtes passiert mit ihm, aber sie ist schon ein Mensch, der Recht auf Selbstbestimmung hat. Wie kann man über sie entscheiden? Ich denke so, weil ich nicht religiös bin. Die Kirche sieht das anders. Das ist sicherlich eine schwierige Entscheidung. Man sollte mehr Aufmerksamkeit der Aufklärung widmen, z.B. auch in der Schule, und mehr über Verhütung sprechen.

Die Frauen haben jetzt vielleicht bessere Berufschancen als

früher, aber auch die Männer. Man kann jetzt seine Fähigkeiten besser nutzen, früher waren sie nicht unbedingt das wichtigste. Es ist ganz selten vorgekommen, daß eine Frau z.B. in der Wirtschaft eine höhere Position hatte. Ja, es ist vorgekommen. Für die Frauen wurden die Möglichkeiten zahlreicher, aber auch das Leben komplizierter. Eben worüber ich vorhin schon gesprochen habe: Sie geraten häufiger in Situationen, in denen sie entscheiden müssen. Vielleicht war das aber früher auch so. Was noch zu den Veränderungen gehört ... Ich habe über frühere Zeiten gehört, daß man eben nicht nach seinen Fähigkeiten beurteilt wurde, z.B. an den Universitäten weiterstudieren konnte, sondern durch Beziehungen usw. Das gibt's natürlich auch heute. Aber wenn man heute mehr kann, kann man schon weiterstudieren. Das finde ich auch noch interessant: Von seiten der Regierung gab es früher eine Initiative, daß auch Kinder von Bauern die Chance haben müssen, die Universität zu besuchen, und nicht nur die Kinder eines Arztes z.B. Auf dem Anmeldeformular mußte man ankreuzen, ob die Eltern geistige oder physische Arbeiter waren. Und man hatte Nachteile, wenn die Eltern eine geistige Arbeit verrichteten. Dann wurde das Kind nicht gefördert. Ich habe das mehrmals gehört, egal, ob Eltern Bauern oder Fabrikarbeiter waren, das Kind wurde an der Universität gefördert, um z.B. Arzt zu werden, das Kind des Arztes hingegen hatte einen Nachteil. Das war unlogisch, ein eigenartiger Kreislauf. Aber angeblich ist das mehrmals passiert. Mit meiner Mutter spreche ich manchmal darüber. Es war vielleicht gar nicht so schlecht, was die Sozialisten nach dem Weltkrieg wollten: daß wir alle gleichberechtigt sind, daß sich die sozialen Schichten mischen usw. Aber sie dachten nicht daran, daß die verschiedenen Schichten eine unterschiedliche Erziehung haben, daß daher Probleme in den Familien aufkommen können. Ja, vielleicht, aber ich finde es gut, daß es diese Vermischungen gegeben hat. Jetzt nach den letzten Veränderungen spürt man schon, daß sich das ein wenig zurückbildet, so wie es auch vor dem Weltkrieg war. Es gibt wieder die einzelnen Schichten. Was haben die Leute daraus gelernt? Ich sage nicht, daß es nur richtig war, aber es war nicht *nur* schlecht. Ich weiß nicht, wie es in Westeuropa ist, aber ich denke, das gibt es dort auch. In Ungarn fehlt der Mittelstand. Nach der Wende wurde ein ganz kleiner Teil sehr reich. Ich glaube, das wichtigste für die Wirtschaft eines Landes ist eine starke Mittelschicht.

Dieser gesellschaftliche Übergang hat viel Unsicherheit ausgelöst, nicht nur finanziell, und die Angst, die Arbeit zu verlieren. Diese Unsicherheit kommt auch daher, daß die Menschen irgendwie spüren, daß das ganze Land verunsichert ist, die Regierung, die Politiker. Dazu kommen die Umgestaltungen in den Firmen, z.B. die Form einer Firma, die eine wird eine Aktiengesellschaft, die andere eine GmbH. Einfach das Gefühl, daß sich noch sehr viele Dinge ändern. Diese Entschädigungsscheine[1] ... viele Sachen sind in Bewegung, neu, im Übergang. Oder die Privatisierung, da spürt man am deutlichsten, daß noch Änderungen kommen, denn das System der Unternehmen ist noch nicht fertig, zu wieviel Prozent sie privat oder staatlich sein werden. Die Frage ist noch offen, in welcher Form sie für die Angestellten besser sind. Ich habe über Westeuropa gelesen, daß man bei einem staatlichen Unternehmen in Sicherheit ist und nicht immer schlechter verdient. In Ungarn hat man das Gefühl, daß man bei einer staatlichen Firma nicht verdienen kann. Früher – das trägt auch zur Unsicherheit bei – hatte man ein kleines, aber sicheres Gehalt. Damit konnte man im Sommer irgendwo in staatlichen Ferienheimen Urlaub machen, am Plattensee zwei Wochen verbringen. Seit der Wende sind diese Möglichkeiten selten geworden. Jetzt können sich viele keinen Urlaub mehr leisten, und das hat eine schlechte Auswirkung auf die Stimmung der Menschen. Das braucht man einfach, um das ganze Jahr über irgendwie weiterzumachen, ein wenig Erholung, neue Erlebnisse. Das haben in Ungarn jetzt nicht mehr viele. Und wo diese Möglichkeiten geblieben sind, wurde es viel teurer, manche können sich nicht einmal mehr das leisten.

Die Regierungen beschäftigen sich nicht mit den Menschen, aber das sollten sie tun, sich auch einmal anhören, was ganz einfache Leute sagen. Auf der anderen Seite finde ich es schlecht, wegen dieser Weltausstellung eine Volksabstimmung zu machen. Meiner Meinung nach kann der einzelne einfache Mann das nicht entscheiden. Ja gut, Volksabstimmungen. Ich weiß, daß sehr viele Unterschriften gesammelt wurden. Ab einer bestimmten Zahl wird eine Volksabstimmung abgehalten. Aber ich habe gelesen, daß die Unterschriften überprüft wurden und viele gar nicht existierten. Also die Demokratie funktioniert in Ungarn noch nicht. Noch nicht das ganze Volk ist dazu bereit. Ich glaube, unter Demokratie verstehen die meisten, daß alle sagen können, was sie meinen. Das ist schon genug Demokratie, aber so einfach ist das nicht. Wir, das ganze Land, sind bis jetzt nur bis hierher gekommen. Wir können jetzt laut sagen, was wir denken, aber auf eine demokratische Weise eine Lösung zu finden, soweit sind wir noch nicht. Ich beschäftige mich nicht so viel mit Politik und verstehe nicht so ganz, wie eine richtige Demokratie funktioniert. Man hört, daß es in Griechenland vor tausend Jahren eine Demokratie gab, und die Schweiz, da ist schon eine Demokratie. Das wird doch so als Vorbild hingestellt.

Bei den letzten Wahlen wußte ich bis zuletzt nicht, welcher Partei ich meine Stimme geben sollte. Ich habe keine Partei gefunden, von der ich sagen konnte, ja, die ist es, ich möchte, daß sie regiert. Trotzdem wollte ich aber auf jeden Fall wählen. Man wählt eine Partei, weil sie noch am meisten entspricht, aber ... Bei den ersten Wahlen waren die Leute sehr begeistert. Es war viel leichter, weil man einfach nur die Stimme abgeben mußte, damit eine Veränderung kommt. Aber das war in dem Sinne noch keine richtige Wahl. Es war nur wichtig, eine andere Partei als die kommunistische zu wählen. Jetzt, wo es schon eine Aufgabe wäre, etwas auszuwählen, sind schon viele überfordert. Das ist eine viel größere Verantwortung, bei der man es nicht mehr so leicht hat. Man hat das Gefühl, daß sich die Parteien mit ihren Problemen beschäftigen und nicht mit dem Land, deshalb sind sehr viele Menschen enttäuscht. Diese ganze Situation ist für viele noch ganz neu, nur die ältere Generation hat vorher auch einmal in einem anderen System gelebt. Die Leute wissen einfach nicht genug. Ich meine nicht, daß alles, was jetzt schlecht ist, wegen der vergangenen 50 Jahre so ist. Das läßt sich immer so einfach sagen, man kann die Enttäuschung einfach von sich schieben. Sehr viele Leute sind nicht daran gewöhnt, selbst zu entscheiden. Das fehlt, sie wurden so erzogen.

Ich habe nicht das Gefühl, daß ich in der Schule irgendeine Erziehung bekommen hätte, die von der Regierung vorgeschrieben wurde, das waren eher einzelne Lehrpersonen. In den 80er Jahren war alles schon offener. Aber in der Klasse meines Bruders war z.B. ein Schüler, dessen Vater seine Kinder nicht in die Kirche gehen ließ, weil er Angst hatte, deshalb seine Position zu verlieren. Das war nicht vor 50, sondern vor zehn Jahren vielleicht. So etwas gab es schon noch. Mit der Kirche ist es jetzt anders, eben das Gegenteil, das gefällt mir auch nicht, aber das ist schon anders. Darüber kann jeder selbst entscheiden.

Momentan beschäftigt mich am meisten meine Beziehung, wie sie weitergehen wird. Eine schwierige Frage für mich. Ich muß entscheiden, ob ich die Beziehung fortsetze oder nicht. Das habe ich mit meinem Freund so ausgemacht. Wir haben uns einen Monat Zeit gelassen, um darüber nachzudenken, und zur Zeit beschäftigt mich das sehr, auch für die Zukunft. Es kann sein, daß ich jetzt weitermache, bedeutet aber noch nicht, daß ich mein ganzes Leben mit ihm verbringen möchte. Für die Zukunft ist es sehr wichtig für mich, den Partner zu finden. Die private Beziehung ist richtungsgebend. Davon hängen schon wieder viele andere Dinge ab.

Meine Wünsche und Hoffnungen? Eine Wohnung würde ich gerne haben. Es wäre so schön, wenn ich mir das leisten könnte. Es würde mich freuen, wenn das Schicksal meiner Mutter ein bißchen freundlicher wäre, wenn sie jemanden finden könnte. In einigen Jahren werden mein Bruder und ich vielleicht ausziehen. Wenn mit der Politik und der Gesellschaft schon alles in Ordnung wäre, wäre alles einfacher, und man könnte schon ruhig die Aufmerksamkeit auf andere Dinge lenken. Es wäre auch gut zu wissen, wie lange diese Veränderungen in Ungarn noch dauern. Jetzt betrifft es mich noch nicht so sehr, daß ich mir jeden Tag deshalb Sorgen machen müßte, aber ich habe Angst davor, daß es noch einmal kommen wird. Auch in meinem Bekanntenkreis kommt es schon vor, das hört man immer mehr, und man denkt mehr darüber nach. Ich habe noch Geduld mit der Regierung, aber es wäre nicht schlecht zu wissen, was noch alles passiert. Ich kann mir nicht vorstellen, daß alles schiefgeht, daß es zu einem großen Bankrott kommt.

Aber wenn man schon vom Ausland sieht, wie schlecht die Situation hier ist ... Sehr viele sagen, daß es im früheren System noch besser war, daß es diese und jene Vorteile gab. Ich sehe ein, daß Veränderungen nötig waren, aber ... es wäre gut, wenn alles schneller gehen würde.

Glück bedeutet für mich einerseits Zufriedenheit, wenn man zufrieden sein kann mit seinem Leben. Ich glaube, das ist schon ein Gewinn im Leben. Ich möchte zufrieden sein. Und daß ich so leben kann, wie ich möchte. Vielleicht sage ich deshalb Zufriedenheit, weil mit dem Glück verbindet man immer etwas Großes. Zufriedenheit bedeutet nicht, daß man es immer leicht hat.

Bei diesem Gespräch ist mir eingefallen, daß das nur für jemanden interessant ist, der sich für die Menschen interessiert. Und ich habe das Gefühl, das heutzutage auch in Ungarn die Fähigkeit oder Gabe, auf den anderen zuzugehen, dem anderen zuzuhören oder sich mit dem anderen zu beschäftigen, langsam verlorengeht. Jeder beschäftigt sich nur mit sich selbst. Das wird immer schlimmer. In der ganzen Welt wird das immer schlimmer, das hängt mit der Technik usw. zusammen. Man hat nicht genug Zeit, man nimmt sich nicht die Zeit, die Menschen interessieren sich nicht mehr füreinander. Ich glaube nicht, daß das typisch für Ungarn ist, etwas Ähnliches geschieht überall. Ich freue mich über die Menschen, die das lesen werden, das ist doch eine Hoffnung, daß es noch welche gibt, die sich für den anderen interessieren.

Mónika hat heute eine leitende Position in einem Unternehmen. Daneben betreibt sie ein Fernstudium an einer Wirtschaftshochschule.

Als ich sie frage, was ich an dieser Stelle noch hinzufügen sollte, meint sie: „Geld wird immer wichtiger, alle laufen ihm nach, und alle haben immer noch weniger Zeit ...“

1) Entschädigung, Restitutionsschein (ungar. *kárpótlás, kárpótlási jegy*): Nach der Wende gesetzliche Entschädigung der nach 1939 von Enteignung, Verstaatlichung bzw. Überführung ins Gemeindeeigentum Betroffenen. Der Schein gilt als Wertpapier, das fortlaufend der Inflation ausgesetzt ist.

Dezember 1994

ERIKA, Sozialarbeiterin
24 Jahre, verheiratet

„Ich will keine andere sein als die, die ich bin."

Erika gehört zu den geschätzten 6% der Roma-Minderheit in Ungarn. Armut (80% im Jahre 1993; 20-25% der Bevölkerung Ungarns lebt unter dem Existenzminimum und mehr als ein Drittel gehört zur Roma-Bevölkerung.) und Arbeitslosigkeit, bedingt durch keine oder ungenügende Schulausbildung, aber auch Diskriminierung prägen das Leben dieser ethnischen Gruppe.

In Ungarn gibt es drei größere Gruppen von Roma: die den alten rumänischen Dialekt sprechenden Beasch (die „rumänischen Zigeuner", ca. 8% der Roma in Ungarn), die ungarisch sprechenden Romungri (ca. 75%), auch „Ungar-Zigeuner" genannt, und die „echten" Roma, die Oláh-Zigeuner (Walachen, Vlach-Roma, ca. 17%), die die traditionellen Werte und das Romanes bewahren. Sie sind in Ungarn am engsten mit Familie und ihrer Roma-Gemeinschaft verbunden. Viele von ihnen leben in den östlichen Regionen Ungarns unter kümmerlichen Verhältnissen. Ihre Eliteschicht sind die Lovara. Die regionale Verteilung wird von der traditionellen Abgesondertheit der einzelnen Roma-Gruppen bestimmt. Die ungarische Gesellschaft weiß kaum etwas über die größte ethnische Minderheit im Land und tritt ihr mit großen Vorurteilen gegenüber.

Erika gehört zu den Privilegierten der Unterprivilegierten, sie hat maturiert, will studieren.

Sie wohnt in einem Außenbezirk von Budapest, wo sich ein Hochhaus neben das andere reiht. Die Postfächer im Hauseingang sind aufgebrochen, das Haus ist dunkel und in einem schlechten Zustand. Erika empfängt mich in der Einzimmerwohnung, die sie gemeinsam mit ihrem Mann im siebten Stock bewohnt. Wir sitzen in einem hellen Raum, in dem sorgfältige Ordnung herrscht, der Wohnzimmertisch ist mit allerlei Köstlichkeiten gedeckt. Erika hat ein freundliches und offenes Wesen, plaudert darauf los, zeigt zwischendurch Bücher, um zu illustrieren, darunter eines mit großen, farbigen Bildern „Gypsies in the world".

Nach dem Gespräch verabreden wir uns zu einem gemeinsamen Abend mit Zigeunermusik und -tanz in einem Kulturhaus. Sie zeigt deutlich ihre Freude darüber, daß sich eine Nicht-Roma für sie und ihre Kultur interessiert.

Das Wort „Zigeuner" hat im Ungarischen, das auch die Bezeichnung „Roma" kennt, nicht eine diskriminierende Färbung wie im Deutschen. Ich habe es in der Übersetzung mit kleinen Abweichungen so übernommen, wie Erika es verwendet hat.

Zu meiner Geschichte gehört, daß ich Oláh-Zigeunerin bin. Es gibt mehrere Gruppen von Roma in Ungarn. Ich bin in einer Oláh-Zigeunerfamilie aufgewachsen, was damals eine sehr geschlossene Gemeinschaft war. Außerhalb der Schule hatte ich keinen Kontakt mit Nicht-Zigeunern. Ich bin in Mátészalka im Komitat (*megye*, ungarische Verwaltungseinheit) Szabolcs-Szatmár geboren. Bis zu meinem sechsten Lebensjahr habe ich keinen Kindergarten besucht, dann wohl ein Jahr oder anderthalb Jahre lang, daran kann ich mich nicht mehr erinnern. Damals wohnten wir noch in Kántorjánosi, und von diesem Ort sind wir dann nach Mátészalka umgezogen. Ich war etwa sechs Jahre alt. Über Szabolcs-Szatmár muß man noch wissen, daß in diesem Komitat die meisten Zigeuner wohnen; die Region unterscheidet sich noch darin, daß unser Dialekt von dem der Zigeuner in Budapest abweicht. Mein Mann z.B. stammt aus Westungarn und spricht den Lovara-Dialekt, aber meine Eltern und ich sprechen einen anderen Dialekt. Die Unterschiede sind eigentlich gar nicht so groß, also genauso wie in den ungarischen Mundarten, z.B. sagt mein Mann in der Verneinung „csi" und ich „ma", aber wir verstehen uns vollständig. Es gibt natürlich bestimmte Wörter, die in dem einen Dialekt vorkommen und in dem anderen nicht, aber der Grundwortschatz, um miteinander kommunizieren zu können, ist immer gleich.

Zurück zu meiner Kindheit. Meine früheste Kindheitserinnerung stammt aus der Zeit, als wir noch in Kántorjánosi wohnten – ein Weihnachtsabend. Wir hatten damals ein Haus mit einem Zimmer und einer Küche. Dort wohnte meine Oma, die Mutter meiner Mutter, und ein Verwandter meiner Oma. Wir hatten auch einen großen Garten, in dem meine Oma sehr oft arbeitete und wo ein Ziehbrunnen war, den ich sehr gerne betätigte und mit dem ich spielte. Meine früheste Erinnerung ist also ein Weihnachtsabend in diesem Haus. Der Weihnachtsbaum stand im Zimmer, und mein Vater lag im Bett und fragte mich, ob ich ihm nicht etwas Süßes vom Baum bringen würde. Ich habe es ihm gegeben. Es ist das erste schöne Erlebnis in meiner Kindheit und mit meinem Vater, weil es so friedlich und ruhig war.

Eine zweite Erinnerung ist unser Umzug nach Mátészalka. Ich war sehr traurig, weil ich sehr gerne in Kántorjánosi wohnte. Wir hatten eine Pferdekutsche, die wir fürs Geldverdienen brauchten. Ich erinnere mich daran, als ich im Schoß meines Vaters oder neben ihm in der Kutsche saß. Mein Vater hat die Pferde geführt, und so sind wir auch umgezogen. Ich weiß es nicht genau, aber ich denke, wir sind aus finanziellen Gründen umgezogen. Mátészalka war eine der größten Städte im Komitat, eigentlich eine Kleinstadt, aber im Vergleich mit dem Dorf bot sie doch viel mehr Möglichkeiten. Ein weiterer Grund war, daß die Familie und die Geschwister meines Vaters alle in Mátészalka wohnten und sich die gesamte Familie in dieser Stadt zu konzentrieren begann. Die Familie von meiner Mutter wohnte und wohnt immer noch in unserem Haus in Kántorjánosi. Zwischen dem Dorf und der Stadt liegen ungefähr 25 km, mit dem Auto knapp 20 Minuten, aber viele sind diese Strecke auch zu Fuß gegangen.

An die Zeit nach dem Umzug habe ich nur so vage Erinnerungen, ich weiß nur, was meine Mutter mir erzählte. Aber ich erinnere mich daran, daß wir in einem sogenannten Putri gewohnt haben. Das ist kein ungarisches Wort, doch die Ungarn kennen es. Es steht halb in der Erde, mit einem Zeltdach, und ist aus verschiedenen Teilen zusammengeflickt. Darin wohnten wir, ich, meine Mutter und mein Vater. Das war unser erstes eigenes Haus, in dem wir zu dritt wohnten. Meine Schwester wurde ein Jahr später geboren, da hatten wir schon ein besseres Haus. Die Straße, wo wir unser Haus in Mátészalka noch immer haben, war noch nicht so schön ausgebaut, es gab ganz viele Putris, viele Zigeuner wohnten da, in der Nachbarschaft der Onkel des Vaters und die Brüder in dem nächsten Haus. So lebten wir nebeneinander.

Dazu gehört noch ein Erlebnis, das mir meine Mutter erzählte: Wir waren alle sehr arm, die gesamte Großfamilie. Mein Vater hatte acht Geschwister. Wir waren – vor allem, als alle noch sehr arm waren – sehr oft zusammen und hatten engen Kontakt. Meine Mutter hat mir erzählt, daß ich so ein schönes Baby war, daß ein reicher Mann meiner Mutter für mich sehr viel Geld angeboten hat. Ich war ihr bravstes und ruhigstes Kind, ich weinte nicht so viel wie meine Schwester, und als wir im Putri wohnten und meine Mutter einkaufen ging und mir sagte, daß ich auf sie warten soll, bin ich immer ruhig alleine geblieben.

Unser Putri war drinnen sehr sauber, es gab nur ein Bett und einen kleinen Tisch, weil nicht mehr hineinpaßte. In unserer Straße wohnten auch Nicht-Zigeuner, doch die wohnten nicht in Putris, sondern in richtigen Häusern. Meine Mutter erzählte, daß sie Kontakt mit einer Nicht-Zigeunerin hatte, die bei uns sehr oft zu Besuch war, weil es bei uns so sauber war. Obwohl es von außen schrecklich aussah, war es innen sehr schön.

Ich habe noch eine Erinnerung, die mit Palatschinken zusammenhängt. Wir waren sehr arm, aber meine Mutter wollte mir doch alles geben. Einmal hat sie für mich alleine Palatschinken gemacht. Es war sicher so, daß meine Mutter und mein Vater keine gegessen haben. Der jüngere Bruder meines Vaters hat die Palatschinke gestohlen und sie aufgegessen, meine Eltern waren sehr empört darüber. Es gab ein großes Durcheinander deshalb.

Meine Mutter hat noch erzählt, daß sie einmal sehr große Angst ausstanden, da ich aus dem Putri verschwunden war. Sie ging von zu Hause weg, vielleicht hatte sie Streit mit meinem Vater oder sie ging einkaufen, das weiß ich nicht mehr genau, und ich ging hinaus. Sie dachten, daß mir etwas passiert sei. Sie suchten mich und fanden mich bei einem Onkel. Ich war in meinen Mantel eingewickelt und habe geschlafen.

Dann sind wir in ein Lehmhaus umgezogen, in dem ein Bruder meines Vaters oder vielleicht auch Nicht-Zigeuner gewohnt haben, ich kann mich nicht genau erinnern. Das war ein Lehmhaus aus Lehmsteinen gebaut und bestand aus zwei Räumen, einem kleineren und einem größeren Zimmer. Hier wurde auch meine Schwester geboren, zu Hause in einem Metallbett, als ich vier Jahre alt war. Ich bin vier Jahre älter als sie, also wahrscheinlich sind wir doch schon etwas früher in die Stadt gezogen. Ich erinnere mich nicht mehr genau. Das weiß ich eigentlich alles von meiner Mutter und meiner Oma. Es wurde darüber viel erzählt. Es war ein großes Ereignis, da die Geburt zu Hause stattfand. Meine Oma hat dabei geholfen, und mein Vater war, wie meine Mutter und meine Oma erzählten, ganz außer sich. Er hat gesehen, wie meine Schwester zur Welt gekommen ist. Es ist auch eine lustige Sache, daß wir das Bett schon hätten weggeben können, doch wir haben das Bett aufbewahrt, und mein Vater und meine Mutter haben oft zu meiner Schwester gesagt: „Siehst du, in diesem Bett bist du geboren." Wie meine Oma erzählte, ging meine Mutter hinaus in den Garten aufs Klo, da wir das damals nicht im Haus, sondern im Garten hatten. Sie konnte kaum zurücklaufen, mein Vater und meine Oma haben sie dann ins Haus gebracht, sie in das Metallbett gelegt. Meine Oma hat schon begonnen, alles zu organisieren, und hat meinem Vater gesagt: „Hol schnell einen Doktor oder einen Krankenwagen", und mein Vater wollte schon die Pferde anspannen, um loszufahren. Da sagte die Großmutter: „Was machst du da, das Bahnwärterhaus ist doch gleich da drüben. Geh doch hin und ruf an." Das hat später die Oma immer lächelnd erzählt. Ein Jahr darauf wurde auch mein Bruder geboren, aber er kam schon in einem Krankenhaus zur Welt. Ich erinnere mich daran, daß ich mit meiner kleinen Schwester im Arm vor dem Tor auf meine Mutter und meinen Vater gewartet habe, die mit der Kutsche und dem Baby nach Hause kamen.

Wir wohnten sehr lange in dem Lehmhaus, aber später, als ich schon die Grundschule besuchte, bekam die Mutter Sozialhilfe, d.h. eine bestimmte Summe, um ein Haus zu bauen. Das war eine Art Familienbeihilfe, die man ab drei Kindern bekommen hat. Ein Teil davon war gratis, man brauchte das Geld nicht zurückzuzahlen, und den anderen Teil in Raten. Das bekam meine Mutter, weil mein Vater nicht lesen und schreiben kann, aber meine Mutter hatte einen Grundschulabschluß. In das Lehmhaus ist die Familie meines Onkels gezogen, und wir haben daneben ein 5x5 m großes Zimmer gebaut, was für uns riesengroß war. Wir wohnten und lebten dort. In der Stadt habe ich schon den Kindergarten und die Grundschule besucht.

So gingen wir langsam vorwärts aus dem Putri heraus. Wir sind mit einem Planwagen von Dorf zu Dorf gezogen und haben alte Kleider und Metallabfälle gesammelt, die wir dann an MÉH (staatliche Abfallverwertungsgesellschaft) verkauft haben. Damit haben wir unser Geld verdient. Das hat die ganze Familie gemacht. Wir brauchten einen Planwagen, während wir unterwegs waren, um nachts irgendwo schlafen zu können. Meine Mutter hatte Angst davor, im Freien zu übernachten, deswegen schlief sie immer mit uns in der Kutsche und mein Vater schlief draußen. Wir sind fast in der ganzen Region herumgefahren, und wie meine Mutter erzählte, waren wir oft mehrere Tage unterwegs. Wie lange, hing immer davon ab, welche Strecke wir gerade machten, und ob die Kutsche schon voll war oder nicht. Manchmal brauchten wir eine Woche; wenn sie aber schon innerhalb von drei Tagen voll war, dann konnten wir nach Hause ziehen. Die Kleider mußten wir sortieren. Wir haben sie nicht nur gesammelt und dann gleich verkauft, sondern auch getrennt, in weiß und bunt, gute und schlechte Qualität, weil wir damit natürlich unterschiedlich verdienen konnten. MÉH hat sie dann gekauft und bestimmt, wieviel für bunte oder weiße Stoffe pro Kilo oder pro Zentner ausgezahlt wurde.

Ich erinnere mich an nichts Besonderes in der Vorschule, nur daß wir dort sehr wenig Kinder waren. Wir sollten als Kleine in den Keller der Schule gehen. Ich mochte die Schule an und für sich, aber gleichzeitig auch wieder nicht. Am Anfang waren wir nur zwei Zigeunerkinder in der Gruppe, mein Cousin und ich. Er ist einen Monat älter als ich. Das ist sehr interessant, da es in unserer Familie im allgemeinen so war, daß zur gleichen Zeit zwei Kinder geboren wurden, die später dann auch gemeinsam zur Schule gingen. So besuchten dann Józsi und ich gemeinsam die Grundschule. Es gab noch mehr Zigeunerkinder, die eine Zeitlang auch die Klasse besuchten, aber sie sind dann wieder von der Schule weggegangen. Im ersten Schuljahr saßen wir in der letzten Bank, und man kümmerte sich nicht besonders um uns, es gab viele Probleme, wenn ich mich jetzt so erinnere. Einmal ist meine Tante zur Klassenlehrerin gegangen und hat ihrem Ärger Luft gemacht, weil wir von der letzten Bank aus nicht gut sehen konnten und nicht genauso wie die anderen behandelt wurden. Wenn noch ein Zigeunerkind in die Klasse gekommen ist, mußte es sich neben uns setzen, und es wurde auf uns geschimpft. Einmal holten wir uns von einem Kind Läuse, und man dachte gleich, daß die von uns kamen. Diese Dinge waren sehr erniedrigend. Später haben wir unseren Platz in der Klasse gefunden und keine besonderen Schwierigkeiten mehr gehabt. Nur in den ersten beiden Jahren hat man auf uns geschimpft, „stinkender Zigeuner" usw. In der dritten Klasse haben wir dann eine sehr gute Klassenlehrerin bekommen, die mich sehr gern hatte, und die ich auch sehr gerne mochte. Sie war die einzige Lehrerin, die uns nicht anders behandelt hat. Sie war eine sehr anständige Person und eine ausgezeichnete Pädagogin, sie hat uns immer beschützt vor den anderen Kindern. Ich erinnere mich an einen konkreten Fall, als die Kinder uns wieder beschimpft hatten. Ich habe geweint und bin dann zur Lehrerin gegangen. Ich hatte nämlich nie ein Problem damit, daß ich Zigeunerin bin. Einmal hat die Lehrerin ein Kind vor der ganzen Klasse bestraft, weil es mich beschimpft hat. Ich kann mich nicht mehr erinnern, auf welche Weise, bloß daß die Lehrerin dem Kind sagte, was es getan hat, und zu mir hat sie gesagt: „Du, mein liebes Kind, sollst stolz darauf sein, daß du Zigeunerin bist". Daß mein Cousin und ich überhaupt unseren Platz gefunden haben, ist wahrscheinlich vor allem dieser Lehrerin zu verdanken, und auch, daß wir gute Leistungen gebracht haben, Józsi weniger, er hatte schon Schwierigkeiten, aber ich gehörte zu den besseren Schülern.

Wir haben auch am Sportleben der Schule teilgenommen. Die Lehrerin hat mich dazu gebracht, Leichtathletik zu betreiben. In der Stadt gab es einen Sportplatz, wo verschiedene Wettbewerbe veranstaltet wurden. Es haben sich Schulen aus der ganzen Gegend daran beteiligt. Meine Lehrerin hat mich oft zu solchen Veranstaltungen mitgenommen. Ich war nämlich sehr gut im Sport, ich hatte nur das Problem, daß ich mich nie ausgezogen habe. Damit hatte ich auch noch in der Fachmittelschule Schwierigkeiten, da wir uns nie nur einen Turnanzug anzogen. Ich trug entweder eine Art Kittel oder einen Trainingsanzug oder irgend etwas, was mich bedeckt hat. Einmal bei einem Langstreckenlauf hatte ich eine grüne Hose an, aber eine normale, die man in der Schule trägt. Die hatte ich beim Laufen an. Ich wollte sie nicht ausziehen. Letztendlich habe ich nur als dritte das Ziel erreicht, obwohl ich sehr lange führte. Die Lehrerin war mit mir zufrieden, doch sie sagte mir, wenn ich im Turnanzug gelaufen wäre, hätte ich auch die erste sein können. Ich hatte schon einen Turnanzug, aber das ist wahrscheinlich einfach aus den Gewohnheiten meiner Familie zu erklären. Wir sind schon so erzogen worden, daß ich es für unmöglich hielt, die Hose auszuziehen. Das hat sicherlich mit Schamgefühlen zu tun, aber auch damit, daß es unter uns nicht üblich war, sich so halbnackt zu zeigen. Das ist auch noch heute so, daß wir Frauen keinen Minirock tragen dürfen, eigentlich auch keine Hosen. Das ist die Tradition der Oláh-Zigeuner, das kommt aus der Gemeinschaft, ich bin so aufgewachsen, mein Leben hat so begonnen. Das stammt nicht von einer bestimmten Person, sondern war schon immer so. Oláh-Zigeunerinnen, die dieser Tradition nicht folgen, werden getadelt. Leider sind diese Gemeinschaften schon viel lockerer geworden. Es gibt auch welche, die sogar auseinandergefallen sind. Es läßt sich beobachten, daß diese Traditionen langsam aussterben. Aber es gibt auch noch in Budapest Oláh-Zigeunergemeinschaften und auch in anderen Teilen des Landes, die auf ihre Tradition bestehen. Bisher habe ich immer nur über Oláh-Zigeuner gesprochen. Ich könnte auch nicht viel über die anderen beiden Roma-Gruppen sprechen, weil ich sie nicht so gut kenne. Was ich bisher erzählt habe, ist alles für uns Oláh-Zigeuner charakteristisch.

Diese Lehrerin hatten wir in der dritten und vierten Klasse. Nach der vierten Klasse haben wir dann eine neue Klassenlehrerin bekommen, die uns in Ungarisch und Geschichte unterrichtete. Von der fünften bis zur achten Klasse hatten wir eigentlich eine sehr gute Zeit. Wir sind eine echte Klassengemeinschaft geworden, in der ich akzeptiert und geliebt wurde. Wenn ich nach Mátészalka fahre, treffen wir uns und reden miteinander. Beim letzten Mal, als ich zu Hause war, stand eine große Frau vor mir, die ich schon lange nicht mehr gesehen hatte und nicht wiedererkannte.

Sie fragte mich: „Na, wer bin ich?“ Ich antwortete: „Ich weiß nicht, wer du bist.“ Nach langem Hin und Her habe ich herausgefunden, daß sie die Judit ist. Sie hat sich sehr verändert, ist so schön groß geworden, auch ihre Haarfarbe hat sich geändert, so daß ich es ohne Hilfe niemals erraten hätte. Wir haben uns geküßt, uns unterhalten, uns ausgefragt über uns und die anderen. Es ist ein sehr gutes Gefühl, einander so zu treffen. Ich finde es schade, daß wir keine richtigen Klassentreffen haben, unsere Wege haben sich getrennt. Diejenigen, die in Mátészalka geblieben sind, haben schon öfter versucht, ein Treffen zu organisieren, aber bis jetzt ist es nicht gelungen.

Ich habe jetzt natürlich vorwiegend über die schöneren Ereignisse und Erinnerungen gesprochen, aber was mein Leben ständig begleitet hat, war, daß unser Familienleben nicht immer so ruhig und friedlich verlaufen ist. Es gab immer Streit in der Familie, und das war für mich sehr bitter. Das größte Problem war mein Vater. Er hatte einen sehr schwierigen Charakter, den er wahrscheinlich von seinem Vater geerbt hat. Ich habe viel darüber nachgedacht, warum er so gewesen oder geworden ist, wie er ist. Er hat viel getrunken, war immer sehr angespannt und stand oft kurz vor einer Explosion. Meine Mutter wurde sehr häufig von ihm geschlagen, und wir Kinder wurden von ihm tyrannisiert. Meine schönen Erinnerungen sind nichts im Vergleich zu den schrecklichen. Der erste Weihnachtsabend, an den ich mich erinnern kann, war eigentlich der einzige, der so schön war. Ansonsten erinnere ich mich nur an furchtbare. Der einzige Grund dafür war immer nur der Vater. Es bedrückte mich besonders, daß ich immer mit ansehen mußte, wie meine Mutter gelitten hat. Ich war das älteste Kind, mein Bruder der kleinste, und ich konnte nichts für meine Mutter tun. Nicht einmal mit zehn Jahren hätte ich etwas dagegen tun können, auch wenn meine Mutter zu Tode geprügelt worden wäre. Meine Kindheit bestand aus einer ständigen Angst, und das war nicht nur für mich so, sondern auch für meine Schwester. Ich habe mich unter den Kissen und Decken versteckt, dort habe ich geweint und geschrien und alles mitangehört, was um mich herum geschah. Wir hatten ständig Angst davor, in welchem Zustand der Vater nach

Hause kommen würde, was dann weiter passieren würde. Es gab auch Zeiten, in denen – ich würde nicht sagen, daß ich ihn nicht geliebt habe – er mir gleichgültig war. Ich bin so weit gekommen, daß ich für ihn nichts mehr fühlen konnte. Ich war ungefähr 16 Jahre alt, bis ich einordnen konnte, was da passierte. Ich konnte auch meine Mutter nicht verstehen, warum sie noch immer bei meinem Vater ist. Ich könnte noch lange über diese schrecklichen Erlebnisse erzählen ... Mit 16 Jahren habe ich gedacht, daß meine Mutter keine andere Wahl hatte, keine andere Möglichkeit. Sie wurde ohne Vater von ihrer Mutter erzogen, meine Großmutter hatte eine große Familie, und sie waren sehr, sehr arm. Meine Großmutter konnte ihr nicht mal einmal im Jahr zwei Forint geben, wenn sie mit der Klasse ins Kino gehen wollte. Für meine Mutter war mein Vater der erste Mann in ihrem Leben. Das ist auch eine Oláh-Tradition, daß die Frau ihren ersten Mann heiratet. Der Ehemann soll der erste und einzige Mann fürs ganze Leben sein. Unter Oláh-Zigeunerinnen heiratet die Frau immer als Jungfrau, und es ist auch sehr selten, daß sie sich später trennen; überhaupt Scheidung: so etwas kommt nicht in Frage. Es war damals so und ist auch heute noch so, daß die Frauen sehr früh heiraten. Als meine Mutter zu meinem Vater gebracht wurde, war sie erst 14 oder 15 Jahre alt. Sie sollten praktisch gemeinsam erwachsen werden, und mit gemeinsamer Kraft etwas erreichen. Sie konnten schon mit der psychischen Hilfe der Gemeinschaft rechnen, aber finanzielle Unterstützung konnten sie natürlich nicht erwarten, weil halt alle sehr arm waren. Was sie hatten, haben sie untereinander geteilt, aber das war nie so viel, daß es wirklich hätte geteilt werden können. Sie haben sicher viel Not und Leid zusammen gehabt und viel gemeinsam erlebt, von dem ich keine Ahnung habe. Das wird es wohl sein. Meine Mutter, wie auch sehr viele andere Zigeunerinnen, kennen den Gedanken gar nicht, ihren Mann zu verlassen. Das existiert für sie nicht. Ich habe vor kurzem meine Mutter aus Wut gefragt, warum sie noch bei meinem Vater ist. Das ärgert sie heute noch. Wie kann ich überhaupt auf diese Idee kommen? Sie versteht nicht, was ich meine. Anstelle meiner Mutter hätte ich das mit meinem Vater nicht durchgemacht. Aber wenn ich in der Situation meiner Mutter gewesen wäre, hätte ich es vielleicht auch nicht anders machen können. Ich denke, so schlecht mein Vater auch ist, es gibt doch auch viel Liebenswürdiges an ihm.

Ich plane nicht, den Mann, mit dem ich jetzt zusammenlebe, zu verlassen. Ich möchte mit ihm eine Familie gründen und lange mit ihm zusammen bleiben. Aber in meinem Leben haben sich die Umstände unabhängig von mir schon sehr oft so entwickelt, daß ich mich selbst gewundert habe. Ich verspreche nichts mehr. Aber ich möchte gerne, daß Imre, mein Mann, mein einziger Mann bleibt. Wir haben vor zwei Jahren geheiratet. Imre ist 21 Jahre älter als ich. Daraus hat meine Familie einen großen Skandal gemacht, sowohl meine Mutter als auch mein Vater. Imre ist auch Oláh-Zigeuner, er ist Pädagoge und Soziologe, meine Eltern haben einfach mit dem Alter argumentiert: daß er eben fast doppelt so alt wie ich ist. Das alles ist vor zwei Jahren passiert, aber heute denke ich doch, daß ich richtig gewählt habe. Ich sehe, daß meine Familie ihn auch schon akzeptiert hat, meine Mutter mag ihn, meine Schwester und mein Bruder lieben ihn sehr, langsam wird er von allen akzeptiert. Es war ein harter Kampf mit meiner Familie. Ich habe mit Imre zwar viele schwierige Situationen erlebt, aber die Frucht des Kampfes, daß wir beide jetzt so schön und ruhig miteinander leben, können wir schon langsam ernten.

Meine Klassenlehrerin sagte, daß ich ins Gymnasium gehen sollte. Ich hatte sehr gute Leistungen, aber ich dachte: Gymnasium? Das habe ich mir immer so großartig vorgestellt ... also ins Gymnasium kann ich doch nicht gehen ... Im sechsten und siebten Schuljahr hatten wir schon eine gute Gemeinschaft in der Klasse, und da waren auch ein paar Freunde, die in der gleichen Straße wohnten. Wir haben uns getroffen, geredet und Federball gespielt. In der Straße wohnte auch eine Mitschülerin, mit der ich befreundet war. Magdi, meine erste richtige Freundin, ging auf eine Fachmittelschule für Wirtschaft. Diese Freundin war in meinem Leben damals wichtig, sie war ausschlaggebend dafür, daß ich auf diese Schule ging. Man mußte eine Aufnahmeprüfung machen, und meine Familie war sehr aufgeregt, ob es gelingt oder nicht. Ich erinnere mich daran, daß ich meine Eltern mich zur Aufnahmeprüfung begleiteten. Oder war mein Vater nicht dabei? Das weiß ich nicht mehr. Mein Vater kann Auto fahren, aber meine Mutter hatte damals auch schon einen Führerschein. Wir hatten auch ein Auto, einen Aro, das ist so eine Art kleiner Lastwagen. Ich war schön angekleidet mit einer weißen Bluse und einem Rock. Ich mußte in ungarischer Literatur und Mathematik eine Prüfung machen. Meine Mutter wartete draußen, war sehr aufgeregt und zitterte, wie es mir wohl gelingen würde. Dann bin ich herausgekommen und sagte, ganz gut, ich denke, ich habe es doch geschafft. Aber ich habe aufgezählt, was ich ausgelassen habe. Es war eine große Aufregung. Ich wurde aufgenommen, und ich glaube, ich war die einzige Zigeunerin in der Schule. Aber ich habe diese Schule nur ein halbes Jahr lang besucht, was mir sehr leid tat, da ich sie sehr mochte, vor allem die Gemeinschaft in der Klasse hat mir gefallen. Wiederum aus finanziellen Gründen ist die Familie nach Budapest gezogen, deshalb mußte ich die Schule verlassen. Wir zogen dann zur Oma, zur Mutter meiner Mutter, die mit ihrem einzigen Sohn schon in Budapest am Rezsöplatz wohnte. Meine Oma wollte nach Budapest ziehen, weil ihr Sohn dort lebte. Ihre Familie war viel zu groß und sehr arm, und konnte nicht alle Kinder großziehen. Deshalb wurde er schon als kleiner Junge nach Budapest gebracht und von der Tante erzogen, erst später kam dann seine Mutter nach, als er schon größer war und auch schon eine IKV-Wohnung[1] bekommen hatte. Dorthin sind wir dann gezogen, von einem Tag auf den anderen. Meine Mutter hat nur soviel gesagt: Wir ziehen um, sag in der Schule Bescheid. Dort haben wir noch gefragt, ob sie nicht helfen könnten, in Budapest eine Schule zu finden. Sie haben auch geholfen, und in der Gegend, wo wir wohnten, besuchte ich dann eine Fachmittelschule für Wirtschaft, in die ich automatisch übernommen wurde. Am ersten Tag begleiteten mich meine Mutter und mein Onkel. Ich wurde der Klasse vorgestellt und war sehr aufgeregt, wie es wohl hier sein würde. Es war eine Klasse nur mit Mädchen. In der anderen Schule waren wir gemischt, es gab auch Jungs. Ich mochte diese Schule überhaupt nicht, auch nicht die Klassengemeinschaft, ich fühlte mich überhaupt nicht wohl dort. Ich habe mich mit meiner Mutter für diese Schule entschieden, um später sowohl einen Beruf als auch das Abitur zu haben. Dort habe ich dann auch das Abitur gemacht. Ich mochte die Schule nicht, es war eine Qual und ein Zwang für mich.

Das Leben meiner Familie war ein ständiges Wandern. Meine Familie ist mehrmals umgezogen, aber ich ging nicht mit ihnen. Sie sind zwischen Mátészalka und Budapest hin- und hergezogen. Ich wollte keinen Schulwechsel mehr und bin einfach bei meiner Oma geblieben. Mein Vater und meine Mutter kamen sehr häufig zu Märkten, also auch wegen ihrer Geschäfte, und so trafen wir uns doch ziemlich oft. In dieser Zeit bin ich meiner Mutter viel nähergekommen. Meine Familie fehlte mir sehr, meine Mutter, meine Geschwister, auch mein Vater, aber über ihn habe ich mir nie solche Gedanken gemacht wie über meine Mutter oder meine Geschwister. Es gab damals auch viele Probleme zwischen meinen Eltern. Es passierte öfter, daß meine Mutter vor dem Vater geflohen und nach Budapest gekommen ist. Dann war ich immer sehr verbittert. Wie lange soll das noch dauern, daß sie ständig Angst haben und weglaufen muß? Dann bin ich mit meinen Fragen gekommen: Warum bist du noch immer bei ihm? usw. Es gab einen tränenreichen Briefwechsel zwischen meiner Mutter und mir. Ihr tat es sehr gut, daß ich mir Sorgen um sie machte, und ich habe mich darüber gefreut, daß sie mir antwortete. Das war etwas Neues. Wir sollten und konnten über unsere Gefühle schreiben, das war vorher überhaupt nicht üblich, wir haben unsere Gefühle erlebt, aber nicht darüber gesprochen. Wir sind einen gemeinsamen Weg gegangen, weil wir durch diesen Briefwechsel gemeinsame Geheimnisse hatten. Meine Mutter hat mich durch alle wichtigen Stationen meines Lebens begleitet.

Dann kam der Tag meines Abiturs. Am Sonntag war ich mit meiner Familie auf einer Hochzeit in Mátészalka, am Montag ganz früh morgens ist dann meine ganze Familie mit mir nach Budapest gefahren, und am Vormittag habe ich die schriftliche Prüfung in Literatur gemacht. In der Mittelschule habe ich so mittelmäßig gelernt, es hing immer vom Fach ab, also in Literatur und Geschichte war ich besser, in Mathematik habe ich nur eine Zwei bekommen, ich mochte nicht alles. Es gab Fächer und Lehrerinnen oder Lehrer, die ich mehr mochte, aber insgesamt war es eher eine Qual. Als wir aus der schriftlichen Prüfung kamen, fragte meine Mutter, die die ganze Zeit gewartet hatte, wie es war. Sie erzählte, daß da Mädchen 'rausgekommen waren, die sich gegenseitig ihre Spickzettel zeigten. Sie fragte mich, ob ich auch welche gehabt hätte. Und ich sagte, nein, ich habe keine gehabt. Die Lehrer haben uns Angst gemacht, wie schwierig es sein wird, letztendlich war die ganze Aufregung gar nicht nötig. Sie haben uns auch geholfen. Das Abitur war eigentlich nicht so schwierig für mich. Bei uns ist niemand durchgefallen.

Danach bin ich gleich arbeiten gegangen. Dazu muß ich noch sagen, daß ich ab dem dritten Jahr in dieser Schule ein Stipendium bekommen habe von dem Institut, für das ich später gearbeitet habe. Es gehört zur Stadt Budapest und heißt „Soziales, methodologisches und kulturelles Zentrum für Zigeuner". Bevor ich mit dieser Geschichte beginne, muß ich noch erwähnen, daß ich mich nie so einsam fühlte wie in der Zeit, als ich hier in Budapest dreieinhalb Jahre in die Schule ging und bei meiner Oma wohnte. Ich konnte meine Gedanken und Gefühle mit niemandem teilen, ich hatte nur Briefkontakt mit einer Freundin aus Mátészalka, mit ihr konnte ich dann richtig über meine Probleme sprechen. In unserer Klasse gab es nur Themen wie: was ziehst du an, wie viele Freunde hattest du schon, mit wem hast du schon geschlafen usw. Dies war mir alles sehr fern, hat mich überhaupt nicht interessiert, ich fand keinen richtigen Kontakt in der Klasse.

Meine Familie freute sich mit mir, als ich das Stipendium bekam. Es war nur für Zigeunerschüler und -schülerinnen bestimmt, die hier in Budapest eine Fachmittelschule oder ein Gymnasium besuchten und einen Notendurchschnitt von mindestens Drei hatten. Sie bekamen 1.500 Forint im Monat während ihrer Schulzeit. Das war das Höchststipendium. Das Institut hat natürlich auch noch den sozialen Hintergrund nachgeprüft, unter welchen sozialen Umständen ich überhaupt lebe, meine Oma wurde besucht, als ich in der Schule war. Ich hatte einen Notendurchschnitt von 3,6 und konnte mir jeden Monat das Geld im Institut abholen. Die Leute, die das organisiert und geleitet haben, staunten über meinen Notendurchschnitt. Doch ich war nicht so zufrieden damit und habe auch geklagt, ja, ich mag die Schule nicht, ich fühle mich nicht so wohl dort. Sie fanden diesen Notendurchschnitt jedoch sehr, sehr gut. Ich wollte aber im nicht wirtschaftlichen Bereich weiterarbeiten, das ist mehr Büroarbeit, und kein Mensch ist in deiner Nähe. Wie ich mich selbst kenne, bin ich nicht eine, die das aushalten kann.

Der Kontakt mit dem Institut war für mich ein neuer Anfang, der mich zu meiner jetzigen Arbeit mit Zigeunerjugendlichen geführt hat. Vorher hatte ich keine Kontakte außerhalb der Familie, nur mit der Freundin, mit der ich korrespondierte, meine Mutter, meine Geschwister, sonst mit niemandem. Ich bin nie ausgegangen, meine Mitschülerinnen haben sich auch schon darüber gewundert, aber bei uns war das nicht üblich und auch nicht erlaubt. Das gehörte nicht zu unseren Gewohnheiten, daß z.B. ein Mädchen alleine herumläuft, mit einem Jungen ausgeht, oder mit einem Jungen geht, das war unmöglich. Alles, was nicht zu unseren Sitten und Gesetzen gehört, war uns nicht erlaubt. Wir folgen unseren eigenen Regeln, das sind bestimmte Gesetze innerhalb der Gemeinschaft, nicht nur einfach Gewohnheiten, d.h. „Krist“ auf Romanes und bedeutet „Gesetz“, die immer mündlich überliefert werden und deine Freiheit einschränken. Ich hatte schon viele Probleme dadurch, daß ich diese Grenzen so weit wie möglich auszudehnen oder kleine Gesetzeslücken zu finden versucht habe. Es fing damit an, daß ich das Stipendium bekommen habe und durch das Institut andere Zigeunerschüler und -schülerinnen kennenlernen konnte. Es hat mich interessiert, weil es dort eine Zigeunergemeinschaft gab. Immer wenn ich mein Geld abholte, konnte ich dort auch andere aus unserer Gemeinschaft treffen. Wir konnten miteinander Kontakte knüpfen, reden und Beziehungen aufbauen. Es gab einen Klub am Institut, der verschiedene Veranstaltungen für uns organisierte. Ich habe dann diesen Klub besucht, und es begannen wiederum die Schwierigkeiten, ich hatte einen richtigen Kampf mit meiner Oma und auch mit meiner Mutter, weil sie das nicht wollten. Aber ich bin doch hingegangen. Ich sagte mir, wenn ich jetzt wieder nachgebe, wenn ich wieder tue, was sie wollen, dann kann ich nie tun, was ich für gut halte, dann werde ich nie so weit kommen. Ab und zu ist es vorgekommen, nämlich wenn der Vater da war, daß ich doch zu Hause blieb, aber ansonsten bin ich regelmäßig einmal pro Woche hingegangen. Es wurde ein Ferienlager für die Stipendiaten im Sommer organisiert. Ich wollte sehr gerne hinfahren, aber die Familie wollte mich nicht lassen. Ich verbrachte die Ferien immer bei meinen Eltern in Mátészalka. Ich habe so lange geweint und gebettelt, bis ich dann doch im letzten Moment die Erlaubnis bekam. Ich erinnere mich sehr gut daran. Das Lager dauerte etwa 14 Tage lang. Es wurden verschiedene Vorträge gehalten, Spielfilme über Zigeuner und Dokumentarfilme gezeigt. Wir bekamen sehr viel über den Ursprung, von unserer Geschichte, den Gewohnheiten und Sitten zu hören. Wir konnten natürlich auch darüber reden, wie schwierig es ist, Zigeuner bzw. Zigeunerin zu sein. Ich war zwar sehr entsetzt von dem, was ich dort sah und hörte, aber andererseits auch sehr begeistert, und ich wollte einmal etwas für uns tun. Ich hatte auch das Gefühl, daß die Probleme, von denen ich immer dachte, daß sie so schwer zu ertragen sind, doch nicht so schwerwiegend sind, da ich durch meine Familie und Gemeinschaft Kraft und Geborgenheit bekomme. Ich hatte auch ein positives Gefühl dabei. Ich spürte, daß unter Oláh-Zigeunern der Zusammenhalt doch noch so stark ist, daß ich viel davon profitiere. Ich sah andere Zigeunerjungen und -mädchen, die dieses Gefühl nicht kannten. Damals begann ich, darüber nachzudenken, warum es so ist, und bin dahintergekommen, daß wir Oláh-Zigeuner deshalb unsere Probleme besser bewältigen und überhaupt besser damit umgehen können, weil wir ... Oder kann ich das nur von mir selbst sagen? Ich kann mit meinen Problemen deshalb gesünder umgehen, weil ich einen familiären Hintergrund, eine starke Gemeinschaft hinter mir habe. Ich denke, daß ich ... daß Oláh-Zigeuner an sich und im allgemeinen besser mit ihrem Zigeunersein umgehen können. In dieser Gemeinschaft konnte ich besser verstehen, wer ich bin, weil ich die zwei Welten voneinander trennen konnte, weil ich so stark in meine Gemeinschaft eingebunden war. Ich konnte diese beiden Welten – Zigeuner und Nicht-Zigeuner – genau trennen. Für mich war das ganz natürlich. Ich konnte genau erkennen, worin ich anders bin. Ich denke, daß viele jugendliche Roma oft Probleme haben, weil sie nicht genau wissen, inwiefern sie anders sind.

In den Klub, wo ich arbeite, kommen auch sehr oft Jugendliche, die große Probleme damit haben, daß sie Zigeuner sind. Seit ich 19 bin, beschäftige ich mich mit Zigeunerjugendlichen, und seitdem habe ich auch herausgefunden, warum es meiner Schwester, meinem Bruder und anderen Jugendlichen aus unserer Gemeinschaft nie wirkliche Schwierigkeiten bereitete, daß sie Zigeuner sind, warum sie sich als Roma nicht schlecht fühlen müssen und warum sie ihr Zigeunersein nach außen vertreten können. Das hat nur einen einzigen Grund, und zwar, daß sie in einer sehr starken Gemeinschaft leben, in der es für die Menschen sowohl innerhalb als auch außerhalb klar ist, worin die Unterschiede bestehen. Sie konnten sich deshalb auch einfacher an die Erwartungen der Umgebung anpassen, ohne zu vergessen, daß sie Zigeuner sind. Wir konnten schon als Kinder zwischen den beiden Welten Unterschiede machen. Wir sind mit einer Hose und nicht mit bunten Kleidern in die Schule gegangen, weil es von uns erwartet wurde und es uns anders nicht erlaubt war. Meine Mutter hat mir eine Hose gekauft, und ich bin immer in der Hose in die Schule gegangen. Das war die Kleidung, die in der Schule akzeptiert wurde. Und das taten wir, um akzeptiert zu werden, doch trotzdem sind wir Zigeuner geblieben. Wir sind nach Hause gekommen und haben die Hose ausgezogen. Aber ich denke, daß das die Persönlichkeitsentwicklung eines Kindes stören kann. Für Kinder ist es natürlich noch schwieriger, diese zwei Welten zu begreifen, überhaupt die Situation zu verstehen, daß sie in zwei Welten leben. Das erklärt wahrscheinlich auch, warum so viele Jugendliche, aber auch erwachsene Zigeuner sich dafür entscheiden, nicht mehr Zigeuner zu sein, und versuchen, sich mit Gewohnheiten und Regeln einzumauern, denen sie sich unbedingt anpassen möchten, die ihnen aber fremd und nicht ihre Kultur sind. Sie leiden sicher sehr darunter, da sie ihren Platz in der Welt nicht finden, aber das ist ihre Wahl, obwohl ... sie werden auch ein bißchen dazu gezwungen. Insofern kann ich das doch verstehen.

In diesem Klub treffen wir uns ein- bis zweimal in der Woche. Unser Ziel ist, das Selbstbewußtsein der Jugendlichen zu stärken und ihre kommunikativen Fähigkeiten zu entwickeln, zwischen Zigeunern und Ungarn, wie sie besser mit Nicht-Zigeunern umgehen können. Sie können über ihre Schwierigkeiten sprechen, es wird über die aktuellen Probleme der Roma diskutiert. Es werden auch Vorträge über die Geschichte, Kultur und Gewohnheiten von Zigeunern gehalten. Es gibt auch Unterhaltungsmöglichkeiten. Sie können die Zigeunertänze und die Musik, die Volkslieder kennenlernen. Das sind meist Jugendliche, die aus Gemeinschaften kommen, die ihre Tradition und ihre Sprache schon verloren haben.

Natürlich haben mich die Vorurteile und die Diskriminierung von Zigeunern oft auch persönlich betroffen. Als Kind habe ich noch geweint, mich beim Lehrer beschwert. Ich habe es einfach ungerecht und demütigend gefunden und sehr oft einfach nicht verstanden, warum es so ist. Heute begegne ich dem auch fast jeden Tag, aber ich kann die Welt nicht erlösen, ich kann nichts an der Gesamtsituation der Zigeuner ändern, aber ich kann versuchen, innerhalb meiner kleinen Gemeinschaft in meiner direkten Umgebung etwas zu verändern.

Es ist erstaunlich, wie stark die Vorurteile sind, und daß man ihnen immer wieder und überall begegnet. Um nur ein Beispiel aus meiner Arbeit zu nennen: Als wir unseren Klub in einem Freizeitzentrum in Kőbánya organisierten, hatten die Leute dort große Angst davor, daß jetzt so viele Zigeunerjugendliche dort zusammenkommen, und sie konnten es sich nicht vorstellen, was da noch passieren würde. Ich mußte ganz viel Energie aufbringen, da ich in eine Vermittlerrolle gedrängt wurde, wobei ich sowohl meine Jugendlichen verteidigen als auch den Erwartungen der Leute entsprechen wollte. Ich war mir schon im klaren darüber, welche Probleme diese Jugendlichen hatten, aber ich sollte auch den Leuten, die Vorurteile gegen sie hatten, verständlich machen, daß es eine besondere Situation ist, da hier nicht Kinder aus „ordentlichen" Familien kommen, sondern daß das Kinder von der Straße sind, die von niemandem aufgenommen werden und viele Probleme haben. Natürlich ist es keine einfache Situation für uns alle. Aber wenn man den jungen Leuten nicht mal eine Chance gibt oder nicht mal versucht, ihnen näher zu kommen und ihre Probleme zu verstehen, dann wird sich die Situation auch nie ändern. Ich hatte Schwierigkeiten sowohl mit den Jugendlichen als auch mit den Leuten, die dort arbeiten, auch mit dem Direktor des Zentrums, weil es ihnen nicht immer gefallen hat, wenn ich meine Meinung äußerte. Sie waren auch nicht daran gewöhnt. Es scheint fast ein unlösbares Problem zu sein. Man versucht, sich anzupassen und sich in einem bestimmten Rahmen zu verhalten, aber es ist sehr schwierig, den Jugendlichen beizubringen, daß sie diesen Rahmen nicht sprengen dürfen, um den Leuten zu zeigen, daß sie vielleicht falsche Vorstellungen ihnen haben. Genau deshalb sehe ich es momentan hoffnungslos: Man paßt sich so gut wie möglich an, und trotzdem kriegt man keine Anerkennung. Ich meine jetzt nicht mich, sondern diese Jugendlichen – auch junge Kriminelle, die keine Zigeuner sind. Ich habe diese Probleme nicht. Mit meiner Arbeit gibt es keine Schwierigkeiten. Ich habe gelernt, mich durchzusetzen und mit Konflikten umzugehen, wenn ich etwas erreichen möchte. Aber ein 16jähriger Zigeunerjunge z.B. ist darauf nicht vorbereitet. Ich kann ihnen eintrichtern, daß die Situation sich verändern wird, aber solange sie das nicht selbst erleben können und nicht von der Außenwelt erfahren ... Ich verkörpere für sie nicht die ganze Außenwelt, weil ich selbst Zigeunerin bin. Auf der anderen Seite kann diese Tatsache auf sie natürlich auch verstärkend wirken und ihre Persönlichkeitsbildung unterstützen. Durch mich können sie erleben, daß es möglich ist, in der anderen Welt akzeptiert zu werden, aber mein größtes Problem ist: solange sie es nicht selbst am eigenen Leib erfahren haben, glauben sie auch nicht daran. Es hat keinen Sinn, diese Arbeit so fortzusetzen, solange es nicht weiter ausgebaut und institutionell organisiert wird. Es ist zu wenig, den Jugendlichen mit einem Treffen ein- oder zweimal pro Woche zu helfen zu versuchen. Warum ich unsere Arbeit noch so hoffnungslos finde, ist der Umstand, daß diese jungen Menschen in jedem Augenblick eine negative Erfahrung machen können. Das kann von Kleinigkeiten bis zu großen Problemen reichen. Ich muß ständig als Schutzschild im Hintergrund stehen. Wenn es berechtigt ist, tue ich es auch gerne, wenn nicht, fühlt sich der Betroffene alleine gelassen. Die Probleme liegen sehr tief bei diesen jungen Menschen, auch die gegebenen Umstände wirken sehr schlecht auf das Projekt, weil die Nicht-Zigeuner sehr schwer akzeptieren können, daß diese Probleme auch ihre sind. Dazu kommt, daß die Art, wie wir arbeiten, nicht geeignet ist, um wirklich Lösungen zu finden.

An der Situation der Zigeuner hat sich seit 1989 nichts Wesentliches im positiven Sinne verändert, für viele ist es sogar schlechter geworden. Daß es ein Institut für Zigeuner gibt, daß wir die Möglichkeit haben, in diesem Freizeitzentrum den Klub zu führen, bedeutet vielleicht für 50 Menschen eine Chance, aber der Masse geht es sehr schlecht.

Über früher kann ich eher nur Negatives sagen. Z.B. sind durch die Beihilfen Häuser gebaut worden, die meistens von der Qualität her so schlecht sind, daß man heute nichts mehr dafür kriegen kann.[2)] Daß es damals vielleicht kein Forschungsinstitut für Zigeuner und keine Minderheitengemeinde gab, was es heute sehr wohl gibt, ändert nichts daran, daß Zigeuner zu sein hier und jetzt und vielleicht nirgends auf der Welt leicht ist.

Durch das Institut, von dem ich auch das Stipendium erhielt, habe ich die Möglichkeit für meine jetzige Arbeit bekommen, in der ich ziemlich selbständig bin, was natürlich ein Vorteil ist, und daß ich in den fünf Jahren sehr viele praktische Erfahrungen gesammelt habe, bedeutet für mich ein geistiges Kapital für die Zukunft. Aber damit hat eigentlich die politische Wende nichts zu tun. Ich kann kein Beispiel dafür nennen, was sich seither verändert hat.

Ich habe schon früher in der Schule erlebt, daß man uns nicht mag, aber seit 1989 wurde ich auch physisch damit konfrontiert, daß es so ist, auch damit, daß sogar mein Leben in Gefahr sein kann. Ich wurde schon einmal von Skinheads verfolgt und in der Straße gejagt. Im Fernsehen sehe ich es immer öfter, und auch in der Zeitung lese ich über Zigeunerfeindlichkeit. Viele sagen – und ich meine es auch –, daß sich die Zigeunerfeindlichkeit in den letzten Jahren verstärkt hat, aber das kann auch damit zusammenhängen, daß man früher nicht darüber schreiben konnte, weil es ein Tabu war. Heute ist es unmöglich vorstellbar, nicht mehr darüber zu schreiben. Insofern gibt es vielleicht wohl eine Veränderung, daß auf der einen Seite die Zigeunerfeindlichkeit stärker spürbar, sie auf der anderen Seite kein Tabu mehr ist, man kann sie nicht mehr verschweigen. Im Klub tauchte das Problem auf, daß es in dem Bezirk, in dem ich arbeite, sehr viele Spannungen gibt. Ich war schon so weit, daran zu denken, mit dieser Arbeit aufzuhören.

Was mich beschäftigt, ist meine Weiterbildung, ob ich nicht studieren soll. Ich kenne ein Zigeunermädchen – Judit –, das fast wie meine Tochter ist, sie lebt in einem staatlichen Kinderheim. Wir kennen uns schon seit fünf Jahren, und ich habe immer Sorgen mit ihr. Nächstes Jahr macht sie ihr Abitur, sie besucht eine pädagogische Fachmittelschule für Kindergärtnerinnen. Seit fünf Jahren versuche ich, ihr ständig zu helfen. Ich zerbreche mir den Kopf darüber, wie sie ihr Abitur ablegen kann und wo sie weiterstudieren soll. Denn wenn sie sich nicht weiterbildet, tut die GYIVI (Institut für Kinder- und Jugendschutz) für sie auch nichts mehr und wird sie auf die Straße setzen. Jetzt muß ich für sie eine Lösung finden.

Ich unterrichte an zwei Schulen Zigeunertanz. Auf diese Stunden muß ich mich auch vorbereiten, Choreographie machen. Judit und ich könnten uns gemeinsam auf die Aufnahmeprüfung an eine Hochschule für Sozialarbeit vorbereiten und dann zusammen studieren. Ich regle das jetzt mit den Papieren und möchte von der Soros-Stiftung Geld für die Privatstunden bekommen, die wir in der Vorbereitungsphase brauchen. Meine Freundinnen haben Judit beim Lernen geholfen, aber jetzt haben sie alle schon Familien oder andere Probleme und keine Zeit mehr. Nach einer Weile findet man es schon unangenehm, immer jemanden um einen Gefallen zu bitten. Eine Freundin von mir hat auch so einen Pflegesohn. Wir sprechen sehr oft von ihnen als „unseren Kindern".

Ich wünsche mir ein Kind von meinem Mann, je früher, desto besser, da er nicht in meinem Alter ist. Ich möchte eine schöne große Familie, und ich hoffe, daß wir bald aus dieser Wohnung in das Haus meiner Mutter hier in Budapest ziehen. Bloß mein Mann will noch nicht dorthin, aber mit der Zeit ... Ich stelle mir vor, daß ich eine große Familie habe mit vielen Kindern, da sind meine Mutter, mein Vater und meine Geschwister mit ihren Familien, wir lieben einander und sind alle fröhlich. Das ist es, was ich mir vor allem wünsche. Wenn ich an meine Kinder denke ... Ich will nur deshalb studieren, um es ihnen einfacher zu machen. Mit einem Diplom wäre es jetzt schon leichter, aber das wird schon kommen. Aber was das wichtigste ist: ich möchte eine gute Mutter sein, meinem Mann eine gute Ehefrau, meiner Mutter eine gute Tochter, meinen Geschwistern eine gute Schwester. Es war immer sehr wichtig in meinem Leben, gut zu sein. Mit mehr oder weniger Erfolg streben wir alle danach. Mein Mann hat die gleiche Einstellung. Deshalb sehe ich auch, daß ich damals recht hatte, und nicht diejenigen, die gegen unsere Beziehung waren. Ich finde es sehr wichtig in unserer Beziehung, daß sich mein Mann noch entwickeln kann, und ich auch, und daß wir uns gegenseitig darin unterstützen. Ich habe mir immer nur so einen Mann vorgestellt wie Imre. Ich wollte immer nur einen Zigeuner heiraten. Viele sagten, willst du nicht doch einen Ungarn, aber das konnte ich mir nie vorstellen. Das wäre ein halber Selbstbetrug, das heißt, man kann so kein ganzer Mensch werden. Wenn es nicht so viele Vorurteile gegen Zigeuner geben würde, wäre es vielleicht gar kein Problem. Ich habe selbst gesehen, daß Leute, die gemischte Ehen eingegangen sind, sehr darunter gelitten haben, manche sind sogar daran zugrunde gegangen. Ich halte es nicht für unmöglich, aber es verlangt von beiden Seiten so viele Kompromisse, daß es schon äußerst schwierig werden kann, geschweige denn, was die gemeinsamen Kinder betrifft, wie sie in solchen gemischten Ehen erzogen werden können. Soll das Kind Zigeunerisch, also Romanes sprechen, oder nicht? Das ist nur ein Beispiel, aber es gibt zahlreiche andere Probleme und Konflikte. Unter Intellektuellen in Budapest gibt es sehr viele gemischte Ehen. Ich kann mir nicht vorstellen, daß deren Kinder problemlos aufwachsen können. Für mich ist es wichtig, daß mein Mann auch Oláh-Zigeuner ist, also auch die Sprache beherrscht, daß wir in der Frage, wie das Kind erzogen werden soll, im Grunde genommen einer Meinung sind.

Für mich war es sehr schlimm, daß ich Romanes fast verlernt habe. Es ist eine Tradition, daß mit Zigeunerkindern nur Zigeunerisch gesprochen wird, bis sie zur Schule gehen, die ganze Gemeinschaft lehrt sie eigentlich Romanes. Meine Mutter hat mit mir bis zu meinem siebten Lebensjahr auch nur Romanes gesprochen. Als ich dann zur Schule mußte, hatte ich natürlich Schwierigkeiten mit der ungarischen Sprache. Aber meine Mutter hat mir so geholfen, daß sie ab da nur mehr auf Ungarisch mit mir kommuniziert hat, was zur Folge hatte, daß ich mit 14 Jahren Romanes fast verlernt hatte. Dadurch bekam ich dann große psychische Probleme. Mit 15 habe ich wieder bewußt begonnen, Zigeunerisch zu lernen, dabei hat mir meine Oma viel geholfen, weil ich ja bei ihr wohnte, später mein Mann. Es ist für mich ein gutes Gefühl, daß ich die Sprache, in der ich das erste Wort gesagt habe, wieder beherrsche. Meine Eltern wollten natürlich, daß ich in der Schule gute Leistungen bringe, sie wollten dabei helfen, daß ich Ungarisch lerne. Sie haben sich darüber nicht gefreut, daß ich Romanes wiederlernte, aber sie konnten auch nichts dagegen tun. Meine Mutter wollte aber unbedingt, daß ich in die Mittelschule gehe. Inwieweit sie konnte, versuchte sie, mir das zu ermöglichen. Mit diesem Problem sind sehr viele Romafamilien konfrontiert. Alles, was von Kindern gefordert und verlangt wird, all diese Erwartungen richten sich nicht nach der Kultur und dem Vorwissen der Zigeunerkinder. In Ungarn werden alle Kinder in bezug auf ihre Schulreife getestet, bevor sie in die Schule gehen. Viele Zigeunerkinder werden daraufhin in die Sonderschule geschickt. Mein Mann hat diesen Test ins Romanes übersetzt, und man hat die Zigeunerkinder den Test wiederholen lassen, und sie konnten endlich alle Fragen verstehen und beantworten, die sie vorher nicht beantworten konnten. Das wurde trotzdem nicht akzeptiert, und bis heute werden diese übersetzten Tests nicht verwendet. Die Zigeunerkinder werden weiterhin auf Ungarisch getestet, und man trifft sie dann massenweise in den Sonderschulen. Das war ungefähr zur Zeit der Wende. Die Erklärung dafür, warum man diese übersetzten Tests nicht durchführt, war bisher, daß die Zigeuner keine einheitliche Gemeinschaft bilden und nicht alle Romanes sprechen. Aber das kann ich nicht akzeptieren. Auch die Kinder, die nicht Romanes beherrschen, haben doch ein anderes kulturelles Vorwissen als Nicht-Zigeunerkinder. Das Anderssein wird nicht akzeptiert. Ein Zigeunerkind liest keine Märchen, das Haus ist nicht voll mit Büchern. In einem Putri würden Bücher auch keinen Platz haben. Und da vielleicht auch die Eltern nicht lesen und schreiben können, taucht dieser Anspruch nur selten auf. Vielleicht lernt ein Nicht-Zigeunerkind aus Märchenbüchern etwas, was Zigeunerkinder nicht lernen, aber dafür wissen Zigeunerkinder auch vieles, was Nicht-Zigeunerkinder nicht wissen. Und in ihrer Gemeinschaft und für ihr Leben spielen eben diese Dinge die wichtigste Rolle. Was mich dabei am meisten aufregt ist, wie Menschen denken können, daß Zigeuner Idioten sind, daß Mütter und Väter nicht genau wüßten, was sie ihren Kindern beibringen sollen. Den Zigeunerkindern wird genau das Wissen vermittelt, das sie zum Überleben in ihrer Gemeinschaft brauchen.

Die Art und Weise, wie meine Mutter und ich über die Welt denken, ist ganz unterschiedlich, ja, gegensätzlich. Aber ich kann schon verstehen, warum meine Mutter so denkt, und ich halte sogar viele Sachen für richtig, wie sie das tut. Meine Mutter ist eine sehr starke Persönlichkeit und eine sehr kluge Frau. Daß meine Schwester eine Fachschule absolvieren und ich das Abitur machen konnte, ist alles vor allem ihr zu verdanken. Ich habe ihre Kraft immer bewundert, und daß sie alles immer so ausgehalten hat, wie viele Lasten sie auf ihren Schultern tragen konnte. Sie war immer die dominierende Person in der Familie. Für meinen Bruder, für meine Schwester, aber auch für mich war die Familie, also meine Mutter, immer sehr wichtig. Als ich die Schwierigkeiten wegen meines Mannes hatte, sind wir ein halbes Jahr ins Ausland gegangen, und in der Ferne habe ich erfahren, daß man vor bestimmten Gefühlen nicht weglaufen kann. Es hat mich doch ziemlich verwundert, daß meine Mutter und meine Familie ihre Meinung ändern konnten. Ich bin sehr dankbar dafür, weil ich genau weiß, wie schwierig es für sie war. Ich fühle ihre Liebe dadurch, daß sie meine Heirat doch akzeptierten, was nicht in jeder Zigeunerfamilie so hätte sein müssen. Damit will ich eigentlich nur sagen, daß meine Mutter sich geändert hat. Meine Eltern sind auch nicht mehr so wie vor 20 Jahren, sie denken heute schon anders. Ich finde es natürlich, daß ich nicht so bin wie meine Mutter, deshalb könnte ich mein Zigeunersein auch nicht genauso erleben und so denken wie sie, weil ich schon einen Schritt vorangekommen bin. Es kann sein, daß meine Kinder wieder anders denken und leben werden als ich, aber ich strebe doch danach, in meinem Leben die alten und wertvollen Traditionen zu bewahren und sie an meine Kinder weiterzugeben. Es ist wichtig, daß man sich selbst dessen bewußt ist, was zu dem eigenen Leben gehört, was man realisieren und vertreten kann, wer man ist. Das hängt auch mit den äußeren Umständen zusammen, wie sich die Welt ändert. Meine Mutter mußte mit 20 Jahren ganz andere Probleme bewältigen als ich. Ich habe – mit 24 Jahren – keine Probleme damit, daß ich Zigeunerin bin. Ich will keine andere sein als die, die ich bin. Ich habe keine Probleme mehr mit meinem Zigeunersein, ich finde sogar, daß es das Allerbeste ist, daß ich Zigeunerin bin, da ich weiß, wohin ich gehöre. Z.B. mit den Haaren: das ist auch ein Gesetz bei den Oláh-Zigeunern, daß die Frau ihre Haare nie schneiden läßt. Dies sind meine ursprünglichen Haare, sie wurden noch nie geschnitten.

Oder ein anderes Beispiel: Ich habe und trage keine Hosen. Ich mag dieses Frauenbild sehr gerne und kann mich damit identifizieren, und mein Ziel ist auch, daß ich diese Regeln und Gesetze nicht verletze. Ich haßte es immer, in einer Hose zur Schule zu gehen, ich fühlte mich immer so schlecht darin. Mit 17, 18 Jahren konnte ich mich endlich so anziehen, wie ich es gerne hatte. Mein Selbstbewußtsein als Zigeunerin wird durch die Familie, durch die Gemeinschaft, in die ich geboren und in der ich aufgewachsen bin, bestimmt, durch die Normen, die in der Gemeinschaft gelten und wichtig sind, in der ich lebe.

Erst später erfahre ich von einer gemeinsamen Freundin, daß Erikas Familie durch den Verkauf von Kupfer sehr reich geworden ist – eine Erklärung für den sozialen Aufstieg, der sich anhand der „Wohnungsgeschichte“ verfolgen läßt.

Inzwischen ist Erika ausgebildete Kunstschmiedin, eine Berufsentscheidung, die sie an ihrem 25. Geburtstag getroffen hat. In ihrer freien Zeit arbeitet sie nach wie vor mit Kindern und Jugendlichen zusammen.

1) IKV (ungar. *Ingatlan Kezelő Vállalat*): zuständige Behörde für staatliche Wohnungen.
2) Sie meint wahrscheinlich die sogenannten „Cs-Häuser". Cs steht für „csökkent értékű" (von minderem Wert). C wie „cigány" (Zigeuner) wird manchmal auch als eine Anspielung darauf verwendet, daß diese Häuser häufig von Roma bewohnt wurden und werden.

Dezember 1994

MÁRTA, Lehrerin/Kommunalpolitikerin
70 Jahre, geschieden

„… und wenn jemand etwas Schlechtes über Ungarn sagt, dann spüre ich, daß ich Ungarin bin.“

Am 31. Dezember 1994 mache ich das Interview mit Márta in ihrer kleinen Wohnung, die in einem gediegenen Stadtteil von Buda liegt. Abends wird sie in „ihr“ Dorf, nicht weit von Budapest, fahren, wo sie aufgewachsen ist, lebt, arbeitet, gekämpft hat und auch heute noch sehr aktiv am Leben der Ungarndeutschen teilnimmt. Sie will dort die Silvesternacht verbringen.

Márta ist eine agile Dame, sie war die Lehrerin einer meiner Kolleginnen an der Universität, und so kam ich mit ihr zusammen. Das Gespräch dauert fast den ganzen Tag, Márta schildert detailliert, zeigt mir Bücher, Photos, ist in der Vergangenheit versunken, holt sich immer wieder selbst zurück aus oft schmerzhaften Erinnerungen. Wir machen mehrere Pausen, zu Mittag verwöhnt sie mich mit Suppe und gefülltem Kraut nach schwäbischer Art. Sie schenkt mir zum Abschied ein Buch, damit ich die Geschichte der Ungarndeutschen nachlesen und besser verstehen lerne.

Auf Wunsch von Márta habe ich den Namen des Dorfes geändert.

Ich bin ganz begeistert, wenn von Ungarn die Rede ist, und wenn jemand etwas Schlechtes über Ungarn sagt, dann spüre ich, daß ich Ungarin bin. Ich trage diese doppelte Identität in mir, und ich glaube, außer mir gibt es noch sehr viele hier in Ungarn. Wir wissen, woher wir kommen, und wir erkennen uns auch als Deutsche, aber wir sind auch Ungarn und Ungarinnen. Das ist etwas sehr Eigenartiges, aber es ist so.

Die Familie und die Einstellung meiner Eltern waren sehr wichtig für mich. Sie hat alles interessiert, was mit dem Leben zusammenhängt, auch Politik. Meinen Vater nicht so sehr wie meine Mutter. Ich kann mich noch sehr gut erinnern, als in den 30er Jahren eine Wahl war. Mein Onkel war im Gemeindevorstand, und meine Mutter war eher sozialdemokratisch eingestellt. Sie kam aus einer ärmeren Familie, und die Familie meines Vaters akzeptierte sie nicht so richtig, das hat in ihr bis zuletzt gearbeitet. Sie hat ihre Stimme den Sozialdemokraten gegeben. Damals waren die Wahlen noch nicht geheim, sondern öffentlich, man sagte laut, für wen man war, das hörten alle, die am Tisch saßen. Mein Onkel hat sich geschämt: „Mein Gott, meine Schwägerin stimmt für die Sozialdemokraten!" Am Abend kam er dann zu uns, ich kann mich daran sehr gut erinnern, war das ein Skandal ... Meine Mutter hat ihre Meinung immer gesagt, sie war ihr ganzes Leben so, sie hat ihre Prinzipien gehabt und sich nicht beeinflussen lassen. Von niemandem. Sie ist ihren Weg gegangen. Ich glaube, ich habe viel von ihr geerbt.

Ansonsten war unsere Familie sehr religiös, vor allem die Oma mütterlicherseits. Als Kind habe ich hauptsächlich deutsch gesprochen, ganz wenig ungarisch, das habe ich erst richtig in der Schule gelernt. Mit meinen Eltern habe ich vor allem deutsch gesprochen, bis 1946. Wir haben nicht überlegt, jetzt spreche ich deutsch oder ungarisch, einfach wie es kam. Das ganze Dorf war eigentlich zweisprachig. Überhaupt unsere Familie, weil mein Vater ja eine Ungarin als Mutter gehabt hat, aber sonst war die ganze Abstammung deutsch, die väterliche auch, nur diese Oma war eine Ungarin und konnte gar nicht Deutsch, sie stammte aus einem rein ungarischen Dorf. Verstanden hat sie vielleicht etwas, Falu war doch ein fast rein deutsches Dorf bis zum Zweiten Weltkrieg, bis 1946 eigentlich. In der Schule habe ich dann richtig Ungarisch gelernt und auch Deutschstunden gehabt. Vier Jahre lang war ich in der Grundschule, mit zehn Jahren kam ich dann in die Klosterschule zu den Nonnen und dann in die Bürgerschule. Das kostete zehn Pengő. Pengő hieß damals unser Geld in Ungarn bis 1946. Zehn Pengő, das war eine ganz schöne Summe Geld. Damals hat man gesungen: „Havi 200 Pengő fixszel, ma az ember könnyen viccel."[1)] 200 Pengő waren damals ein sehr guter Lohn, damit konnte man schon ganz schön leben. Wir waren zwei Schwestern, also 20 Pengő in einem Monat nur für die Schule, und was noch dazu gekommen ist. Ich habe auch noch Extrastunden in Deutsch gehabt, so habe ich 26 Pengő jeden Monat gekostet, und was noch die anderen Ausgaben für mich waren, aber vielleicht hat es sich gelohnt. Mein Vater hat gesagt, na ja, in der Bürgerschule werden die Mädchen intelligent, und dann werden sie heiraten, vielleicht einen Metzger. Mein Vater war ja Metzger, es ging uns nicht schlecht. Das war während dieser Zeit schon etwas.

Die Klosterfrauen hatten bis 1948 die Schule, bis 1949 waren sie in Falu. Sie leiteten einen Jugendverein, und jeden Sonntag gingen die Mädchen dorthin, um Kochen und Handarbeiten zu lernen, und auch, wie man sich in Gesellschaft benimmt. Die Jugend war ganz anders. Wenn ich diese Jugendlichen mit den heutigen vergleiche, mein Gott ... In früheren Zeiten hat die Jugend schon von Haus aus eine bessere Erziehung gehabt, die heutigen Mütter haben keine Zeit, sich mit ihren Kindern zu beschäftigen. Das sieht man. Bei uns, bei den ganz einfachen Leuten, bis 1946, solange die Landsleute von Falu noch zu Hause waren, hat ein jeder Bauernjunge gewußt, was sich gehört, was sich nicht gehört, denn ein jedes Kind wurde so erzogen.

Ich habe dann eine Stelle in Falu bekommen, ich war mit meinem Studium noch nicht ganz fertig, aber inzwischen kam 1946, die Ausweisung ... das war schlimm. In Falu lebten damals über 5000 Menschen, und 96% wurden damals ausgewiesen nach Deutschland, weil sie deutscher Abstammung waren. 1941 gab es eine Volkszählung, und wer damals deutsche Muttersprache angekreuzt hatte, der mußte weg. Meine Mutter war auch auf der Liste. Meine Eltern haben schon darüber gesprochen – meine Schwester und ich haben es gehört –, was sie machen sollen. „Ich kann bleiben", sagte mein Vater, „eine Tochter bleibt hier, und eine geht mit dir, du kannst vielleicht später zurückkommen." Aber Gott sei Dank konnte meine Mutter bleiben. Das war eine schreckliche Zeit damals, alle zu verlieren, mit denen man Kind war. Die Freunde, die Verwandten wurden mit einem 50 kg Beutel – soviel durfte ein jeder mitnehmen – nach W. gebracht, wo es eine Bahnstation gab, und in Waggons nach Deutschland gefahren. Es war schrecklich ... Kranke, Schwerkranke – ein junges Mädchen, etwa zwanzig Jahre alt, war lungenkrank im letzten Stadium. Sie stand dort in der Schlange. Der Zug stand drei, vier Tage lang, in vier Transporten wurden sie aus dem Land gebracht. Sie war für den dritten Transport vorgesehen, und sie stand dort im Waggon, brach zusammen und starb. Sie wurde dann noch in W. beerdigt ... Ich war bei jedem Abtransport, bei jedem waren Verwandte, Nachbarn oder Freunde und Freundinnen dabei. Wenn ich zurückdenke, wird mein Herz wieder schwer. Ich werde das mein ganzes Leben lang nicht vergessen. Als der letzte Transport weg war, gingen 4% nach Hause. Damals war uns noch nicht bewußt, warum wir in Ungarn lebten. Wer hat sich darum gekümmert, warum und wie wir hierhergekommen sind? Wenn ich damals so viel von unserer Herkunft gewußt hätte wie jetzt, dann wäre es vielleicht in Falu ganz anders gewesen. Seit den letzten fünfzehn Jahren beschäftige ich mich mit Forschungen, auch meine Schwester. Der Pater M. ist schuld daran, daß wir uns so tief hineingelassen haben, er lebt in Deutschland und hält die Leute von Falu zusammen, die draußen verstreut leben. Die vier Transporte sind ja in vier Regionen Deutschlands gekommen.

Heute werden die Schwaben von den Neuen, die 1946 in die leeren Häuser eingezogen sind, geschätzt.[2] Diese Neuen waren Leute aus der ungarischen Tiefebene. Sie kamen in die Häuser, die sich in ganz gutem Zustand befanden, obwohl der Krieg drei Monate dort gewütet hat. 1944 am Heiligen Abend sind die Russen bei uns einmarschiert, es gab schwere Kämpfe gegen Buda, die deutschen und ungarischen Truppen waren eingekesselt, im Februar 1945 war das. Bei uns waren deutsche und auch ungarische Soldaten einquartiert, damals haben wir uns gut geübt in der deutschen Sprache. Die deutschen Soldaten haben sich bei uns in Falu ganz wohl gefühlt, die Leute waren sehr freundlich zu ihnen. Ein großes Problem war, daß es bei uns den Volksbund gab, diese Leute waren so faschistisch eingestellt und hatten auch davon gesprochen, daß die Ungarn vielleicht den westlichen Teil des Landes verlassen müssen und in den Osten gebracht werden, so Dummheiten, das waren sehr eigenartige, dumme Leute. Wenn die nicht ausgewiesen worden wären, ich glaube, sie wären die größten Kommunisten geworden. Sie hatten so eine Einstellung, sie hatten nichts und wollten auf diese Weise zu etwas kommen. So ist es am einfachsten: den einen hinausschmeißen, und sich selbst in das gemachte Nest setzen. Im April 1946 erfolgte dann die Ausweisung.

Die neuen Bürger von Falu kamen aus 13 Dörfern, sie hatten viele Kinder, waren sehr arm, hatten gar nichts. Man kann sich das vorstellen, wenn eine Familie aus der ungarischen Tiefebene umsiedelt. Falu war ein reiches, schönes Dorf mit wunderbaren Weingärten. Nach 1946 ging es von Jahr zu Jahr bergab. Heutzutage findet man nur mehr selten einen gut gepflegten Weingarten. So ging Falu ganz zugrunde. Für uns, die zu Hause Gebliebenen, war es sehr schwer. Lange durften wir nicht deutsch sprechen. Meine Mutter arbeitete im Garten, ich stand in der Tür und schrie auf deutsch: „Mutti, wo finde ich ..." Sie hat nichts gesagt, nur gestikuliert. Ich habe mich gefragt, was ich denn gemacht habe, daß sie plötzlich so böse ist. Sie ist sofort hergekommen: „Wie oft habe ich euch schon gesagt – draußen darf man nicht deutsch sprechen. Der Nachbar steht im Garten und hat schon gesagt: sie sprechen schon wieder deutsch." Nur mehr im engen Kreis zu Hause sprach die Familie deutsch, so ging es allen, die in Falu geblieben sind, in anderen Gegenden vielleicht ebenso, die meisten Dörfer in unserer Umgebung waren ursprünglich deutsche Dörfer. Ja, das war verboten, und was die über die Schwaben geschimpft haben! Das war lange Zeit so. Na ja, die Kommunistische Partei hat ihnen vorgetragen, daß das schlechte Menschen sind. Später, nach 15 Jahren ungefähr, war es nicht mehr so streng, man freundete sich an, und es kam auch schon zu gemischten Ehen. Aber in der ersten Zeit haben wir sehr gut aufgepaßt und nur untereinander geheiratet. Leider können viele Kinder heute gar nicht mehr Deutsch. Die damals Kinder waren ... z.B. eine Frau, die ich kenne, hat bis zu ihrem sechsten Lebensjahr nicht ungarisch gesprochen, sie ist 1942 geboren, sie hat nur deutsch gesprochen. Als Erwachsene hat sie dann die Sprache vergessen, denn ihre Eltern haben mit ihr kein Deutsch mehr gesprochen. Diejenigen, die heute so um die 40, 50 sind und noch jünger, können die Sprache nicht mehr. Sie wissen, daß sie deutscher Abstammung sind, aber sind keine bewußten Deutschen mehr.

Vor 25 Jahren kam mir der Gedanke, daß eigentlich die Deutschen das Dorf aufgebaut haben. Während der Türkenherrschaft ging Falu ganz kaputt, es war eine Grenzfestung. Es gab sehr große Kämpfe während dieser Zeit. Im Mittelalter war Falu eine Stadt, die Kirche stand schon seit dem 13. Jahrhundert. Die ungarische Geschichte ist wunderbar, sie hat mich immer sehr interessiert. Nach der Rückeroberung 1686 wurde auch Falu wieder ungarisch. Die Familie Zichy hat vom ungarischen König die ganze Umgebung bis Óbuda gekauft. Sie hatten ein riesengroßes Land, aber keine Menschen, die es bearbeiten. Dann wurden die Deutschen nach Ungarn gerufen und alles Schöne und Gute versprochen. Die Verhältnisse in Deutschland waren auch nicht so gut. „Im Osten gibt es ein Land, wo diese und jene Möglichkeiten sind, gehen wir hin." Später unter Maria Theresia war dann der große Schwabenzug nach Ungarn.

Das sechste Jahr schon feiern wir dieses Jahr in unserem Dorf den deutschen nationalen Tag. Das ist immer im November, denn dann haben die Schwaben von Falu keine Arbeit mehr draußen im Weingarten oder auf den Feldern. Alle nehmen sich Zeit und kommen, auch die Jungen. Wir feiern das im großen Wirtshaus, das heute das Kulturhaus ist. Das ganze Programm ist in deutscher Sprache, meistens haben wir auch eine Blaskapelle. Wenn wir diese Musik hören, dann hebt sich etwas in unseren Herzen. Die Schwaben waren ja auch sehr musikalisch. Bei den großen Festen, Weihnachten, Ostern, Pfingsten war immer Musik in der Kirche, das gehörte dazu. Ich hatte eine sehr schöne Kindheit. Und nach der Messe, die Mädchen wunderbar in Tracht gekleidet, spielte die Blaskapelle im Freien. Die Hausfrauen eilten nach Hause, damit um zwölf Uhr die heiße Suppe auf dem Tisch stand. Das gehörte sich so. Mein Gott, diese Welt kommt nie mehr zurück! Ein Fest war wirklich ein Fest.

Mein Diplom an der Hochschule habe ich nach dem Krieg bekommen. Eigentlich bin ich Fachlehrerin für Biologie, Erdkunde und Deutsch für die obere Stufe der Grundschule. Bis 1964 konnte ich mich gar nicht im Deutschen üben. Man kann nicht sagen, daß ich die Sprache „vergessen" hatte, aber doch irgendwie, obwohl es meine Muttersprache ist. In den ersten Jahren konnten wir unseren Verwandten und Freunden in Deutschland auch nicht schreiben, es ging nicht. Wir haben mindestens sechs, sieben Jahre nicht gewußt, wie es ihnen geht. Ich durfte erst 1964 das erste Mal nach Deutschland, vorher hatte ich es schon drei oder vier Mal mit einem Antrag versucht. Meine Mutter und noch eine Frau durften nach 1956, nach der Revolution, das erste Mal nach Deutschland zu den Verwandten. Dann wieder ein Stop, es kam auch kein Besuch. Vielleicht 1959/60 wieder ... 1963 war ich dann in Ostberlin, ich bin zurückgekommen, und 1964 am Gründonnerstag bin ich in Stuttgart bei meinen Verwandten angekommen. Ach ... hatte ich damals Schwierigkeiten mit der Sprache. Es war natürlich geworden, daß wir zu Hause auch nur mehr ungarisch gesprochen haben. In der Zwischenzeit hatte ich schon meine Stelle in der Schule. Später kam mir der Gedanke, daß man etwas dagegen tun müßte, daß hier schon ganz vergessen wird, daß Falu ein deutsches Dorf war. Auf der Straße hörte man nur mehr Ungarisch.

Mein großes Glück war, daß mein damaliger Direktor in den 70er Jahren das Geld sehr gerne hatte. Ich habe gesagt: „Wenn wir hier in der Schule die deutsche Sprache einführen, dann bekommen Sie mehr Geld." Das Gesetz besagte nämlich, daß er um 5% mehr Monatsgehalt bekommt, wenn in seiner Schule Deutsch unterrichtet wird. Das hatte der Ungarndeutsche Verband[3)] so ausgehandelt. Der Direktor meinte: „Gut, wenn Sie das übernehmen, können Sie das machen." Ich habe damals gedacht, ein, zwei Klassen werde ich unterrichten, und dann suchen wir einen Deutschlehrer oder eine Deutschlehrerin, denn Erdkunde war immer mein Lieblingsfach. Aber der Bezirk schickte niemanden für den Deutschunterricht, mir wurde gesagt: „Das mußt du machen, du hast ja dein Diplom." Ich habe geweint, als ich die letzten Erdkundestunden abgegeben habe. Am Anfang habe ich immer nur die Kinder deutscher Abstammung ausgesucht, weil diese Stunden nicht im Stundenplan eingeplant waren, das waren Extrastunden. Später wollten auch die Eltern, die ungarischer Abstammung waren, daß ich ihre Kinder in Deutsch unterrichte. Die Kinder haben sich so vermehrt, daß wir mit der Zeit die Deutschstunden in den Stundenplan einbauen konnten. Die Jahre vergingen, und

1989 gab es dann schon ein Gesetz, daß man statt Russisch in der Schule Deutsch lernen konnte. Ich hatte damals soviel Arbeit, so viele Überstunden, aber ich habe auch sehr gut verdient damit, auch einen Zuschuß bekommen, weil ich Deutsch unterrichtet habe. Wir haben jetzt schon so viele Kinder, die Deutsch lernen wollen, daß wir in Parallelklassen unterrichten müssen. Wir beginnen schon in der ersten Klasse damit, bis zur achten Klasse. Inzwischen gibt es natürlich noch andere Deutschlehrer und -lehrerinnen an der Schule.

1948 wurde die Gemeindeschule, die früher zur Kirche gehört hat, verstaatlicht, bis 1948 haben in der Grundschule auch die Nonnen unterrichtet. Das Kloster wurde 1949 verstaatlicht, die Nonnen mußten das Haus verlassen. Sie mußten sich zivil kleiden, ebenso war es bei den Mönchen. Es gab ja früher sehr viele katholische und evangelische Schulen. Nachher kamen zivile Lehrer nach Falu, Fremde aus Budapest. Ich habe zu der Zeit schon in Budapest studiert. Die Universitäten und Hochschulen waren auch vorher staatlich. Jetzt gibt es seit kurzem eine katholische Universität „Péter Pázmány" in Piliscsaba. Im Fernsehen habe ich gesehen und mich sehr darüber geärgert, daß der Kultusminister bei der Einweihung nicht anwesend war! Kurz vorher war ein berühmter Popsänger da, mit dem ist er herumgelaufen. Aber bei so einer Sache wie in Piliscsaba, in keinem Land des ehemaligen Ostblocks gibt es sonst eine katholische Universität. In Ungarn die erste. Irgendein unwichtiger Politiker hat den Minister dann vertreten. Unter den Anwesenden waren viele der vorherigen Regierung, der Antall-Regierung, aber diese Regierung jetzt, die ist kommunistisch und liberal eingestellt. Heute haben wir schon Kinder, die gar nicht wissen, was das Christentum ist, keine Ahnung, denn sie sind schon so aufgewachsen. Wir haben in unserer Schule so an die 700 Kinder, wenn vielleicht 100 das „Vaterunser" können, ist das viel. Wenn jeder Mensch die 10 Gebote schon als Kind kennt und danach lebt ... Man muß nicht so sehr religiös sein, ein jeder kann sein, wie er will, aber diese 10 Gebote muß man einhalten, denn sonst ist das Leben gar nichts wert. Die Kinder, die ich unterrichte, bekommen auch eine Erziehung, denn eine Lehrperson soll nicht nur unterrichten, sondern die Kinder auch erziehen. Das Kind kann nichts wissen, wenn es von den Eltern so etwas nicht bekommt. Wie ist das heute: Wenn ein Kind von der Schule nach Hause kommt, ist die Mutter nicht zu Hause, der Vater nicht, denn beide arbeiten. Die meisten Kinder haben Schlüssel um den Hals hängen. Das erste, was sie zu Hause tun, den Fernseher einschalten ... Alles, was die Leute schlecht macht, kommt aus Amerika. Alle diese amerikanischen Actionfilme und Krimis. Das beeinflußt die Kinder negativ, sie versuchen, das nachzuahmen.

1956 war ich noch eine junge Lehrerin, ich hatte 39 Schüler in der Klasse. Jeden Tag kamen vier Lehrer aus Budapest gefahren. Dann kam der Oktober, in der Nähe von Falu war eine russische Kaserne, und die Soldaten sind jeden Tag während der Revolution ein paarmal durch Falu gefahren. Die Eltern haben die Kinder nicht mehr in die Schule gelassen. Wir waren noch weiterhin dort und wußten nicht, was wir machen sollten. An jedem Arbeitsplatz mußte ein Revolutionsausschuß gebildet werden. Wir waren damals 23 Lehrer und Lehrerinnen in der Schule. Ich habe immer gezeigt, wie ich bin. Ich war kein KISZ-Mitglied[4)], auch nicht Mitglied der Partei, ich war ein christlicher Mensch. Ich wurde in diesen Revolutionsausschuß gewählt, der aus fünf Personen bestand. Vor dem 1. November war alles still, ich weiß nicht, wo die Russen waren, sie warteten vielleicht auf Verstärkung. Wir haben uns schon gefreut, daß die Revolution gesiegt hat. Am 3. November, das war ein Samstag, haben wir die Eltern in der Schule zusammengerufen, um darüber zu entscheiden, ob wir den Unterricht wiederaufnehmen sollten. Sie fragten eine andere Lehrerin und mich – ich war damals die Jüngste im Lehrerkollegium –, warum wir den Direktor abgewählt hätten. Wir wollten den Eltern nicht alles aufzählen. Wir haben unser Wort gegeben, die Schule zu leiten, bis wir einen neuen Direktor bekämen. Die Eltern waren damit zufrieden, aber unser alter Direktor war ein schrecklicher Mensch. Gott gib ihm die ewige Ruhe, er lebt nicht mehr. Er war früher ein anständiger Mensch, aber er veränderte sich bis 1956 so sehr, obwohl er nicht Mitglied der Partei war. Das war nicht zum Aushalten. Vielleicht wollte er alles noch besser machen, damit er seine Stelle halten konnte. Er hatte drei Kinder und sagte: „Ja, die Kollegen sind gegen mich, aber ich mußte doch aufschreiben, daß sie in die Kirche gehen, daß sie die Kinder nicht im Geiste des Marxismus erziehen. Auch wenn Sie meinen, ich sei ein schlechter Mensch. Ich habe meine Kinder nach Hause nach D. gebracht. Ich habe sie dort taufen lassen, sie sind zur Erstkommunion, zur Firmung gegangen." Es waren auch kommunistische Eltern dabei, die haben gestaunt. Einer hat gesagt: „Jetzt hat der Direktor aber ein ganz anderes Gesicht gezeigt." Das hat sich am 3. November abgespielt. Am 4., Sonntag früh um vier Uhr sieben, begann der Angriff der Russen. Es waren schlimme Kämpfe, viele junge Ungarn sind damals gestorben, Russen auch.

Mitte November begann das Leben wieder. Wir unterrichteten weiter, unser Direktor kam zurück, ein jeder war ganz still. Zuerst war es gar nicht so streng, aber 1957 im Frühjahr begann es, mein Gott, was war das ... Ich war im Alphabet die erste, also war ich die erste, gegen die ein Disziplinarverfahren eingeleitet wurde, eine Untersuchung, was ich während der Revolution getan und vertreten habe. Der Direktor hat alles aufgeschrieben und gesagt: „Mein Bus fährt gleich, ich lese Ihnen das Protokoll vor, dann geht es schneller." Er hat aber etwas ganz anderes vorgelesen, als tatsächlich auf dem Blatt Papier stand, das enthielt nämlich, daß ich zugeben würde, gegen die Russen agitiert zu haben. Nach zwei Wochen bekam ich die fristlose Kündigung. Das war am Karfreitag, am Samstag ging ich noch in die Schule, um alles zu übergeben. Ich ging in meine Klasse, die mich schon erwartet hat, die erste Stunde wäre Erdkunde gewesen. Auf dem Tisch stand eine Porzellanschale, wunderschön eingepackt, und rundherum lagen Süßigkeiten und Gebäck, es war ja Ostern. Sehen Sie, dort auf dem Regal steht die Schale, die haben mir die Kinder geschenkt. Ich stand vor den Kindern und sagte: „Kinder, das darf ich nicht mehr mitnehmen." Ich weinte sofort. Ich konnte mich nicht beherrschen. Wie die Kinder darauf reagiert haben, kann ich gar nicht beschreiben, sie waren schon vierzehn Jahre alt. „Das ist nicht wahr, das kann nicht sein!" „Aber doch, ich muß gehen, ich wurde rausgeschmissen." Da hat der Direktor schon die Tür geöffnet: „Kommen Sie schon!" Die

Kinder haben gewütet, zwei Tische und drei Stühle haben sie kaputtgemacht. Und es hatte niemand frei außer ihm, sein Fach war auch Erdkunde, und er sollte die Stunde übernehmen, aber er traute sich nicht hinein. Den ganzen Vormittag protestierten meine Kinder in der Form weiter. Auch die anderen haben keinen Unterricht abgehalten, denn alle haben nur darüber gesprochen, was vorgefallen war: „Sie hat ja nichts getan, was wollen die von ihr?" Ich mußte alles dort lassen, ging nach Hause ... Aber noch nie in meinem Leben haben mich so viele Jungen bespritzt[5)] wie an diesem Ostermontag, die ganze Klasse, ich habe ja 21 Jungen gehabt. Und alle: „Sie müssen wieder zurückkommen." Ich habe es nicht gewußt: sie sind im ganzen Dorf herumgelaufen, um Unterschriften zu sammeln, ein Bogen mit 380 Unterschriften kam ins Gemeindehaus, einer zum Bezirk, einer zum Komitat, und der vierte ins Ministerium. Ich habe Berufung eingelegt. Nach einem Monat war schon die Gerichtsverhandlung. Zum Glück war der Vorsitzende der Verhandlung ein Lehrer, der mich kannte, er war im Juni 1956 schon einmal bei uns zu Hause. Er war der Stellvertreter des Bezirksschulleiters. Im Juni 1956 begann es in unserer Schule, da waren schon alle sehr gespannt: „Das kann nicht so weitergehen, was der Direktor und die Partei mit uns treiben." Ich hatte Ende Juni am Schulende das Protokoll der Abschlußkonferenz nicht unterschrieben, denn darin war auch die Beurteilung eines jeden Lehrers, einer jeden Lehrerin enthalten. Er hat schon damals über mich geschrieben, daß ich als Fachlehrerin prima sei, aber ich könne nicht im marxistischen Geist erziehen. Dies hätten Gründe für meine Entlassung sein können, die gefährlichste Zeit war bis 1956, ich habe das Protokoll also nicht unterschrieben, und nun kam dieser Stellvertreter zu uns nach Hause: „Ich verstehe Sie schon, aber Sie sind doch so eine gute Lehrerin, Sie könnten doch schon längst Direktorin einer Schule in der Umgebung sein. Gehen Sie doch nicht in die Kirche, oder fahren Sie mit einem Bus ein oder zwei Dörfer weiter." Ich habe ihm geantwortet, daß ich das nicht machen kann. Wir saßen im Zimmer meiner Mutter, und er sah sich um, Marienstatuen und -bilder, ein Kreuz, ein Rosenkranz. Und ich sagte: „Sehen Sie, aus so einem Milieu komme ich. Wäre es besser, wenn ich mich vor den anderen verstellen würde?

Ich habe so eine Erziehung bekommen von zu Hause und in der Klosterschule. Ich kann nicht anders sein." „Ja, ja", sagte er, „nur wenn Sie in die Partei eintreten würden ..." „Das mache ich nie in meinem Leben." Na ja, dann ist er gegangen. Eigentlich haben wir uns richtig gut unterhalten, ganz aufrichtig, das war mein Glück. Er hat auch erzählt: „Hören Sie, ich habe auch eine Schwester, die denkt ebenso wie Sie, aber jetzt fährt sie schon zwei Dörfer weiter zur Kirche. Sie ist auch Lehrerin." Fast ein Jahr später im April war er der Vorsitzende des Ausschusses. Er hat das dann so gedreht, daß ich eigentlich keine Konterrevolutionärin sei, sondern daß mein Direktor sich als Mann von mir abgewiesen fühlte. Das war ja auch so. Was glaubt er, ich habe doch einen Mann gehabt, und meine Auffassung ist ganz anders. Kurz gesagt: Ich konnte wieder zurück in die Schule, gleich am nächsten Tag mit dem Unterricht beginnen und das Monatsgehalt, das ausgefallen war, bekam ich auch. Aber was meine Kinder damals gemacht haben, das war einfach phantastisch. Auch wenn in meinem pädagogischen Leben sonst nichts gewesen wäre, allein für dieses Erlebnis hat es sich gelohnt, Lehrerin zu werden. Sie haben so gekämpft, und die Eltern auch. Ja, solche Zeiten waren das, die 50er Jahre. Daß diese Revolution damals entstanden ist, wundert mich gar nicht. Wissen Sie, die jungen Leute von heute, die keine Erfahrungen aus dieser Zeit haben ... Eine junge Frau, sie ist 38, hat mir vor kurzem gesagt: „Ich habe früher keine schlechten Erfahrungen gemacht. Ich habe eine glückliche Kindheit und Jugend erlebt. Warum soll ich die Kommunisten hassen? Das hast du so erlebt." Heute kann ich es wenigstens sagen, wenn mir eine Partei nicht sympathisch ist, es passiert mir nichts, das ist schon Demokratie. Aber die haben immer über Demokratie gesprochen während der Kádárzeit oder vorher, aber da war keine Demokratie, gar keine. Nur das ungarische Volk versteht das nicht, und deshalb sind diese Wahlen im Mai so schlecht ausgegangen. Die Älteren nehmen nicht daran teil ...

Ich mache mir oft darüber Gedanken, was aus den Deutschen hier in Ungarn in der Zukunft werden wird. Seit der politischen Wende hat sich natürlich viel verändert ...

1985 waren einige ehemalige Landsleute zu Hause. Ich habe

das hier organisiert. Sie kamen mit einer Blaskapelle, einer Tanzgruppe, und es gab einen richtigen Hochzeitszug in Trachten, damit auch die Jungen diese Lieder und Sprüche kennenlernen und sehen, wie das früher war. So etwas gab es noch nie in Falu! Mindestens 2000 Zuschauer haben wir gehabt. Es wurde alles so gemacht, wie es früher war, Spanferkel wurden gebraten, Wein, feine Kuchen wurden angeboten. Mein Gott, war das schön. In der Kirche hat man dann den Trauermarsch gespielt, die alten Frauen haben geweint, die Schultern der Männer oben am Chor – ich bin ganz in ihrer Nähe gestanden – haben gezittert. Seit damals haben die Schwaben wieder Ansehen gewonnen. Man sah die Bräuche.

Später kam mir die Idee, einen Schwabenball zu veranstalten. Vierzig Jahre lang haben wir keinen solchen Ball gehabt. Alle waren begeistert und wollten mithelfen, alte und junge. 1986 war dann dieser Ball, ein kulturelles Ereignis. Ich habe es so organisiert, daß eine jede Familie ihren Tisch hatte. Na ja, es waren schon auch gemischte Ehen, wo ein Teil ein Ungar oder eine Ungarin ist. Es gab ein kleines Programm, Gedichte, Lieder und deutschen Volkstanz. Der Ratsvorsitzende hat eine Rede auf ungarisch gehalten, er kann kein Deutsch mehr, er war eigentlich '56 mein Schüler, ist dann Parteimitglied geworden. Ich habe die Gäste auf deutsch begrüßt.

Dann kam '87, ich wollte wieder einen Schwabenball organisieren, aber die Parteisekretärin hatte dem Ratsvorsitzenden schon gesagt, daß er keine Erlaubnis dazu geben darf. Wir haben eine Versammlung gehabt, und da sagte man uns, daß wir nicht einen Ball in geschlossener Gesellschaft veranstalten dürfen, sondern das ganze Dorf daran teilnehmen soll. Und nicht im großen Wirtshaus, sondern in der Schule, sie ist außerhalb des Dorfes. Wir haben gesagt: „Das machen wir nicht." Ich war damals sehr enttäuscht.

Seit 1990 haben wir Ungarndeutschen eine Selbstverwaltung. Da habe auch ich die Partei organisiert. Es gibt noch zwei Lehrerinnen deutscher Abstammung in Falu, die um fünf, sechs Jahre älter als ich sind. Wenn wir zusammenhalten würden, wäre das schwäbische Leben in Falu vielleicht wieder ganz anders. Jetzt haben wir keine Schwierigkeiten mehr, aber ich bin auch schon ein wenig müde geworden. Man kann eigentlich gar nicht wirklich erzählen, was man damals alles durchmachen mußte.

Heute darf man deutsch reden, es gibt zweisprachige Ortstafeln, auch die Geschäfte könnten wir deutsch beschriften. Es ist aber schon zu spät. Wozu das? Wer will jetzt schon deutsch sprechen im Gemeindehaus? Es ist einfach zu spät, auf jeden Fall bei uns im Dorf, 4% konnten ja nur bleiben.

Seit 1990 bin ich auch im Gemeinderat. Wenn ich die Liste der Mitglieder sehe, denke ich, daß ich immer wieder kandidieren muß. Jetzt ist die Aufstellung ganz gut, wir haben Leute von der KDNP, der Kleinlandwirtepartei, vom MDF. Der Bürgermeister war früher ein großer Kommunist. Er war einfacher Arbeiter bei uns in der Fabrik und Parteimitglied, hat eine Fachmittelschule besucht, aber keine Universität, nennt sich aber jetzt Betriebswirt. So einer ist das. Der größte Fehler des Antall-Regimes war, daß sie diese Leute aus ihren Positionen nicht entfernt haben, die blieben alle am ersten Platz. Er hatte nicht im Sinn, für das Amt des Bürgermeisters zu kandidieren, aber dann sah er, daß es auch anderen gelingt. Auch die übriggebliebenen Leute von Falu halten nicht mehr so zusammen. Ich habe keine wirkliche Mithilfe, die meisten sind schon alt und wollen ihre Ruhe haben, nur zwei, drei Jüngere engagieren sich. Ich bin jetzt wieder mit vier anderen in die Selbstverwaltung gewählt worden.

1990 waren wir sehr glücklich. Endlich kommt wieder ein anderes Leben. Wir waren hoffnungsvoll, aber es hat sich nicht gründlich verändert. An vielen Stellen sind dieselben Leute geblieben, die früher die anderen unterdrückt haben.

Mein Direktor ist jetzt nicht mehr in der Partei, er redet jetzt immer darüber, daß man ein christliches Leben führen soll. Das ist schön, daß man nun schon solche Sätze hört. Leider gibt es wenig Leute, die wirklich anders geworden sind.

Mein Mann war kein Ungarndeutscher. Meine Eltern wollten ihn auch nicht, und sie haben recht gehabt. Mein Vater hatte herausgefunden, daß er gerne trinkt. Das war eigentlich so: Die Zeit vergeht, und die Auffassung war früher so, daß ein Mädchen über zwanzig schon alt ist und heiraten soll. Zu dieser Zeit gab es in Falu keine jungen Männer, die zu mir paßten. Meine guten Freunde und Bekannten waren alle in Deutschland, noch in Gefangenschaft oder gestorben. Er kam nach Falu auf Besuch zu seiner Schwester, er war ein hübscher Mann und Offizier. Wir waren ja so erzogen, daß mein Mann entweder Offizier oder Arzt sein mußte. Ich wollte meinem Vater nicht glauben, daß er trinkt. Endlich ein Mensch, der studiert hat und Offizier ist. Er war zwar damals kein Offizier mehr, aber wir haben immer gehofft, bis '56, es kommt die Veränderung, es wird wieder so werden, wie es war. Dann würde er wieder Offizier sein, Major würde er sofort werden mit seinem Alter. Einmal haben wir so über die Deutschen gesprochen, und da hat er seine Erfahrungen erzählt, was die deutschen Soldaten in Rußland gemacht haben, als schon der Rückzug begann. Dann kam es so weit, er hatte schon ein wenig getrunken, daß er über die Schwaben sagte: „Schade, daß nicht alle aus dem Land geworfen wurden." „Wir sind doch auch Schwaben, wissen Sie das denn nicht?" Er hat sich nicht entschuldigt. Meine Mutter hat ihn hinausgeworfen, das war noch vor unserer Hochzeit. Ich durfte mich einige Jahre lang nicht mit ihm treffen. Ich habe das damals nicht so aufgefaßt, wie meine Eltern das gesehen haben. Wir haben dann doch geheiratet, aber schon nach einem Jahr bin ich darauf gekommen, daß wir nicht zusammenpassen. Er hat immer mehr getrunken. Er war leitender Buchhalter in einem Betrieb, hat gut verdient, alle haben ihn in der Arbeit gelobt. Er kam dann immer später nach Hause. Ich war schon eingeschlafen und wache in der Nacht auf, und er fragt mich: „Jetzt sag mir, bist du eine Ungarin oder eine Deutsche?" Sein größtes Problem war immer das. Ein normaler Mensch fragt seine Frau doch nicht so etwas. Er hat die Deutschen gehaßt. Nur einmal habe ich ihm geantwortet: „Du weißt, wen du geheiratet hast, du kennst meine Abstammung." Er war intelligent, hat ganz gut Deutsch gesprochen, nur wenn er getrunken hatte, war es nicht auszuhalten. Sonst war er ein angenehmer Mensch. Alle waren erstaunt, als ich ihn verlassen habe. Es kam wieder eine Nacht …

Bei mir ist es so, wenn ich einmal sage, jetzt mache ich Schluß, dann ist Schluß. Mein Herz hat mich manchmal nach Hause gezogen, meine Möbel, ich wurde ja sehr schön ausstaffiert, alles habe ich dort gelassen. Mein Vater hat mich vor der Heirat so entlassen: „Mir ist es egal. Ich sehe, du willst ihn, aber komm nie nach Hause klagen." Als ich es nicht mehr ausgehalten habe, bin ich eines Nachts zurück in mein Elternhaus. Ich habe mich scheiden lassen, fünf Jahre mußte ich darauf warten. Damals gab es ein Gesetz, daß man sich erst nach fünf Jahren scheiden lassen kann, wenn ein Partner nicht zustimmt, und er wollte nicht. Danach ist er bald gestorben, der Alkohol hat ihn zugrunde gerichtet. Heute fehlt mir gar nichts, aber damals, mein Herz, diese Spannung in mir, ich habe sehr viele Beruhigungsmittel geschluckt, jeden Tag. Dazu kam noch, ich bin so erzogen worden, daß eine Ehe etwas Heiliges ist. Das hat er sehr geschätzt, aber was hat sich nach vier Jahren herausgestellt? Bevor er abends weggegangen ist, wie viele Küsse habe ich bekommen! Es kam nicht oft vor, aber manchmal mußte er unter einem Vorwand weg. Viele, viele Küsse, ich komme ja bald. Das erste Mal ist mir nur aufgefallen, daß seine Schuhe ganz sauber waren. Ganz in der Nähe von uns wohnte der Direktor des Kinderheimes mit seiner Frau und einem kleinen Kind. Das war sehr nah, deshalb sind die Schuhe sauber geblieben. Nach zwei, drei Monaten sagte mir eine Kollegin, daß meine ehemalige Lehrerin, die im Kinderheim arbeitete, mit mir reden wollte. Die ganze Geschichte wiederholte sich. Als ich am nächsten Tag ins Kinderheim ging, habe ich schon das Gefühl gehabt, daß etwas nicht stimmt. Ich habe mich hingesetzt und geweint, obwohl ich von nichts wußte. Da hat sie mir erzählt, daß mein Mann in der Früh aus dem Haus des Direktors, der gerade für einige Tage verreist war, gekommen ist. Zuerst wollte ich Selbstmord begehen ... Das war im vierten Jahr. Von nun an hatte ich keine Achtung mehr. Er hat ja auch so reden können, eine Ehe ist heilig, und zwei Menschen gehören zusammen ... Er hat alles abgestritten. Ich bin doch noch geblieben, viereinhalb Jahre noch, meine Auffassung war damals ganz anders, dann wollten wir noch ein eigenes Haus bauen, wir hatten schon einen Grund und das ganze Baumaterial. Er wollte, daß mein Vater die Weingärten verkauft. Ich habe erfahren, was er so an manchen Abenden machte, hier und in Budapest. Es war nicht leicht, einfach wegzugehen. Ich habe mein Herz ganz verhärtet. Ein Jahr hat er noch gehofft, daß ich zurückkomme, und dann ist er aus Falu weggezogen.

Ich habe nie wieder geheiratet, ich habe keine Zeit dazu. Ich kenne Frauen, die die gleiche Erziehung und Bildung haben wie ich, und die ganz gleich wie ich sind. Vielleicht sind wir darum so hart geworden, weil uns die politischen Verhältnisse so gemacht haben. Wir konnten nicht so sein, wie die Regierung es wollte. Vielleicht haben wir das auch geerbt.

Es war nicht immer leicht in der Männerwelt. Ich kann sagen, daß ich eine attraktive junge Frau war. Ich bin jetzt schon viel glücklicher, ich muß mich nicht soviel verteidigen, jetzt lebe ich ruhiger. Inzwischen kam zu uns ein junger Lehrer, der mir den Kopf verdrehte. Jetzt noch einmal? Er ist nicht katholisch, hat eine ganz andere religiöse Erziehung, ist fünf Jahre jünger. Jetzt sehe ich gut aus, aber wer weiß, wie ich aussehen werde, wenn ich älter werde. So habe ich darüber nachgedacht. Er hat mir sehr gefallen, wir waren verliebt ineinander, haben uns sehr viel unterhalten. Wir wollten heiraten, aber ich war noch nicht geschieden, das war im dritten Jahr nach der Trennung von meinem Mann. Vielleicht kann ich dem lieben Gott danken, daß es so war, denn später bin ich darauf gekommen, daß er neben mir mehrere Frauen gehabt hat. Dann war auch Schluß.

Ich habe einen Freund, aber ich habe mich daran gewöhnt, daß ich alleine lebe. Meine jüngere Schwester ist auch allein, sie hat nie geheiratet. Mein Beispiel hat ihr gereicht. Es ist so gut, daß ich eine Schwester habe. Wir verbringen viel Zeit im Elternhaus, alles erinnert uns an die schönen Zeiten. Mein Freund unterrichtet an der Universität, er ist jünger als ich. Heute ist das kein Problem mehr für mich. Er fragt gar nicht, wie alt ich bin. Er sagt nur: „Schade, daß wir uns nicht früher getroffen haben, dann hätten wir auch eine Familie." Wir kennen uns jetzt schon 19 Jahre lang. Er hat seine eigene Wohnung, es gibt keine Zusammenstöße zwischen uns. Wenn ich Lust habe, ihn zu sehen, oder er mich, telefonieren wir: „Bist du zu Hause, hast du Zeit? Dann würde ich kommen." Oder wir besprechen heute: „Morgen treffen wir uns." Wir verstehen uns wunderbar. Wenn ich oder er eine größere Wohnung hätte, mit drei oder vier Zimmern, könnte ich mir vielleicht ein Zusammenleben vorstellen. So ist es zu eng. Ich denke, die Ehe wird immer schlechter wegen dieser kleinen Wohnungen, die Familie ist zusammengepreßt. Ich brauche mein eigenes Zimmer, man muß seine eigene Welt um sich haben. Ich könnte mir nur so ein gemeinsames Leben vorstellen, aber so wie es jetzt ist, ist es schön und gut. Ich habe keine Arbeit mit ihm. Wir machen Ausflüge, gehen ins Konzert, wir treffen uns nur, wenn wir dazu Lust haben. Ich glaube, ich lebe die Emanzipation, obwohl ich sehr traditionell erzogen wurde. Das Schicksal hat es so gebracht.

Die Situation der Frau in Ungarn ist nach der Verstaatlichung viel schlechter geworden. Ich bin so erzogen worden: Du bekommst dein Diplom von der Bürgerschule, machst eine gute Heirat, hast Angestellte, die dir bei der Hausarbeit helfen, du führst deinen Haushalt und erziehst deine Kinder. Dann kam diese Welt, ich mußte eine Stelle haben, also weiterstudieren. Meine Heirat folgte, ich wollte Kinder haben. Ich war immer der Ansicht, das Ziel ist, eine Familie mit Kindern zu haben, das Leben geht dann weiter. Aber er wollte keine Kinder, und ich dachte, er hat vielleicht recht, denn in vielen Familien war es so anstrengend für die Frauen. Das hat sich in Ungarn vielleicht bei jeder Familie abgespielt, der Streit, wer bringt das Kind in die Kinderkrippe, wer holt es ab. Ich habe es gesehen, als Lehrerin war ich ja oft auf Familienbesuch, das war vorgeschrieben. Ganz egal, ob die Leute nun Bildung genossen hatten oder nicht, die Frau hat viel mehr gearbeitet als der Mann. Das hat mich aufgeregt. Sie hatte ihre Arbeitsstelle, die Erziehung der Kinder, den Haushalt. Das ist meine Erfahrung in Falu. Selten erlebte ich, daß der Vater sich mit den Kindern beschäftigte. Jetzt wundert es mich gar nicht mehr, daß die meisten Kinder ohne Frühstück in die Schule kommen. Inzwischen hört und liest man überall, die Frauen sind gleichberechtigt mit den Männern, na ja, aber wie sieht diese Gleichberechtigung aus? Daß sie mehr arbeiten kann! Das gefällt mir nicht. Es ist sicher: Wenn ich noch einmal geheiratet hätte, hätte der Mann ebenso mithelfen müssen, abspülen usw., bestimmt nicht im Sessel sitzen und Zeitung lesen, solange ich in der Küche arbeite. Das hat mich immer aufgeregt, wenn ich so etwas gesehen habe oder sehe, und das ist sehr oft der Fall. Mein Freund wäre bestimmt nicht so, er würde mir helfen. Er hat die gleiche Erziehung bekommen wie ich. Es spielt eine sehr große Rolle, was man in der Kindheit und Jugend bekommt, was man sieht, was man hört, was für Beispiele man erlebt, das prägt einen Menschen und seine Persönlichkeit.

In einer gebildeten Schicht sind die Erwartungen an eine Frau ganz anders als bei einfachen Leuten. Heute helfen schon viele Männer im Haushalt mit und schätzen eine gescheite, emanzipierte Frau, die geistreich im Mittelpunkt der Gesellschaft steht. Männer, die sich glücklich nennen können, sind vielleicht die, deren Frau den Haushalt gut führt und auch intelligent ist. Bei einfachen Leute ist das wichtigste, sie soll gut arbeiten.

Ich kenne eine Frau, sie ist 59, schon in der Rente, sie hat im Außenhandel gearbeitet, spricht perfekt Englisch. Sie ist unglücklich, weil sie noch nie verheiratet war. Ich habe das auch schon bei anderen Frauen erlebt. Sie sagt: „Weißt du, eine Frau hat einen größeren Wert in der Gesellschaft, wenn sie verheiratet ist." Sie hat festgestellt, daß eine Frau ganz anders behandelt wird, wenn sie den Namen eines Mannes trägt. Das kann sein, oder diese Frauen bilden sich das nur ein. Ich war verheiratet, das wissen auch alle, obwohl ich häufig meinen Mädchennamen verwende. In Deutschland sagt man ja nicht mehr „Fräulein", aber die ungarischen Frauen sind auch emanzipiert, manche behalten schon ihren Mädchennamen, wenn sie heiraten.

Es gibt wenige Frauen in der ungarischen Politik, eine Ministerin haben wir, Frau Magda Kósa Kovács. Ein richtiges Frauenministerium gibt es bei uns nicht, bisher noch nicht. Ich weiß nicht, ob so was noch kommt, vielleicht in fünfzig oder zwanzig Jahren. In Ungarn ist die Auffassung in dieser Hinsicht eine andere als vielleicht in Österreich oder Deutschland.

Auch wenn ich nicht so lebe, finde ich, daß die Frau im Mittelpunkt der Familie stehen soll. Aber dann sollte der Mann soviel Geld verdienen, daß er seine Familie anständig, wie es sich gehört, ohne finanzielle Probleme versorgen kann. Ich glaube, vor dem Zweiten Weltkrieg lebten viele Familien so, auch in Bauernfamilien erledigten die schwersten Arbeiten eigentlich die Männer. Wenn die Hausfrau eine gute Wirtschaft geführt hat, konnte sie mit dem Geflügel und den Schweinen auch was verdienen, und das schätzte der Mann. Viele lebten von der Landarbeit, aber so richtige Bauern haben wir nicht mehr. Die Leute haben in den LPGs die Selbständigkeit verloren. Das ist das Problem. Bevor dieses kommunistische Regime kam, bis '49, waren die Menschen selbständig. Daß die Ungarn Frauen und Männer diese Eigenschaft verloren haben, egal auf welchem Gebiet, das sieht man überall. Jetzt ist die Möglichkeit wieder da. Sie wissen nicht, wie sie es anfangen sollen, sie haben nicht genug Unternehmergeist in sich. Die vierzig, fünfzig Jahre haben die Ungarn noch dazu so arm gemacht, so gleich arm. Höchstens haben sie eine schöne Wohnung oder ein Haus, ein Auto – und Schluß: sonst haben sie kein Vermögen. Es gab keine Möglichkeit, ein Vermögen zusammenzubekommen. Deswegen habe ich nicht viel Hoffnung, wir brauchen noch vielleicht zwanzig Jahre, bis sich alles verändert, das Denken, die finanzielle Lage. Wie, das weiß ich nicht. Der Staat mit solchen Steuern ... Ich habe auch den Mut verloren, ich habe Kurse gemacht, damit ich mehr verdiene. Ich bin einen gewissen Lebensstandard gewöhnt, an mein Auto, daß ich meine Wohnung in Ordnung halten kann, daß ich mich anständig ankleide, essen kann, was ich will. In den letzten Jahren bin ich Rentnerin geworden, nebenher arbeite ich aber immer noch, nur deswegen habe ich finanziell keine Sorgen. Von meiner Rente könnte ich nicht leben, das ist nicht möglich, das wäre eben genug, um ein ganz bescheidenes Leben zu führen. Ich weiß nicht, wie es in der Zukunft aussehen wird. In den nächsten vier Jahren werde ich noch unterrichten, ich muß arbeiten, aber das ist nicht anstrengend.

Márta unterrichtet heute nicht mehr, doch ist sie nach wie vor mit vollem Elan in der Kommunalpolitik tätig.

1) „Mit einem monatlichen Fixgehalt von 200 Pengő, kann man leicht Witze machen/hat man gut reden." (Schlagertext von Rózsnyai aus der Zwischenkriegszeit)

2) Nicht „Sprachschwaben", sondern „Nennschwaben" (Pars pro toto-Bezeichnung). Die Mehrheit der deutschen AnsiedlerInnen, die im 17. und 18. Jahrhundert nach der Türkenherrschaft nach Ungarn kamen, waren Schwaben. Der sogenannte „große Schwabenzug" fand unter Maria Theresia – sie regierte von 1740 bis 1780 – statt.

3) Im Oktober 1955 gegründet als *Kulturverband der Deutschen Werktätigen in Ungarn*, 1956 umbenannt zum *Demokratischen Verband der Deutschen Werktätigen in Ungarn*, 1969 *Demokratischer Verband der Deutschen in Ungarn*, 1978 *Demokratischer Verband der Ungarndeutschen*, 1988 *Verband der Ungarndeutschen*. 1995 löste sich der Verband ohne Rechtsnachfolge auf, seit April 1995 ist die Landesselbstverwaltung der Ungarndeutschen das legitime Vertretungsorgan. Die etwa 200 000 Ungarndeutschen (2%) bilden die zweitgrößte Minderheit in Ungarn.

4) KISZ (ungar. *Kommunista Ifjúsági Szövetség*): Kommunistischer Jugendverband. Jugendorganisation der MSZMP für Jugendliche ab 14 Jahre. 10- bis 14-jährige: Bund der PionierInnen; 6- bis 10-jährige: „Kleine TrommlerInnen". Die PionierInnen trugen ein rotes, die TrommlerInnen ein blaues Halstuch.

5) Auch heute noch beliebter Osterbrauch in Ungarn, als Fruchtbarkeitszauber und rituelle Reinigung zu erklären. Früher haben Jungen und Männer auf dem Land die jungen Frauen am Brunnen mit frischem Wasser übergossen, während man sie heute mit Kölnischwasser besprengt.

Dezember 1994

ESZTER, Studentin
26 Jahre, ledig

„Vielleicht sollten wir einfach
ein anderes Wort für Feminismus finden."

Eszter, eine meiner StudentInnen an der Universität, ist eine selbstbewußte junge Frau, die den Eindruck vermittelt, genau zu wissen, was sie will. Sie fällt mir in den Seminaren dadurch auf, daß sie Positionen einnimmt und diese zu verteidigen weiß. Eszter erfährt von meinem Projekt, Geschichten von Frauen aufzuzeichnen, zeigt sich sehr interessiert daran, fragt nach und stimmt erfreut zu, selbst interviewt zu werden.

Als Ort für das Gespräch schlägt sie ihre Wohnung vor, eine geräumige Wohnung in einem schönen Budaer Viertel. Ein heißer Tee wärmt uns in der Küche. „Fangen wir an", sagt sie, und wir setzen uns aufs Sofa. Zu Beginn spricht sie stockend, wühlt in ihren Erinnerungen, sprunghaft, erst als sie auf ihre Freundinnen und auf das Frauenthema zu sprechen kommt, sprudelt es aus ihr hervor.

Als ich ihr später den ersten Entwurf vorlege, ist sie stolz, ihre Lebensgeschichte in der Hand zu halten. Minutiös korrigiert sie den Text und gibt ihn mir mit ihren Anmerkungen zurück.

1968 wurde ich in Pest geboren. Das ist sehr wichtig. Ich meine Pest und seine Mietshäuser. In Buda haben die Menschen mehr Kontakt zur Natur, dort gibt es viele Bäume, nicht so wie in Pest. Zu Pest gehören für mich auch die vielen alten Leute. Sie haben sich getroffen und wußten alles voneinander, das war irgendwie spannend. Ich weiß nicht, ob das in Buda auch so war. Budapest als ganzes ist für mich ziemlich wichtig.

In unserer Wohnung hat auch die Schwester meiner Großmutter gewohnt. Sie hatte bei uns sehr viel zu sagen, in der Küche, in der Familie. Ich erinnere mich gut an die Geschenke, an Bilder und Gedichte die ich für meine Eltern und für meine Tante gezeichnet und geschrieben habe. Darauf habe ich immer meinen Namen und das Datum gesetzt. Tante Klári ist 1982 gestorben, damals wurde ich zum ersten Mal mit dem Tod konfrontiert.

Ich war immer sehr dünn. Meine Eltern und meine Tante haben immer wieder freudig überrascht festgestellt: Du ißt ja! Ja, ich esse, das war selbstverständlich für mich. Ich verstand die Erwachsenen nicht, aber angeblich habe ich eine lange Zeit sehr wenig gegessen. Ich habe so eine Ahnung, daß Essen irgendwie mit der Sozialisation zusammenhängt. Ein braves Kind ist ein Kind, das auch brav ißt! Ich war sehr verschlossen, ein Einzelkind, was wiederum sehr schön für mich war. Eine sehr wichtige Person war meine Cousine, wir haben uns zusammen viele Spiele ausgedacht, z.B. „Auf See". In dem einen Zimmer gab es zwei Betten, die parallel zueinander standen, das waren die Schiffe, und dazwischen war das Meer, das Wasser. Ich habe immer noch im Kopf, daß es unmöglich war, von dem Bett auf den Boden zu steigen, weil eben überall Wasser war. Das war so stark, wir konnten irgendwie alles umwandeln.

Einmal war ich auf einem Sommerlager, kein Pionierlager, sondern eine private Initiative. Eine alte Dame leitete es mit Hilfe der großen Kinder, die schon über vierzehn waren. Man konnte nur durch Verwandtschaft oder Bekannte da hineinkommen. Ich ging mit meiner Mutter zu dieser Dame, und sie entschied, ob ich hinfahren durfte oder nicht. Es war eine Tradition, die irgendwie zwischen den Weltkriegen angefangen hatte und mehrere Generationen hindurch bestand. Die alte Dame ist nun schon gestorben, aber einige der Kinder, die damals dort waren und jetzt schon erwachsen sind, organisieren etwas Ähnliches weiter. Ich war nur einmal dabei, doch die meisten kamen mehrmals. Es ging darum, die Kinder in eine Art Phantasiewelt zu versetzen, eigene, aber auch gemeinsame Traditionen zu fördern, das Pflichtgefühl zu entwickeln und Selbständigkeit innerhalb einer Gemeinschaft zu leben. Die Persönlichkeit der Kinder sollte gefördert werden. Für mich ist das eigentlich erst später wichtig geworden; die Leute, die ich von dort kenne, wie meine beste Freundin, haben meine persönliche Entwicklung als Erwachsene sehr beeinflußt. Wir haben z.B. ein Spiel gemacht, „Zahlenkrieg": Es werden zwei Gruppen gebildet, die verfeindet sind. Jeder bekommt ein Papier auf die Stirn geklebt, auf dem eine Zahl steht. Es muß im Wald gespielt werden, man muß sich verstecken und die feindlichen Zahlen, die man durch eine andere Farbe erkennt, laut lesen. Dann stirbt derjenige, dessen Zahl laut genannt wird. Wenn die Zahl nicht stimmt, kann man weitermachen. Jener Sommer war für mich sehr wichtig. Ich habe zum ersten Mal in meinem Leben einen richtigen Kampf gehabt, ohne gleich nach zehn Minuten zu sterben. Das waren so Erfahrungen und kleine Dinge, die ein Kind in einem Pionierlager eigentlich nicht erlebt hat.

In der Schule hat eine Lehrerin uns mit dem Lineal auf die Finger geschlagen. Das werde ich nie vergessen. Sie hat mein Lineal kaputtgemacht. Sie hat mich nicht damit geschlagen, aber sie hat mein Lineal kaputtgemacht! Ansonsten hatte ich ziemlich gute Lehrer und Lehrerinnen und bin auch mit den anderen Kindern gut ausgekommen. Die Schule mochte ich nicht so gerne, obwohl ich sehr gut lernte. Aber in der Klasse mußte man schon kämpfen, um eine Position zu haben, nicht ausgelacht und beschimpft zu werden, da mußte man schon ziemlich stark sein. Mit zehn Jahren haben mich meine Eltern in eine andere Grundschule gegeben. Da waren vor allem Kinder, die aus ihren alten Klassengemeinschaften herausgerissen worden waren. In derselben Schule besuchte ich dann das Gymnasium, da war es dann schon viel besser. Wir hatten eine sehr gute Klassengemeinschaft, vielleicht auch deshalb, weil es in unserer Klasse einige gab, die auch auf diesen Sommerlagern waren und wußten, was echte Gemeinschaft bedeutet und die damit die ganze Klasse beeinflußten. Wir treffen uns nach wie vor oft und haben immer noch sehr enge Beziehungen. Damals war es für uns selbstverständlich, daß auch unser Klassenleiter sehr viel für die Gemeinschaft tat und jeden Sommer Radtouren organisierte. Ich erinnere mich auch an Dinge, die mich gestört haben. Einmal wollten wir uns über eine Lehrerin beschweren und gingen zur Direktorin, doch die hat uns gar nicht angehört. Sie sagte etwas, und wir sagten etwas, doch unsere Meinung war nicht wichtig. Nur was wir geleistet haben, zählte. Man mußte still sein, wenn man in einem Fach nicht so gut war. Wer was geleistet hatte, war ein Mensch, und die anderen ... Sagen wir, du hast eine Fünf in Mathe, dann bist du auch gut bei den anderen Lehrern, weil der

Mathe-Lehrer sie informiert, daß du in Mathe talentiert bist, und dann bist du überhaupt talentiert. Wenn du nicht so viel lernst oder nicht so gut bist, dann bist du eben unten durch. Später an der Hochschule habe ich mitgekriegt, daß wir in unserer Klasse nicht nur Durchschnitt waren, so wie wir es von der Schule und vom Direktor immer gehört haben. Wir waren wirklich ziemlich gut, aber das wurde nie ausgesprochen. Es gab keine Toleranz, z.B. in bezug auf Kleidung, wie ich ausgeschaut habe. Ich hatte einen Hut: überhaupt einen Hut zu haben! Das war komisch. Und ich hatte einen Mantel, den ich sehr liebte. Er sah so aus, als ob er nicht gewaschen und gebügelt wäre, vorne hatte er so einen Knopf und große Taschen, er hatte zwar eine Form, aber auch wieder nicht so richtig. Ich mußte deshalb immer wieder Bemerkungen über mich ergehen lassen, hauptsächlich von unserem Klassenleiter. Meine Freundinnen haben mich aber bestärkt.

Meine Mutter hat immer sehr viel von mir erwartet, auch heute noch. Sie hat eigentlich meine Entscheidungen getroffen, gleichzeitig aber verlangt, daß ich selbständig bin und weiß, was ich tue. Sie war eigentlich meine beste Freundin, wir konnten über alles miteinander reden. So mit 17, 18 Jahren hatte ich dann auch meine Auseinandersetzungen mit ihr, was seinen Höhepunkt erreichte, als ich 20 war. Ihre Art ist zu einem Problem für mich geworden, ich wollte einfach Widerstand leisten. Sie mochte übrigens diesen Mantel auch nicht. In meinem Vater sehe ich kein Beispiel oder Vorbild, weil ich ein anderes Lebensziel vor Augen habe. Er setzt sich nicht aktiv mit mir auseinander, er nimmt mich so, wie ich bin, aber er fördert damit meine Entwicklung nicht. Meine Mutter nimmt sehr viele Dinge auf, ihre Persönlichkeit kommt als Vorbild für mich eher in Frage, sie ist als Ärztin sehr aktiv, und sie macht das sehr gut, glaube ich.

Meine Freundinnen sind enorm wichtig für mich. Ich habe eine Freundin, mit der ich, seit wir zehn Jahre alt sind, sehr viel zusammen war, eigentlich haben wir zusammengelebt, bis wir 18 waren. Sie war wie eine Schwester für mich. Auf dem Heimweg von der Schule habe ich mir durch den Kopf gehen lassen, was ich ihr alles erzählen will, alles, was während des Tages geschehen war. Dann haben wir stundenlang miteinander geredet, über das Leben, die Welt. Ihre Familie war auch eng befreundet mit meiner. Eine andere Freundin war mit mir gemeinsam im Gymnasium. Ich hatte ganz großes Vertrauen zu ihr, konnte ihr alles erzählen, nur über Politik haben wir immer gestritten, als wir so 16, 17 waren. Sie hatte einen ganz anderen Hintergrund als ich. Unsere Familien kamen aus ganz unterschiedlichen politischen Richtungen. Ich war eher Kommunistin, sie ganz gegen das System. Doch das war akzeptabel für mich, ich habe damit leben können, Revolution oder Konterrevolution. Wir konnten darüber sprechen, über Ideologie, wir konnten unsere Gedanken austauschen. Meine Mutter hatte eher die Meinung, daß man nicht politisieren soll oder darf, eher den Mund halten und am besten gar nicht damit anfangen. Die Familie von Magdi hatte einige Erlebnisse, weswegen sie auf der Gegenseite war. Als wir in der achten Klasse der Grundschule waren, versuchten sie, nach Deutschland zu emigrieren. Sie waren auch ein oder zwei Jahre dort, doch sie kamen wieder zurück. Danach wurden sie sehr schief angesehen, aber auch vorher schon, weil sie das System kritisiert hatten. Das war echt komisch mit meiner Freundin, wir hatten immer so ähnliche Gefühle und Gedanken, was Jungs und so betraf, aber bei der Politik waren wir richtig leidenschaftliche Gegenspielerinnen. Wir haben gemeinsam Gedichte gelesen und darüber gesprochen, geschwärmt, Ady, Rimbaud, Dostojevskij ... Wenn wir in der Klasse über Literatur gesprochen haben, war es nicht wichtig, was wir gedacht haben. Es wurde vorgetragen, so wie heute hier an der Uni vorgetragen wird. Meine dritte beste Freundin war besonders in den letzten Gymnasialjahren sehr wichtig für mich. Sie wußte ganz genau, was sie wollte, sie hatte eine innere Selbständigkeit, die ich sehr an ihr bewundert habe. Obwohl ich immer sehr enge Freundinnen hatte, wurde mir erst mit ihr gemeinsam der Wert von Freundschaft bewußt, und auch was Offenheit und Aufmerksamkeit gegenüber den Menschen und der Welt bedeutet.

Mich beschäftigen sehr die Belästigungen auf der Straße. Mit meinen Freundinnen habe ich nicht so oft darüber gesprochen, auch nicht mit meiner Mutter. Das ist eigenartig, weil wir über fast alles immer geredet haben. Da war eine Reihe von Erlebnissen, nach denen ich mir wirklich überlegte, wie ich mich anziehen soll. Das waren nicht so schlimme Erlebnisse, oder doch ... ich habe sie totgeschwiegen. Exhibitionismus, angestiert oder verbal attackiert werden. Ich weiß nicht, ob das die Großstadt ist oder Budapest oder Ungarn, aber darüber wird sehr wenig oder gar nicht gesprochen, obwohl es sehr oft passiert. Ich selbst habe darüber auch nicht gesprochen. Ich glaube, das hängt mit der Gesellschaft zusammen, daß man darüber nicht spricht. Das war für mich sehr schlimm. Wie kann man darauf reagieren? Jetzt weiß ich schon, mich zu wehren, aber damals bin ich weggelaufen. Einfach dieses Gefühl zu haben, ausgeliefert zu sein und nichts tun zu können ... Das war auch ein Grund dafür, daß ich mit niemandem darüber sprach, denn ich konnte selbst damit nichts anfangen. Etwas zu erleben, was man nicht versteht und nicht einordnen kann. Eine Reaktion war auch, meinen Körper zu verstecken oder eine bestimmte Körperhaltung einzunehmen, sich so nach vorne zu beugen, daß bestimmte weibliche Körperteile versteckt bleiben. Ich habe inzwischen eine sehr, sehr große Wut in mir, habe Bücher darüber gelesen, mich damit beschäftigt, wie man reagieren kann. Meine Freundinnen haben in der Zwischenzeit eine ähnliche Wut, die Überzeugung, daß man das bekämpfen muß, daß man das nicht als normal und zum Leben gehörend ansehen, sondern eine Antwort finden muß.

Ich kann nicht sagen, ob das vor der Wende anders war, weil ich meine Gedankenentwicklung oder mein Leben nicht in vorher und nachher trennen kann. Das ist eine innere Entwicklung, nicht eine äußere. Man fühlt sich nicht mehr so sicher auf der Straße, die Kriminalität steigt, aber das ist was anderes, das hängt mit ganz anderen Dingen zusammen. Mir geht es darum, daß die Gesellschaft zuhört, daß über die Belästigung von Frauen gesprochen wird, aber das ist in Ungarn kein Thema.

In Deutschland habe ich an einem Seminar teilgenommen. Jeder mußte sich vorstellen, und ich habe gesagt, daß ich aus Ungarn komme, das ist ein sexistisches Land, und ich suche ein Gegenbeispiel, ein Land, in dem man dieses Problem behandelt und nicht totschweigt. Doch das ist nur eine Seite. Ich glaube nämlich schon, daß die Frauen hier innerhalb einer Familie entscheiden und etwas zu sagen haben, daß sie sehr wichtig sind, doch in der Gesellschaft eher an den Rand geschoben werden, wenn Entscheidungen getroffen werden. Man hört einer Frau dann zu, wenn sie gut aussieht, wenn nicht, ist sie kein Mensch. In meiner Klasse waren talentierte junge Leute, denen auch bekannt war, daß Frauen weniger verdienen, aber „das ist halt so"! In Deutschland ist es wenigstens insofern besser, daß Fragen gestellt werden, daß Vergewaltigung z.B. thematisiert wird. In Ungarn hört man so eigenartige Meinungen dazu, oder überhaupt: wie man einer Frau zuhört. Wenn eine Gruppe von Leuten zusammenkommt, teilt sich das innerhalb von zehn Minuten in Frauen und Männer auf, das muß nicht sein. Ich glaube, daß es besonders in Ungarn so ist. Ich hatte ziemlich oft das Gefühl, daß Frauen aufmerksamer sind, mehr und offener zuhören, daß sie sich untereinander besser verstehen.

Es gibt eine Fernsehserie in Ungarn, „Família Kft". Einmal ging es darum, daß die Mutter eine sehr hohe Position bekommen sollte, aber die Familie war dagegen, weil die Mutter dann weniger Zeit für sie gehabt hätte. Das wurde irgendwie als komisch dargestellt, ihr Problem wird so behandelt, als wäre es unwichtig. Aber das ist ein ernsthaftes Problem. Eine Frau wird so erzogen, daß Beruf und Familie sich trennen und sie sich entscheiden muß. Die Familie hat richtig dagegen gekämpft, daß die Mutter diese Stelle annimmt, und sie nahm sie dann auch nicht an, weil eben die Familie so dagegen war. Das war eine richtige Verschwörung gegen sie. Sowas trägt auch zur Erziehung bei.

Verändert hat sich sicherlich etwas. Auf der einen Seite gibt es nach wie vor diese Doppelbelastung, also daß die Frauen arbeiten und auch die Familie versorgen. Jetzt ist aber eher die Frau angesehen, die die Möglichkeit hat, zu Hause zu bleiben, um die Kinder zu erziehen. Das bedeutet Reichtum. Damit wird sofort das Bild verbunden, daß es dieser Frau gut geht, sie hat keinen Grund, sich zu beklagen. Wie sie sich dabei fühlt, darüber wird gar nicht nachgedacht. Es gibt immer mehr Leute, die sich das leisten können, die Geld haben. Es ist auch irgendwie eine Männersache, ein Auto zu haben. Daß es so viele Autos gibt, ist für mich auch ein Zeichen, daß wir in einer Männerwelt leben. Niemand kümmert sich um Smog und Verschmutzung, Hauptsache, man hat Geld, um sich diese teuren Autos zu leisten. Was mit den anderen ist, kümmert niemanden. Die Frauen denken eher daran, was für die anderen gut ist. Es gibt schon mehr Frauen in der Politik als vorher, denke ich. Aber in angesehenen Zeitungen oder sogar liberalen Parteien finde ich keine Frauen. Ich habe einen Artikel gelesen, in dem Frauen sehr beschimpft wurden, Feminismus und Frauenfragen seien überflüssig. Von seiten der Männer ist das ja klar, die Brücken zu diesen Problemen werden einfach abgerissen, aber es gibt auch Frauen, die dagegen sind. Wenn man kein anderes Vorbild hat ... Es ist interessant, da wir mit Deutschland zu tun haben, gibt es hier an der Universität Leute, Frauen, die ganz anders über Feminismus und Geschlechterfragen denken als der Durchschnitt. Meine beste Freundin war im Ausland, in den USA, und als sie zurückgekommen ist, hatte sie eine ganz andere Einstellung, was sie gleich zu einem kleinen Kreis von Feministinnen geführt und sie eigentlich von uns damals getrennt hat. Wir haben uns dann zwar auch Gedanken gemacht, die feministischen Ideen aber noch als Lächerlichkeiten abgetan.

Und heute erlebe ich es auch so, daß viele Frauen auf meine Ansichten abweisend reagieren. Wir haben ein Studentencafé an der Uni, wo ich mitarbeite, das ist eine sehr starke Gemeinschaft, Frauengemeinschaft. Einmal hatte ich Probleme mit der Zeitschrift „Playboy", ich glaube, dies ist ein sehr typisches Beispiel. Zu der Zeit arbeitete auch ein Deutscher bei uns. Jemand hat einen „Playboy" ins Café mitgebracht. Ich habe gekellnert und das Heft auf unserem Stammtisch gesehen, an dem unsere Leute saßen: Frauen, der Deutsche und noch ein anderer junger Mann. Ich habe ihnen etwas gebracht, sah die Zeitschrift, wurde sehr wütend und habe sie einfach weggeworfen, ohne ein Wort zu sagen. Am Abend darauf hat mich der Junge, der den „Playboy" lesen wollte, gefragt, warum ich so böse darauf reagiert habe und was denn mein Problem sei, so kann man doch nicht reagieren. Er hat nicht gefragt, warum ich das gemacht habe, sondern was denn mein Problem sei! Vor lauter Wut fand ich kein Argument gegen diese Zeitschriften, konnte nichts erklären. Ich sah so einen Abstand zwischen uns, daß ich ihm nichts sagen konnte. Er, ein ungarischer Mann – ich, eine ungarische Frau. Aber der deutsche Mann konnte ihm erklären, was ich möglicherweise über diese Zeitungen denke. Es war eine andere Geschichte, daß der Deutsche die Zeitschrift als Provokation auf den Tisch gelegt hatte. Er hat aber dann ausgesprochen, was mich so aufgeregt hat. Das akzeptierte Ungar offensichtlich schon. Aber ich habe mir gedacht, ja, jetzt bist du einverstanden, aber eigentlich verstehst du es doch nicht. Der Deutsche wunderte sich aber, warum die anderen Frauen am Tisch kein Problem damit hatten und beim Gespräch kein Wort sagten, außer daß das schon eine geschmackvolle Zeitung sei. Sie empfinden es einfach nicht als Problem. Das dauerte auch bei mir lange. Ich habe vorher oft „Playboy“ gelesen und in Ordnung gefunden, bis es für mich anders wurde. Die Frau wird darin als Gegenstand betrachtet. Ich muß schon sagen, daß der „Playboy“ zwar noch zu den softeren Zeitschriften gehört, aber trotzdem, es geht ums Prinzip. In der gleichen Reihe wie Krawatten und Autos stehen auch die Frauen.

Der Grund, warum ich das alles anders sehe, ist bestimmt eine meiner besten Freundinnen, über die ich schon gesprochen habe und die drei Jahre lang in New York gelebt hat. Sie kam nach Hause und hat einfach ganz andere Gedanken und neue Ideen mitgebracht. Ich fand das eigentlich am Anfang sehr problematisch, sehr aggressiv und radikal. Das ist doch alles gar nicht so schlimm, dachte ich. So wie eigentlich jetzt die anderen auf mich reagieren, wenn sie mich hören. Andererseits – und das ist der positive Aspekt an der Geschichte im Caféhaus – kamen die drei oder vier Frauen dann mit ihren Erlebnissen zu mir. Sie wußten, mit mir kann man darüber reden, über Belästigungen in der Straßenbahn oder einfach darüber, was sie gesehen haben und schrecklich finden. Das war sehr schön für mich, eine Bestätigung. Bei diesen Gesprächen mit meiner besten Freundin, ja, ich war dagegen, aber trotzdem haben sie mich verändert, das war der Anfang, überhaupt ein Problembewußtsein in mir zu erzeugen. Ich habe dann auch verschiedene Kreise in Deutschland kennengelernt, andere Männer, Amerikaner und Deutsche. Es wurden dort für mich bisher normale Dinge – „Männer und Frauen müssen so und so sein oder sind so" – in Frage gestellt, weil diese Männer oder Frauen eben einfach anders waren.

Mir ist aufgefallen, daß die deutschen Männer zu ihren Kindern eine andere Beziehung haben. Ich sehe dort öfter Männer mit Kindern auf der Straße, sie sind zusammen, oft, intimer, so wie hier Frau und Kind zusammen sind. Wenn ich hier einen Mann mit einem Kind auf der Straße sehe, habe ich das Gefühl, daß ihm das Kind fremd ist und sie nur für diese eine Stunde zusammen sind.

Ich glaube, daß die ungarischen Männer auch sehr viele Probleme damit haben, wenn eine Frau stark ist oder mehr verdient als sie. Es wäre auch besser für sie, wenn sich etwas in ihrer Einstellung verändern würde. Ein gutes Beispiel in der Familie ist: Die Frau bringt doppelt so viel nach Hause wie der Mann. Er ist aber so erzogen worden, daß er die Familie erhalten muß. Das arbeitet auch in ihm und stört das Zusammenleben. Daß er seine Gefühle nicht offenbaren oder nicht offen darüber reden kann, distanziert ihn auch von seiner Frau. Er wird unsicher.

In einem Seminar, wo ich über Frauenbewegung ein Referat gehalten habe, haben die Jungs gesagt, ja, das ist alles kein Problem, wir akzeptieren das, aber bitte nicht so übertreiben, wir sind ja nicht dagegen. Sie sind aber doch dagegen. Sie können die Wut auf Männer, die dich betatschen, einfach nicht verstehen. Sie können das nicht nachvollziehen, obwohl sie so tun, als könnten sie das. Sie wollen vielleicht auch, aber was für uns ein Problem ist, sehen sie oft einfach nicht.

Man reagiert hier auf Feminismus oder Feministinnen wie auf ein rotes Tuch. Die Sache ist damit schon abgeschlossen, weil Feministinnen „verblödet" sind, dann kann man nicht mehr reden. Das ist ein Stempel, und Schluß. Ich verstehe unter Feminismus Frauen oder auch Männer, die sich mit Fragen beschäftigen, die speziell Frauen betreffen, und die für mich keine zu radikale Meinung haben. Es gibt sehr viel zu tun, Bücher müssen darüber geschrieben werden. Ich sehe mich als Feministin und habe mir die Aufgabe gestellt, etwas zu verändern, weil es so nicht weitergehen kann. So in meinem Leben, ich glaube, ich tue ja nicht viel dafür, nur, daß ich mit Leuten darüber spreche, vielleicht ändert das schon etwas, einfach, um Bewußtsein zu erzeugen. Wie die Frauen, die mir ihre Geschichten erzählt haben. Sie wußten, daß ich sie ertragen, sie mit ihnen aufarbeiten kann, Verständnis für ihre Gefühle in dieser Situation habe. Das ist schon etwas. Das war jetzt meine Definition. Ansonsten wird unter einer Feministin eine ziemlich häßliche Frau verstanden, die Männer haßt. Männer sind doch etwas ganz Tolles, heißt es dann, Männer haben das nicht verdient, weil sie den Frauen doch nichts Schlimmes antun. Die Frauen haben Arbeit, ja, was ist eigentlich ihr Problem in der Gesellschaft, sie können doch eh alles tun.

In Ungarn gibt es schon einen Kreis von Feministinnen, darunter auch viele Frauen, die aus Amerika oder aus Deutschland kommen. Es gibt eine Zeitung, „Nőszemély“ (Frauenzimmer), doch die wird nur von wenigen gelesen. Sie sind ziemlich am Anfang mit ihrer Arbeit und sehr wütend, weil sie eben aus Deutschland oder anderen Ländern kommen und den Unterschied sehr stark spüren. Von ihnen habe ich das erste Mal in meinem Leben gehört, daß die Solidarität zwischen Frauen in Ungarn fehlt, von diesem Wettkampf unter Frauen, der hier als ganz normal betrachtet wird. Ich habe das auch so gesehen: Das ist etwas Absolutes, es ist überall so, das ist naturbedingt. Diese Frauen haben in mir etwas Neues in Gang gebracht. Ich bin mit ihnen aber nicht mehr in Kontakt, sie sind auch irgendwie eigenartig, sie haben innerhalb ihres Kreises auch Probleme miteinander, und sie bewirken überhaupt nichts, was sie doch vorhaben. Das war für mich befremdend. Sie wollen was tun, ja, dann sollen sie etwas tun. Eines haben sie gemacht: Als diese Abtreibungsgespräche im Parlament gelaufen sind, haben sie Unterschriften gesammelt, und ich habe auch mitgemacht. Ich wurde von Männern als Mörderin beschimpft. Das ist auch typisch: wenn man für Abtreibung ist, ist man eine Mörderin. Man müßte sehr viel tun und sehr schnell, das ist das Problem. Es ist auch nicht der richtige Weg, wenn Frauen von außen, vom Westen kommen müssen, um hier in der Frauensache etwas zu verändern. Das ist nicht die Lösung. Das war vielleicht auch das Problem für mich. Sie wollen ihre Vorstellungen gleich auf Ungarn übertragen und hier umsetzen, und das funktioniert so nicht. Gleichzeitig muß man aber doch diesen Abstand haben, von draußen kommen, um die Probleme einfach nur mal zu erkennen, von innen sieht man das ja nicht. Am Anfang fühlte ich mich auch so komisch: du denkst nicht so, was willst du hier bei diesen Frauen? Sie hatten hier wirklich große Schwierigkeiten, sowohl mit Männern als auch mit Frauen, sie sind irgendwie sehr eigenartige Persönlichkeiten. Das letzte Mal, als ich dort war, ging es um Solidarität zwischen Frauen und Frauenfreundschaften. Ich war mit zwei meiner längsten Freundinnen dort. Wir sollten über unsere Freundschaft erzählen. Außer uns dreien waren keine Frauen da, die eine beste Freundin hatten. Das war doch sehr eigenartig. Ich hatte irgendwie das Gefühl, daß diese Frauen ein Problem haben, das sie damit lösen wollen, daß sie Feministinnen sind. Sie wollen über Frauenfreundschaft sprechen und haben keine Erlebnisse damit.

Bei mir haben diese Gespräche etwas bewirkt, weil ich dieses Wort „Solidarität" in mich aufgenommen habe und damit auch im Alltagsleben umzugehen und diesen Wettkampf nicht mitzumachen versuche. Das geht natürlich sehr schwer, weil ich zwanzig Jahre lang damit gelebt habe.

Vielleicht sollten wir einfach ein anderes Wort für Feminismus finden. Jeder Anfang ist schwer. Ich glaube auch, daß die erste Generation, also die Generation, die von Grund auf etwas verändern will, radikal und sehr wütend sein muß. Ich habe einen Artikel in der „Emma" über die zweite Generation, die Tochtergeneration, gelesen. Sie ist nicht mehr so radikal, die ganze Vorstellung von Frau ist sanfter geworden, nicht mehr so kämpferisch. Ich glaube, die erste Generation in Ungarn muß kämpferisch sein. Die Gesellschaft ist natürlich dagegen. Ich will durch persönliche Gespräche etwas tun, darüber einfach sprechen, ein Bewußtsein schaffen. Manchmal habe ich das Gefühl, daß Leute, Frauen ähnliche Ideale und Gedanken wie ich haben, und doch, sie weisen es sofort von sich: ich bin keine Feministin. Das ist Provokation. Sie wehren nicht nur die Bezeichnung ab, sondern vieles andere auch. Viele denken, daß sie die Gesellschaft sowieso nicht verändern können, keine Einwirkung darauf haben und sie auch selbst von ihr nicht beeinflußt werden. Sie sind sich dieser reziproken Beeinflussung nicht bewußt.

Wir haben auch einmal über Frauen gesprochen, die nur für Männer leben und das ganz in Ordnung finden. Wenn sie das in Ordnung finden, dann warum nicht, was hast du dich dann einzumischen. Ich finde das zwar nicht in Ordnung, aber es ist ihre Sache. Wenn wir uns über Männer unterhalten, dann gibt es viele ähnliche Erlebnisse, Kritik und Wut. Ich kenne Frauen, die auf verschiedenen Stationen auf diesem Weg sind.

Wenn man Auto fahren lernt, unterrichten oft ältere Männer jüngere Frauen: Das ganze Auto fahren ist männlich, und du kannst es gar nicht so lernen wie ich, weil ich ein Mann bin. Das ist da irgendwie auch drin. Von einer Frau, die gerade den Führerschein gemacht hat, habe ich den Witz gehört, daß Frauen keine Nummernschilder auf dem Kopf brauchen. Es gibt da einen Maßstab für Autos, unter dem man kein Nummernschild haben muß. Das wurde von einer Frau erzählt, und alle haben gelacht. Ich habe nicht gelacht, und alle haben mich so komisch angeschaut. Das ist auch so eine Sache, die mit Gleichberechtigung zusammenhängt. Unser Gehirn ist nicht gleichberechtigt! Die Mehrheit dieser Gesellschaft besteht aus Frauen, warum gibt es dann so wenige Frauen im Parlament? Das weiß ich auch aus der Frauengruppe, denn sonst hört man das ja nicht, diese Zahlen und so.

Eine Russin hat eine interessante Frage an die Seminarfrauen in Deutschland gestellt: Warum braucht man eine Frauenministerin, es gibt ja auch keinen Männerminister. Daraufhin hat die deutsche Seminarleiterin nur gesagt: Wie? Politik wird von Männern gemacht. Ich glaube, für eine deutsche Frau ist das ein normaler Satz, dafür muß man nicht eine radikale Feministin sein, sondern einfach eine Frau, in Österreich, in Deutschland. Hier ist das schon radikal, das ist nicht ein selbstverständlicher Satz.

Ich möchte dafür kämpfen, daß von den Frauen, die in den letzten vierzig Jahren hier gelebt haben, Fragen gestellt und auch beantwortet werden, daß es weniger Belästigungen gibt, daß meine Tochter nicht so aufwächst wie ich, sich nicht diese Witze anhören muß und nicht diese eigenartige Körperhaltung einnehmen muß, weil sie eine Frau ist und über die Straße geht, daß sie eine Antwort auf diese Belästigungen hat.

Seit der politischen Wende hat es Veränderungen – sehr langsam, aber doch – diesbezüglich gegeben, einfach daß Feminismus doch einen Platz im Regal hat, daß die Feministinnen einen Ort haben, wo sie sich treffen können. Das ist schon etwas, das kann man schon als positiv registrieren. Vorher war das eher privat, so im Bekanntenkreis. Alles geht sehr langsam. Die großen Veränderungen kann man nicht gleich erkennen. Es müßte eine Gemeinschaft gebildet werden, in der sich alle Leute gut verstehen, daraus könnte vielleicht eine Bewegung entstehen.

Das Frauenbild hier in Ungarn ist so: Entweder ist eine Frau klug oder schön. Das heißt, eine kluge Frau kann nur häßlich sein, alles „naturgemäß" natürlich. Wenn sie dumm ist, ist sie schön, das ist auch so ein Wortpaar. Die Aufgabe der Frau ist, Mutter zu sein, wenn nicht, dann ist sie keine Frau mehr, dann ist sie irgendwie verdächtig oder es stimmt etwas nicht mit ihr. Sie kocht sehr gerne, sehr gut, betreut die Familie, ist begabt für den Haushalt und die Erziehung der Kinder, die sie dann eben übernimmt. Es gibt Frauen, die sehr zufrieden damit sind.

Frauen können mit Männern oft nicht über Gefühle reden, eine ungarische Frau kann mit einem ungarischen Mann nicht über ihre oder seine oder überhaupt über Gefühle sprechen. Damit sind die Frauen, glaube ich, nicht zufrieden. Sie akzeptieren das eine Weile, aber sie haben immer wieder Probleme damit. Die Unzufriedenheit wird auf anderes übertragen, doch diese Unzufriedenheit kommt durch diese Beziehungen, rührt daher, daß sie als Frauen nicht gleichberechtigt oder gleichgestellt sind. Aber das fassen sie nicht als ihr Problem oder als Frage der eigenen Emanzipation auf, sondern, na ja, die Männer sind nun mal so, und sie, die Frauen, müssen eigene Antworten darauf haben und kluge Strategien erfinden, um die Männer auszuspielen.

Mit meiner Mutter kann ich eigentlich schon darüber sprechen, aber sie ist absolut dagegen, daß man radikal und verallgemeinernd denkt. Mein Vater meint, daß Verallgemeinerung überhaupt schlecht ist und man überhaupt nicht „die Männer" und „die Frauen" sagen kann. Was ja eigentlich stimmt, aber man muß einfach mit Begriffen und Vorstellungen arbeiten, wenn man darüber spricht. Für meine Mutter ist mein Denken einfach zu radikal und ein falscher Weg. Ganz erfülle ich momentan nicht ihre Erwartungen, aber das belastet mich nicht, oder nicht mehr. Sie ist sehr einfühlsam. Das, was ich aber sonst so höre, warum hast du keine Familie, keinen Mann, keine Kinder – vor allem keinen Mann, denn dann bist du o.k. für das Leben –, das sagt sie mir nicht. Also diesen Druck übt sie nicht auf mich aus. Und darin sehe ich eher Einverständnis mit meinem Leben und meiner Person.

Als ich mit meinem Freund damals zusammengelebt habe, hat er gearbeitet und ich studiert, also er hat eigentlich das Geld nach Hause gebracht. Im nachhinein sehe ich das wie eine richtige Ehe. Die Entscheidungen hat er getroffen, wann er ein Auto kauft usw. Das war aber verständlich, weil es sein Geld war. Er hat mich in der typischen Rolle der Frau gesehen, so wie halt eine Frau sein muß. Es war auch ein wenig problematisch, wenn ich klug oder nicht so dumm war, denn dann hatte ich meine Fragen und er keine Antworten. Unsere Diskussionen waren überhaupt nicht gut, er konnte nicht viel damit anfangen. Das Problem war, daß ich mit ihm nicht teilen konnte, was ich erlebte. In mir war eine ziemliche Unzufriedenheit. Er war kein typischer Macho oder Unterdrücker, so würde ich ihn wirklich nicht bezeichnen, es war eher die innere Haltung oder Einstellung. Ich bin mit ihm immer noch in Kontakt. Er gehört zu denen, die auch Feminismus als Eigenschaft von mir akzeptieren.

Der normale Weg ist, daß zuerst die Mutter und dann der Mann entscheidet. Aber wie die Mutter zu dieser zentralen Rolle kommt, weiß ich nicht. Wie ich schon gesagt habe, irgendwie treffen innerhalb der Familie doch die Mütter die Entscheidungen. Die Männer haben einfach die Sicherheit, die Frau zu besitzen, sie müssen nichts weiter dafür tun, und die Frauen können die Entscheidungen treffen. Das ist sehr ambivalent, Unterdrückung einerseits, eine zentrale

Rolle andererseits. Deshalb auch diese Fragen von der Familie, von den Verwandten: warum hast du keine Kinder, die Zeit drängt, warum diese Bücher ... Mein Studium ist für sie nicht interessant, steht nicht im Vordergrund. Eine Frau muß zuerst Mutter sein, um respektiert zu werden. Doch sie wird damit nicht als gleichberechtigt angesehen, sie erfüllt eine Rolle, das ist ihre Aufgabe, dann ist sie in Ordnung. Deshalb ist es auch ungewöhnlich, wenn junge, unverheiratete Frauen oder Männer nicht mit der Familie leben. Ein Freund von mir hat gemeint, daß die ungarischen Männer eben deshalb so sind, weil sie immer mit der Mutter zusammenleben und auch sie keine Selbständigkeit lernen, dieses Gefühl, alleine zu leben, nicht kennen und nicht wissen, was es bedeutet, die Verantwortung für den Haushalt zu tragen. Sie schätzen diese Arbeiten nicht, weil sie sie nie gemacht haben, gar nicht wissen, wie das alles so läuft. Es ist viel bequemer, sich das als einfach vorzustellen und auf die Frauen zu laden. Dann haben sie auch noch ihre Mutter oder Schwiegermutter hinter sich, das ist auch ein Problem, wenn diese sagt, wie die Enkelkinder zu erziehen sind.

Einmal habe ich hier in Budapest ein Training für Frauen nach amerikanischer Art mitgemacht. Es ging darum, sich selbst zu behaupten, Selbständigkeit zu entwickeln. Daran haben sehr verschiedene Frauen unterschiedlichen Alters teilgenommen. Es gab auch Mütter, die das Leben als Erleben sahen und etwas für ihre Selbständigkeit tun wollten. Konfliktsituationen wurden besprochen, oder Fragen wie „man" zu sagen, wurden behandelt. Du spürst etwas, und du mußt herausbekommen, was du spürst, was in deinem Kopf ist, was dein Problem mit dem anderen ist und das erklären. Verbales Umsetzen von Gefühlen. Da war eine junge, verheiratete Frau, die ein Kind hatte. Sie hat erzählt, daß ihre Mutter unbedingt ihr Kind erziehen will. Ja, diese Unzufriedenheit gibt es auch bei anderen Frauen, das habe ich dort gelernt. Das Training wurde von zwei Frauen geleitet, die zusammengelebt haben, zwei Ungarinnen. Das hat man als Problem aufgeworfen, ich weiß nicht, ob die anderen das so als selbständig empfanden. Zu meinem Bild der ungarischen Frau gehört auch, daß sie nicht nein sagen kann, nicht gegenüber der Mutter, einem Kind, überhaupt ...

Mein größtes Problem ist vielleicht, daß ich als gute Schülerin erzogen wurde, mich immer anpassen will und dieses Gefühl von Geborgenheit und Liebe brauche. Dafür tue ich eben auch Dinge, die ich gar nicht will oder nicht als gut empfinde, und dagegen muß ich etwas unternehmen. Das ist auch typisch für Frauen, für Menschen überhaupt. So war das in der Schulzeit. An der Uni ist es auch ambivalent, ein Glück, daß es dort Leute gibt, die nicht so sind wie in der Schule, sie sind Ausnahmen, sie denken anders, weil sie eben aus einem anderen Land kommen. Ich glaube, daß ansonsten unter den Lehrenden und Profs diese alte Vorstellung von Schule häufiger ist. Die Universität paßt im allgemeinen sehr gut in diese Reihe – Kindergarten, Grundschule usw. Die Ausländer und Ausländerinnen an der Uni sind der einzige Ausweg oder ein Zeichen dafür, daß es auch anders sein kann, ein bißchen anders ist, sie verleihen ihr Farbe.

Ich habe ja schon ein Studium an der Hochschule abgeschlossen, Ungarisch und Volksbildung, ein Fach, das es jetzt nicht mehr gibt. Nun studiere ich das dritte Jahr Deutsch am Germanistischen Institut der Loránd-Eötvös-Universität (ELTE) in Budapest. Die Aufnahmeprüfung an die ELTE, Ungarisch und Deutsch, habe ich nicht gleich geschafft. So wurde ich der Hochschule in Nyíregyháza zugewiesen, das ist hier dieses System. Dann kam ich zurück nach Budapest, doch nur an die Hochschule, nicht an die Universität, und nicht Deutsch und Ungarisch, sondern Ungarisch und Volksbildung. Diese pädagogische Hochschule wird manchmal auch Hausfrauenhochschule genannt. Entweder sind die Frauen dort so desinteressiert, oder es sind Frauen, die ein Diplom brauchen, um sagen zu können, daß sie gebildet und nicht eine dumme Hausfrau sind. Aber ihr Ziel ist nicht zu lehren oder sich zu entfalten, sie haben eigentlich kein Ziel, sie wollen nur Hausfrauen sein. Pädagogik ist ja auch vor allem Frauensache ... Die Mehrheit der Leute, die ich dort kennengelernt habe, zeigte auch kein Interesse für mich und für nichts. Das kommt daher, daß die Entscheidung zu studieren kein „echtes“ inneres Anliegen ist, sondern es gehört sich so, und damit kann man später etwas anfangen. Das ist eher von der Gesellschaft und traditionell bestimmt, daß eine Frau

Pädagogin wird und eine der entsprechenden Hochschulen besucht. Ein Diplom erhöht den Wert der Frau, das Ziel ist eigentlich, dadurch den Mann zu finden.

Momentan beschäftigt mich sehr das Thema „Eßgewohnheiten“ und die damit verbundenen Krankheiten wie Magersucht und so. Ich möchte darüber ein Referat an der Uni halten. Wir müssen am Ende der sprachpraktischen Ausbildung ein Referat halten. Dahinter stecken natürlich vor allem die Ansichten über Eßgewohnheiten von Frauen, was so radikal bei einer Abschlußprüfung an dieser Uni nicht gesagt werden kann. Dieses Thema berührt wieder alle meine Gedanken über Frauen in der Gesellschaft. Ich will nicht schon wieder über Frauenbewegung und Feminismus sprechen, bei der Prüfung auch deshalb nicht, weil Feminismus als rotes Tuch gesehen wird. In dieser Situation muß ich nicht unbedingt die andere Meinung vertreten. Daß man dazu in Österreich aus der Reihe „Frau in der Gesellschaft“ vom Fischer Verlag ein Buch findet, ist kein Zufall. Hier findet man nur psychotherapeutische Artikel darüber, in denen das als Krankheit, aber nicht als gesellschaftliches Problem behandelt wird. Ich habe sehr viel Literatur zusammengesucht. Was ich auch für eine Störung halte, ist diese Welle „Ich habe 30 kg in so und so vielen Wochen abgenommen“, mit Unterschrift und Bild in Zeitschriften und auch im Fernsehen, um die Masse damit zu erreichen. Auch dieses ganze Schönheitsideal ... In Ungarn wird das nun auch in dieser Form vermittelt, es gibt nur mehr diese Art von Frauenbild in Zeitungen und Zeitschriften. Das ist nun noch stärker als in der kommunistischen Zeit. Damals gab es nicht so viele Boulevard-Frauenzeitschriften.

Das erste, was ich nach der politischen Wende feststellen konnte, war, daß es viel mehr Nachtlokale und einfach Orte gab, wo man hingehen kann. Das ist persönliche Freiheit, gibt einem das Gefühl, daß der öffentliche Raum größer geworden ist. Andererseits diese stärkere Unsicherheit auf der Straße. In den Jahren um 1989/90 hatten wir in Ungarn sehr, sehr schöne Erlebnisse, weil man dachte, es verändert sich alles, alles wird besser, wenn auch nicht ideal, aber besser wird es sicherlich. Die Enttäuschung danach war ziemlich groß. Eher daß man alles läßt und nicht politisiert. Ich habe mir danach auch gedacht, daß das, was wir an sozialer Sicherheit vorher hatten, sehr wichtig ist. Jetzt spüre ich es noch stärker, weil ich die Armen und Obdachlosen auf der Straße sehe, und das kann jetzt jedem passieren. Ich glaube schon, daß dies das kommunistische System im Kopf wiederbelebt, nicht als gesellschaftliches System, aber als Anspruch auf diese soziale und existentielle Sicherheit. Ich habe den Kommunismus als Kind erlebt und nicht als Erwachsene, die im Beruf oder Studium steht, insofern ist es schwierig für mich, das alles wirklich zu beurteilen.

Ich fühle mich zwar jetzt freier, aber auf der anderen Seite doch an Geld gebunden. Es herrscht schon ein sehr großer Druck und Zwang. Daß ich an jeder Ecke ein Mc Donald's finde, das ist für mich schon keine Freiheit mehr. Ja, das ist ein gutes Beispiel. Jeder hat diese Freiheit gespürt, als hier das erste Mc Donald's Restaurant eröffnet hat. Das war richtig erlebte Freiheit, weil es diese Art von Essen war, wo du frei herumsitzen kannst und kein Kellner dich belästigt. Dann kam diese Kette, diese Masse, das ist schon keine Freiheit mehr, sondern das Gegenteil. Das ist nicht etwas anderes, sondern das ist wieder die Autorität einer Sache, diese Überflutung. Geld, Autos, materielle Dinge, die werden zu hoch bewertet, da ist keine Freiheit mehr.

Wirklich frei fühle ich mich nicht, vielleicht deshalb nicht, weil ich mich mit dem Frausein immer mehr identifiziere, und da sehe ich nur Zwang und Druck, keine Freiheit. Freiheit ist aber auch, daß ich überhaupt etwas erkennen kann, mir Zugang zu Informationen verschaffen kann. Das ist heute anders als früher, diese politische Freiheit.

Politisch wird für Frauen hier überhaupt nichts getan. Das hat auch die Diskussion über Abtreibung gezeigt, wie Männer und Frauen sich polarisieren. Männerpolitiker und Frauengesellschaft. Die Gespräche wurden in ideologische und theologische Richtungen geführt, und auf der Straße, wo wir Unterschriften gesammelt haben, war eigentlich fast jede Frau, mit der wir gesprochen haben, mit uns einverstanden, keine hat gesagt, wir seien Mörderinnen. Das haben wir nur von Männern gehört. Das fand ich typisch: Er ist oben, also kann er uns beschimpfen. Er ist ein Mann und sieht das anders, das finde ich schon schlimm. Und daß auch viele Kindergärten geschlossen wurden. Die staatliche Unterstützung fehlt einfach immer mehr. Eine Frau, die zu Hause sitzt, wird eher unterstützt. Ich habe auch gehört, daß immer mehr Frauen lieber zu Hause bleiben möchten. Das wird ja auch gesellschaftlich gut angesehen und zeigt persönlichen Reichtum. In meinem Freundeskreis sind eher Frauen, die zuerst etwas tun möchten im Leben und dann Kinder kriegen wollen. Ich kenne aber auch viele Leute, die wegen einem Kind heiraten. Das finde ich so blöd und so anachronistisch. Ich glaube, von zehn Hochzeiten ist bei acht Paaren ein Kind unterwegs und der Grund, warum sie heiraten. Das ist der normale Weg, der Alltag einer Durchschnittsfrau. Und dann haben die Frauen natürlich den Wunsch, zu Hause zu bleiben, weil sie als Mutter angesehener sind. Ich glaube schon, daß sie Probleme haben werden ...

Ich möchte schreiben. Über alles. Das ist eher ein Traum. Ab und zu schreibe ich auch jetzt. Ständig beschäftigen mich Gedanken so in der Richtung, daß ich darüber schreiben werde. Aber das muß erst werden. Es fehlt die Zeit, und vielleicht habe ich auch nicht genug Selbstvertrauen. Ich schätze mich nicht so hoch, was meine Schreibkunst betrifft, als Schriftstellerin ... Ich bin noch nicht so weit. Ich denke sehr viel über diesen Beruf nach, wie ich das machen könnte, Schriftstellerin zu sein. Ich nehme alles auf, auf der Straße, das ist auch mein Problem, daß ich mich plötzlich in andere Leben, in Gespräche einmische. Ich nehme alles auf und kann zu vielen Dingen keinen Abstand finden. Man kann nicht so viele Leben haben. Daher auch diese Entscheidung, Schriftstellerin zu werden. Ich weiß nicht, wer ich eigentlich bin. Mich beschäftigt sehr, das herauszufinden.

Die Zukunft sehe ich eher negativ, meine natürlich positiv. Ich würde nie sagen, daß etwas in zwei Jahren so und so sein wird. Ich glaube schon, daß meine Zukunft in der Nähe ist, einerseits, und andererseits, daß die Zukunft der Gesellschaft sich eher negativ auf meine eigene auswirkt. Vielleicht muß ich weg und meine Zukunft anderswo suchen, oder einfach meine Zukunft nicht parallel mit der Gesellschaft laufen lassen, sondern selbst gestalten. Ich lebe gerne in Budapest, in Ungarn, weil ich weiß, daß es in einem anderen Land sehr schwierig ist, da es eben nicht meine Heimat ist. Ich habe Angst vor Rechtsradikalismus. Wo Armut und wirtschaftlicher Niedergang sich ausbreiten, sind die Radikalitäten wieder ausgeprägt und haben damit die Macht.

Ich hoffe, daß ich meine Umwelt, die Vorstellungen von ungarischen Männern verändern kann. Momentan stehen meine Chancen schlecht, daß ich auch hier jemanden finde, mit dem ich leben kann, der mich als selbständig anerkennt und akzeptiert. Ich hoffe, daß die Freiheit bleibt, wünsche mir einen guten Job, ein Auto vielleicht ... nein, ein Auto auf keinen Fall, aber Reisen, ich möchte viel reisen, in einem anderen Land mal leben und etwas ganz anderes erfahren, aber wieder zurückkehren. Hier möchte ich etwas tun, auch für die gesellschaftliche Veränderung. Wenigstens so viel, daß man das Gefühl hat, es gibt Raum, um zu atmen.

Vieles paßt nicht zusammen. Mir fehlt z.B. der erste Mai. Mit meiner besten Freundin habe ich davon geschwärmt, wie gut der erste Mai immer war. Das gehört irgendwie auch zu meiner Kindheitserinnerung, daß es viele Luftballons gab, die Massen von Menschen, die Sonne schien immer. Das war für Kinder eine große Sache, wir fühlten uns dazu nicht gezwungen.

Es ist für mich schwierig auseinanderzuhalten, was eigentlich zur Kindheit gehört und eben deshalb heute nur so schön erscheint, und was damals richtig positiv war. Jetzt fehlt mir das Gefühl von '89/90, aber das ist eben ein nicht haltbares Gefühl: einfach, daß das alles möglich ist in unserer Gesellschaft, daß Neues kommt und nicht mehr dieses aufgezwungene „ungarische Schicksal", daß sich nicht alles im Kreis dreht, sondern etwas vorwärts geht. Daß das passieren konnte, einmal für ein Jahr, war schön, auch wenn ich die Veränderungen nicht sehe. Es war nur eine Hoffnung auf Veränderungen. Ich habe erwartet, daß man in der Politik miteinander redet, kritisieren kann, daß die Kritik angenommen wird oder wenigstens angehört, Dinge problematisiert und nicht zur Seite geschoben werden, daß gemeinsame Interessen erlebt und verfolgt werden. Es gibt überhaupt keine gemeinsamen Interessen mehr, nur noch persönliche Interessen. Was diese Veränderung auch hätte bringen können, vielleicht kommt es noch dazu, daß kleine Gruppen innerhalb der Gesellschaft dadurch entstehen, daß gemeinsame Interessen erkannt werden und sich Leute zusammentun und etwas bewegen. Daß sich auch die Haltung und das Denken der Menschen durch den politischen Wandel verändern.

Ich hoffe, daß neue Lebens-Konzepte entwickelt werden ... Aber da sehe ich keine positive Antwort von „denen da oben", es muß von unten ausgehen, daß die Leute nicht in totalitäres Fahrwasser geraten, also nicht nur einen Weg sehen, sondern Möglichkeiten neuer Lebenswege selbst erkennen und diese Wege angehen.

Als ich fünf Jahre später mit Eszter über ihren Text spreche, sagt sie: „Füg nur hinzu, daß ich meinen Weg in Ungarn gefunden habe und hier mit einem Mann glücklich bin."

Juni 1995

VIKTÓRIA, Geschäftsfrau
41 Jahre, geschieden, 1 Tochter

„Dazu kommt noch, daß man nach wie vor glaubt, Männer würden besser arbeiten. Ein Blödsinn!"

Bevor Viktória dem Interview zustimmt, will sie mich kennenlernen und genau wissen, woran ich arbeite und warum ich das mache. Ich hole sie in einem ihrer Folklore-Geschäfte in der Budapester Innenstadt ab, um bei einem gemeinsamen Mittagessen all ihre Fragen zu beantworten. Sie hat sehr viel zu tun, ist zwischendurch immer wieder auf Reisen. Für das Gespräch vereinbaren wir einen Termin nach Geschäftsschluß. Sie führt mich in eine mit Antiquitäten eingerichtete, große Wohnung, die zu einem exklusiven Schneidersalon umgestaltet worden ist. Wunderschöne alte Kleider sind dort in Arbeit. Viktória wirkt elegant und selbstsicher, lebendig und zuvorkommend. Es ist spürbar, daß sie das Leben und die Menschen liebt. Während des Gesprächs lachen wir viel, ihrer Fröhlichkeit und ihrem Optimismus kann man nicht widerstehen.

Ich stamme aus einer Familie, wo wir nach den alten Werten erzogen worden sind. Ich habe sehr viel zu Hause bekommen, sowohl Kultur als auch Liebe und Aufmerksamkeit. Ich bin 1954 geboren, damals waren in Ungarn alle arm, auch wir, aber ich habe das nie so gespürt. Wir hatten ein sehr schönes Zuhause. Meinen Eltern war es wichtig, daß sie uns Sprachen lehrten. In meiner Kindheit mußten wir daheim deutsch sprechen, aber ich habe immer ungarisch geantwortet.

Eine ganz große Bedeutung in unserem Leben hatte das Segeln, die ganze Familie war jeden Sommer drei Monate am Plattensee im Klub. Wir sind den ganzen Sommer gesegelt, schon als kleine Kinder. Wenn ich alte Segler treffe, sagen sie mir: Ich habe dich damals gewickelt. Meine Mutter, mein Vater, meine Schwester waren ungarische Meister. Alle sind sehr gut gesegelt, alle waren immer die ersten, nur ich war immer die letzte, weil ich immer nur darauf achtete, wo die Sonne schien und nicht woher der Wind wehte. Ich habe immer ein bißchen die sonnige Seite vom Leben gesucht. Das Segeln war sehr entscheidend für mich. Ich habe dabei Disziplin und Ordnung gelernt. Wir hatten einen sehr strengen Trainer, der wie ein Wachtmeister auf uns achtete. Morgens um sieben Uhr mußten wir aufstehen und Frühsport treiben, wir wurden dort soldatenhaft, sehr streng erzogen, man hat uns die Liebe zur Arbeit eingepaukt.

Wir waren eine richtige Sportlerfamilie. Meine Großmutter ... alle waren Sportler, nur ich nicht. Aber ich finde auch, daß Sport sehr wichtig im Leben ist. Im Prinzip ist das ein Geschenk, eine zusätzliche Freude im Leben. Wer keinen Sport treibt, weiß gar nicht, was einem das geben kann. Wenn ich irgendwelche Sorgen habe, gehe ich in den Wald und laufe ein paar Stunden, ich kann alles – Traurigkeit, Angst, Sorgen – aus mir herauslaufen. Haben Sie den Film „Forrest Gump" gesehen? Er ist immer gelaufen. Ich kann das gut verstehen. Das ist viel besser, als Medikamente einzunehmen.

Als ich so 15, 16 Jahre alt war, schickten mich meine Eltern in den Westen zu einem Onkel, um auf dessen Kinder aufzupassen und Sprachen zu lernen. Ich war zwei Monate in Genf und zwei Monate in Zürich. Mit 17 war ich verliebt, mit 18 verheiratet, mit 19einhalb habe ich meine Tochter geboren. Ich ging noch ins Gymnasium, als ich meinen Mann kennenlernte. Er hatte es schon abgeschlossen, war damals schon ein sehr guter professioneller Sportler, später hat er mehrere Olympiaden und eine Weltmeisterschaft gewonnen. Ich war sehr verliebt, ich wollte nach dem Abitur nicht an die Uni gehen, meine Eltern konnten mir nichts sagen, mir war nur die Liebe wichtig. Mein Mann hat einen Studienplatz in Szeged an der Universität bekommen. In Ungarn war es immer so, daß die guten Sportler mit viel weniger Punkten bei der Aufnahmeprüfung an die Uni gehen konnten, aber sie mußten dort ihre sportliche Disziplin ausüben. Wir haben dann ein Jahr in Szeged gewohnt. Das war ein bißchen schwer für mich, weil ich ein halbes Jahr lang keine Arbeit gefunden habe, und ich muß immer etwas tun. Dann hat mein Mann schon in der Auswahlmannschaft gespielt, er konnte nach Budapest an die Universität, und so sind wir zurück in die Hauptstadt.

Ich habe von meiner Großmutter eine sehr schöne Zwei-

Zimmer-Wohnung bekommen. Sie hat alles ganz allein aufgebaut, fünf Sprachen gesprochen und sehr viel übersetzt, um den zwei Enkelinnen eine Wohnung zu schenken. Das war damals in Ungarn eine wahnsinnig große Sache – eine eigene Wohnung. Dort habe ich mein Leben eigentlich angefangen. Und dann kam die Olympiade, mein Mann war sehr berühmt geworden und hat viele Menschen kennengelernt. Mädchen haben ihm Liebesbriefe geschrieben ... Eine bekannte Sängerin war hinter meinem Mann her, und so ist unsere Ehe kaputtgegangen. Meine Tochter war anderthalb Jahre alt. Ich habe ihn später schon auch verstanden. Er hat immer trainiert und gelernt, er hat kein Leben gehabt und war viel zu jung. Natürlich war es für ihn viel interessanter, abends in die Disco zu gehen, etwas zu unternehmen und nicht zu mir nach Hause zu kommen. Ich war um 31 kg schwerer mit dem Baby zu Hause. Ich kann nur allen Frauen sagen, daß sie auf ihr Gewicht sehr aufpassen sollen. Mein Mann ist dann ausgezogen, und ich habe meine Tochter alleine großgezogen. Nach einem Jahr haben wir es noch einmal probiert, aber es hat nicht geklappt, und dann haben wir uns scheiden lassen. Er hat sich auch damals nicht ganz von der Sängerin getrennt gehabt, und ich wollte diese Verpflichtung nicht mehr. Das alles war für mich eine große Tragödie. Ich hatte mir immer vorgestellt, daß wir heiraten, zwei Kinder bekommen, Mann, Haus, Hund, Katze. Ich hatte so einen rosafarbigen Traum vom Leben und konnte einfach nicht verstehen, warum es nicht so geworden war. Es war wahnsinnig schwer für mich. Meine Eltern führten eine sehr gute Ehe. Ich habe immer das zu Hause gesehen, ich habe nie daran gedacht, daß mir etwas anderes passieren könnte ... Meine Eltern haben mir sehr viel mit dem Kind geholfen, meine Schwiegermutter auch. Ich hatte immer irgendjemanden für meine Tochter, den ganzen Sommer war sie bei meinen Eltern am Plattensee in Tihany, und an den Wochenenden bin auch ich immer hingefahren.

Ich habe eine Reiseleiterschule gemacht, dann eine zweijährige Fremdenverkehrsschule. Das hat mich nicht so angestrengt. Ich habe nie gern gelernt, auch in der Schule nicht. Meine Mutter hat vor kurzem gesagt: du hast immer so schlecht gelernt, mit dir hat es immer Probleme gegeben. Dann habe ich meine Zeugnisse angeschaut, ich hatte nur Vieren und Fünfen, das waren die besten Noten. Ich habe nie, nie gelernt, immer nur fünf Minuten vor der Stunde. Ich war auf so viele Sachen neugierig, habe immer sehr viel gelesen, oft bis Mitternacht, ich bin in den Wald oder irgendwohin gegangen, aber zu Hause vor dem Buch sitzen und lernen konnte ich nicht.

Als ich dann mit dem Baby alleine zu Hause war, war das eigentlich kein Problem. Ich habe sehr viel Milch gehabt und sieben Kindern Milch gegeben, auch dem Sohn meiner Nachbarin, sie war meine Freundin. Wir waren im Garten zusammen, sind spazieren gegangen, ich habe nie diese Depressionen nach der Schwangerschaft gehabt.

Ich mußte dann nach sieben Monaten wieder arbeiten gehen und habe in einem Reisebüro angefangen. Durch unsere finanzielle Situation war ich gezwungen dazu, mein Mann ist ja noch auf die Universität gegangen. Aber ich habe sowieso sehr gerne gearbeitet, das war immer wichtig für mich, obwohl ich es mir auch hätte vorstellen können, zu Hause bei dem Kind zu bleiben, noch eines zu bekommen ... Später habe ich nicht mehr an ein zweites Kind gedacht.

Die Ehe mit meinem zweiten Mann – auch ein professioneller Sportler – war ein Mißverständnis von meiner Seite. Er hat mich sehr gern gehabt, und was mir sehr wichtig war: er hat meine Tochter sehr geliebt. Ich habe immer gewußt, daß wir nicht zusammenpassen, aber er hatte so einen guten Kontakt zu meiner Tochter. Sie war damals fast acht Jahre alt und ging schon in die Schule. Ich habe gerade mein erstes Geschäft eröffnet, da war ich 27, glaube ich. Ich habe ein Reitartikelgeschäft gekauft und mir das so vorgestellt, daß ich vormittags im Reisebüro arbeite und nachmittags im Geschäft. Mein Mann hat aber dann das Geschäft geführt, und so habe ich mehr Zeit gehabt. Ich dachte, ich könnte noch etwas anderes machen. Durch einen Bekannten habe ich meine zukünftige Geschäftspartnerin kennengelernt. Sie war seine Freundin. Wir haben uns erst kurz gekannt, als wir beschlossen haben, Partnerinnen zu werden. So haben wir vor zehn Jahren gemeinsam das erste Geschäft in der Innenstadt eröffnet, und fünf Jahre später das zweite. Ihr Mann hat gesagt, daß das nicht mehr als drei Monate dauern wird, weil zwei Frauen nicht gut miteinander auskommen können. Jetzt machen wir das schon zehn Jahre zusammen und hatten noch nie Probleme miteinander. Wir machen alles Geschäftliche gemeinsam. Manchmal sagt sie: du, das sollten wir so machen, und manchmal sage ich: du, da bin ich hundertprozentig sicher, so müßte man das machen, oder so ist es besser. Jede kennt ihre Grenzen, und jede weiß, wo ihre Stärken liegen. Es entscheidet immer diejenige, die davon etwas versteht. Das weiß jede von sich, es ist nicht konzipiert, sondern ganz natürlich, und das akzeptieren wir gegenseitig. Auch wenn eine von uns mal eine falsche Entscheidung trifft, ist das kein Problem, es kann schon mal passieren, alle machen Fehler. Jede von uns arbeitet soviel, wie sie kann, wie sie Lust hat. Meine Partnerin hat ein Kind, jetzt ist es nicht mehr so klein, aber damals konnte sie monatelang nicht arbeiten. Da habe ich alles alleine gemacht. Jetzt war ich zwei Wochen lang weg, da hat sie alles gemacht. Es ist auch nicht so eingeteilt: du zwei Wochen, ich zwei Wochen, sondern wie es kommt. In Ungarn habe ich noch nicht gehört, daß zwei Frauen so lange zusammen gearbeitet haben. Sehr viele Leute machen zusammen Geschäfte, und nach drei, vier Jahren zanken sie und trennen sich wegen Geld oder ich weiß nicht warum. In ganz Budapest kenne ich keine Partnerschaft, wie wir sie haben. Die Zusammenarbeit, alles ... wir sind absolut gleichberechtigt, uns gehört alles gemeinsam, jedes Kleid, das wir verkaufen ... Drei Sachen sind sehr wichtig bei der Zusammenarbeit. Erstens: man muß hundertprozentig korrekt sein, was Geld und Arbeit betrifft, in allem. Zweitens: man muß den anderen so akzeptieren, wie er ist, und nicht versuchen, ihn zu verändern, sondern damit arbeiten, wie er ist. Drittens: wir rivalisieren überhaupt nicht, das ist auch sehr wichtig. Unsere Zusammenarbeit basiert auf Liebe, nicht auf Rivalität. Wir sind wirklich sehr, sehr gute Freundinnen geworden, nicht nur Geschäftspartnerinnen. Das ist eine Freundschaft, in der ich mich – egal, was in meinem Leben passiert – absolut auf die andere verlassen kann. Das habe ich in meinen Ehen nie gehabt.

Meine zweite Ehe, das habe ich immer gewußt, war ein Flucht- und Lösungsversuch für das Leben, eine Erfindung von mir. Ich habe den Tatsachen nicht ins Auge gesehen, aber ich habe immer gespürt, daß diese Beziehung nicht ewig halten wird. Ich habe ihn vor allem wegen des Kindes geheiratet, sie sollte wegen mir keine Probleme in der Schule haben. Vor zwanzig Jahren war das nicht so einfach, wenn man mit jemandem ohne Trauschein zusammengelebt hat. Wir haben geheiratet, ein sehr schönes Haus gebaut, als es fertig war, haben wir uns getrennt. Ein schönes Jahr hatten wir gemeinsam. Wir haben uns scheiden lassen, dann ist jemand in mein Leben getreten, ich vermute, in sein Leben auch, aber das weiß ich nicht sicher, und jetzt lebe ich seit fünf Jahren mit diesem Mann zusammen. Psychologen sagen, daß es sich nicht lohnt, sich scheiden zu lassen, weil man immer wieder die gleichen Partner anzieht. Das ist jetzt mein dritter Mann, aber er ist kein Sportler. Nie mehr in meinem Leben werde ich noch einmal heiraten. Was zuviel ist, ist ungesund. Er ist auch schon zweimal geschieden und teilt meine Einstellung. Das funktioniert jetzt gut als Partnerschaft, ich meine, jetzt schon besser. Es ist manchmal schon sehr schwer, weil jeder sein eigenes Leben hat, auch finanziell. Wie alles im Leben hat es Vorteile und Nachteile, daß wir nicht verheiratet sind. Einerseits bin ich unabhängig, und Unabhängigkeit ist eine sehr große Sache. Andererseits paßt man besser auf, wenn man nicht verheiratet ist, da man den anderen leichter verlieren kann. Ich glaube, das ist der wahre Vorteil des Zusammenlebens ohne verheiratet zu sein: Es wird nicht platt. Wie ich sehe, sind viele Ehen in Ungarn sehr flach, die Partner achten nicht aufeinander, sind passiv, leben aneinander vorbei. Ich glaube, es gibt drei wichtige Dinge im Leben: die Gesundheit, eine gute Beziehung und ein Beruf, den man gerne ausübt. Das ist sehr wichtig, weil 18 Stunden am Tag etwas zu tun, was man nicht gerne macht, ist schrecklich. Für die Gesundheit tun die Menschen nichts. Es ist wirklich komisch, daß die Menschen nichts für ihre Ehe tun, nach zwei, drei, vier Jahren sind sehr viele Ehen kaputt. Ich sehe sehr wenige Partner, die wirklich etwas für die Beziehung und nicht nur für sich selbst tun. Über die Nachteile muß ich wirklich nachdenken ... Sicherlich glauben viele, na, diese Frau wird nicht genug geliebt, weil man sie nicht heiratet, aber diese Seite interessiert mich absolut nicht. Wir haben alles getrennt, es gibt eigentlich nichts, was wir gemeinsam haben. Das ist vielleicht ein Nachteil. Jeder hat sein eigenes Haus, seine eigene Existenz, sein eigenes Auto, eigene Kinder, sein eigenes Klo ... Nichts ist gemeinsam. Es wäre wahrscheinlich ganz anders, wenn wir ein Kind zusammen hätten. Ich denke, dann sollte man heiraten.

Ich habe mein Leben selbst in die Hand genommen, unabhängig von einem Mann, aber ich glaube an Prädestination. Ich glaube daran, daß unser Leben, unser Schicksal vorbestimmt ist. Ich habe nicht das Gefühl, daß ich dieses Schicksal so sehr selbst gelenkt hätte, daß ich soviel geplant oder dafür getan hätte. Das ist so gekommen und mit mir passiert, ich war nie ein ausdauernder und vorausdenkender Mensch. Ich wollte ein ganz anderes Leben, aber ich finde auch in diesem Leben sehr viel Freude, ich jammere nicht. Ich schaue mir die Situation an, die guten Sachen nehme ich heraus, und bei den schlechten sage ich, das gehört dazu, was soll ich machen? Wirklich tragisch war für mich nur, daß mein erster Mann weggegangen ist, das war sehr schlimm. Alles andere habe ich leicht geschafft.

Als Frau habe ich im Geschäftsleben nie negative Erfahrungen gemacht, aber ich achte eigentlich nicht darauf. Es war vielleicht sogar leichter, daß ich eine Frau bin. Ich kann sehr gut mit Menschen Kontakte schließen, mit Menschen umgehen, ich habe sie gern, und das spüren sie. Ich vermute, es ist nicht die Frage, ob Mann oder Frau, sondern es ist eine Frage der Persönlichkeit. Es treten höchstens dann ab und zu Schwierigkeiten in einem Büro auf, wenn eine Frau die Sachverwalterin ist, da spüre ich schon mal Antipathien, aber ich liebe die Menschen und kann mich innerhalb von zehn Minuten mit jedem verstehen. Es gab noch nie etwas, was nicht irgendwie besprochen werden konnte. Ich glaube nicht , daß mich jemand haßt oder beneidet. Die Leute, die mich kennen, wissen, daß ich sehr viel gearbeitet habe und jedem helfe. Ich habe noch mit niemandem in meinem Leben so richtig Streit gehabt. Viele Frauen versuchen, Karriere zu machen, was ich sehr gut finde. Ich glaube nicht, daß es für Frauen schwerer ist. Ich war sehr fleißig und habe immer großes Glück gehabt. Ich kann von mir sagen, daß ich ein glücklicher Mensch bin. Mit ein bißchen Glück kann jede Frau Karriere machen.

Ich kenne diese Vereinigung der ungarischen Unternehmerinnen nicht. Das ist in meinen Augen ein Klub der sich langweilenden Frauen im Hotel Kempinski. Ich war nie dort. Ich habe viele Freunde und so wenig Zeit. Um sieben Uhr stehe ich auf, wenn ich ein bißchen Zeit habe, gehe ich turnen bis neun oder zehn, dann bis sechs Uhr ins Geschäft, um sieben bin ich zu Hause. Ich habe keine Zeit dazu, und ich brauche es auch nicht. Budapest ist sowieso sehr klein, und im jeweiligen Kreis kennt man einander.

Die Situation der Frauen hängt meines Erachtens von der jeweiligen Gesellschaftsschicht ab. Die allgemeine Situation ist sehr schlecht und schwierig, weil die jahrhundertlange Männerherrschaft immer noch anhält. Ich bin keine Feministin! Auch ich bin Anhängerin des Patriarchats, ich komme aus so einer Familie. Ich mag die alten, traditionellen Werte. Aber ich würde gerne sehen, wie es in Amerika ist, wo der Mann nach achtstündiger Arbeit genauso seine Pflichten zu Hause hat. Ich bin sehr aufgebracht darüber, daß die ungarische Durchschnittsfrau ihr Leben so verbringt, daß sie sich nach der Arbeit mit den drei Kindern und mit zig Tüten in der Straßenbahn nach Hause quält, der Mann aber allein im Auto nach Hause fährt, sich zu Hause vor den Fernseher setzt, Zeitung liest, während sie abwäscht, kocht, bügelt, die Kinder erzieht.

Eigentlich verstehe ich diese ganze Feministenproblematik nicht. Für mich sind die Frauen Feministinnen, die verkünden, wie das Leben doch schön ist ohne Männer, ohne Familie, selbständig, unabhängig. Deshalb bin ich nicht Feministin. Die Frauen in Ungarn sind leider nicht emanzipiert, das sieht man in allen Bereichen, aber ich hoffe, daß das kommen wird. Schon in der ungarischen Familie sieht man das an der Reihenfolge, zuerst kommt der Mann und dann die Frau, nein, zuerst kommen die Kinder, alles wird auf sie geschoben, dann der Mann und zuletzt steht immer die Frau. Da muß noch sehr viel getan werden.

Man kann so viele schöne junge ungarische Mädchen sehen –

und so wenig schöne Frauen mit fünfzig. Sie arbeiten soviel, haben keine Hilfe im Haushalt. Momentan ist die Situation sowieso sehr schwer. Und Familien mit zwei, drei Kindern, ich weiß nicht, wie sie leben können, wie sie Schuhe für 6000 Forint kaufen für die Kinder. Die Familie ist für die Frauen immer viel wichtiger als für die Männer, deshalb arbeiten die Frauen viel mehr für die Familie, für die Kinder, als der Mann.

Jeder muß nach seinem Gewissen entscheiden, ob er Kinder will. Das kann man nicht durch ein Gesetz regeln. Ich hatte einmal im Leben eine Abtreibung, und ich mußte mich bei fünf schrecklichen alten Weibern anstellen, die eine war von der KISZ, die andere von der Partei, die dritte von der Gewerkschaft, die vierte war vom Frauenrat, die fünfte ... weiß ich nicht mehr. Das war vor fünfzehn Jahren eine Art Abtreibungskomitee, und die haben dann entschieden, ob ich mein Kind abtreiben lassen darf oder nicht. Ich war so aufgebracht. Das waren keine Psychologen, sondern Gesellschaftsfunktionäre, die darüber entscheiden sollten, ob ich abtreiben durfte oder nicht! Ich war damals schon geschieden, deshalb mußte ich das Kind nicht behalten. Das ist auch eine Schweinerei: In Ungarn hat man immer gesagt, ihr müßt Kinder haben, und deshalb bekommt ihr bezahlten Kinderurlaub. Herr Bokros hat das nun storniert, aber das hätte man den Frauen ein Jahr vorher sagen müssen. Viele leben wirklich so, daß genau ausgerechnet ist, wieviel Kilo Brot und wieviel Liter Milch sie kaufen können. Und jetzt will man denen das Geld wegnehmen, das ist eine wahnsinnig große Schweinerei.

Ich hoffe, daß sich für die Frauen durch den Systemwechsel etwas verändert. Vielleicht ist es eine Chance. Doch es wird nicht sehr leicht sein, denn die Arbeitslosigkeit betrifft die Frauen viel mehr. Aber die Mentalität ändert sich. Meine Tochter z.B. will nicht heiraten, bevor sie dreißig ist, sie will Karriere machen, die Universität beenden, sie weiß ganz genau, was sie will. Die große Veränderung wird bei der nächsten Generation stattfinden, und jetzt sehe ich schon, daß die Jungs den Mädchen helfen. Ich hoffe, daß es für die nächste Generation besser wird, aber diese Generation ... In Ungarn war es immer so, daß die Frau dem Mann gedient hat, und das ist in den Frauen verankert. Das ist eine Mentalitätsfrage, eine Horn- oder eine Antall-Regierung kann daran auch nichts ändern.

Politik wird in Ungarn von Männern gemacht, leider. Die Frauen müßten viel mehr Initiative ergreifen. Ich würde es für obligatorisch erklären, daß bestimmte Posten mit Frauen besetzt werden, z.B. Gesundheitswesen, Bildungswesen, weil Frauen viel sensibler sind, einen weiteren Blick haben, sie können vieles besser erledigen als Männer, ich schätze Frauen auch mehr. Da bin ich ein bißchen Feministin.

Frauen mit kleinen Kindern bekommen schwerer eine Stelle. Wenn die Kinder krank sind, muß die Frau zu Hause bleiben, und jetzt finanziert der Staat nicht mehr soviel. Wenn die Frauen genug verdienen würden und sich jemanden für das Kind leisten könnten, wäre das kein Problem. Dazu kommt noch, daß man nach wie vor glaubt, Männer würden besser arbeiten. Ein Blödsinn!

Wenn früher in einer Bauernfamilie ein Kind zur Welt kam, hat man gesagt, daß ein Kind geboren wurde, wenn es ein Junge war. Wenn es ein Mädchen war, hat man gesagt, es ist ein Mädchen, aber wir behalten es trotzdem. Ein Mädchen war kein Kind, und das ist eine mehrere hundert Jahre alte Gewohnheit. Viele Männer wollen einen Sohn und keine Tochter. Wenn sie aber eine Tochter und einen Sohn haben, dann lieben sie die Tochter mehr. Und wenn sich Männer über die Geburt einer Tochter freuen, bemitleiden ihn die anderen ein bißchen. Das ist noch immer so. Ich war immer sehr glücklich, daß ich eine Tochter habe. Mein Mann wollte auch einen Sohn, einen Péter. Er ist vom Ausland nach Hause gekommen, meine Tochter war schon geboren, und er hat immer noch gesagt, ich hole eine Decke für Judit aus dem Zimmer von Péter. Ich denke, daß ist deshalb so, weil eine Frau den Namen des Vaters nicht weiterträgt, wenn sie heiratet. Vielleicht wird meine Tochter einmal Frau Kovács János heißen, obwohl es nun auch andere Möglichkeiten in Ungarn gibt. Die Jüngeren sind da schon selbstbewußter.

Ich kann nur allen Frauen sagen, daß sie selbst versuchen müssen, ihre Situation zu verbessern, etwas zu verändern. Sie müssen selbstbewußter werden. Wenn man etwas wirklich will, kann man es erreichen. Sehr viele Leute beklagen sich und suchen den Fehler bei den anderen. Im Leben muß man sich selber ins Gesicht schauen. Jetzt mit meinen 41 Jahren fange ich an zu lernen, daß ich auch meine schlechten Eigenschaften akzeptieren kann, ich muß nicht andauernd dagegen ankämpfen, sondern kann damit leben. Man muß nur die eigenen Grenzen kennen und annehmen.

Zu meiner Tochter habe ich eine sehr innige Beziehung, und ich versuche immer, eine kluge Mutter zu sein. Jetzt hat sie eine kleine Wohnung von mir bekommen. Es hat mir fast das Herz gebrochen, daß sie auszieht, aber ich dachte, sie ist jetzt zwanzig und muß lernen, allein zu leben und auf eigenen Füßen zu stehen. Ich habe ihr gesagt, daß mir dabei das Herz blutet. Sie ruft mich jeden Tag an oder kommt zu mir. Zur Zeit studiert und trainiert sie in Amerika. Sie ist auch Sportlerin, Tennisspielerin. Jetzt waren wir gerade zwei Wochen in Mexiko zusammen, sie erzählt mir alles, aber sie ist sehr selbständig, hat ihre Pläne. Manchmal fragt sie mich um Rat, dann sage ich, na ja, das finde ich nicht so gut, aber wenn sie nicht fragt, versuche ich, nichts zu sagen. Für mich ist es schwer zu akzeptieren, daß sie eine erwachsene Frau ist. Ich war nie eine strenge Mutter. Man kann mit Liebe und positiver Verstärkung ein Kind besser erziehen als mit Streit und Verboten. Meine Tochter hat immer gut gelernt, ein- oder zweimal hat sie eine schlechte Note bekommen, aber ich habe gesagt: macht nichts, das nächste Mal bekommst du eine viel bessere. Wenn sie etwas falsch gemacht hat, habe ich gesagt: das war nicht gut, wenn du es das nächste Mal so und so machst, ist es besser. Wir haben so gelacht, als sie mir erzählt hat, daß in Amerika der Trainer oder der Professor auch immer sagt, daß der nächste Versuch bestimmt viel besser sein wird. Judit hat gemeint: Siehst du Mutti, so hast du mich auch erzogen, woher hast du diese amerikanische Erziehungsmethode? Das ist einfach von mir gekommen. In Ungarn wird mit den Kindern soviel geschimpft, sie werden erdrückt. Meine Tochter hat die ungarischen Trainer nie gemocht, weil sie immer gesagt haben: du bist blöd, hast zwei linke Hände, wo schlägst du den Ball hin. Ich habe nie Probleme mit dem Kind gehabt. Niemand ist perfekt, alle können Fehler machen, sie, ich, damit kann man leben.

Sie hat auch einen sehr guten Kontakt zu ihrem Vater, auch mich verbindet Feundschaft mit meinem Ex-Mann. Ich habe nie gesagt, daß das Kind nicht zu ihm gehen soll, zum Geburtstag oder zu Weihnachten sind wir alle drei zusammen. Meine Tochter sollte wenigstens das haben. Sie hat es nie ganz akzeptiert, daß wir getrennt sind. Mit siebzehn Jahren hat sie noch gesagt: Wie schön wäre es, wenn auch du in das alte Familienhaus von Papa ziehen würdest.

Es hat sich sehr viel verändert seit 1989/90. Wir haben darauf sehr gewartet. Mein Vater war nie in der Kommunistischen Partei, auch nicht in anderen Organisationen. Meine Familie hat dieses System nie gemocht, sich aber damit abgefunden. Wir haben es nicht beschimpft, wir haben es akzeptiert. Wir haben uns sehr gefreut, als plötzlich alles anders werden sollte, was Vorteile wie Nachteile bringt. Für das Geschäft war es vorher viel leichter für mich. Es existierten viel weniger Geschäfte, und es kamen mehr Touristen. Ungarn war viel billiger, und wir konnten so besser verdienen. Damals haben wir die Spielregeln gekannt. Wir wußten, welchem Funktionär wir eine Flasche Kognak bringen müssen, und welchem 5000 Forint. Natürlich war das nicht ganz in Ordnung, aber wir kannten uns schon sehr gut aus, aber jetzt ist alles anders und viel komplizierter. Trotzdem bin ich froh über diese Veränderungen, nur wird es ökonomisch noch fünfzehn Jahre sehr schwer sein. Viele Leute denken, daß der Systemwechsel an der schwierigen Lage schuld ist, aber so ist es nicht. Es sind diese vierzig Jahre, die zig Millionen Dollar Kredit, die Ungarn vom Westen aufgenommen hat, und einmal muß man das zurückzahlen. Deshalb ist das Leben so schwer, nicht wegen der Freien Demokraten oder einer anderen Partei. Tatsache ist, daß die einfachen Leute damals viel besser gelebt haben als heute, alle hatten einen Fernseher und Wohnungen, jeder konnte drei bis vier Kilo Fleisch pro Woche kaufen. In Ungarn ist Fleischessen sehr wichtig, es war immer schon so, daß Fleisch Wohlstand bedeutet hat.

Wie ich schon gesagt habe, ich habe immer sehr viel Glück gehabt. Eigentlich war es damals nicht erlaubt, privat ein Geschäft zu eröffnen. Es gab nur sehr wenige private Geschäfte, in der ganzen Innenstadt vielleicht zwanzig. Ich hatte viele Bekanntschaften, mein damaliger Mann auch, und für Sportler war sowieso alles viel leichter. Meine Freundin und jetzige Geschäftspartnerin hatte schon ein winziges Geschäft. Ich hatte ein wenig Geld, aber nicht viel. Wir haben dann ein kleines Geschäft in einem Hof gefunden, das wir pachten konnten – zu einem ziemlich hohen Preis –, aber wir mußten nicht investieren, und so haben wir angefangen mit ganz wenig Geld, und dann immer weiter und neu investiert. Es wurde dann ein bißchen leichter, aber wer Geld hatte, hatte Angst, etwas für mehrere Millionen zu kaufen. Die Geschäfte waren alle staatlich, es gab auch keinen Platz. Meine Freundin hat z.B. im Erdgeschoß ihres Hauses in der alten Liftkabine ihr erstes Geschäft eröffnet. Es gab einfach keine Geschäfte, und Eigentum konnte man sowieso nicht kaufen. Die Geschäftsmiete kostet in Budapest jetzt mehr als in Wien. Unser Traum war immer, daß wir statt der vielen kleinen Geschäfte im Hof und im Keller ein schönes großes kaufen. Doch die Preise werden immer unerschwinglicher. Wir sind nur Hauptmieterinnen, nicht einmal Eigentümerinnen. Es ist wahnsinnig teuer, und das war es auch damals, denn mit den Geschäften konnte man viel Geld verdienen. Jetzt gehen die Preise hinunter. Die Konkurrenz ist einfach größer geworden.

Mit all den neuen Gesetzen und Bedingungen habe ich nichts zu tun. Ich habe einen Steuerberater und merke nur, daß ich immer mehr und mehr bezahlen muß. Das Haus, in dem wir eines unserer Geschäfte haben, wurde jetzt verkauft, aber nur die Wohnungen. Wir müssen weiterhin Pacht bezahlen. Für das Schaufenster auf die Straße verlangen die Hauseigentümer jetzt fünfzehnmal soviel pro Monat wie vorher. Sie können so viel verlangen, wie sie wollen, und wenn wir nicht zahlen, dann können wir die Vitrine runternehmen, aber dann können wir auch das Geschäft schließen. Wegen der vielen Gesetzeslücken, die der Systemwechsel mit sich gebracht hat, sind viele so schnell reich geworden. Es gibt einfach noch keine Gesetzesregelungen für bestimmte Sachen. Es gab in der Geschichte noch kein Beispiel dafür, daß eine Gesellschaft sich nicht vorwärts- , sondern zurückentwickelt hat. Man muß wieder alles lernen, alles herausfinden. Es war eine sehr schwere Lage für ganz Ungarn, vierzig Jahre lang gab es eine zentrale Parteiverteilung. Jetzt müssen wir anfangen, Kapitalismus zu machen. Herender Porzellan konnte nur kaufen, wer in der Parteizentrale Bekannte hatte. Dafür gab es keine Gesetze. Das Bewußtsein der Menschen läßt sich auch nicht von heute auf morgen verändern, es gibt Korruption, man hat das Land verkauft, die Geschäfte hat man unter dem Ladentisch verhökert, und wer nicht zur Clique gehörte, wie auch ich nicht, der konnte auch nichts kaufen.

Am wichtigsten für mich persönlich seit der politischen Veränderung war, daß ich einen Paß bekommen habe. Da alle meine Verwandten in Amerika, in Deutschland und in Österreich leben, durfte ich jedes Jahr einmal in den Westen fahren. Ich habe noch Glück gehabt, denn die Leute, die keine Verwandten im Westen hatten, durften nur jedes dritte Jahr reisen. Wir haben sofort in Wien ein Geschäft aufgemacht. Es ist für uns zu einem Symbol der Freiheit geworden. Wir haben dort eine Wohnung gemietet, können hin- und herfahren. Früher haben wir uns immer eingesperrt gefühlt. Sie können sich nicht vorstellen, wieviele Unterschriften von wievielen Stellen man damals brauchte, bis man einen Paß in der Hand hatte: vom Hausmeister angefangen. Man hat plötzlich Rechte, muß nicht mehr für alles um einen Gefallen bitten, kann nun über bestimmte Dinge reden. Vieles ist erlaubt, was früher nicht war. Ich glaube, die richtigen Veränderungen können dann unsere Kinder erleben, wenn alles Alte abgelöst worden ist. Die Generation meiner Tochter kann ins Ausland fahren, dort studieren. Wenn diese Generation arbeiten wird, dann glaube ich, wird es eine wirkliche Veränderung geben. Unsere Generation konnte 40 Jahre lang nicht reisen, sie hat nichts gesehen von der Welt. Vor hundert, zweihundert Jahren ist ein Tischler oder ein Baumeister auch nach Italien gefahren und hat neue Erfahrungen sammeln können. Das gab es lange nicht in Ungarn. Die Geschäfte und Restaurants sind viel schöner geworden, die Gebäude leider nicht, weil die Stadt kein Geld hat, aber man kann schon sehen, daß die Leute mehr reisen, mehr sehen, die Frauen schauen auch besser aus. Die ungarischen Frauen sind früher mit einem Rock, einem

Pullover und einer Windjacke herumgelaufen, sie sind jetzt viel anspruchsvoller und gepflegter gekleidet. Jetzt kann man sich individuell entfalten. Die großartigen Ideen des Sozialismus haben im ganzen Land die Spuren hinterlassen: es war alles uniform. Gott sei Dank fangen wir an auszubrechen, jeder baut und renoviert nach seinem Geschmack und seiner Persönlichkeit, ich merke jedenfalls, daß alles schöner wird. Man kann in den Geschäften alles bekommen, nur haben die meisten Menschen leider kein Geld dafür. Das Gesundheits- und Unterrichtswesen hat sich noch nicht ausreichend verändert, obwohl es dringend notwendig wäre. Es hat sich noch nichts wirklich verändert, wozu man viel Geld braucht, denn es gibt kein Geld.

Wunderbar ist, daß man keine Visa mehr braucht, man kann überall hinreisen. Vor fünf Jahren mußte ich mich noch einen Monat an der Botschaft anstellen – an der deutschen, die österreichische Botschaft war besonders schrecklich –, um ein Visum zu bekommen. Heute brauche ich aber immer noch eine Erlaubnis von der Bank, wenn ich Bargeld mitnehmen will, obwohl ich eine Kreditkarte habe. Ich mag es nicht, wenn ich das Gefühl habe, daß ich kontrolliert werde.

Ich hatte mehrmals die Möglichkeit, in den Westen zu heiraten, wegzugehen, doch das wollte ich nicht. Diese Stadt ist schmutzig, sie stinkt ein wenig und dies und das, trotzdem ist sie meine, ich bin hier aufgewachsen, ich könnte nicht weggehen und woanders leben.

Mein Vater hat auch nie daran gedacht. So viele haben das Land verlassen. Mein Vater war ein sehr guter Ingenieur, er hat einen guten Namen gehabt in der Branche, auch im Westen, und trotzdem wollte er hierbleiben. Ich liebe den Plattensee, und ich habe immer eine Arbeit gefunden, die ich sehr gerne gemacht und mit der ich ziemlich viel verdient habe, ich habe immer gut gelebt. Mit neunzehn Jahren hatte ich schon einen eigenen Wagen, eine eigene Wohnung. Also ich habe immer besser gelebt als der Durchschnitt. Meine Schwester lebt in Deutschland. Sie ist Mathematikerin und hat drei Kinder. Wirklich gut fühlt sie sich nur zu Hause, sie hat großes Heimweh. Ich selbst habe mich durch das politsche System nie blockiert gefühlt.

Und auch mein Vater, ja, er konnte nicht Direktor werden, weil er nicht in der Partei war, aber das wollte er sowieso nicht werden. Er hat seinen Beruf geliebt, hatte so viele Erfindungen, daß sie ihn akzeptierten. Er wurde zwar nur Abteilungsleiter, aber man konnte anständig davon leben. Mein Urgroßvater war der Besitzer einer berühmten Maschinenbaufirma hier in Ungarn. Die Familie war sehr reich, doch auch, als sie ihnen alles weggenommen haben, habe ich nie ein Wort der Klage von meiner Großmutter gehört. Sie sagte: „So haben wenigstens alle was davon." Sie sind aus einem schönen Haus mit sechzehn Zimmern in eine Wohnung gezogen. Meine Großmutter war immer zufrieden. Sie hat angefangen zu arbeiten. In ihrer gesellschaflichen Position als Frau zu arbeiten, war für die ganze Familie eigenartig. Sie war 55 Jahre alt, als wir in der Schule Russisch lernen mußten. In drei Jahren hat sie die Oberstufe der Sprachprüfung in Russisch gemacht, damit sie mehr Rente bekommt. Wir sind den ganzen Sommer gesegelt, und an den Wochenenden im Winter sind wir in den Wald gegangen und haben Ausflüge gemacht. Um in die Oper oder in die Musikakademie zu gehen und Sprachen zu lernen, dafür haben meine Eltern immer Geld gehabt, das war auch billig in Ungarn. Kleidung war nicht wichtig, nur die Kultur. Meine Mutter hat alles selbst genäht. Meine Freundin schimpft immer, daß ich nicht gut genug angezogen bin. Meine Schwester achtet bis heute nicht besonders darauf.

Viele Bekannte meiner Familie waren im Gefängnis. Meine Familie hatte sehr großes Glück, alle haben meinen Vater gern gehabt, der Hausmeister auch, was nicht unwichtig war, so wurden wir nicht umgesiedelt. Sie klingelten am Abend an der Tür, man mußte schnell zusammenpacken, alles mußte man zurücklassen, und man wurde in ein 200 km entferntes Dorf gebracht. Die Kommunisten wollten dem sogenannten „Herrenstand" eins auswischen. Sie mußten ihre Wohnungen verlassen und in einem Bauernhaus in einem Zimmer leben oder in einer Scheune. Ich bin 1954 geboren, und bis ich so groß wurde, daß ich etwas von der Welt verstand, hat sich die Lage konsolidiert. Es gab ja immer den Gulaschkommunismus, das Schaufenster nach dem Westen, und es war hier noch viel besser als in anderen sozialistischen Ländern.

Als es sehr schlecht war, war ich noch ein kleines Kind. Von '45 bis '60 haben es die Leute, die dem Land politisch nicht gefielen, sehr schwer gehabt.

In der Schule haben sie versucht, uns im Sinne des marxistischen Geistes zu erziehen, aber wirklich Energie investiert haben sie nicht. Es gab zwar die KISZ und die Pioniere, und später die sozialistische Brigade, aber auch die Leiter haben das nicht so ernst genommen. An allen Arbeitsstellen sollte man diese Brigaden gründen. Zehn Leute haben sich zu einer Brigade zusammengeschlossen, ich war Brigadenleiterin, weil ich die größte Klappe hatte. Wir mußten ein Tagebuch führen, und ich habe aus der Zeitung ein Foto des Denkmals vom unbekannten Soldaten ausgeschnitten und daruntergeschrieben: „Wir haben das Grab des unbekannten sowjetischen Soldaten besucht." Wir haben das eingereicht und dafür einen Preis bekommen. Einmal haben sie mich gefragt, wo das Grab des unbekannten Soldaten ist. Ich habe geantwortet, das ist so unbekannt, daß das niemand weiß. Sie haben nur gelacht.

Im Vergleich zu der Schule, in die meine Eltern gegangen sind, konnte man spüren, daß die Bildung primitiver war, viele Lehrer und Lehrerinnen wurden aus der Parteizentrale geschickt. In den 50er Jahren hat man noch sehr auf Partei gemacht, aber das kenne ich nur aus Erzählungen. Die Professoren haben angeblich die Straßen gekehrt, und diejenigen mit vier Klassen Grundschule haben an der Universität unterrichtet. In den 60er Jahren war es schon viel besser.

Ich habe große Hoffnungen, was die Zukunft betrifft. Ungarn ist ein so schönes Land, und Budapest ist eine so schöne Stadt, ich hoffe, daß die Menschen ein besseres Leben haben werden. 1945 und 1956 sind viele talentierte Menschen in den Westen gegangen. Sehr viele Ungarn haben Nobelpreise bekommen. Es gehen noch immer Leute weg, weil es für die Krebsforschung, für die Wissenschaft kein Geld gibt. Wer wirklich Talent hat und was tun möchte, muß das Land verlassen. Bis jetzt haben die Menschen keine Motivation gehabt zu arbeiten. Ich hoffe, es kommen jetzt solche Jahre, wo sie nicht mehr weggehen müssen.

Ich wünsche mir, daß die Menschen in Ungarn so leben wie in Österreich. Wenn Ungarn das erreicht, bin ich glücklich. Wenn man sich anschaut, wie eine österreichische Bäuerin aussieht, so gepflegt, wie ihr Auto aussieht, ihr Feld, ihr Garten, ihr Haus. Ich wünsche mir, daß die Menschen anspruchsvoller werden, es gibt soviel Sachen, was nicht nur vom Geld abhängt. Ich wünsche mir, daß dieses Land irgendwann Geld für die wichtigen Dinge hat: für die kranken Kinder, für Krankenhäuser, für die Ausbildung, für alte Menschen. Ich möchte erreichen, daß die Reichen lernen, denen zu geben, die es nötig haben. Das hat überhaupt keine Tradition in Ungarn. Man hat einfach Verantwortung, wenn man in einer bestimmten gesellschaftlichen Position ist. Ich habe viele reiche Bekannte, aber niemand hilft. Árpád Göncz und seine Frau unterstützen privat viele Stiftungen. Das sollte ein Vorbild sein.

Mein größter Wunsch ist, daß meine Tochter glücklich ist. Ich persönlich habe keine großen Träume, ich möchte in Zufriedenheit und in Liebe leben. Viel wichtiger, als zwei Tischdecken mehr zu verkaufen, ist für mich, daß ich mit Menschen zusammenarbeite, die ich mag. Das widerspricht allem Geschäftlichen, daran sieht man auch, daß ich überhaupt keine professionelle Geschäftsfrau bin. Ich fange leicht zu weinen an, das ist schrecklich. Alle Leute glauben, daß ich eine knallharte Geschäftsfrau bin, aber ich lasse mich sehr von meinen Gefühlen leiten, ich verlasse mich auf meine Intuition.

Wenn ich den Duft des Waldes rieche, werde ich ruhiger. Ich kann stundenlang gehen. Wenn ich ein früheres Leben hatte, habe ich sicher irgendwo in der freien Natur gelebt.

Juni 1995

ZSUZSA, Ärztin
32 Jahre, verheiratet

„Ich möchte mir keine Flucht- und Überlebenstechniken aneignen, aber es kann sein, daß es früher oder später nötig sein wird."

Zsuzsa lebt mit ihrem Mann in einer frisch renovierten Wohnung am vornehmen Rosenhügel, einer sehr teuren und schönen Gegend in Buda. Sie haben im Mai geheiratet und sind gerade erst umgezogen. Wir haben uns für neun Uhr morgens bei ihr verabredet, es ist ihr freier Tag. Eine kleine, freundliche Frau öffnet mir die Tür, wir kennen uns nur von wenigen Telefonaten. Zsuzsa wirkt sehr ruhig und selbstsicher, strahlt Kraft und Selbstbewußtsein aus. Sie spricht als Ärztin und als Frau, die ihr Leben bewußt selbst in die Hand genommen hat. Beruflich hat sie schon eine ganze Menge erreicht, bald wird sie eine Pause einlegen, da sie im November ein Kind bekommen wird.

Ich habe 1987 mein Studium hier in Budapest beendet. Schon damals war es sehr schwer, Arbeit zu bekommen. Jedes Jahr absolvierten etwa 500 bis 600 Leute ihr Studium, und für die besseren Stellen wie Innere Medizin, Chirurgie oder Gynäkologie, worauf sich die meisten spezialisieren wollten, gab es etwa 50 bis 100 Plätze für die Fachausbildung. Da habe ich gedacht, daß ich am besten in einem großen öffentlichen Krankenhaus arbeiten könnte, und weil ich schon immer Internistin werden wollte, habe ich im Krankenhaus von Kerepestarcsa angefangen. Es ist ein neues Krankenhaus und bietet viele verschiedene Stellen an. Dort habe ich drei Jahre lang gearbeitet, bis zu meiner Fachprüfung für Innere Medizin, und mich sehr wohl gefühlt. Als Anfängerin konnte man in kurzer Zeit viele Erfahrungen sammeln. Ich mußte sehr viel arbeiten, habe oft Dienst gehabt, aber es hat mir nichts ausgemacht, ich war ja jung und wollte etwas lernen. Dann bekam ich jedoch das Gefühl, daß ich keine Aussichten hatte, es gab so viele Leute da mit einer Fachprüfung, die vor einem waren und die noch zehn, zwanzig Jahre dasselbe machen wollten, also keine Aussicht auf Qualifikation, keine Chance für mich aufzusteigen. Dazu kam, daß es wie ein Rad war, also immer die gleichen Patienten und Patientinnen, Alkoholiker, Leute mit Gehirnblutung, alte Menschen. Nach drei Jahren habe ich mich dann um eine Stelle beim Kardiologischen Institut beworben, und das hat auch innerhalb eines halben Jahres geklappt. Es ist ein führendes Institut, und die Kardiologie hat mich schon immer interessiert. Die Stelle dort ist auch für Innere Medizin, die Arbeit ist befriedigender und abwechslungsreicher, man lernt viel mehr. Es besteht auch Kontakt zu den Patienten, und wenn man Interesse hat und einige Sprachkenntnisse besitzt, kann man auch in die Forschung gehen, man kommt ins Ausland, mit Menschen ins Gespräch. Ich denke, daß ich weiterhin hier bleiben werde, auch wenn es finanziell nicht besser wird.

Mit meinen beiden Fachprüfungen – Innere Medizin und Kardiologie – und zwei Sprachprüfungen verdiene ich 30.000 Forint monatlich. Ich bin auch noch Assistentin an der SOTE (Semmelweis-Universität), und so verdiene ich mehr als eine Durchschnittsärztin.

Bei den Arbeitsstellen ist ein wesentlicher Aspekt der, ob man eine Frau oder ein Mann ist. Überall, wo ich mich beworben habe – auch wenn das nicht unbedingt viele Stellen waren – hat man gefragt, wann ich Kinder haben will, wieviele Kinder ich will. Da ich alleinstehend war, konnte ich damals noch sagen, ja, ich will irgendwann mal Kinder, aber noch nicht jetzt. Das war ein Vorteil. Wenn ich damals schon Mutter mit mehreren Kindern gewesen wäre, hätte ich sicherlich weniger Chancen gehabt. Oder wenn man mir angesehen hätte, daß ich ein Kind erwarte und nach einem halben Jahr in Urlaub gehe, hätte man sicher einen Mann bevorzugt. Diesbezüglich spielte und spielt es eine Rolle, eine Frau zu sein, man ist vielleicht etwas benachteiligt, aber bei der Arbeit selbst habe ich keine wesentlichen Unterschiede gespürt. Vielleicht auch, weil Internistin ein weniger manueller und weniger geldorientierter Beruf ist. Bei uns ist das Verhältnis Mann/Frau etwa Hälfte/Hälfte, vielleicht gibt es etwas mehr Männer als Frauen am Institut, aber heutzutage ist Innere Medizin eher eine Frauendomäne. In diesem Fach geht es ja nicht um sehr viel Geld, d.h. es gibt keine Eingriffe, für die einem die Patienten viel Geld, wirklich viel Geld zustecken. Innere Medizin ist nicht unbedingt ein gewinnbringender Job, man hat nur das Gehalt. Aus diesem Grund dürfen die Frauen das auch machen, dort, wo man gut verdient, sind die Männer, in der Chirurgie z.B. sind entschieden mehr Männer, auch in der Gynäkologie. Dort verteidigen sie sehr stark ihre Positionen und ihr Geld. Wo mehr Geld zu machen ist, sind mehr Männer, dort, wo der Idealismus gefragt ist, mehr Frauen.

Wahrscheinlich liegt dies an der sehr schlechten Struktur des ungarischen Gesundheitswesens, daß in allen Bereichen, auch in der Inneren Medizin und der Kardiologie, die meisten Menschen nicht von diesen 30.000 Forint leben, sondern sie versuchen, auch mittels Selbstausbeutung dazuzuverdienen, d.h. man nimmt mehr Patienten oder versorgt Privatpatienten, oder man behandelt Patienten, die einen zwar aufgesucht haben, jedoch an sich nicht die „eigenen“ sind. Alle versuchen, irgendwie dazuzuverdienen, und das kann man dort, wo etwas Entscheidendes passiert. Ein chirurgischer oder gynäkologischer Eingriff ist im Prinzip sichtbarer, weil er direkt den physischen Zustand verändert oder lebensrettend sein kann. Diese Eingriffe werden mehr geschätzt und sind besser bezahlt als z.B. ein Check-up in der Inneren Medizin. Die Menschen wissen nicht, wie wichtig Innere Medizin ist. Sie durchlaufen eine Reihe von Untersuchungen, die weder weh tun, noch gefährlich oder unangenehm sind, und sie merken nicht, daß von dem Endergebnis mehr abhängt als von einem Schnitt. Daß die Gesundheitskultur sehr niedrig ist, hängt auch von den Ärzten und Ärztinnen ab und ist ein Fehler der ganzen Gesellschaft. Die Menschen sind absolut uninformiert und unwissend darüber, wie ihr Körper funktioniert, kennen den Wert von Untersuchungen nicht, obwohl man jetzt schon bemüht ist, sich zu informieren, z.B. durch Naturheilkundebücher, also es verändert sich neuerdings etwas. Ein Grund dafür könnte sein, daß in Ungarn die Gesundheit in den vergangenen Jahrzehnten keinen Wert darstellte, es war eher schick, damit zu prahlen, daß einem die Gallensteine herausgenommen wurden, oder daß man fünf Wochen im Krankenhaus war. Unser Krankengeldsystem sah so aus, daß die, die krank waren, weiterhin ihren vollen Monatslohn bekamen, egal, wieviele Monate sie krank waren. Wenn man eine Erkältung hatte, suchte man den Hausarzt auf und wurde für Wochen krankgeschrieben. Gesundheit stellte also keinen Wert dar, Kranksein wurde sogar belohnt, viele wurden unbegründet zu Invaliden erklärt. Nun ist es nicht mehr so.

Dem Arzt oder der Ärztin Geld zuzustecken, ist allgemein üblich in Ungarn – eine schlechte Praxis, schlecht für alle. Vermutlich ist das so entstanden: Die Gehälter all derer, die im Gesundheitswesen arbeiten, auch die der Schwestern und Assistenten, wurden künstlich niedrig gehalten. Auch heute verdienen sie noch nicht besser. Aus diesem Grund haben die Menschen ihnen entweder verdeckt oder offen etwas zusätzlich gegeben, sei es Geld oder ein Geschenk. Dafür bekamen die Patienten und Patientinnen über die Grundversorgung hinaus irgendein Plus, mehr Aufmerksamkeit, ein eigenes Zimmer, ein besseres Bett usw. Das ist heute noch im ganzen Gesundheitswesen allgemein verbreitet, und das war es auch früher.

In den 50er Jahren gab es – soweit ich weiß – eine politische Erwägung, die Gehälter und das Ansehen der Ärzte möglichst klein zu halten, damit sie keine starke intellektuelle Opposition bilden konnten. Das war im allgemeinen typisch in den 50er Jahren und galt besonders für die Ärzte und Ärztinnen. Und danach, glaube ich, hat sich dieser ganze Prozeß selbst erhalten. Die Bevölkerung ist darauf gekommen, daß sie aufrunden muß, um eine verhältnismäßig gute ärztliche Versorgung zu bekommen, und für die politische Leitung des Gesundheitswesens war das praktisch, sie konnte sich darauf berufen: Wenn die sowieso Geld zugesteckt bekommen, müssen wir auch nicht die Gehälter erhöhen. Und heute ist das nicht viel anders.

Ich persönlich habe nicht den Eindruck, daß ich weniger Patienten und Patientinnen habe, oder daß sie woanders hingehen würden oder kein Vertrauen zu mir haben, weil ich eine Frau oder weil ich jung bin. Doch man soll sich nichts vormachen: Wir leben immer noch in einer Gesellschaft, wo man in bestimmten Bereichen den Männern eher vertraut. Ich habe schon mal gehört, daß

Patienten Männer bevorzugen, wenn sehr viel von der Sache abhängt, oder wenn sie die Wahl haben. Von meinen Patienten und Patientinnen höre ich, ich sei unvoreingenommen – und netter als ein Mann. Meiner Meinung nach ist das nicht gut, ich freue mich nicht darüber, aber anscheinend verbinden die Patienten mit einer Ärztin, daß sie netter ist, gerechter, nicht so unberechenbar. Auch in der Familie und in meinem Bekanntenkreis, d.h. von intellektuellen, gebildeten Menschen, höre ich, daß sie, wenn sie wählen könnten, lieber einen männlichen Arzt wählen würden. Die Dominanz der Männer ist noch gegeben. Die Menschen verbinden mit einer Frau anderes: Es kann ja sein, daß sie jetzt noch Sprechstunde hält, aber in einer halben Stunde weg muß, weil das Kind in der Schule hingefallen ist, und dann hat man den ganzen Vormittag umsonst hier verbracht. Es gibt solche Vorurteile, d.h. keine Vorurteile, es sind Beispiele aus dem wirklichen Leben, ich sehe es an meinen Kolleginnen, daß es so was gibt, daß sie wegmüssen, weil das Kind krank ist oder etwas passiert ist. Und dann rennt nicht der Vater, der eventuell auch Arzt ist, sondern die Mutter, die eine Arbeit von gleichem Wert und Rang hat. Aber wahrscheinlich ist es ihre Aufgabe. Die Frauen in Ungarn werden noch immer in erster Linie als Mütter gesehen, erst danach als berufstätige Menschen. Ich glaube, die Struktur der Gesellschaft hier ist so, daß Frauen als unzuverlässigere Arbeitskolleginnen gelten. Andererseits spielt die Autorität, der Ruf eine große Rolle in der ärztlichen Hierarchie, auch wenn das Ansehen nicht dem wirklichen Wissen gleichkommt, richten sich die Menschen danach.

Natürlich gibt es auch Frauen, die als Gynäkologinnen und Chirurginnen arbeiten. Ich sage nicht einmal, daß man dazu etwas Außergewönliches leisten muß, aber das sind die Bereiche, wo schon bei der Aufnahme bestimmte Kriterien entscheidend sind. Der Direktor des Krankenhauses, der die Stelle ausschreibt, wählt aus fünf Männern und fünfzehn Frauen sicher einen der fünf Männer, weil er jemanden braucht, der von morgens bis abends im OP steht, der in der Nacht ohne weiteres gerufen werden kann. Da schaut man schon bei der Anstellung viel genauer, ob man eine Frau oder einen Mann nimmt. Trotzdem können dort auch Frauen reinkommen, nur in einer geringeren Anzahl. Und dann, im Laufe der Arbeit, glaube ich, braucht man eine besondere Konkurrenzfähigkeit, d.h. man muß sich viel aggressiver für seine Rechte einsetzen, daß man auch operieren darf und nicht nur assistieren, sonst kann es passieren, daß die anderen sagen, daß man ungeschickt ist, und man nie Operationserfahrung machen wird. Das kann natürlich auch mit Männern passieren, daß die Kollegen sie nicht operieren lassen, sie in den Hintergrund drängen. Man muß also eine dynamische Person sein, die sich gut verkaufen kann, sonst passiert es oft, daß man die nötige Erfahrung nicht macht und dann Anästhesistin wird oder sich in seinem Beruf nicht durchsetzt.

Ich hatte eigentlich nie diesen Wunschtraum, die Menschheit zu retten oder für die Gesellschaft etwas Großes zu tun. In meiner Familie sind fast alle Ökonomen, und ich wollte entweder Musikerin werden, weil ich sehr gut Klavier gespielt habe, oder Archäologin. Das habe ich dann aufgegeben, vor allem, weil mir meine Familie abgeraten hat. In meiner Kindheit, vor allem durch den Beruf meiner Eltern, verbrachte ich viel Zeit im Nahen Osten, Iran, Irak und Ägypten. Der Zauber, die alten Denkmäler, die Geschichten darüber, was im Tal der Könige alles ausgegraben wurde, das war für mich als kleines Kind und als Schulkind so wunderbar und faszinierend, daß mein Wunsch, Archäologin zu werden, wahrscheinlich daher kam, es war keinesfalls eine wissenschaftliche Annäherung. Das reichte bis zum Gymnasium, aber dann ließ mein Interesse nach.

Wahrscheinlich war es zum größten Teil nur Zufall, daß ich Ärztin geworden bin. Wenn man im Gymnasium in allen Fächern gut war, war es relativ einfach, von einer Universität aufgenommen zu werden, da das Zeugnis zu 50% die Aufnahme beeinflußt hat. Für das Medizinstudium mußte man in keinem Fach besondere Kenntnisse haben, man mußte ein allgemein gutes Niveau mitbringen, aber keine außerordentliche Begabung, deshalb haben sich viele darum beworben. Kann sein – nachträglich gesteht man es eher –, daß es auch damit zu tun hatte, daß es ein Statussymbol war. Das Medizinstudium galt als schwer, weniger die Aufnahme, als es zu beenden, damals hatten Ärzte und Ärztinnen noch gesellschaftliches Ansehen, und deshalb haben sich die Leute aus der Klasse, die gut sein oder etwas leisten wollten, dort beworben. Es war wahrscheinlich auch eine Herausforderung für mich, es war mir fremd, es gab kein Vorbild dafür in der Familie, kann sein, daß ich es deshalb versuchte. Also nicht wirklich aus Berufung oder aus Interesse, sondern eher: das kann ich auch.

Ich bin ein Einzelkind und sehr verwöhnt worden. Mein Vater war Handelsgesandter und Ökonom, wir reisten viel. Als wir nach Hause gekommen sind, war ich schon in der sechsten oder siebten Klasse, also schon zwölf Jahre alt, was schwierig für mich war, weil nach einem ziemlich freien Leben jetzt ein gebundener Schulalltag begann. Es war an sich jedoch kein Bruch. Schlimmer war für mich, daß meine Eltern viel weniger Zeit hatten als vorher, nun gingen beide arbeiten, sie arbeiten bis heute, haben Karriere gemacht, wir waren also viel weniger zusammen als früher während dieser Reisen. Von da an sah mein Leben so aus: Zur Schule gehen, Klavierunterricht, Privatstunden, Gymnasium, Universität. Damit war auch diese abenteuerliche Zeit und das familiäre Zusammensein vorbei. Jeder arbeitete, hat seine Sachen gemacht, das trat in den Vordergrund. Es war ein großer Unterschied zu vorher. Meine Mutter hatte im Ausland keine Arbeit. Sie ist Ingenieurin. Sie hätte natürlich auch eine Arbeit finden können in der Botschaft, in der Handelsvertretung, irgend etwas Administratives, aber sie hatte entschieden, daß sie etwas, wovon sie nichts versteht, nicht machen will.

Ich bin in Bagdad geboren worden und immer auf internationale Schulen gegangen. Im Sommer zu Hause in Ungarn habe ich dann nicht gespielt, sondern die Schulbücher herausgeholt und drei bis vier Wochen mit meiner Mutter für die Prüfung gelernt, um die Klasse abzuschließen. Ich glaube, das war sogar Pflicht. Ich habe von meiner Mutter schreiben gelernt, was eigentlich sehr romantisch ist, ansonsten lernt man von Fremden, von einer Lehrerin schreiben, und mir hat es meine Mutter beigebracht, als ich noch verhältnismäßig klein war, noch vor der Schule, mit dem Ziel, daß es dann für mich leichter sein wird.

Diese Jahre im Ausland mit meinen Eltern waren eine wunderschöne Zeit für mich, auch wenn man sich Tag für Tag oder Jahr für Jahr an sehr vieles gewöhnen mußte: daß man in einem anderen Land ist, in einer anderen Wohnung wohnt, andere Menschen um sich hat, andere Freunde hat, daß man Freunde zurücklassen mußte, das war ein bißchen schwer, es macht ein Kind traurig, aber andererseits hat es mir geholfen, mich auch später leicht an neue Situationen, Umstände, Menschen anzupassen. Das ist auf jeden Fall ein Vorteil. Das andere ist, daß ich sehr, sehr frei war. Wenn ich wie die anderen Kinder aus der Nachbarschaft in eine Grundschule in Ungarn gegangen wäre, hätte mein Leben daraus bestanden, daß meine Mutter morgens zur Arbeit eilt, ich in die Schule gehe, nachmittags im Hort bin, abends um fünf, sechs Uhr nach Hause komme. Ich wäre genauso ein gut erzogenes und gebildetes Kind gewesen wie die anderen, aber ich hätte viel weniger Freiheit und Flexibilität erlebt. Das alles war sehr wichtig, und ich bin bis heute sehr froh, daß ich so aufgewachsen bin.

Die politische Wende hat sich im Bereich des Gesundheitswesens erst verspätet bemerkbar gemacht. Und auch jetzt spüren wir nur deshalb Veränderungen, weil die wirtschaftliche Notwendigkeit Druck auf die Ausgaben im Gesundheitswesen ausübt, und nicht, weil die Politik sich verändert hat. Während um und auch schon vor 1990 in den meisten Bereichen Privatisierungen vollzogen wurden, hat sich im Gesundheitswesen niemand gefunden, der oder die das auf sich nehmen wollte. Das Gesundheitswesen hat eine sehr starre Struktur, ist ein sehr großer Verbraucher, d.h. sehr geldintensiv. Die Bedingungen sind zur Zeit nicht gegeben, daß investiertes Geld auch zurückfließt, d.h. die Struktur, die seit 40 Jahren besteht, hat sich bis heute nicht aufgelöst, sondern es gibt sie nach wie vor, obwohl sich in der überall Wirtschaft alles verändert hat.

Auch fachlich hat sich im Prinzip nichts verändert, es blieben die alten Führungskräfte, sie haben höchstens die Posten getauscht. Und wirtschaftlich auch nicht, die Finanzierung kommt immer noch vom Staat. Es gibt nicht die Möglichkeit, daß sich aus dem großen, einheitlichen Ganzen kleinere Strukturen herausbilden, die dann selbständig, privat arbeiten, weil die Sozialversicherung so etwas nicht bezahlt, lediglich die großen, staatlichen Einrichtungen. Daran hat sich noch nichts verändert. Wenn ich zum Beispiel das Geld auftreiben könnte, um eine Privatpraxis für Kardiologie aufzumachen und – sagen wir – 1500 Patienten hätte, würde ich trotzdem von der Sozialversicherung keinen Fillér bekommen, da ich ja kein öffentliches Institut bin. Zur Zeit gibt es auch keine entsprechenden Krankenversicherungen, nur der Staat finanziert gesundheitliche Dienstleistungen. Dieser jedoch hat immer weniger Geld dafür und beabsichtigt, noch weniger dafür auszugeben.

Nicht so sehr 1990, sondern eher vorher war es ein sehr gutes Gefühl, daß die furchtbar unlogisch funktionierende sozialistische Rhetorik und Wirtschaft im Auflösen begriffen war. 1987/88 habe ich mich in Ungarn sehr wohl gefühlt, weil spürbar war, daß hier Freiheit sein würde, im Entstehen war. Man kann offen, offener sprechen, denken. Vor 1990 war dieser positive Aufbruch schon ein wenig merkbar, nicht in meinem alltäglichen Leben, sondern in bezug auf das mentale Wohlbefinden: man konnte freier denken und schreiben, Zeitungen erschienen, die es früher nicht gab, die Zeitungsartikel waren interessanter, also auf einer eher geistigen Ebene war es eine große Befreiung und ein angenehmes Gefühl für mich, aber vor '90. 1990 haben sich die Menschen dann sehr gefreut über die freien Wahlen, die frei gewählten Ministerien und Institutionen. Auf der anderen Seite glaube ich aber, daß die Stimmung, das Lebensgefühl eines jeden von seinem Alltag, den Lebensumständen beeinflußt werden, und die verschlechtern sich seit fünfzehn Jahren, es sind nur ganz wenige, die das nicht betrifft. Ich glaube, der Lebensstandard hat sich für acht von den zehn Millionen Menschen in Ungarn verschlechtert, also wahrscheinlich hat das die Stimmung eines jeden, so auch meine, seit 1990 viel eher beeinflußt als die Tatsache, daß politisch alles viel freier, offener und demokratischer wurde.

In meiner Arbeit merke ich leider vor allem, daß es sowohl unter der vorigen – nennen wir sie mäßig rechts orientierten Regierung – als auch unter der jetzigen sozialistisch-liberalen Regierung immer schärfere Restriktionen gibt, während unter dem ehemaligen kommunistischen Regime nur begrenzt Restriktionen zu spüren waren, weil sie sich aus Volkswohlfahrtsgründen und anderen nicht getraut haben oder einfach nicht in die Finanzierung eingreifen wollten, so wie es jetzt die sozialistische Regierung tut. Wenn bestimmte Mittel nicht da sind, wird auch die Qualität darunter leiden.

Ich registriere eine gewisse Desorganisation an meinem Arbeitsplatz, gerade weil uns eine Menge von zusätzlichen administrativen Aufgaben belasten, die eigentlich nicht unsere Arbeit wären, aber es gibt dafür kein zusätzliches Personal. Das nimmt erheblich viel Zeit weg, die man mit dem Patienten hätte verbringen können. Wir müssen berufliche Gesichtspunkte hinter bestimmte administrative stellen, wie zum Beispiel die Sozialversicherungspunkte möglichst gewinnbringend für das Krankenhaus ausgerechnet werden. Überall tritt das Finanzielle in den Vordergrund, dadurch entstehen Gegensätze, die mit der Zeit nicht mehr aufzulösen sind, und das kann ich als Ärztin irgendwann nicht mehr verantworten. Es gibt immer mehr Arbeitslose, 600.000 bis 700.000, sehr viele pensionierte menschen, viele Privatunternehmen, die keine Sozialversicherung zahlen, d.h. das zu verteilende Geld der Sozialversicherung wird immer weniger, dazu kommt die Inflation, unter solchen Bedingungen kann es nicht gut funktionieren. Ich glaube aber, es ist immer noch so, daß Grund- und Notversorgung allen kostenlos zusteht, auch wenn sie keinen Vertrag mit der Sozialversicherung haben und die 48% nicht zahlen.

Jedenfalls ist es so, daß diese Arbeit viel weniger Perspektiven bietet als damals, als ich angefangen habe. Positiv ist für mich, daß die Stimmung der Menschen, meine mit Sicherheit, besser geworden ist, es ist besser, wenn man nicht mehr mit soviel Gewalt und Demagogie konfrontiert wird. Mein mentales Allgemeinbefinden ist sicherlich besser als vor zehn Jahren, als ich noch studierte.

Andererseits läuft ein unerbittlicher Kampf um die wirtschaftlichen Positionen und um den Besitz des nationalen Eigentums, man ist gezwungen, auf der Hut zu sein und Möglichkeiten wahrzunehmen, um einen kleinen Teil davon für sich herauszureißen und ihn auf dem eigenen Niveau und zum eigenen Nutzen zu betreiben. Auch ich persönlich bin gezwungen dazu, wenn sich das Versicherungssystem verändert, also meinen Bereich erfaßt. Es kann sein, daß das noch zwanzig oder dreißig Jahre dauert, vielleicht auch weniger, aber wenn ich für das, was ich tue, angemessen bezahlt werden will, darf ich die Privatisierung nicht verschlafen. Es ist frustrierend zu sehen – vom Institut aus bekommt man eine Menge vom Westen und auch von den USA mit –, daß man dort mit dem gleichen Wissen, mit der gleichen Ausbildung viel mehr erreichen kann. Ich glaube nicht, daß ich sehr materiell eingestellt bin, aber ich respektiere mich zumindest insofern, als ich für das, was ich leiste, auch eine entsprechende Gegenleistung sehen möchte, was momentan nicht der Fall ist. Und bislang sehe ich nicht einmal die Möglichkeit dafür. Ich persönlich will nicht zu den Überlebenstechniken greifen, wie es die meisten hier in Ungarn tun, daß sie sich mit Zweit- und Drittjobs aufreiben, weil sie von ihrer Arbeit nicht mit Würde leben können. Das möchte ich in meinem Leben verhindern, aber das geht nur, wenn man auch entsprechend bezahlt wird. Ich möchte keine Extraschichten einlegen, keine zusätzlichen Privatpatienten nehmen, keine Übersetzungen machen, ich möchte nicht mit einem winzigkleinen Stipendium ins Ausland gehen oder dort eventuell eine Stelle annehmen, die eine unqualifiziertere Ausbildung erfordert. Ich möchte mir keine Flucht- und Überlebenstechniken aneignen, aber es kann sein, daß dies früher oder später nötig sein wird.

Ich denke, daß Frauen in der ungarischen Gesellschaft mehrfach ausgebeutet werden. Auch oder besonders die Frauen, die einen Beruf haben, die ein Ziel haben, mehr als jene, die das nicht haben. Das wurzelt möglicherweise auch darin, daß sich in Ungarn nach dem Krieg ein ganz anderes gesellschaftliches und wirtschaftliches System etabliert hat, und es war ein Ziel, daß die Frauen sich sozusagen auf dem Gebiet der Arbeit emanzipieren, die meisten Frauen wurden künstlich zu Berufstätigen. Das propagierte Frauenideal war die Frau, die gearbeitet hat und auch eine Familie hatte, aber in erster Linie gearbeitet hat, also täglich acht bis zehn Stunden beschäftigt war. Dieses Ideal besteht bis heute, der Anteil der berufstätigen Frauen in Ungarn ist 78%, das ist sehr hoch, höher als der europäische und amerikanische Durchschnitt. Gleichzeitig wurden die Institutionen, die die Frauen hätten unterstützen sollen, nicht ausreichend gefördert. Es gab zwar Kindergärten – früher vor allem, jetzt nicht mehr so viele –, aber die Dienstleistungen, die die Berufstätigkeit der Frauen ermöglicht hätten, wurden nicht ausgebaut, und das war auch nie beabsichtigt. In Wirklichkeit bekamen die Frauen keine Hilfe, weder gesellschaftliche noch wirtschaftliche. Bis heute gibt es im Arbeitsrecht keine geeigneten Beschäftigungskategorien, so daß die Frau nicht acht bis zehn Stunden arbeiten muß, sondern sechs oder auch vier Stunden, es gibt genug Jobs, die in sechs statt acht Stunden oder auch zu Hause erledigt werden können, was für eine Frau mit Familie wesentlich einfacher und leichter wäre. Solche Arbeitsmöglichkeiten gibt es in Ungarn fast nie, oder wenn doch, dann sind sie so schlecht bezahlt, daß sie keine Alternative darstellen. Daß der Rahmen weder für die Arbeit noch für die Erhaltung der Familie gesichert ist, bedeutet für mich die Ausbeutung der Frau. Gleichzeitig denke ich, daß die hohe Beschäftigungsquote eine sehr positive Auswirkung auf das Selbstvertrauen der ungarischen Frauen hatte. Es ist sicher, daß dies ein sinnvoller Prozeß war, weil sehr viele Mädchen und Frauen einen Hochschul- oder Universitätsabschluß haben, das Verhältnis Mann/Frau ist Hälfte/Hälfte, manchmal auch mehr Frauen. Also auf das Ausbildungsniveau hatte diese Politik mit Sicherheit eine gute Wirkung, und überhaupt auf das Weiterkommen der Frauen. Sicher ist auch, daß es die Frauen finanziell gestärkt hat. Wahrscheinlich ist deshalb auch die Scheidungsrate so hoch – was natürlich nicht positiv ist –, weil eine Frau es sich leisten kann, sich von ihrem Mann zu trennen und ein eigenes Leben zu führen, auch mit ein, zwei Kindern, was heutzutage natürlich recht kostspielig ist. Letztendlich konnten sie sich auch wirtschaftlich von den Männern, den Ernährern, unabhängig machen, weil auch sie etwas produzierten und sich ihren Unterhalt sichern konnten. Auch das, finde ich, ist ein wichtiger Prozeß, unabhängig vom Ausgebeutetsein, weil damit vieles einherging, was das Leben der Frauen im Gegensatz zu früher verbessert hat.

Was auffallend ist und mich stört, ist, daß alles so sehr politisch beeinflußt oder beeinflußbar ist. Auch jetzt, aber vor allem bei der letzten Regierung konnte man spüren, daß wegen der großen Arbeitslosigkeit Muttersein, christliches Frauenideal, drei Kinder und was weiß ich ... sehr stark propagiert wurden, man wäre sogar bereit gewesen, es finanziell zu unterstützen. Das ist unheimlich irritierend, also mich irritiert das unheimlich, wie sehr es nicht den Frauen überlassen wird, sondern wie sehr es propagandistisch beeinflußt wurde, sowohl vom vorangegangenen System als auch von der MDF-Regierung. Mir soll niemand sagen, was ich zu tun habe, es sollen doch bitte alle selber wählen können, wie sie können und wollen, es ist auch so schwer genug, erst recht, wenn versucht wird, finanziell und propagandistisch zu beeinflussen, was ich als Frau zu tun habe ...

Ich glaube, die Tendenz ist leider auch jetzt mit der sozialistisch-liberalen Regierung dieselbe wie bei der vorangehenden Regierung, die Propaganda ist höchstens nicht so offensichtlich. Diese Tendenzen werden ja vor allem dadurch beeinflußt, was benötigt wird. Und weil so viele Arbeitskräfte nicht gebraucht werden, versuchen alle Regierungen in Richtung des kleinsten Widerstandes, der Frau, zu wirken. Es ist jetzt kein ausgesprochenes Ziel, daß die Frau zurück in den Haushalt soll und dies auch geringfügig bezahlt wird, es ist nicht so offen, aber die Wirtschaft braucht eben nicht so viele Arbeitskräfte, d.h. arbeitende Frauen. Gleichzeitig ist es ein Widerspruch, daß familienrechtliche Angelegenheiten, Kindergeld, Schwangerschaftsgeld gestrichen werden. Die Lage ist etwas kopflos. Das einzige Ziel ist, die Ausgaben einzuschränken, dabei ist es egal, daß die Streichung des Kinderbetreuungsgeldes dem widerspricht, daß die Frauen zu Hause bleiben sollen, aber mein Gott, sie haben damit ein bißchen Geld gewonnen. Ich glaube, es herrscht eher Chaos, als daß sie ein wirkliches Konzept haben.

Ich möchte jetzt nicht bis zum Schluß über Geld philosophieren, aber ich denke, daß heute in Ungarn leider die politische Macht sehr stark mit der wirtschaftlichen verwoben ist, und wer die politische Macht innehat, entscheidet auch über die Verteilung, Verschenkung von wirtschaftlichen Positionen, besitzt also auch bestimmte finanzielle Eigentümer. Es ist die gleiche Situation wie bei den Chirurgen, die Frauen ungern in ihre Reihen lassen. Wenn es lediglich darum ginge, daß wir jetzt vier Jahre lang Politik machen, Gesetze verabschieden, Entscheidungen treffen, philosophieren und dann zurück in unseren Beruf gehen, wir keinen Vorteil daraus hätten, gäbe es sicher mehr Frauen in der Politik. Seit den letzten beiden Regierungen geht es nicht darum, ob ein Gesetz gut oder schlecht ist, das ist zweitrangig, entscheidend ist, wer wirtschaftliche Machtpositionen bekommt. Deshalb sind die Frauen auch verdrängt worden. Neben der gut funktionierenden Wirtschaft ist nicht die gut funktionierende Politik entscheidend, sondern die Verteilung dessen, was hier in 40 Jahren geschaffen wurde.

Man will das Geld einschränken, das die Leute bekommen. Das ist sehr ungerecht, weil die Menschen hier in Ungarn jeder Regierung sehr viel Geld gezahlt haben. Sie haben es nie verwendet für uns. Wir wissen nicht, wo es hingekommen ist, wir zahlen auch jetzt weiter, und sie geben es nicht zurück. Es gibt bestimmte soziale Einrichtungen, Pensionen usw., das ist garantiert, aber nicht so viel. Und nun diese Sache mit der Kinderbetreuungsbeihilfe und dem Kinderbetreuungszuschuß. Das eine wollen sie ganz streichen, das andere soll man nur noch für ein Jahr bekommen und viel weniger als vorher. Bis jetzt waren es 100% für das erste Jahr, 75% für das zweite Jahr, nun soll es nur für ein Jahr und nur 65% sein. Aber du zahlst den gleichen Betrag ein. Warum? Warum soll ich dann zahlen? Es ist wie ein Vertrag, aber sie erfüllen ihren Teil der Verpflichtung nicht, nur ich soll zahlen. Ich denke nicht, daß die Regierung das Recht hat, das zu tun. Es ist das gleiche mit den Studiengeldern, die die Studierenden ab Herbst zahlen müssen. Wenn die Universitäten dieses Geld bekommen würden, könnte man das akzeptieren. Das ist nicht fair. Ich habe dieser Regierung meine Stimme nicht gegeben. Es ist einfach ungerecht. Man zahlt immer mehr und mehr, fast 50% werden uns vom Gehalt abgezogen, wir bekommen immer weniger und weniger. Und wir haben keine Wahl. Diese Regierung wurde demokratisch gewählt so wie die vorige, aber ich denke, daß die Ungarn sehr emotional sind, und die Situation in den letzten vier Jahren war so schlecht … das ist der Grund, warum die Sozialisten zurückgerufen wurden. Ich habe nicht gedacht, daß sie so schnell so viele Stimmen bekommen würden. Ich dachte, acht, zehn, zwölf Jahre würde das dauern, aber nicht gleich jetzt, weil da so ein großer Haß war, ein starker Widerstand gegen die Sozialisten. Es ist sehr typisch, was in Polen, in der Tschechoslowakei passiert ist. Geld spielt eben eine wesentliche Rolle. Wenn die Leute sehen, daß es nicht gut geht, wollen sie das System zurück, das ihnen mehr gegeben hat. Egal um welchen Preis! Sie denken nicht mehr daran, daß das System schlecht funktioniert hat und viel Geld aus dem Ausland gekommen ist, das nicht zurückgezahlt wurde. Das stört sie nicht. Es geht ihnen nur um ihr alltägliches Leben. Die Produkte sollen billig sein, nicht einmal die Qualität zählt. Man will in Ungarn nicht wirklich für Qualität zahlen, Hauptsache, es ist billig. Alle Regierungen, die kommunistische sowie die darauffolgende, waren ungerecht, und die jetzige ist die ungerechteste. Die Antall-Regierung hatte nicht den Mut, das zu tun, sie hatte nicht die Zwei-Drittel-Mehrheit. Aber ich denke, auch jetzt kann das nicht durchgehen, ich hoffe es. In Ungarn waren die Menschen immer daran gewöhnt, Systeme durchzustehen, auch wenn sie nicht funktionieren, sie haben informelle Kanäle, um zu leben. Sie schaffen auch das.

Die Leute werden sich nicht wehren, weil das eingeübte Modell so aussieht, daß die Menschen nicht jammern, oder nur zu Hause, und sich aufreiben. Sie sind still, suchen andere Wege, so lange sie können, aber es ist verdammt schwer vorherzusagen, was passieren könnte, wie z.B. damals, 1990, die sogenannte Taxifahrerblockade aus einem weniger schwerwiegenden Grund stattgefunden hat ... es ist verdammt schwer, gesellschaftliche Tendenzen vorauszusagen, wo der springende Punkt ist, an dem es dann kippt oder doch noch weitergeht. Vielleicht wird diese Toleranzgrenze hinausgeschoben, weil die Gesellschaft so gespalten ist. Während früher 70% der Menschen Angestellte des Staates, also abhängig von einem Arbeitgeber waren, sind es jetzt nur noch 20 bis 25%, der Rest sind Unternehmer, Kleinhändler, Bauern. Die Interessen sind gespalten, die ungarische Gesellschaft ist heute wenig einheitlich im Vergleich zu der vor zehn Jahren. Eine Maßnahme betrifft jetzt viel weniger die breite Masse, und deshalb ist es auch schwerer, einheitlich dagegen aufzutreten, die einzelnen Schichten haben unterschiedliche Interessen, und sie sind aus diesem Grund auch toleranter. Es wird keinen Aufruhr geben.

Ich glaube nicht, daß die Frau in Ungarn emanzipiert ist, aber ich glaube, sie könnte es sein, jede kann oder könnte das in ihrem Leben erreichen, sie müßte gar nicht mal so sehr dafür kämpfen, aber man könnte verwirklichen, daß jede gleichberechtigt mit dem Partner oder mit den Männern ist. Ich denke wirklich, daß die Möglichkeiten dazu gegeben sind. Es liegt an uns selbst. Wir bekommen ein Kind, und ich weiß, daß ich jetzt deshalb auf etwas verzichte, das vielleicht beruflich eine Chance in meinem Leben wäre, weil es eben einfach nicht der richtige Zeitpunkt ist. Es ist sicherlich ein Kompromiß, aber das muß jede Frau mit ihrem Partner und mit sich selber ausmachen. Aber ich hoffe, daß der Nutzen und der Wert davon zurückkommen, daß mein Mann meine Entscheidung schätzt, und, wenn er in einer ähnlichen Situation wäre, auch so handeln würde, daß ich als Frau damit nicht allein bin, daß ich als Frau nicht verzichten muß, weil ich das Kind allein erziehe, sondern er sich an der Erziehung beteiligen wird. Ich glaube, daß dies im allgemeinen nicht so ist, trotzdem denke ich, daß die Möglichkeiten für die Emanzipation der Frauen gegeben sind. Gleichzeitig werden Frauenfragen zunehmend vernachlässigt, so wie die Angelegenheiten der Minderheiten heute in Ungarn vernachlässigt werden. Es gab anfangs eine Aufwallung, sagen wir 1987/88, was die Rechte der Minderheiten innerhalb und außerhalb der Grenzen, die Rechte der Kinder betrifft, aber diese wurden vergessen, damit befaßt sich heute niemand mehr, es ist auch nicht schick, sich damit zu befassen, es erzeugt nur Ärger und kostet Geld. Damals gab es noch sogenannte „bürgerliche Losungen", das gibt es heute nicht mehr, das gibt es in keiner schlecht funktionierenden Gesellschaft. Man beschäftigt sich mit den Rechten der reichen Schichten, die ihre Interessen wirklich geltend machen können, die Schicht der neu gegründeten Unternehmer, gerade die Schichten, die auch mit der politischen Macht verflochten sind oder besser: die ein gutes Verhältnis mit ihr haben.

Frauenfragen werden erst dann wieder auftauchen, wenn jemand Interesse daran hat, die Frauen für sich zu gewinnen. Heute hat – so sehe ich es – noch niemand erkannt, daß sie als Wählerinnen in Frage kommen. Jetzt besteht kein Interesse an den Frauen, aber ich kann mir vorstellen, daß es in Zukunft eine politische Kraft geben wird, die Interesse daran hat, Rechte, Interessen und Stellung der Frau zu verbessern.

Männer reagieren instinktiv, wenn es um Frauenfragen geht. Sie fühlen sich angegriffen, wenn ihnen angelastet wird, daß die Frauen das und das nicht haben und fangen an, sich zu verteidigen. Wenn ich mich über eine halbnackte Frau auf einem Plakat ärgere, weil es geschmacklos ist, erniedrigend für die Frau und für die Menschen im allgemeinen, mit Sicherheit kommt daraufhin eine streitlustige Antwort von einem Mann. Andererseits sehe ich in Ungarn, daß die Männer durch die gute Ausbildung der Frauen in den vergangenen Jahrzehnten Positionen eingebüßt haben, sie haben keine besonderen Vorteile den Frauen gegenüber, und damit kann sich die Männergesellschaft sehr schwer abfinden, sie können nicht akzeptieren, daß ihre Frau auch beschäftigt ist, und nicht nur mit ihm, daß er selber das Abendessen machen muß, daß die Frau eventuell auch erfolgreich in ihrem Beruf ist. Die Mehrzahl der Männer erlebt das als tragisch. Die meisten Frauen kommen in ihren Fähigkeiten den Männern gleich, und damit gefährden sie auch berufliche Positionen der Männer. Von Nachteil für die Frauen sind die Jahre, in denen sie Kinder bekommen, und hier liegen die Chancen, die die Männer noch ergreifen können. Ich denke, es geht hier in Ungarn darum, daß die Männer die Errungenschaften der letzten 30 Jahre für die Frau nicht verarbeiten können. Sie verdienen nicht mehr allein, und obwohl sie noch immer mehr nach Hause bringen, leisten sie nicht unbedingt mehr. Die Männer sind verunsichert, wahrscheinlich sind ihre Reaktionen deshalb so aggressiv. Sie berufen sich darauf, wie notwendig es ist, daß die Frau zu Hause bleibt, das schwächt die Frau, aber das sollte man nicht mißbrauchen.

Früher wie heute ist Abtreibung ein völlig üblicher Eingriff, nicht verboten. Eine andere Frage ist, daß ich es als Ärztin für gefährlich halte, und man müßte alles tun, damit die Zahl nicht so hoch ist. Aber ich glaube nicht, daß man es gesetzlich beeinflussen kann und darf. Das frühere Gesetz, das die Abtreibung möglich machte, und auch die Variante von 1992 unterscheiden sich nicht wesentlich voneinander, es wurden lediglich einige Formalitäten eingefügt, z.B. daß man zu einer Frauenfürsorge gehen muß, wo man gefragt wird, ob man sich wirklich sicher ist, daß man abtreiben will. Wenn man ja sagt, nimmt alles seinen gewohnten Gang. Potentielle Gefahren und Risiken lassen sich durch ärztliche Beratungen und durch geeignete Techniken verhindern. Es gibt ja inzwischen Tablettenmethoden, die schon die ganz frühen Schwangerschaften ohne einen Eingriff unterbrechen können. Mit der Legalisierung dieser Tabletten könnte man die Lage der Frauen erleichtern. Es wird ja immer gesagt, es liege an der Aufklärung, doch das glaube ich nicht. Meine Beobachtung ist, daß in Ungarn ein wesentlicher Teil der Abtreibungen, mehr als die Hälfte, von Müttern mit zwei bis drei Kindern gewünscht wird, die keine Kinder mehr wollen. Das seelische, emotionale und sexuelle Leben der Menschen ist unberechenbar, wahrscheinlich schützt sich eine Frau mit drei Kindern nicht mehr, weil ihr Intimleben sowieso nicht mehr so intensiv ist. Die menschlichen Beziehungen sind total zerrüttet, auch die sexuellen Beziehungen, und es liegt nicht an der Verhütung, sondern am Charakter der Beziehungen, daß es so ist. Sicherlich ist nicht das allein die Hauptursache, an der Aufklärung gibt es auch noch einiges zu tun, aber ich denke, daß heute in Ungarn Verhütungsmittel absolut zugänglich sind, auch die am wenigsten aufgeklärten Frauen und Mädchen finden irgendeine Verhütungsmethode, wenn sie wollen.

Für mich war es eine große Umstellung, plötzlich eine Partnerbeziehung zu haben, weil ich lange für meinen Beruf und allein gelebt habe, und auch das war nicht einfach, dann sehnt man sich nach dem, was man nicht hat, nach einer Familie, Kinder. Wir kennen uns noch nicht sehr lange, erst eineinhalb Jahre, aber Zeit ist sowieso keine Garantie. Wir haben vor der Heirat schon zusammengelebt, und für mich war es gar nicht so einfach, daß ich nicht nur für mich Zeit hatte. Anfänglich waren wir beide ziemlich erschöpft, es war wirklich komisch, nicht die Anpassung fiel uns schwer, sondern daß man sich nicht hinlegte oder Musik hörte, wenn man nach Hause kam, sondern sich Zeit für den anderen nahm. Wir haben dann eine Methode ausgearbeitet, daß wir Dinge wie Putzen, Aufräumen in den Hintergrund geschoben und gesagt haben, daß das alles nicht wichtig ist, wenn wir dafür die Zeit gemeinsam und angenehm verbringen, was auch nicht viel ist, die paar Stunden abends, und mal ein Wochenende. Bei uns gibt es keine traditionellen Frauen- und Männerrollen, weil für uns beide unsere Arbeit sehr wichtig ist. Wer von uns Zeit hat für alltägliche Dinge wie Abwaschen, Einkaufen, tut es, das ergab sich völlig automatisch, wurde nicht abgesprochen.

Ich hatte immer einfache Wünsche: Wenn ich mal ein Kind bekomme, soll es gesund sein, mit guten Fähigkeiten ausgestattet, und vor allem glücklich. In meiner Arbeit – ich bin ziemlich eitel – habe ich immer daran gedacht, daß ich einerseits anderen nützen kann, daß ich nicht nur so l'art pour l'art dahinlebe, sondern wenigstens einige Menschen etwas davon haben, daß sie mit mir in Verbindung gekommen sind, in ärztlicher und auch anderer Hinsicht, andererseits, daß ich tägliche Erfolge habe, ob geistig oder finanziell, weil das viel Kraft gibt. Das wünsche ich mir, es ist aber relativ, was ich unter Erfolg verstehe, das kann eine Patientin sein, die man rettet, oder ein guter Vortrag, den man hält.

Ich bin sehr materialistisch eingestellt, vielleicht auch wegen meiner Arbeit. Glück bedeutet für mich zu einem großen Teil körperliches Wohlsein und Wohlstand, was eine schreckliche Profanisierung des Lebens ist, aber ich brauche es, in einer schönen Umgebung zu wohnen, körperlich fit zu sein, das ist erst mal der Ausgangspunkt. Glück an sich ist etwas von sehr hohem Wert, aber man muß immer nach etwas streben, nicht einfach im Alltag dahinvegetieren, egal, was das ist, die Willenskraft, die Seele, der Geist soll sich bewegen, es ist dann auch egal, ob das Ziel erreicht wird oder nicht, wichtig ist nur, daß du etwas hast, wonach du strebst, was dich befriedigt, was dir das Leben verschönert. Ich glaube, dies ist nicht von außen zu beeinflussen, sondern man hat Phasen, in denen man sich ein bißchen ausruht, wo man fühlt, daß man das

Leben nicht voll ausschöpft, aber man braucht diese Zeit, um die inneren Kräfte zu sammeln, um dann wieder neu in Bewegung zu kommen, und dann man hat von neuem Wünsche, Bestrebungen, Ziele, Hoffnungen.

Die Zukunft Ungarns? Das ist eine schwere Frage. Ich sehe sie nicht sehr rosig, aber das folgt sicher aus meinen vielen Klagen. Es ist jetzt notwendigerweise eine Zeit, in der der Mensch dem Menschen Feind ist, in der es noch keine bewährten bürgerlichen Gesetze und moralische Werte gibt, die, die es gab, existieren nicht mehr. Für mich ist dies schon eine harte Zeit, in der die Werte nicht ihren Platz haben, man nur nach ihnen streben und sie nur in einigen Teilgebieten verwirklichen kann. Vielleicht ändert sich das in fünfzig, achtzig Jahren ... Ich bin davon überzeugt, daß die Herausbildung neuer Werte noch lange Zeit dauern wird.

Zsuzsa ist inzwischen dreifache Mutter. Sie arbeitet halbtags in einer privaten Klinik als Ärztin und unterrichtet nach wie vor an der Universität. Die fünfköpfige Familie plant einen einjährigen Aufenthalt in den USA, wo Zsuzsa ein Stipendium erhalten hat.

Juli 1995

KATALIN, Hausfrau
34 Jahre, verheiratet, 3 Kinder

„Ich wollte leben und mich darüber freuen."

Um zu Katalin nach Csepel zu gelangen, nehme ich die HÉV, die Vorstadtbahn Budapests. Dort, wo sie wohnt, sind Häuschen mit einem kleinen Gartenstück davor aneinandergereiht

Mein Besuch, der von einer meiner ungarischen Freundinnen angekündigt worden ist, sorgt für Aufregung in der fünfköpfigen Familie: ein unbekannter Gast im Haus. Ich werde in den Hauptraum ihres winzigen Hauses, der Wohn- und Schlafzimmer zugleich ist, geführt, einige Dinge werden noch schnell weggeräumt, auf dem Tisch stehen bereits Getränke und Knabbergebäck bereit.

Die Kinder mustern mich neugierig, bevor ihr Vater mit ihnen in den Garten hinausgeht, damit Katalin und ich in Ruhe sprechen können. Katalin spricht schnell, ohne Pausen, erkundigt sich immer wieder danach, ob das, was sie erzählt, denn überhaupt interessant und wichtig sei. Schon bald verliert sie jegliche Scheu, ergänzt, geht ins Detail, findet Lust am Erzählen.

Ich heiße Katalin und bin hier in Budapest geboren.

Meine Eltern kommen vom Land, deswegen habe ich auch eine sehr schöne Kindheit gehabt, weil ich das Leben auf dem Land kennenlernen konnte. Sie sind in Békés geboren, das liegt im Tiefland. Die Gegend war nicht so besonders schön, weil es halt flach ist, für ein Kind jedoch ist es etwas Besonderes. Ich bedauere es, daß meine Kinder das nicht mehr so wie ich genießen können, da es heute schon alles auf dem Land gibt: Hochhäuser, englische Toiletten, es ist praktisch schon hochmodernisiert. Es gibt immer weniger Bauernhäuser wie zum Beispiel das Haus meiner Großeltern. Es war ein Lehmhaus, kein Parkettboden, sondern nur einfach Erde, die regelmäßig mit Wasser begossen wurde, und Licht kam noch aus der Petroleumlampe. Sie hatten einen schönen Garten, mit ziemlich vielen Tieren, Hühner, Kühe, Schweine. Die Kühe konnte ich selbst leider nicht mehr dort sehen, aber sie hatten früher welche. Ich ging mit meiner Freundin Gänse hüten, ich genoß das Leben dort mit all seinen Schönheiten. Abends badeten wir im Trog, in dem das Wasser von der Sonne warm war. Es kam nicht aus der Leitung, so wie heute, es gab auch keine Heizung.

Meine Kindheit verbrachte ich bei meinen Großeltern, weil es ihr Wunsch war, nicht, weil meine Eltern mich nicht haben wollten. Sie kamen regelmäßig zu Besuch. In den 60er Jahren besuchte ich dort auch den Kindergarten. Es war schwer, einen Arbeitsplatz zu finden, deshalb arbeitete mein Vater in Budapest, als Feuerwehrmann. Die Schule begann ich aber schon in Budapest und verbrachte von nun an nur die Ferien bei den Großeltern. Also, um die Sache besser zu verstehen: Nach dem Krieg gab es fast keine Arbeit auf dem Land, deshalb zogen viele in die Hauptstadt. So auch mein Vater, später meine Mutter, und sie heirateten dort. 1953 wurde dann meine Schwester geboren, 1961 ich. Während der Verstaatlichung wurde der Großmutter der Besitz genommen, und deshalb waren sie gezwungen, eine neue Möglichkeit für den Lebensunterhalt zu suchen. Meiner Großmutter blieb nur der Garten. Die Bauern wurden gezwungen, ihren Besitz an die sogenannten LPGs (Landwirtschaftliche Produktionsgenossenschaften) abzugeben. Du hast bestimmt schon gehört oder in der Zeitung gelesen, daß wieder alles privatisiert wird, die Bauern wieder ihre Felder zurückbekommen, aber leider können sie heute nichts mehr damit anfangen. Sie sind schon alle zu alt, um den Boden zu bearbeiten.

Meine Eltern haben meine Großeltern unterstützt, ihnen finanziell geholfen, da ich ziemlich viel bei ihnen war. Meine Großmutter bekam keine staatliche Rente, obwohl sie ganz viel bei einem Grafen gearbeitet hat, als Taglöhnerin. Das wurde ihr aber nicht angerechnet. Sie bekam nur einen kleinen Teil der Rente nach dem Tod ihres Mannes.

Meine Großmutter war eine wunderbare Frau. Wir hatten eine ganz enge Beziehung. Ich habe mich immer sehr auf die Sommerferien gefreut, da wir dann sehr viel zusammen unternommen haben. Das waren die Erinnerungen des Kleinkindes.

Natürlich, als ich größer wurde, die Grundschule besuchte,

änderte sich das. Ich hatte schon andere Erwartungen, diese Erlebnisse gehörten zur Kindheit und reichten mir nicht mehr, wurden mir allmählich zu langweilig.

Nachdem ich die achtklassige Grundschule beendet hatte, arbeitete ich drei Monate in einem Warenhaus, um etwas Geld für eine Reise in die DDR zu sparen. Ich wollte zu meiner Tante fahren. Ich war immer sehr selbständig, und das will ich auch meinen Kindern beibringen, daß sie immer auch alleine zurechtkommen. Ich habe einen Monat in Berlin verbracht, eigentlich in einem Dorf bei Berlin.

Ich habe dann in einer dreijährigen Fachschule weitergelernt: französische Damenschneiderin. In der Schule gab es einen Jahrgang mit einem höheren Niveau, wo man auch die Matura ablegen konnte. Ich gehörte leider nicht zu denen. Du weißt, wie die Mädels in der Adoleszenz sind, jede träumt von der Ehe. 70% haben noch während der Schulzeit geheiratet. Ich werde meiner Tochter davon bestimmt abraten – es macht keinen Sinn, so früh zu heiraten, wenn man noch gar nicht gelebt und sich so richtig ausgetobt hat. Ich habe 1978 die Schule absolviert und 1979 schon geheiratet. Heute sage ich nicht, ob es schade war oder nicht, aber es war eine mißlungene Ehe – nach einem Jahr habe ich mich schon scheiden lassen. Man sagt, Gegensätze ziehen sich an – das trifft auf meine jetzige Ehe zu. Ich bin temperamentvoll, rege mich schnell auf, er hingegen ist ruhiger, überlegener. Mein erster Ehemann war aber genauso wie ich. Das führte dann zu ständigen Konflikten, und dazu kam noch, daß wir sehr jung waren. Meine Tochter wird wahrscheinlich auch mit dieser Situation konfrontiert, weil die Mädchen sowieso sensibler und sentimentaler sind. Wenn ich bedenke, daß meine Freundinnen mit 34 schon sechzehnjährige Töchter und Söhne haben und ihre Jugend nur mit Kindererziehung verbracht haben! Ein achtzehnjähriges Mädchen ist nicht dumm, bloß unreif für eine Ehe. Ich bin froh, daß ich aus meiner ersten Ehe keine Kinder habe, da ich wieder neu beginnen konnte.

Ich war also 17, als ich die Fachschule abgeschlossen hatte, und danach habe ich ein Jahr lang in einer staatlichen Schneiderei gearbeitet. Dann starb mein damaliger Chef und Direktor des Unternehmens, und nach seinem Tod war das Arbeitsklima nicht mehr wie vorher. Der Betrieb, wo ich danach arbeitete, hieß OKISZ, war eigentlich eine Maßschneiderei, Haute Couture der 70er Jahre. Es war der sogenannte „letzte Schrei" für die oberste Schicht der Gesellschaft. Diese Firma habe ich aber schnell verlassen, da ich am früheren Arbeitsplatz schon 1978 bis zu 4500 Forint pro Monat verdient hatte, was ziemlich viel war. Bei OKISZ habe ich 11 Forint Stundenlohn bekommen. Mein Einkommen war also viel niedriger dort, und obwohl ich nicht so auf Geld versessen bin, war es ein Rückschritt für mich. Wir – mein erster Mann und ich – wohnten in einer staatlichen Mietwohnung, und die Nebenkosten waren auch damals schon hoch.

Was noch zum Arbeitsplatzwechsel beigetragen hat, war die Tatsache, daß die neue Firma in der Innenstadt war, und als junge Frau macht man gern noch einen Einkaufsbummel nach der Arbeit, guckt sich die Schaufenster an. Der Wechsel war im September, und die neue Firma, die eine kleine Schneiderei war und in die ich von zwei Freundinnen gelockt worden war, lag neben dem Corvin-Kino.

Ich liebe meine Arbeit sehr, ich mochte sie auch bei OKISZ, da ich Musterstücke anfertigte. Wir arbeiteten nicht in der Massenproduktion – ich entwarf Einzelstücke, die dann beurteilt, genehmigt und angefertigt wurden. Wir hatten auch einen guten Gruppenleiter, der eigentlich sehr streng mit uns war, wenn viel Arbeit anfiel, aber wenn wir wenig zu tun hatten, machten wir Pausen, um uns auszuruhen, plauderten oder nähten sogar etwas für uns selbst. OKISZ war ein irrsinnig großer Betrieb, der sich neben der Schneiderei mit vielen anderen Dingen beschäftigte, von Heimarbeit-Koordination bis Textilienverkauf. Es war praktisch ein Verein für Handwerker mit vielen Abteilungen. Unsere Abteilung hat dann später denn Namen „Jeannette" bekommen. Jetzt aber Schluß mit der Arbeit.

Seit meiner Heirat lebte ich von meinen Eltern getrennt. Nach der Scheidung durfte ich nicht in der 46 m² großen, staatlichen Wohnung bleiben und bekam eine kleinere, eine Garçonnière. Diese Wohnungen konnte man nicht kaufen, die wurden zugewiesen. Drei Jahre sind ziemlich schnell vergangen, ich habe sehr oft meine Freundinnen besucht, die schon alle verheiratet waren und Kinder hatten. So war fast immer ich diejenige, die zu Besuch kam. Ich bin ins Kino gegangen, ins Bad, soviel mir die Arbeit erlaubt hat, habe ich unternommen, weil ich eigentlich wenig Urlaub hatte, zwei Wochen im Jahr.

Dann kam der eigentliche Wendepunkt in meinem Leben – im Februar 1982 passierte der Unfall, bei dem ich meinen linken Unterarm verloren habe. Ob das nun mal im Buch der Schicksale geschrieben stand oder nicht ... Ich sage das, weil es an einem Sonntag geschah, als ich mit meiner Mutter zu meiner Schwester fuhr, die 20 km von Budapest entfernt in einem Dorf wohnt. Am Freitag davor war ich sehr gut gelaunt, sehr fröhlich, meine Kolleginnen haben sich schon gewundert wieso. Ich bin zu meiner Freundin hinübergegangen, die auch als Schneiderin dort gearbeitet hat, habe meine linke Hand auf ein Blatt Papier gelegt und die Konturen nachgezeichnet. Ich habe mir schöne rote Nägel gezeichnet, ausgemalt, das Ganze dann in einem Herz eingeschlossen, mit einem Pfeil durchbohrt und darunter eine große Blutpfütze gemalt. Ich habe noch darübergeschrieben: „Die Hand von Kati ist die schönste!“ Ich war das ganze Wochenende so aufgekratzt. Meine Mutter sagte noch, wir sollten jetzt lieber nicht fahren, da wir bereits die Woche davor dort waren. Ich war diejenige, die unbedingt fahren wollte. Ich hatte meinem Patenkind eine Weste gestrickt und noch im Zug daran gearbeitet. Ich meinte, wenn die Weste jetzt nicht fertig wird, wird sie es nie. Leider habe ich es doch nicht geschafft, zwei Reihen fehlten noch am Ärmel. Ich hatte irgendwie ein Gefühl, eine Vorahnung, aber verstehen konnte ich es erst, als es schon passiert war. Ich wußte nur, daß irgend etwas passieren würde. Ich habe öfters so Vorgefühle. Einmal wollte eine Freundin zum Schlittenfahren, und ich hatte so ein komisches Gefühl. Sie ist dann gegen einen Baum gefahren. Übersinnliche Kräfte habe ich zwar nicht ... Wenn man sich vielleicht mit Horoskopen beschäftigen würde, könnte man viel mehr über diese Dinge wissen und auch einiges vermeiden. Ich habe mich aber nie damit beschäftigt. Es ist nur interessant, wenn man sowas erlebt. Das spielt sich im Unterbewußtsein ab.

Der Unfall selbst ... Wir wollten mit einem Pendlerzug zurückfahren, und diese Züge sind immer sehr voll. Auch an diesem Sonntag standen sehr viele im Zug, wir preßten uns aneinander wie Sardinen in der Blechdose. Nachdem der Zug die Haltestelle verlassen hatte, mußte er bei einem roten Signal anhalten. Der Zug fuhr dann abrupt los, von diesem Stoß öffnete sich die Tür, und ich fiel hinaus. Meine Absätze klemmten zwischen den Gittern der Treppe. Meine letzte Erinnerung ist, daß ich mich mit der Hand festhalte. Ich stürzte aus dem Zug, schlug mit meinem Kopf auf und verlor das Bewußtsein. Der Zug streifte mich noch ein Stück weiter, und wie ich mich so drehte, geriet vermutlich mein Arm unter das Rad. Glück im Unglück, daß der Zug gerade abfahren wollte und nicht mit großer Geschwindigkeit gefahren ist.

Jemand hat gleich die Notbremse gezogen. Meine Mutter wurde mit einem Auto nach Hause gefahren, sie stand unter Schock. Ich habe noch im Zug Erste Hilfe bekommen und wurde dann ins Krankenhaus gebracht. Mein Vater hat meine Mutter bei den Nachbarn untergebracht und kam ins Krankenhaus, wo man ihm sagte, mein Arm sei nicht mehr zu retten und müsse amputiert werden. Ich lag auf der Intensivstation, sieben bis acht Tage lang im Koma. Ich habe nur vage Erinnerungen an diese Zeit – die Ärzte wußten auch nicht, ob ich am Leben bleiben würde oder nicht.

Dann, als ich zu mir kam, sah ich, daß mein linker Unterarm fehlte. Die Ärzte sahen mich mitleidig an, da ich ein junges, 21jähriges Mädchen war. Doch ich war nicht völlig verzweifelt, ich sagte mir: Wenn ich fröhlich bin, habe ich keinen Arm, wenn ich traurig und verzweifelt bin, habe ich auch keinen Arm, daran wird sich nichts ändern, dann versuche ich, das beste draus zu machen. Ich war drei Wochen im Spital, und alle mochten mich, da ich die optimistischste Kranke war. Ich bin nicht zusammengebrochen, ich mußte stark sein. Obwohl ich den Unfall hatte, waren meine Eltern diejenigen, die Unterstützung brauchten. Sie redeten nicht miteinander, sie gerieten in eine tiefe Krise. Ich wollte unbedingt leben und meine Eltern nicht mehr so verzweifelt sehen. Ich zwang mich, alles allein zu machen. Ich kochte ein Gulasch und schälte dazu die Zwiebeln mehr als eine Stunde lang, oder ich bestickte eine Bluse für meine Nichte ... Ich wollte alles schaffen und es auch meinen Eltern beweisen.

Ein halbes Jahr wohnte ich bei meinen Eltern, nach einem Jahr ging ich zurück an meinen Arbeitsplatz. Dort wurde ich ständig geschont, was mich aber irritierte, da ich unbedingt meine Kräfte zeigen und es ihnen beweisen wollte. Ich wollte kein Häuflein Elend sein. Und ich hätte es nicht anders geschafft. Wenn ich mich da nicht durchgesetzt hätte, hätte ich nie mehr ein anderes Leben gehabt. In acht Stunden habe ich sogar mit einem Arm dreieinhalb Jeans fertiggenäht. Ich wollte eigentlich nur mir selber beweisen, daß ich es kann und einen starken Willen habe. Ich habe mich nie geschämt, daß ich nur einen Arm habe, ich verstecke meinen Arm nie. Ich kenne Leute, die auch im Sommer lange Ärmel und Handschuhe tragen, ich laufe im Sommer ohne Ärmel herum. Die Leute haben sich daran gewöhnt. Für jeden, der mich kennt, ist es selbstverständlich, daß ich so bin. Es ist ganz natürlich geworden. Niemand fragt, was passiert ist. Für unsere Freunde ist es so normal, daß einer sogar mal gefragt hat, wieso wir im Trabant so eine eigenartige Vorrichtung haben. „Na, weil ich nur eine Hand habe", habe ich gesagt. Ich habe mir eine Prothese machen lassen, aber ich habe sie in den Schrank gestellt. Man kann nichts damit anfangen – im Sommer ist sie irrsinnig warm, man kann sich damit nicht bewegen, sie ist ständig im Weg, ist unangenehm und unbequem. Wenn ich gar keinen Arm hätte, würde ich sie natürlich benutzen, aber so reicht mir, was ich habe.

Als ich die Prothese habe machen lassen, kam ich unter Leute, die ähnliche Probleme hatten. Bis dahin hatte ich keinen Kontakt zu Behinderten. Es gibt einen Sportverein für Behinderte, und als ich einmal aus dem Institut kam, traf ich einen Bekannten, der mich fragte, ob ich nicht schwimmen gehen möchte: „Wenn du Lust dazu hast, komm, wir erwarten dich." Ich ging nicht gleich, ich mußte mir diese neue Situation noch überlegen. Nach einem Jahr suchte ich dann den Verein auf. Anfangs konnte ich nicht gut schwimmen, ich trainierte, und mit der Zeit ging es immer besser.

Ich nahm auch an Wettbewerben teil, wir waren im Ausland, zum Beispiel im ehemaligen Jugoslawien, in der Tschechoslowakei. Ich gewann auch einige Medaillen. Wichtig für mich war aber, daß ich unter Menschen war, Sport treiben konnte, und ich finde es gut, daß ich damals noch kein Kind hatte, weil ich viel weniger hätte unternehmen können. Ich bin natürlich nicht so gut geschwommen, daß ich an Weltwettbewerben hätte teilnehmen können, doch ich habe es geschafft, einmal nach Paris mitzufahren, und das war sehr schön. Und überhaupt, es ist schon ein ganz besonderes Erlebnis, solchen Wettbewerben einfach nur zuzuschauen und zu sehen, wie geschickt sich Behinderte in verschiedenen Situationen bewegen. Zum Beispiel ein blinder Junge, der einen Kurzstreckenlauf gewonnen hat, ein Blinder unter Sehenden. Diese Menschen wollen sich nicht nur vor ihrer Umgebung beweisen, sondern vor allem vor sich selbst. Sie brauchen sehr viel Liebe und Zuneigung. Man kann das alles natürlich einem Nicht-Behinderten erzählen, aber verstehen wird er es nicht. Oder nicht so richtig. So richtig miterleben kann man das nur, wenn man selber behindert ist.

Die Tochter meiner Schwester hat nie danach gefragt oder gar nicht bemerkt, daß ich nur einen Arm habe. Auch meine Kinder, meine größere Tochter, hat es lange nicht bemerkt, hat nie darüber gesprochen. Nur – sie kommt zu mir, gibt einen Kuß auf meinen linken Arm oder streichelt mich. Erst später, als sie größer war, fragte sie dann nach meinem Arm. Solange sie klein sind, sehen sie es nicht, weil ich alles damit tun kann, ich hebe sie aus der Badewanne, ich werfe sie in die Luft. Für sie bin ich eine ganz normale Mutter.

Im Verein habe ich das richtige Sportleben kennengelernt, wir sind viel gereist, hatten viel Spaß miteinander. Wir haben die Depressiven, Traurigen ausgeschlossen, wir ließen uns den Spaß nicht verderben. Wir wollten leben, uns darüber freuen und einfach fröhlich sein. Bis 1988 war ich im Verein, insgesamt vier Jahre. Da waren vor allem ältere Leute, also nicht Teenager, sondern so zwischen 25 und 30. Nach 1988 haben wir nicht mehr so regelmäßig trainiert, und ich habe dann den Verein verlassen. Jetzt habe ich gehört, daß ganz junge Leute dort sind, die ich gar nicht mehr kenne.

Meinen Mann kenne ich seit 1984. Er war ein Freund desjenigen, der mich in den Verein eingeführt hat. Wir haben uns gekannt, ich habe ihn oft um Hilfe gebeten, wenn ich etwas nicht allein erledigen konnte. Wir wohnten im selben Stadtviertel, wir waren sozusagen Nachbarn, doch mehr nicht. 1989 sind wir uns dann nähergekommen, und letztendlich haben wir geheiratet.

Man organisierte für Behinderte einen Ausflug nach Polen, und weil sie noch gerade zwei Plätze frei hatten, schlugen sie uns vor mitzufahren. Wir sind mit einem alten Trabant gefahren, der sich trotz allem sehr gut gehalten hat. Wir waren noch in Budapest, als der Motor durchgebrannt ist, aber wir haben den Weg trotzdem geschafft. Dieser Ausflug war eigentlich eine Art Wettbewerb, wobei man bestimmte Strecken fahren und verschiedene Aufgaben erfüllen mußte. Wir bekamen eine Karte und Hinweise auf Polnisch und mußten den richtigen Weg finden. Geschafft oder nicht, Ziel des Ausfluges war, daß wir uns wohl fühlen und amüsieren.

Mein Mann wohnte in dieser Wohnung. Sie war damals noch kleiner, die zwei Zimmer haben wir erst später dazugebaut. Als ich zu ihm zog, waren wir noch nicht verheiratet. Wir haben zusammen die Wohnung renoviert. Jetzt war eine Frau da, und ich wollte die Küche verschönern und dies und jenes. Im September stellte sich heraus, daß wir ein Kind bekommen. Von meiner Schwester habe ich Babykleider und allerlei Sachen für das Kind erhalten, und dann erwarteten wir das Kind mit großer Freude. Damals waren wir noch immer nicht verheiratet. Ich sagte: Ich war schon einmal verheiratet und will es nicht nochmal. Man kann auch so, unverheiratet, glücklich miteinander leben.

Wir erwarteten das Baby – mein Mann bastelte, ich strich mit dickem Bauch die Fenster. Wegen einer falschen Berechnung des Geburtstermins wurde ich einen Monat früher ins Krankenhaus gebracht. Das Kind kam nicht am 6. Mai, sondern erst am 27. Mai zur Welt. Ich lag im Krankenhaus, hatte Zeit, mich auf das Kind vorzubereiten und war völlig davon überzeugt, daß es ein Mädchen wird, obwohl ich es vorher nicht wußte. Ich habe sie mir mit großen braunen Augen und Grübchen vorgestellt und als ich sie erblickte, wunderte ich mich gar nicht, daß sie so war, wie ich es mir vorgestellt hatte. Unbewußt wollten wir beide ein Mädchen haben.

Sie hat natürlich unser Leben sehr verändert, wir waren dann mehr ans Haus gebunden, aber mit dem ersten Kind haben wir noch sehr viele Ausflüge unternommen. Sie war erst zwei Monate alt, als wir mit ihr ins Börzsöny-Gebirge fuhren. Mit einem Kind war das alles kein Problem, alles ist schnell eingepackt, aber mit drei Kindern ist es schon schwieriger. Ich habe immer für die Kinder gekocht, sie haben nie Fertignahrung bekommen. Wenn wir einen Ausflug machen wollten, bin ich früh aufgestanden, habe alles vorbereitet, und wir sind abgefahren.

Zuerst hatten wir nur dieses eine Zimmer, in dem haben wir alle drei geschlafen. Es wurde immer ungemütlicher, und dann als meine Tochter schon zwei Jahre alt war, beschlossen wir dazuzubauen. Wir haben mit den Eltern meines Mannes gesprochen. Neben diesem Raum hatten sie eine kleine Werkstatt im Haus, die dann zum Kinderzimmer ausgebaut wurde.

Wir haben uns sehr ein zweites Kind gewünscht, doch ich wurde einfach nicht schwanger. Mit Kata ging es sehr leicht, doch das zweite Mal um so schwerer. Ich bin zum Arzt gegangen, habe einfach nicht verstanden, warum es nicht klappt, wenn es doch beim ersten auch so einfach war. Es hat dann doch funktioniert, aber unter meiner zweiten Schwangerschaft habe ich sehr gelitten. Mit dem ersten Kind hatte ich gar keine Schwierigkeiten, mit dem großen Bauch konnte ich noch arbeiten, auf den Baum klettern, aber mit dem zweiten war es sehr schlimm. Ich hatte Probleme mit dem Magen, mußte Medikamente nehmen, und wir hatten große Angst, daß das Kind eventuell nicht gesund sein würde. So etwas wünsche ich niemandem. Doch zum Glück wurde sie, die kleine Mariann, ein hübsches, lebhaftes Mädchen.

Dann stellte sich wieder die Frage: wohin mit dem Kinderbett? Es kam dann zu uns ins Zimmer, um die Kata nicht zu stören. Später konnten wir ganz günstig ein Stockbett kaufen. Damit haben wir auch Platz gespart, und die Kleinen kamen ins Kinderzimmer.

Dann ging es wieder los, ein kleines Baby, für alle extra kochen, undsoweiter. Wir hatten aber Glück mit allen drei Kindern, sie haben abends ihr Essen bekommen und schon nach zweieinhalb Monaten meistens die ganze Nacht durchgeschlafen.

Das dritte Kind sollte aber nicht so schnell kommen. Ich dachte sowieso, daß ich nicht so leicht schwanger werde, also haben wir nicht besonders aufgepaßt, und schon war es passiert. Nach elf Monaten war mein Sohn da. Wir hatten uns zwar ein drittes Kind gewünscht, aber doch nicht so schnell ... Bei einer Kontrolluntersuchung nach meiner zweiten Geburt meinte der Arzt, daß ich möglicherweise schwanger sei. Die Ultraschalluntersuchung hat dann bestätigt, daß ich in der fünften Woche war. Zu Hause habe ich es mit meinem Mann besprochen. Wir waren beide gegen eine Abtreibung, da wir meinen, wenn wir schon nicht aufgepaßt und aus Unachtsamkeit einem Wesen Leben gegeben haben, sollen wir es ihm nicht einfach wieder wegnehmen. Wir können es zur Welt bringen und werden wissen, wer dieses Wesen sein wird.

Daß ich gegen eine Abtreibung war, hängt vielleicht damit zusammen, daß ich erst mit 29 mein erstes Kind bekommen habe. Ich kann mir aber vorstellen, daß auch ich mich in einer anderen Situation, mit einem anderen Partner oder gerade ohne Partner ganz anders entschieden hätte. Aber in der gegebenen Situation kam Abtreibung für mich nicht in Frage. Du siehst, wie schön sie sind, wie sie sich entwickeln und denkst dir, was wäre aus dem kleinen Wesen geworden. Also, prinzipiell bin ich nicht gegen die Abtreibung, ich bin auch nicht religiös oder so. Wenn ein Mädchen vergewaltigt wird, aus Unachtsamkeit schwanger wird oder aus irgendeinem Grund das Baby nicht behalten kann, dann betrachte ich diese Lösung als die beste. Besser so, als mit einem Waisenkind mehr. Ich kann es mir selbst nur nicht vorstellen. Ich bin aber nicht so wie diese Abgeordnete, die Ágnes Maczó, die so sehr gegen die Abtreibung kämpft. Das soll eigentlich jede selbst entscheiden. Aber warum soll ein kleines, unschuldiges Wesen für unsere Verantwortungslosigkeit büßen? Also mein eigener Standpunkt ist, wenn es schon passiert ist, dann behalten. Wenn ich jetzt schwanger wäre, würde ich das Kind behalten, obwohl bei uns das Geld sehr knapp ist. Würde aber meine Tochter mit 14 schwanger werden, so würde ich ihr bestimmt zu einer Abtreibung raten.

Wir hatten uns mit der neuen Situation abgefunden – drei Mädchen im Haus, doch der letzte Ultraschall zeigte eindeutig einen Buben. Im Dezember 1993 ist das zweite Kind, Mariann, geboren, und 1994 der Junge. Kata ist jetzt fünf Jahre alt, Mariann zwanzig Monate und der Marci neun Monate alt.

Obwohl die drei Kinder sehr viel Arbeit bedeuten, bereiten sie uns sehr viel Freude. Wir leben sehr glücklich. Die Kata ist jetzt seit einer Woche nicht zu Hause, und schon fehlt sie uns allen. Nachts wache ich oft auf und lausche, ob es still ist im Haus. Wir tun alles für die Kinder. Jetzt brauchen sie langsam drei Schaukeln, weil sie sich schon darum streiten.

Wir haben lange keinen Urlaub gehabt, das letzte Mal, als Kata anderthalb Jahre alt war. Erstens hatten wir keine Zeit dafür, zweitens kein Geld, die Bauarbeiten haben uns sehr viel Zeit und Geld gekostet. Eigentlich hatten wir auch damit Glück, weil wir alles billig kaufen konnten und sehr viel Hilfe von Freunden bekamen. Letztes Jahr haben wir aber dann gesagt: Schluß mit dem Bauen und Sparen. Wir haben bei Verwandten Urlaub gemacht. Da war ich schon mit dem dritten Kind schwanger und beschloß, erst wieder auf Urlaub zu fahren, wenn alle Kinder sauber sind. Mit Mariann hatten wir doch einige Probleme, sie hat nicht oder nur unruhig geschlafen. Ich will erst wieder mit ihnen wegfahren, wenn sie größer sind, vielleicht machen wir dann einen Urlaub mit dem Zelt. Mit den drei Kindern ist auch das Auto schon fast zu klein, langsam werden sie keinen Platz mehr auf dem Rücksitz haben. Wir haben sowieso nur zwei Kindersitze. Wir können mit ihnen auch nicht ins Bad gehen, es ist außerdem ziemlich teuer, deshalb haben wir ein kleines Becken im Garten gebaut.

Ich mache alles mögliche, um Geld zu sparen: aus alten Kleider versuche ich neue zu basteln, kaufe billige Textilien, die ich dann umnähe. Ich kaufe auf dem Markt ein, wir haben kein Geld für teure Kinderkleidung aus den Boutiquen.

Wir leben von der Kinderbeihilfe und von der monatlichen

Behindertenrente. Nach dem Unfall haben wir beide, sowohl ich als auch mein Mann, eine größere Summe bekommen. Davon konnten wir z.B. einen Fernseher oder eine DDR-Waschmaschine kaufen, da waren wir aber noch nicht zusammen. Das ist eigentlich unser ganzes Einkommen: die beiden Renten und die Kinderbeihilfe, und das müssen wir sehr genau einteilen. Mein Mann hat auch einen Beruf gelernt, er ist Elektriker, kann aber wegen seiner Behinderung nicht arbeiten. Bei einem Unfall hat er das rechte Bein verloren.

Mein Mann ist für mich eine sehr große Hilfe. Wir ergänzen uns gegenseitig. Ich stehe sehr früh auf, mache die Hausarbeit, gehe einkaufen, und er macht alles, was um das Haus zu tun ist, hilft natürlich auch bei der Hausarbeit, aber das wichtigste ist, daß er auf die Kinder aufpaßt und sich mit ihnen beschäftigt. Er hat auch die Schaukel für unsere Tochter selbst gebaut.

Am 11. Juli 1989 war der „heilige Tag", an dem wir unser Leben zusammengeknüpft haben, noch ohne Papiere. Als dann unsere Tochter 1990 zur Welt kam, war ich diejenige, die den Vorschlag machte, endlich zu heiraten. Mein Mann wollte nicht unbedingt, war aber auch nicht dagegen. Er ging dann zum Standesamt und versuchte einen Termin für den 11. Juli zu kriegen. Wir heirateten dann am 14. Juli 1990 mit zwei Trauzeugen und sonst niemandem. Auch einen Ring haben wir nicht gekauft. Morgen feiern wir unseren fünften Jahrestag.

Den Namen meines Mannes habe ich nicht angenommen, da ich schon einmal den Namen geändert hatte, nach der Scheidung meinen eigenen zurückgenommen habe und das nicht nochmals machen wollte. Ich habe gesagt, daß ich meinen Namen nie mehr ändern werde. Die Kinder tragen natürlich den Namen ihres Vaters, aber der Name ist so häufig, daß in der ganzen Gegend sowieso alle gleich heißen.

Jetzt bedaure ich es nicht mehr, daß die Kinder so schnell hintereinander gekommen sind, weil ich eh schon daran gewöhnt war, und so wachsen sie wenigstens gemeinsam auf. Vielleicht ist es besser so, obwohl die erste Zeit schon sehr anstrengend war. Das eine braucht das, das andere das ... Aber ich bin sehr konsequent in der Erziehung, ich muß einfach mit meiner Energie und Kraft haushalten, sonst schaffe ich es nicht.

Mit Politik beschäftige ich mich nicht oder nur ganz wenig. Was uns so richtig trifft, sind die hohen Preise – das hat eine spürbare Wirkung auf unser Leben. Ich kann halt weniger Produkte für meine Kinder kaufen als vorher. Es ist wichtig, daß ich nähen kann. Ich schäme mich nicht, auf den Markt zu gehen und mit Leuten zu feilschen, um billiger zu kaufen. Finanziell ist es für uns viel schwieriger geworden, sonst hatten und haben die politischen Veränderungen keinen ausgeprägten Einfluß auf unser Privatleben. Wir sind Rentnerin und Rentner, und so betrifft uns die Arbeitslosigkeit nicht. Und zum Glück ist unsere Rente ein sicheres Einkommen, auch wenn es nicht viel ist, aber wenn man spart, kann man irgendwie davon leben. Sie wird jährlich erhöht, aber nur mit der offizillen Inflation ausgeglichen. Ich habe auch keine Zeit, mich mit Politik zu befassen. Ich kann nichts dagegen tun. Gegen die hohen Preise kann ich nur so kämpfen, daß ich mehr Zeit mit dem Einkaufen verbringe, um günstige Preissenkungen oder verschiedene Discounts zu finden. Meine Situation kann unter Umständen auch als gut und stabil betrachtet werden, weil ich meine Rente regelmäßig bekomme und nicht ständig um meinen Arbeitsplatz zittern muß.

Die politische oder ökonomische Situation vor der Wende kann ich nicht objektiv beurteilen, da ich damals noch allein war oder zu zweit mit meinem ersten Mann. Natürlich war es besser, da wir nicht zu fünft waren – finanziell gesehen.

Das wichtigste für mich ist, daß ich meine Kinder großziehen kann. Und ich wünsche mir, einmal so richtig Urlaub machen zu können – nicht hier in der Nachbarstraße, sondern einmal das Meer zu sehen. Das ist aber eine reine Geldsache. Meine Träume wären alle zu verwirklichen, wenn sich unsere finanzielle Situation etwas stabilisieren würde. Ich könnte mehr für die Kinder kaufen, müßte mir bei den Nahrungsmitteln nicht so den Kopf zerbrechen. Ich erziehe meine Kinder so, daß sie nicht wählerisch werden, den Apfel nicht nach einem Bissen wegwerfen, wenn er nicht schmeckt, sondern die Dinge schätzen lernen.

Glück bedeutet für mich, daß ich die drei Kinder habe, die Freude, die mir die Kinder bereiten, die Familie, der Zusammenhalt, und daß wir die Probleme gemeinsam lösen.

MARGOT WIESER

Aufbrüche oder: meine lange Reise nach Ungarn
Anstelle eines Nachwortes

> „... und immer wichtiger als sich wohl fühlen
> wird das Mitfühlen und das Mitdenken mit dem,
> was hier gespielt und bewegt wird ..."
> Ingeborg Bachmann

1989 – das Jahr des großen Aufbruchs. Ein breiter Strom bewegt sich Richtung Westen. Hunderte, Tausende von Menschen bewegen sich – aus dem Osten kommend – in Richtung Westen. Ich breche – aus Salzburg kommend – in die entgegengesetzte Richtung nach Ungarn auf.

Warum? Werde ich immer wieder gefragt. Warum nicht? Frage ich zurück. Denn ich habe keine wirkliche Antwort darauf, keine ungarische Großmutter, keinen ungarischen Großvater, keine ungarischen Wurzeln. Vielleicht war es einfach Neugierde, Ein Sich-Ausprobieren, Abenteuerlust, Lust, ein neues Land kennenzulernen.

Tatsache ist, daß ich heute immer noch in Ungarn bin, hier lebe und arbeite. Tatsache ist auch, daß ich niemals daran gedacht habe, so lange zu bleiben.

Begonnen hat meine eigene ungarische Geschichte in einer verschlafenen Kleinstadt an der österreichischen Grenze, wo gerade ein Lehrstuhl für deutsche Sprache und Literatur gegründet wurde und ich als Lektorin meine Arbeit begann. Aufbruchsstimmung dort, wo früher dreißig Kilometer entfernt die Grenze noch Welten trennte. Ich stand auf der anderen Seite des „Eisernen Vorhangs", den es zwar de facto nicht mehr gab, der aber mental diesseits und jenseits noch existierte und fühlbar war, und manchmal immer noch ist. Ich wußte nichts von den Menschen, die hier lebten, kannte die Geschichte des Landes kaum. Einsamkeit. Fremdheit. Das Gefühl, anders zu sein.

Nicht weit von Szombathely unterrichtete ich eine Gruppe von RussischlehrerInnen, die zu DeutschlehrerInnen umgeschult wurden. Ein Semester lang stand Lyrik auf dem Programm, und die SeminarteilnehmerInnen hielten Referate zu verschiedenen Themen, denen Gedichte zugeordnet waren. Eine ansonsten sehr schweigsame und immer ernste Frau sprach über ein Gedicht von Andreas Gryphius, das wir unter der Fragestellung „Was ist der Mensch?" behandelten. Ich war erstaunt über ihre Interpretation, in der sie auch Bezug auf die aktuelle ungarische Situation nahm, über ihre Emotionen, die sie so plötzlich und unerwartet zeigte. In der Pause kam sie zu mir, sprach weiter, die Worte sprudelten ihr nur so aus dem Mund, sie erzählte Privates, einen Teil ihrer Geschichte, ihres Lebens, ihrer Hoffnungen und ihrer Hoffnungslosigkeit. Ich war bestürzt, betroffen, verwirrt. Ich hatte damals Mühe, den Unterricht fortzusetzen. Dieses „Intermezzo" beschäftigte mich noch lange Zeit. Ich konnte gar nicht anders als ihr zuhören, und es hatte mich aufgewühlt, neugierig und zugleich unruhig gemacht. Ich war damals schon fast ein Jahr in Ungarn, hatte auch einiges über das Land gelesen, doch mir wurde klar, wieviel ich noch zu lernen hatte, wie wenig ich über die Menschen, ihr Leben, ihre Geschichten wußte, insbesondere über diejenigen, mit denen ich im Rahmen meiner Arbeit direkt konfrontiert war, und das waren in der Mehrheit Frauen.

So wuchs in mir der Gedanke, Interviews mit Frauen in Ungarn zu führen, diese Gespräche aufzuzeichnen, sie auch einer breiteren Öffentlichkeit zugänglich zu machen, als Antworten auf Fragen, die mir selbst so oft bei meinen Besuchen in Österreich und Deutschland über Ungarn gestellt wurden und wo ich immer wieder festgestellt habe und auch heute noch feststelle, wie wenig die Menschen dort über Ungarn wissen. Wirtschaftsstatistiken und politische Diskussionen vermitteln nur einen sparsamen Einblick in Lebenssituationen und Alltagserfahrungen von Menschen.

Ich wollte mehr und besser verstehen, und mir war klar, daß ich tiefer graben mußte, daß sich eine Gesellschaft durch ihre Vergangenheit, ihr Herkommen definiert. Ich wollte die Geschichten kennenlernen – nicht die spektakulären, sondern die alltäglichen. Mich interessierte die Sichtweise der Frauen, weil ich selbst eine Frau bin, weil es so wenig von ihnen und über sie in Ungarn zu lesen gibt, weil sie im öffentlichen Bereich kaum sichtbar sind, weil ich wußte, daß ich zu ihnen eher Zugang finden und Offenheit erwarten konnte, weil sie zu wenig gefragt werden, obwohl sie so viel zu sagen haben. Ich wollte Erfahrungen von Frauen rekonstruieren und wissen, was ihr Leben in Ungarn geprägt, wie sehr und ob jenes Jahr 1989 ihr Leben verändert hat. Ich wollte weiterfragen, sie erzählen lassen, ihnen zuhören und der Betrachtung von außen eine Innensicht gegenüberstellen.

Doch ich war auch unsicher. Wie würden die Frauen reagieren, wenn eine neugierige „Westlerin", eine Fremde, plötzlich Interesse an ihrem Leben zeigt. Würden sie mich als Eindringling betrachten, mir Einblick gewähren, noch dazu, wenn ich dabei auch an eine Veröffentlichung dachte? Ich hatte Bedenken, wollte nicht aufdringlich sein, wägte wochenlang ab und weihte schlußendlich Detti, die Lehrerin, die all dies bei mir ausgelöst hatte, in meine Idee ein und fragte sie, ob sie nicht die erste der Interviewpartnerinnen sein wollte. Sie stimmte sofort zu und lud mich zu sich nach Hause ein.

Es war ein langes Zusammensein, am Anfang waren wir beide unsicher, zögernd, tastend, doch bald jede in ihrer Rolle verfangen – Erzählerin und Zuhörerin. Im Laufe der folgenden Interviews mit meistens mir unbekannten Frauen merkte ich, daß jede selbst die Grenzen steckt, bestimmt, wieweit sie geht, was sie erzählen will, wann sie weiterspricht und wann sie lieber schweigt. Ich merkte auch, daß ich von Gespräch zu Gespräch mehr in meine Rolle der Fragestellerin und Zuhörerin hineinwuchs.

Die Gespräche und die Entstehung dieses Buches haben mich seither in Ungarn begleitet, sind Teil meiner ungarischen Geschichte geworden, Teil meiner Auseinandersetzung mit der ungarischen Gesellschaft. Der Verstehensprozeß über Jahre hinweg ist ein Teil meiner Verwurzelung in diesem Land, das mir sehr vertraut und gleichzeitig fremd ist. Je länger ich hier bin, desto fremder fühle ich mich. Paradox? Oder auch nicht: Das Fremde ist mir vertraut, ist Bestandteil meines Lebens hier geworden. Ich gehe an einer Grenze entlang, lebe zwischen zwei Ländern, zwei Kulturen. Auch in Österreich fühle ich mich manchmal fremd, da mich meine ungarischen Jahre geprägt und sozialisiert haben. Meine Perspektive hat sich im Laufe der Zeit verändert, hat sich in Ungarn von außen nach innen gekehrt, auch wenn ich die Ausländerin geblieben bin. Die Geschichte der Menschen in Österreich ist eine ganz andere, was mich nun auch in bezug auf die Auseinandersetzung mit meiner eigenen Geschichte in neue Bahnen lenkte. Mein Zuhause bewegt sich zwischen zwei Ländern. Die ungarische Hauptstadt nimmt eine ganz besondere Stelle ein. 1991 zog ich nach Budapest, um am Germanistischen Institut der Universität zu unterrichten.

Aus heutiger Sicht erscheint es mir unausweichlich, daß sich in Ungarn mein Interesse an frauenspezifischen Fragen intensivierte, einfach deshalb, weil sie kein Thema sind, weder im öffentlichen noch im privaten Bereich. Frauendiskriminierung hingegen ist weit verbreitet. Die Kultur des Landes ist traditionell so stark von Männern geprägt, daß viele Frauen oft nicht einmal die wirklich ins Auge springenden Diskriminierungen bemerken. Sexismus, Gewalt gegen Frauen, Pornographie werden ignoriert. Sehr schnell wird eine zur „bösen Feministin" gestempelt, wenn sie unangenehme Fragen stellt, Tabu-Themen aufwirft oder sich auch nur mit frauenpolitischen Belangen beschäftigt. So bin auch ich, die westliche Betrachterin, immer wieder angeeckt mit meinen Anschauungen und Feststellungen.

Ich war irritiert, als meine Kolleginnen und ich am 8. März Blumen geschenkt bekamen, von Kollegen und Studenten. Der Blumenstrauß erschien mir einfach nicht passend, wirkte fast ironisch auf mich, wenn ich mir die sonstige Situation vieler Frauen vor Augen führte. Ich kannte den Frauentag mit Demonstrationen, Veranstaltungen von und für Frauen, Diskussionsrunden ..., und hier bekamen sie Blumen geschenkt! Wie am Muttertag! Sie freuten sich darüber und wunderten sich über mein Unverständnis und meinen Ärger.

Fünf Jahre lang – zuerst in Westungarn, dann auch in Budapest – unterrichtete ich in der sogenannten Russischlehrer-Umschulung, die eigentlich Russischlehrerinnen-Umschulung genannt werden muß, da der überwiegende Teil der Umzubildenden Frauen waren. Hier war ich unmittelbar mit der „Realität“ von Frauen, zumindest einer bestimmten Generation und Bildungsschicht konfrontiert, hier zeigte sich am deutlichsten in meinem Umfeld, wie Frauen unter der Mehrfachbelastung Kinder, Familie, Haushalt, Beruf, Studium zu leiden haben und benachteiligt sind. Dazu kamen existentielle Sorgen und die mit der Ausbildung verbundenen nervlichen Belastungen, die viele nicht mehr schlafen ließen. Ich bewunderte diese Frauen, wiewohl sie mir auch sagten, ungarische Frauen hätten keine Zeit „für solche Dinge wie Emanzipation und Feminismus“, sie seien froh, so über die Runden zu kommen und irgendwie den Alltag zu bewältigen.

1992 hielt ich ein Seminar am Germanistischen Institut über deutschsprachige Literatur von Frauen nach 1945. Der Kommentar einer Kollegin zum Thema war, daß an der Universität ja auch nebensächliche Dinge behandelt werden können, von einigen wurden wir belächelt, und schon bald erzählten uns StudentInnen, die das Seminar besuchten, daß es von einigen anderen spöttisch das „Feministenseminar“ genannt wurde.

Der Begriff Emanzipation war auch ein Diskussionspunkt in einer meiner Umschulungsgruppen, als eine Seminarteilnehmerin eine Zeitungsnotiz zum Frauentag 1995 mitbrachte. Unter dem Titel „Stoßgebet zum Frauentag“ war eine junge Frau abgebildet, die einen Blumenstrauß im Arm hielt: „Was kann ein Tagesredakteur zum Frauentag schreiben, der noch dazu eine Frau ist? Meine Herren! Ihr, lange Zeit Herren der Schöpfung, gebt eurem Herzen einen Stoß, seid wieder Männer und befreit uns von der unermeßlichen Emanzipation, die die Frau zu einem Roboter auf zwei Beinen verwandelt hat. Wir haben genug davon, Genie am Arbeitsplatz zu sein, die Wärme im Familiennest aufrechtzuerhalten. Wir haben genug von uns selbst. Wir haben genug von euch, wenn ihr in versteckten Winkeln oder verrauchten Kneipen eure verlorene Persönlichkeit sucht. Setzt euch in Bewegung und gebt das dem samtigen Feiertagsstrauß dazu. Und dann werden vielleicht sogar wir weich werden können …“ (Nógrádi Kronika, 8. März 1995)

Die Äußerung der meisten Frauen dazu, „Wir wollen nicht emanzipiert sein, gerne würden wir mal einfach zu Hause bleiben und unsere Ruhe haben", wunderte mich zu dieser Zeit schon nicht mehr.

Im Spiegel meiner Erfahrungen in Ungarn stelle ich mir natürlich immer wieder die Frage, wie denn eigentlich die Situation in der österreichischen Gesellschaft aussieht. Die Antworten sind allzu oft unbefriedigend, auch wenn drei Jahrzehnte Frauenbewegung ihre Spuren hinterlassen haben.

Der feministische Diskurs zwischen Frauen aus Ost- und Westeuropa ist von Mißverständnissen und oft einseitigen Positionen geprägt. Dabei denke ich aber nicht nur an Disskusionen über feministische Theorien, sondern auch an Gespräche über Feminismus und Emanzipation, die sich im Alltag ergeben. Unkenntnis der Geschichte der anderen, unterschiedliche Wertvorstellungen, Erfahrungen und Sozialisationen, Unterschiede in der alltäglichen Lebensführung stellen ein interkulturelles Problem dar.

Mit dem Begriff *Emanzipation* wird im ungarischen Kontext anderes assoziiert als im westlichen Europa. Die staatlich verordnete Gleichstellung brachte die Vollbeschäftigung der Frauen, ohne ihnen die zusätzliche Belastung mit Familie, Kinder und Haushalt zu erleichtern. Frauen erhielten – trotz ihres recht hohen Bildungsniveaus – niedrigere Löhne als Männer, die nach wie vor als Hauptemährer betrachtet wurden. Frauen hatten keine Wahlmöglichkeit zwischen Familie und/oder Beruf, die Emanzipation „von oben" brachte ihnen vermehrt Pflichten, aber nicht mehr Freiheit. Als Folge der „ungarischen Emanzipation" sind die Frauen müde und fühlen sich überlastet.

Der Familie kam im Sozialismus eine spezifische Funktion zu. Sie war der einzige Bereich, auf den der Staat keinen direkten Einfluß hatte, sie bot Sicherheit, Zusammenhalt und Autonomie, wurde als Privatsphäre geschützt und war Raum der Freiheit, in der auch die Schattenwirtschaft, die Kompensation der nicht funktionierenden staatlichen Wirtschaft mit ihrem informellen Netzwerk eine enorm wichtige Rolle spielte. Durch die Abschwächung der Bedeutung der Öffentlichkeit wuchs die Bedeutung des privaten Bereichs auf besondere Weise. Frauen hatten durch ihre traditionelle Schlüsselfunktion in der Familie eine wichtige Position als

Organisatorinnen des Familienlebens und als Verwalterinnen des Haushaltsbudgets. Die gesellschaftlichen Veränderungen seit 1989 haben die ökonomische und psychische Funktion der Familie nicht beseitigt, sondern verstärkt. Die existentielle Unsicherheit und steigende Preise machen nach wie vor Zweit- und Drittjobs notwendig.

Rechte für Frauen zu fordern, oder das Infragestellen der traditionellen Rollenverteilung der Geschlechter werden häufig – sowohl von Frauen als auch Männern – als Angriff auf diesen privaten geschützten Bereich, als Kritik an der Familie verstanden. Die Angst, mit Feminismus in Zusammenhang gebracht, als Feministin bezeichnet oder bei sogenannten feministischen Gedanken ertappt zu werden, erlebte und erlebe ich durchaus auch bei Frauen, die sich sehr wohl mit diesen grundsätzlichen Fragen reflektiert und intensiv auseinandergesetzt haben. Der Begriff „Feminismus" an sich evoziert Schreckensbilder von männerhassenden, familienfeindlichen Frauen und verhindert eine sachliche Diskussion über frauenpolitische Anliegen.

Nun steht die gemeinsame Lösung wirtschaftlicher Probleme im Vordergrund, Geschlechterfragen sind zweitrangig. Man/Frau ist vor allem Mensch und Individuum und betrachtet neue kollektive Strömungen und Ideen mit Skepsis. Begriffe wie „Emanzipation" und „Feminismus" sind politisch, was nach wie vor für die meisten Frauen einen negativen Beigeschmack hat und unangenehme Erinnerungen auslöst. Eszter meinte bei unserem Gespräch: „Vielleicht sollten wir einfach ein anderes Wort für Feminismus finden."

Die ungarischen Frauen gehen ihren Weg, formulieren ihre Fragen, die auf ihrer Wirklichkeit und auf ihren Erfahrungen beruhen. Die traditionellen Geschlechterrollen sind in Bewegung, werden auf dem Hintergrund dieser Erfahrungen, aber auch mit einem kritischen Blick in bezug auf den Westen reflektiert. Dieser Prozeß erzeugt Widersprüche in sich, einige der Texte zeugen von diesen Ambivalenzen.

Die Herausbildung einer *civil society*, in der auch Interessensgruppen von Frauen ihren Platz finden und Einfluß auf gesellschaftliche Fragen haben, braucht Zeit. In den vergangenen Jahren ist eine Reihe von nichtstaatlichen Frauenorganisationen in Ungarn entstanden, etliche Artikel, Sondernummern von Zeitschriften, die sich Feminismus und Genderfragen schwerpunktmäßig widmen, sind erschienen, Programme und Seminare zu Gender- und Women's Studies wurden an den Universitäten eingerichtet – doch eine Frauenbewegung mit Breitenwirkung und politischem Einfluß gibt es heute in Ungarn noch nicht. Vielleicht wird die neue Generation von Frauen, die sichtbar selbstbewußt die neu gegebenen Möglichkeiten und ihre finanzielle Unabhängigkeit nutzt, weitere Schritte tun.

Die Antworten meiner Interviewpartnerinnen auf die Frage, was sich seit dem Systemwechsel für sie verändert hat, beschreiben vor allem die ökonomische Situation, Angst vor Arbeitslosigkeit, den Anstieg der Preise, die existentielle Unsicherheit, aber auch den Werteverlust, das ideologische Vakuum. Der Stellenwert von Religion wird immer wieder angesprochen. Die gewonnene Freiheit wird noch skeptisch beäugt, auch wenn sie neue Möglichkeiten schafft. Veränderung birgt immer auch Verunsicherung.

Jahre sind seit dem Zeitpunkt der Gespräche vergangen, Veränderungen halten nicht still, sie bewegen das Leben jeder einzelnen – Umbruch, Aufbruch. Mag es ein Zufall sein: zwei der dreizehn Frauen sind im wahrsten Sinn des Wortes aufgebrochen, um ihr Glück in einem anderen Land zu suchen.

Der Systemwechsel in den Reformstaaten hat auch Einfluß auf mein Leben genommen, ohne ihn wäre ich wohl niemals nach Ungarn gekommen, wäre ich eine andere als die, die ich heute bin. Insofern betrachte ich mich in gewisser Weise als die vierzehnte im Bunde der hier versammelten Frauen, auch wenn meine Rolle eine andere ist.

DATEN UND ANMERKUNGEN ZUR SITUATION DER FRAUEN IN UNGARN

In Ungarn leben rund zehn Millionen Menschen, davon sind 52,3% Frauen (1.1.2000).

Bildung, Arbeit

Die offizielle Beschäftigungsrate betrug bei den Frauen Mitte der achtziger Jahre über 80%, 1996 lag sie zwischen 65 und 70%.[1] Trotz Druck von seiten des Staates hat die Arbeit eine bedeutende Position in der Werteskala der ungarischen Frauen.[2] Arbeitslosigkeit betrifft Männer häufiger als Frauen. Daten von 1993 geben 13,2% bei Männern und nur 9,2% bei Frauen an[3], während 1997 Männer mit 10% und Frauen mit 8% betroffen waren.[4] Männer sind in ihrer gesellschaftlichen Rolle als Hauptverdiener durch Arbeitslosigkeit psychisch stärker belastet als Frauen, die nur als Mitverdienerinnen betrachtet wurden, obwohl die reale ökonomische Situation auch hier langsam ein Umdenken in bezug auf traditionelle Rollenzuschreibungen in Bewegung setzt.

Trotz der sich verbessernden Ausbildungsmöglichkeiten für Frauen seit den 70er Jahren und dem hohen Bildungsniveau waren und sind Frauen in weniger qualifizierten Arbeitsbereichen stark überrepräsentiert, in gut bezahlten Stellungen dominieren Männer. Diskrimierung der Frauen zeigt auch das Lohngefälle in allen Industriezweigen.[5] Frauen verdienten 1986 im Durchschnitt um fast 26% und 1997 um 22% weniger als Männer.[6]

Die aufgezwungene Doppel- und Überbelastung der Frauen spiegelt sich in einer Umfrage von 1988 wider, in der 35% der Befragten angaben, lieber zu Hause bleiben zu wollen, wenn die finanzielle Situation es erlauben würde.[7]

Doch den ungarischen Frauen mangelt es nicht an Eigeninitiative: mehr als ein Drittel der KleinunternehmerInnen sind Frauen.[8] Seit dem Systemwechsel hat auch der Anteil der Frauen in Top-Positionen in Wirtschaft und Verwaltung zugenommen, was jedoch nicht bedeutet, daß sie tatsächlich die gleichen Chancen haben wie Männer.[9]

Heirat, Scheidung

Die traditionell wichtige Rolle der Familie spiegelt sich auch in der Zahl der Eheschließungen wider. Geheiratet wurde relativ früh, die Ehe war oft Voraussetzung für eine Wohnung und finanzielle Sicherheit, und um sonstige Vorteile des sozialen Systems in Anspruch nehmen zu können. Verheiratet zu sein war/ist verbunden mit einem höheren gesellschaftlichen Ansehen. Bis 1989 lag die Zahl derer, die bis zum Alter von 50 Jahren nicht geheiratet hatten, unter 5%. Bereits seit den 80er Jahren ist jedoch die Zahl der Eheschließungen (ca. um 40%) stark zurückgegegangen, dabei das durchschnittliche Heiratsalter gestiegen. Dieses lag in den 70er Jahren bei Männern im Alter von 23,7, bei Frauen im Alter von 21 Jahren.[10] Heute heiratet man durchschnittlich mit 30, frau mit 27 Jahren.[11] Immer mehr Paare wählen die Form des Zusammenlebens ohne Trauschein, fast jedes dritte Kind kommt bereits außerehelich zur Welt, und auch die Zahl der Singles ist gestiegen.

Die Zahl der Scheidungen hat bis in die 80er Jahre konstant zugenommen. Die Strapazierung der Funktion der Familie, die Doppel- und Mehrfachbelastung der Frauen, eine Gesellschaft, die junge Menschen sehr früh in die Ehe zwingt, enge Wohnverhältnisse mögen Erklärungen dafür bieten. Während des Systemwechsels verringerte sich die Scheidungsquote: Verglichen mit fast 28.000 Trennungen 1980, fiel 1992 die Zahl auf unter 22.000. Die Unsicherheit des gesellschaftlichen Umbruchs hat die Stabilität existierender Ehen gefordert. Seither steigt die Zahl der Scheidungen wieder kontinuierlich.[12] 1999 entfielen auf 1000 Hochzeiten 571 Scheidungen.[13] Wenn sich dieser Trend hält, wird fast ein Drittel der um die Mitte der 90er Jahre geschlossenen Ehen geschieden werden. Bei einer Umfrage unter Paaren, die 1974 geheiratet haben, gaben rund 40% der Frauen als Scheidungsgrund den Alkoholismus ihrer Männer an, etwa 20% Untreue.[14] Meistens bleiben die Kinder bei der Mutter.

Kinder, Kinderbetreuung

Kinder spielen eine wichtige Rolle im Familienleben. Da die meisten Frauen berufstätig waren, stellte der Staat eine Fülle von Einrichtungen für die Kinderbetreuung zur Verfügung, die den Bedürfnissen jedoch qualitativ oft stark nachhinkten.[15] Dies und andere ökonomische sowie politische Gründe brachten 1967 zusätzlich zum voll bezahlten Mutterschaftsurlaub die Einführung des Kinderbetreuungszuschusses (*gyes*), ein monatlicher Pauschalbetrag, der es den Frauen ermöglichte, drei Jahre mit dem Kind zu Hause zu bleiben, wobei die Rückkehr zum Arbeitsplatz garantiert wurde. Da in den 80er Jahren die Arbeitslosigkeit zunahm und nicht mehr ausreichende Mittel zum Ausbau der institutionellen Kinderbetreuung zur Verfügung standen, änderte die Regierung das System mit der Einführung einer neuen, lohnabhängigen Kinderbetreuungsbeihilfe (*gyed*) im Jahre 1985. Diese eröffnete berufstätigen Müttern die Möglichkeit, nach dem Mutterschaftsurlaub zwei Jahre unter Bezug von 75% ihres letzten Lohnes zu Hause zu bleiben. Der Kinderbetreuungszuschuß stand für ein zusätzliches drittes Jahr zur Verfügung. Nach dem Gesetz können auch Väter die Beihilfe beantragen, allerdings erst ab dem zweiten Jahr. Von diesem Recht machen nur sehr wenige Männer Gebrauch.[16] Viele Frauen nützten diese Möglichkeiten, jedoch konnten auch diese Maßnahmen den Bevölkerungsschwund, der 1981 einsetzte, nicht aufhalten. Die Zahl der Todesfälle überholte die Geburtenrate[17], ein Trend, der in Ungarn früher zu beobachten war als in anderen europäischen Ländern. Die meisten ungarischen Frauen bekamen ein oder zwei Kinder. So wie die Zahl kinderloser verheirateter Paare relativ gering war, gab es auch relativ wenige Familien mit drei oder mehreren Kindern.[18]

Großeltern spielten und spielen einen nicht unwesentlichen Part im Familienleben, sowohl was die finanzielle Unterstützung junger Paare anbelangt, als auch im Bereich der Kinderbetreuung. Immer wieder hört man von Schuldgefühlen ungarischer Eltern und vor allem Frauen ihren Kindern gegenüber, da sie nicht genügend Zeit für ihre Rolle als Mutter aufbringen können.

Nach dem Systemwechsel wurden Mutterschaftsurlaub und Kinderbetreuungsgelder gekürzt.

Die lohnabhängige Kinderbetreuungsbeihilfe (*gyed*) fiel 1995 den Sparmaßnahmen der sozialistischen Regierung zum Opfer, wurde aber 1999 wieder eingeführt. Seitdem können Frauen wieder zwischen *gyes* und *gyed* entscheiden. Diejenigen, die kein Arbeitsverhältnis haben, können drei Jahre lang einen Fixbetrag beanspruchen. Bis zum zweiten Lebensjahr des Kindes können Mütter unter Bezug von 70% ihres letzten Lohns (unter Berücksichtigung eines Maximums) zu Hause bleiben. Der Pauschalbetrag von *gyes* steht nach wie vor für das dritte Jahr zur Verfügung. Diverse Steuerbegünstigungen und Zulagen für Familien mit Kindern wurden eingeführt. Zur Zeit wird eine Familienpolitik verfolgt, die eher den Mittelstand unterstützt.

Faktum bleibt: Es wird später und weniger geheiratet, Frauen bekommen ihr erstes Kind später als ihre Mütter und Großmütter, und die Geburtenrate ist anhaltend rückläufig.

Kinder nehmen Umfragen gemäß im Wertesystem der ungarischen Gesellschaft eine wichtige Position ein, die in den vergangenen Jahren sogar zugenommen hat, doch besteht eine große Kluft zwischen dieser Haltung und der Realität, die sich nicht unbedingt kinderfreundlich zeigt.[19)] Ein wichtiger Grund ist auch die verlorene Sicherheit des Arbeitsplatzes, den das alte System geboten hat, wie eine Umfrage des Wissenschaftlichen Instituts für Bevölkerungsforschung unter Frauen zeigt. Auf die Frage, warum sie sich nicht zu mehr Kindern entschließen, „berief sich über die Hälfte der Befragten auf Nachteile am Arbeitsmarkt, am Arbeitsplatz. Wer bereits ein Kind hat, findet nicht so leicht eine Anstellung, wer als Arbeitnehmerin ein Kind bekommt, wird oftmals auf die Straße gesetzt, insbesondere, wenn das Kind oft krank ist. Dann wird ihr einfach unter irgendeinem Vorwand gekündigt."[20)]

Der Gegensatz zwischen mittellosen, oft alleinerziehenden Müttern und wohlhabenden Frauen wird kontinuierlich krasser.

Abtreibung, Geburtenkontrolle

Seit 1956 war Abtreibung in Ungarn legal. Anfang der 70er Jahre wurde diese Freiheit eingeschränkt, doch die Handhabung in der Praxis blieb relativ liberal. Eine Schwangerschaftsunterbrechung ist bis zur 12. Woche erlaubt.

1992 entstand eine hitzige politische Debatte um das Thema, die auch in der Öffentlichkeit ausgetragen wurde und Frauenorganisationen mobilisierte. Das neue „Gesetz zum Schutz des ungeborenen Lebens" wurde mit 1.1.1993 in Kraft gesetzt; es verpflichtet Frauen u.a., Beratung in Anspruch zu nehmen. Anfang 2000 entfachte sich erneut eine politische Diskussion, die zu einer weiteren strengeren Handhabung führte.

Die gesellschaftliche Akzeptanz der Abtreibung zeigen einige statistische Daten der vergangenen Jahrzehnte: Von 1960 bis 1970 wurde ein Anstieg von 162.160 auf 192.283 gemeldeter legaler Abtreibungen registriert. Auf 100 Geburten kamen mehr als 126 Abtreibungen. Bis 1980 sank die Zahl auf 80.882 Abtreibungen, 100 Geburten standen ca. 54 gewünschten Schwangerschaftsunterbrechungen gegenüber. Die Daten von 1990 zeigen wieder einen deutlichen Anstieg mit 90.394 Abtreibungen. Seit 1993 sind die Zahlen rückläufig, im Vergleich zu 1992 um 14 Prozent. 1994 standen 64 Schwangerschaftsunterbrechungen 100 Geburten gegenüber.[21)]

Politik, Öffentlichkeit

Obwohl Frauen während des Kommunismus durch ein Quotensystem mit 20-30% im Parlament vertreten waren, hatten sie nie wirklich politische Macht. 1990 betrug der Anteil der Frauen im Parlament 7%, im Jahre 1994 11% und zur Zeit 8,3%.[22)] Eine einzige Frau ist in der derzeitigen ungarischen Regierung vertreten. Das bedeutet jedoch nicht, daß Frauen nicht an der gesellschaftlichen Gestaltung teilhaben wollen. Sie engagieren sich stark auf kommunalpolitischer Ebene (1994-98: 22%) und in den vielen, neu entstandenen Zivilorganisationen. Auf der einen Seite ist lokale politische Arbeit leichter mit der Familie zu vereinen, auf der anderen Seite haben die Themen direkten Einfluß auf das alltägliche Leben. Die Meinung, daß Politik Sache der starken Männer sei, scheint in diesem Bereich nicht vorzuherrschen, vielleicht weil diese politische Arbeit eher als Aktivität in und für die Gemeinde verstanden wird.[23)]

Bis zur Wende gab es eine einzige Frauenorganisation: den Ungarischen Frauenrat. Er war ein offizielles Organ der regierenden Partei und repräsentierte damit die „offizielle Frauenbewegung" in Ungarn. Allein die Existenz dieses offiziellen Gremiums verbaute den Frauen die Möglichkeit zum Aufbau anderer Formen des Zusammenschlusses politischer oder sozialer Art, der Hilfe oder Selbsthilfe. Im Zuge der politischen Veränderungen hat sich der Frauenrat von der Partei gelöst und als Vereinigung der Ungarischen Frauen neu konstituiert.[24)] In der Zwischenzeit gibt es ein paar Dutzend Frauenorganisationen und NGOs, darunter der Verband der Diplomierten Frauen, die Vereinigung der Unternehmerinnen, Frauensektionen von Parteien, der Ungarische Verband der Romamütter. Die Stiftung für die Frauen von Ungarn (MONA) bietet eine Reihe von Kursen und Programmen an, will Frauen in Politik und Wirtschaft fördern und die Chancengleichheit vorantreiben. Das Feministische Netzwerk, bereits 1990 gegründet, war die einzige Frauenorganisation, die 1992 Aktionen gegen ein neues Abtreibungsgesetz durchgeführt hat, und ist die einzige, die sich bewußt feministisch nennt. Besondere Bedeutung haben Frauennotrufe und Frauenhäuser bekommen. Die Vereinigung NANE (Frauen für Frauen gemeinsam gegen Gewalt), eine gut organisierte kleine Gruppe berät und hilft mißhandelten Frauen und spricht auch Tabuthemen wie Gewalt in der Familie an. Es entstehen immer mehr kleinere, autonome Frauenorganisationen, die sich für spezifische Belange einsetzen: 1994 beispielsweise ließen sich die „Labrisz"-Lesben offiziell als Vereinigung registrieren, sie bieten u.a. Beratungen und Gesprächsforen an.

Namensrecht der Frau (*A nő névhasználati joga*)

Seit 1952 haben Frauen die Möglichkeit, nach der Heirat aus fünf Varianten ihren Namen zu wählen (die ungarischen Namen führen immer den Familiennamen vor dem Vornamen):

a) Voller Name des Ehemannes mit Verweis auf die Eheschließung (= né), z.B. Nagy Péterné (was soviel bedeutet wie „die Frau von Nagy Péter").

b) Voller Name des Ehemannes mit Verweis auf die Eheschließung und der volle Name der Frau, z.B Nagy Péterné Kiss Judit.

c) Familienname des Ehemannes mit Verweis auf die Eheschließung und ihr voller Name, z.B. Nagyné Kiss Judit.

d) Familienname des Ehemannes und ihr Vorname, z.B. Nagy Judit.

e) Keine Veränderung des Namens, z.B Kiss Judit.

Anmerkungen

1)Béatrice Hofer-Gut: Die Frauen Mitteleuropas zwischen Fort- und Rückschritt. Berufliche und familiäre Neuorientierung am Beispiel Ungarns. In: NZZ, 28./29. Sept. 1996

2)Olga Tóth: No Envy, No Pity. In: Nanette Funk/Magda Mueller (Hrsg.): Gender Politics and Post-Communism. Reflections from Eastern Europe and the former Soviet Union. New York, London 1993, S. 218 f.

3)Magyar statisztikai évkönyv (Ungarisches Statistisches Jahrbuch), Statistisches Zentralamt, Budapest 1995

4)UNICEF: „Women in Transition". Regional Monitoring Reports, No. 6. Florence: UNICEF International Child Development Centre. 1999, S.28

5)Julia Szalai: Some Aspects of the Changing Situation of Women in Hungary. In: Signs 17, No. 1, 1991. S.158 ff.

6)s. Anm. 4, S. 33

7)s. Anm. 2, S. 220
8)Beáta Nagy: Üzletasszonyok és üzletemberek: női és férfi vállalkozók az 1990-es évek elején. In: Szociológiai Szemle. 1995/4.
9)Beáta Nagy: Women in Management. In: Szociológiai Szemle. 1994/2, S. 95-114
10)Olga Tóth: Marriage, Divorce and Fertility in Hungary Today. Tensions between Facts and Attitudes. In: Andrea Pető/Béla Rásky (Hrsg.): Construction. Reconstruction. Wieder. Aufbau. Budapest 1999, S. 128 ff.
11)Judit Kovács: Ungarn – Land der Betagten im alten Europa. In: Der Neue Pester Lloyd, 31. Mai 2000
12)s. Anm. 3
13)s. Anm. 11
14)Réka Bencsik: „Taníják" a házasságot. In: Népszabadság, 27.2.2001.
15)s. Anm. 5, S. 163 f.
16)Frauen in Ungarn. Untersuchung von Eva Eberhardt, erarbeitet mit Unterstützung von Julia Szalai, Kommission der Europäischen Gemeinschaften, Sonderheft Nr. 32 „Frauen Europas", 1991, S. 29
17)s. Anm. 3
18)s. Anm. 10, S. 134
19)s. Anm. 10, S. 140 ff.
20)s. Anm. 11
21)s. Anm. 3
22)Nőtudomány. Info-Társadalomtudomány 32, 1995, S.68
23)s. Anm. 4, S. 100 f.
24)s. Anm. 16, S. 38

FEIERTAGE IN UNGARN VOR UND NACH DER WENDE

Im Zuge des Systemwechsels wurden die nationalen, staatlichen und kirchlichen Feiertage neu festgelegt.

15. März: Nationalfeiertag, zum Gedenken an den Ausbruch der bürgerlichen Revolution und des ungarischen Freiheitskampfes gegen die Habsburger Herrschaft im Jahre 1848. Der 15. März steht für die UngarInnen daher für Freiheit, Unabhängigkeit und nationalen Zusammenhalt. Während des Sozialismus war dieser Tag ein Arbeitstag. In den Schulen gab es zwar keinen Unterricht, aber die Schüler waren durch staatlich verordnete Feiern unter Aufsicht gestellt. In den frühen 70er Jahren kam es mehrmals zu Ausschreitungen und Demonstrationen. Der 15. März hat in Ungarn traditionell einen rebellischen Charakter. Seit Ende der 70er Jahre hatten regelmäßig inoffizielle Feiern und demonstrative Umzüge an die Schauplätze von 1848 für Beunruhigung der Machthaber gesorgt. Im Oktober 1988 wurde der 15. März zum offiziellen staatlichen Feiertag der Unabhängigkeit Ungarns erklärt. Öffentliche Feierlichkeiten finden statt. Viele UngarInnen tragen an diesem Tag eine Kokarde in den Nationalfarben.

4. April: 1945-1988: Staatlicher Feiertag zum Gedenken an die Befreiung Ungarns von den deutschen Truppen durch die sowjetische Armee. Dieser Feiertag wurde nach dem Systemwechsel abgeschafft.

1. Mai: Tag der Arbeit

20. August: Nationalfeiertag, traditionell (vor 1945) höchster Feiertag Ungarns zum Gedenken an die Staatsgründung und die Annahme des Christentums durch

Stephan I. Ab 1949, während der Volksrepublik, als Erntefest bzw. als Tag der sozialistischen Verfassung gefeiert. Seit der Wende hat der Namenstag Stephans I. seinen ursprünglichen Bedeutungssinn zurückerhalten und sowohl eine religiöse als auch staatspolitische Bedeutung. Offizieller Staatsfeiertag.
7. November: Jahrestag der großen russischen Oktoberrevolution von 1917; im Februar 1989 aus dem staatlichen Festtagskalender gestrichen.
23. Oktober: Nationalfeiertag, Jahrestag des Volksaufstandes von 1956. Am 23. Oktober 1990 wurde Ungarn zur Republik erklärt.
Pfingstmontag ist seit 1993 offizieller Feiertag.
1. November (Allerheiligen) ist seit 2000 offizieller Feiertag.

ZUM UNGARISCHEN BILDUNGSWESEN

Nach der achtjährigen *Grundschule* (Unterstufe/Oberstufe) kann eine *Berufsschule*, eine *Fachschule*, eine *Fachmittelschule* (berufsorientiert) oder ein *Gymnasium* gewählt werden. Die beiden letztgenannten schließen mit der Reifeprüfung ab. Seit 1989 begann die Verbreitung von strukturverändernden Schulen; so entstanden die sechs- und acht-klassigen Gymnasien. Die zehnjährige Schulpflicht dauert bis zum 16. Lebensjahr. Der Zugang zu *Hochschule* und *Universität* setzt neben dem Reifeprüfungszeugnis eine Aufnahmeprüfung voraus, wobei die letzten beiden Schuljahre in das Punktesystem der Aufnahmeprüfung einbezogen werden. Wird die erforderliche Punkteanzahl für die gewünschte Institution nicht erreicht, kann um einen Studienplatz an einer anderen Universität oder Hochschule angesucht werden.
GrundschullehrerInnen werden an *Pädagogischen Hochschulen* ausgebildet. Dabei wird zwischen Unterstufen- und OberstufenlehrerInnen unterschieden (*Tanítóképző/Tanárképző*). Erstgenannte werden für alle Unterrichtsfächer der ersten bis vierten Stufe ausgebildet, während LehrerInnen für die fünfte bis achte Schulstufe für zwei Fächer ausgebildet werden. LehrerInnen für die neunte bis 12./13. Schulstufe studieren an der Universität.
Seit 1987 gibt es *bilinguale Gymnasien*. Nach einem Vorbereitungsjahr, der sogenannten *nullten Klasse*, das fast ausschließlich dem Erwerb der Zielsprache dient, beginnt der reguläre Unterricht, wobei mindestens drei Fächer in der Zielsprache unterrichtet werden müssen.
Für die Angehörigen nationaler und ethnischer Minderheiten ist der Anspruch auf Unterricht in ihrer Muttersprache seit 1993 gesetzlich verankert, vielfach fehlt es jedoch an ausgebildeten LehrerInnen.
Eine ungarische Besonderheit stellen die *staatlichen Sprachprüfungen* dar. Sie sind zentral geregelt, können die Matura in einer Fremdsprache ersetzen und sind Voraussetzung für einen erfolgreichen Universitätsabschluß. Außerdem besteht an manchen Arbeitsstellen die Möglichkeit, mit dem Zeugnis der berühmten Budapester „Rigó utca“ (Sitz der Staatlichen Prüfungskommission) oder einer anderen akkreditierten Institution je nach Stufe der Sprachprüfung mehr Lohn zu bekommen.
1989 büßte *Russisch* seine offizielle Vormachtstellung als erste Fremdsprache ein. Von 1950 bis 1956 war Russisch in allen Schultypen die einzige Fremdsprache und Pflichtfach gewesen, nach 1956 wurden „westliche“ Sprachen an Gymnasien als zweite Fremdsprache eingeführt.

Seit der politischen Öffnung hat ein wahrer Westsprachenboom eingesetzt. Dem Mangel an SprachlehrerInnen sollten u.a. Maßnahmen wie verstärkter Einsatz von GastlehrerInnen und LektorInnen sowie Gründung neuer Ausbildungsstätten Abhilfe leisten. Von 1990 bis 1997/98 wurden an Hochschulen und Universitäten einige Tausend RussischlehrerInnen zu WestsprachenlehrerInnen (in erster Linie Deutsch und Englisch) umgeschult. Etwa 95% der Umzubildenden waren Frauen.
Notensystem: In Ungarn gibt es fünf Notenstufen, wobei eine Eins die schlechteste Beurteilung und eine Fünf „Sehr gut" bedeutet.
Seit dem Systemwechsel werden im ungarischen Bildungswesen fortlaufend tiefgreifende Reformen durchgeführt.

CHRONOLOGIE

Die Chronologie bezieht sich auf genannte Ereignisse in den Texten und soll die historische Einordnung erleichtern. Sie erhebt keinen Anspruch auf Vollständigkeit.

1941

Ungarns Eintritt in den Krieg.
11. April: Ungarische Truppen marschieren trotz eines Nichtangriffpaktes in Jugoslawien ein.
27. Juni: Kriegszustand mit der Sowjetunion.

1944

19. März: Ungarn von den Deutschen besetzt.
September: Sowjetische Truppen erreichen ungarisches Gebiet.
15. Oktober: Ungarn mißlingt Austrittsversuch aus dem deutschen Bündnis. Staatsstreich der Pfeilkreuzler mit deutscher Hilfe. Ende des Horthy-Regimes.

1945

13. Februar: Befreiung Budapests. Die deutschen Truppen ziehen aus Budapest ab.
4. April: Befreiung Ungarns. Ungarn sowjetisch besetzt.
Provisorische ungarische Nationalversammlung.
4. November: Parlamentswahlen, danach Koalitionsregierung, bestand aus allen im Parlament vertretenen Parteien.
20. November: Beschluß des Kontrollrates der Alliierten in Deutschland über die Aussiedlung von ca. 300 000 Ungarndeutschen. In Ungarn lebten damals etwa 470 000 Deutsche.
29. Dezember: Ungarische Regierungsverordnung über die Aussiedlung.

1946

Januar: Beginn der ersten Phase der Aussiedlung. 1946 wurden 120 000 Menschen ausgesiedelt, 1947/48 noch weitere 50 000 Personen.
27. Februar: sog. Bevölkerungsaustausch-Abkommen mit der Tschechoslowakei. Im Rahmen des tschechoslowakisch-ungarischen Bevölkerungsaustausches müssen ca. 70 000 SlowakInnen Ungarn und 90 000 MagyarInnen die Slowakei bis April 1948 verlassen.

1947

10. Februar: Pariser Friedensvertrag. Ungarn verliert die nach 1938 angegliederten Gebiete.
1. Juli: Beginn des Dreijahresplanes. Einführung der Planwirtschaft.

31. August: Parlamentswahlen mit Wahlbetrug der KP, beginnende Stalinisierung des Landes, Aufsplitterung der bürgerlichen Parteien.

1948

25. März: Verstaatlichung der Großbetriebe.

12.-14. Juni: Zwangsvereinigung der MSZDP (Sozialdemokratische Partei Ungarns) mit der KP zur MDP (Partei der Ungarischen Werktätigen), Alleinherrschaft der Kommunisten.

16. Juni: Verstaatlichung der kirchlichen Schulen.

23. Dezember: Verhaftung von Erzbischof József Mindszenty.

1948/49:

Der stalinistische Terror erreicht seinen ersten Höhepunkt:

1949

Februar: Kardinal Mindszenty, Primas von Ungarn, in einem Schauprozeß zu lebenslänglicher Haft verurteilt.

24. September: László Rajk in einem Schauprozess zum Tode verurteilt und hingerichtet.

Bis Ende 1949: Abschluß der Verstaatlichung von Industrie und Handel. Im Laufe des Jahres Zwangskollektivierung der Landwirtschaft.

1951

Mai/Juni: Angehörige der ehemaligen städtischen Oberschicht („Klassenfremde", „Klassenfeinde") müssen die Hauptstadt verlassen. Bis Ende 1952 werden 14 000 Ungarn aus Budapest zwangsweise umgesiedelt, 7281 Personen (2524 Familien) in die Tiefebene Hortobágy verschleppt. Dort befanden sich 19 sogenannte „soziale Lager".

1952

14. August: Mátyás Rákosi, Generalsekretär der MDP, wird Ministerpräsident. Höhepunkt des stalinistischen Personenkults.

1953

5. März: Tod Stalins.

4. Juli: Imre Nagy wird Ministerpräsident. Proklamation des „Neuen Kurses": von da an u.a. Amnestieverordnung, Öffnung der Internierungs- und „sozialen Lager", wobei die städtischen „Klassenfremden" erst 1956 in die Städte zurückkehren durften. Die Verordnung bezieht sich auf 748 000 Personen, aus dem Gefängnis werden 116 000 Menschen entlassen.

1955

2.-4. März: Imre Nagy wird als Ministerpräsident abgelöst. Rückkehr der stalinistischen Rákosi-Linie.

1956

14.-25. Februar: XX. Parteitag der KPdSU in Moskau: Entstalinisierung.

Mai-Juni: Intellektuelle Diskussionen im Petőfi-Kreis im reformkommunistischen Geist.

18. Juli: Mátyás Rákosi wird als Parteiführer (Generalsekretär) abgelöst.

6. Oktober: Rehabilitierung und Staatsbegräbnis László Rajks unter großer Anteilnahme der Bevölkerung.

23. Oktober: StudentInnendemonstration in Budapest, Ausbruch des Volksaufstandes.

24. Oktober: Einsatz sowjetischer Truppen gegen die Aufständischen. ArbeiterInnen und Einheiten der ungarischen Armee schließen sich dem Aufstand an. Imre Nagy wird Ministerpräsident. Übergreifen der Revolution auf das Land. Schwere Kämpfe.

30. Oktober: Teilabzug der sowjetischen Truppen aus Budapest. Ministerpräsident Imre Nagy verkündet die Abschaffung des Einparteiensystems. Bildung einer Koalitionsregierung.
1. November: Austritt aus dem Warschauer Pakt, Imre Nagy erklärt die Neutralität Ungarns. Gründung der MSZMP (Ungarische Sozialistische Arbeiterpartei), Nachfolgepartei der MDP, Generalsekretär bis 1988: János Kádár.
4. November: Sowjetischer Angriff auf Budapest. Bildung einer prosowjetischen Gegenregierung unter János Kádár. Imre Nagy flüchtet mit seinen Mitarbeitern und deren Angehörigen in die jugoslawische Botschaft.
22. November: Imre Nagy und seine Mitarbeiter verlassen die jugoslawische Botschaft und werden verhaftet.
Bis Ende November: Niederschlagung des Revolution. Die Kämpfe fordern ca. 2700 ungarische Opfer. In der Vergeltungsperiode der folgenden Jahre 360 Todesurteile, 22 000 Gerichtsurteile, 13 000 Personen werden interniert.
4. Dezember: Demonstration von mehreren tausend Frauen zum Heldenplatz.
Bis Ende 1956 flüchten über 200 000 Ungarn nach Österreich und teilweise nach Jugoslawien.

1958

16. Juni: Nach einem Geheimprozeß Verurteilung und Hinrichtung von Imre Nagy und seiner Mitangeklagten.

1959

1. Februar: Verordnung über die Kollektivierung der Landwirtschaft. Neugründung von LPGs.

1960

1. April: Politische Teilamnestie.

1961

Februar: Abschluß der Kollektivierung.

1963

22. März: Kádár gibt die Generalamnestie bekannt.
Beginnende Konsolidierung des Kádár-Regimes.

1968

1. Januar: Einführung marktwirtschaftlicher Elemente in die Planwirtschaft („Neuer Wirtschaftsmechanismus")

1972

14.-15. November 1972: Das ZK der MSZMP nimmt die Wirtschaftsreformen zurück.

1976

10. Februar: Mit einer Verordnung werden die Möglichkeiten der Privatinitiative in der Landwirtschaft erweitert, die Versorgung damit verbessert. Beginn des Ausbaus der „zweiten Wirtschaft" (Schattenwirtschaft).

1977

Januar: Solidaritätsaktion von 34 Intellektuellen mit der Charta 77 (Oppositionsbewegung in der Tschechoslowakei). Markiert den Beginn einer ungarischen demokratischen Oppositionsbewegung.

Ab 1980: Ausbau einer „zweiten" alternativen Öffentlichkeit durch die Samisdat-Bewegung.

1983

12.-13. April: Die Partei bekennt sich öffentlich zur Wirtschaftskrise.

Legalisierung und Förderung der Schattenwirtschaft.

1988

15. März: Oppositionelle Demonstration für demokratische Freiheit in Budapest.

30. März: Gründung des „Bundes Junger Demokraten" (FIDESZ) als erste unabhängig organisierte Oppositionsgruppe.

20.-22. Mai: Vermehrte Anzeichen einer politischen Krise, außerordentliche Parteikonferenz der MSZMP: Ministerpräsident Károly Grósz wird Generalsekretär, Kádár erhält das „Ehrenamt" des Parteipräsidenten.

September: Großdemonstration in Budapest gegen den Bau der Donau-Staustufe Gabcikovo-Nagymaros.

5. September: Gründung des „Ungarischen Demokratischen Forums" (MDF)

13. November: Gründung des „Bundes Freier Demokraten" (SZDSZ)

24. November: Bildung der Regierung Miklós Németh.

1989

28. Januar: Staatsminister Imre Pozsgay bezeichnet zum ersten Mal von offizieller Seite die Ereignisse von 1956 als Volksaufstand und löst damit eine öffentliche Diskussion aus.

10. Februar: Das ZK der MSZMP akzeptiert die Einführung des Mehrparteiensystems, ohne noch den politischen Führungsanspruch aufzugeben.

26. Februar: Neugründung der (historischen) „Partei der kleinen Landwirte" (FKgP)

23. März: Gründung des „Oppositionellen Runden Tisches" (EKA) als politisches Diskussionsforum der neugegründeten Parteien.

8.-9. Mai: Amtsenthebung Kádárs aus gesundheitlichen Gründen.

13. Juni: Beginn von Gesprächen zwischen der MSZMP und dem EKA über die politischen Bedingungen eines demokratischen Übergangs.

16. Juni: Auf Druck der Öffentlichkeit feierliche Wiederbestattung von Imre Nagy, an der 250.000 Menschen teilnehmen.

6. Juli: Rehabilitierung von Imre Nagy und seinen Mitstreitern. Tod Kádárs.

27. Juli: Der österreichische Außenminister Alois Mock und der ungarische Außenminister Gyula Horn durchtrennen symbolisch den „Eisernen Vorhang".

11. September: Die ungarische Regierung ermöglicht die Ausreise der nach Ungarn geflüchteten DDR-BürgerInnen.

18. September: Unterzeichnung eines Abkommens zwischen MSZMP und Teilen der Opposition über Verfassungsreformen und Modalitäten der Abhaltung freier Wahlen. Die strittigen Fragen werden kurz darauf der Bevölkerung im Rahmen einer Volksabstimmung vorgelegt.

7. Oktober: Auflösung der kommunistischen Staatspartei MSZMP. Reformkommunisten gründen die Ungarische Sozialistische Partei (MSZP).

23. Oktober: Proklamation der Republik Ungarn.

1990

10. März: Vertrag über den Abzug der sowjetischen Truppen.

25. März - 8. April: Parlamentswahlen in zwei Wahlgängen, stärkste Partei: MDF.

23. Mai: Konservative Regierungskoalition unter Ministerpräsident József Antall (MDF).

3. August: Das Parlament wählt Árpád Göncz zum Präsidenten der Republik.

30. September - 14. Oktober: Kommunalwahlen, Sieg der liberalen Opposition. Einrichtung von Selbstverwaltungseinheiten für ethnische und nationale Minderheiten.

26.-28. Oktober: TaxifahrerInnen-Blockade in Budapest. Der durch Benzinpreiserhöhungen ausgelöste Streik der TaxifahrerInnen gegen die Antall-Regierung wird von Teilen der Bevölkerung und der Opposition unterstützt, ist aber bis heute politisch umstritten.

1991

16. April: Das Parlament stoppt den Bau der Staustufe Gabcikovo-Nagymaros.
17. Juni: Die letzten sowjetischen Truppen verlassen Ungarn.

1993

7. Juli: Verabschiedung des Gesetzes über die Rechte der nationalen und ethnischen Minderheiten.
12. Dezember: Tod József Antalls, Péter Boross wird Ministerpräsident.

1994

8.-29. Mai: Parlamentswahlen, Sieg der Sozialisten (MSZP) und Liberalen (SZDSZ), die unter Ministerpräsident Gyula Horn eine Koalitionsregierung bilden.
Dezember: Kommunal- und Minderheitenselbsverwaltungswahlen.

1998

10.-24. Mai: Parlamentswahlen, Gründung einer konservativen Koalitionsregierung zwischen FIDESZ, FKgP und MDF unter Ministerpräsident Viktor Orbán.
Oktober: Kommunal- und Minderheitenselbstverwaltungswahlen.

(zusammengestellt von Tibor Sándor,
bearbeitet von Albert Koncsek und Béla Rásky)

WICHTIGSTE PARTEIEN IN UNGARN SEIT 1989

Bei den ersten freien Wahlen im Frühjahr 1990 übersprangen sechs von insgesamt dreißig zugelassenen und kandidierenden Parteien die Vier-Prozent-Hürde und schafften damit den Einzug ins Parlament.

Fiatal Demokraták Szövetsége (FIDESZ), Bund Junger Demokraten

Seit 1995: FIDESZ-MPP = Bund Junger Demokraten-Ungarische Bürgerliche Partei. Gehörte 1988 - 1994 zur liberalen Opposition, danach Stärkung des nationalen Profils. 1998 stärkste Partei und Regierungspartei. 2000 Eintritt in die Europäische Volkspartei (Dachverband der christdemokratischen und konservativen Parteien Europas).

Független Kisgazdapárt (FKgP), Unabhängige Kleinlandwirtepartei

Neugegründet am 18. November 1988. Nationalkonservative Partei mit populistischer Tendenz. Koalitionspartner der MDF 1990 - 1992, danach Parteispaltung. Koalitionspartner des FIDESZ seit 1998.

Kereszténydemokrata Néppárt (KDNP), Christlich-Demokratische Volkspartei

Neugegründet am 30. November 1989. Klerikale, konservative Partei. Koalitionspartner der MDF 1990 - 1994. Seit 1998 nicht mehr im Parlament vertreten.

Magyar Demokrata Fórum (MDF), Ungarisches Demokratisches Forum

Gegründet am 27. September 1987. Mitte-Rechts-Partei mit christlich-demokratischen, nationalliberalen und rechtspopulistischen (ländlich orientierte Intellektuelle) Strömungen. Regierungspartei 1990 - 1994, und seit 1998 Koalitionspartner des FIDESZ.

Magyar Szocialista Párt (MSZP), Ungarische Sozialistische Partei

Gegründet am 7. Oktober 1989 als Nachfolgepartei der MSZMP (Ungarischen Sozialistischen Arbeiterpartei). Seit 1989 mit sozialdemokratischem Programm. Mitglied der Sozialistischen Internationalen. 1994 - 1998 Regierungspartei.

Szabad Demokraták Szövetsége (SZDSZ), Bund Freier Demokraten

Gegründet am 13. November 1988 von Mitgliedern der Demokratischen Opposition gegen den Einparteienstaat (Oppositionelle Intellektuelle der Kádár-Zeit). Sozialliberale Partei mit ausgeprägter urbaner und intellektueller Basis. Mitglied der Liberalen Internationalen. 1994 - 1998 Koalitionspartner der Sozialisten.

Magyar Igazság és Élet Part (MIÉP), Partei der Ungarischen Wahrheit und des Ungarischen Lebens

Rechtsradikale Partei, die seit 1998 im Parlament vertreten ist.

PERSONENVERZEICHNIS

Aczél, György (1917-1991). Politiker. Von 1957 bis 1967 stellvertretender Minister für Bildungswesen. Parteifunktionär, bestimmte die offizielle Kulturpolitik Ungarns in den sechziger und siebziger Jahren.

Ady, Endre (1877 - 1919). Führender Lyriker der Jahrhundertwende.

Andrássy, Gyula, Jun. (1860 - 1929). Politiker. Sohn des berühmten österreichisch-ungarischen Außenministers Gyula Andrássy. 1894 Staatssekretär für Äußeres.

Antall, József (1932 - 1993). Historiker, Politiker. Mitbegründer des MDF, 1989-1993 Vorsitzender des MDF, 1990-1993 Ministerpräsident.

Bokros, Lajos (1954). Ökonom, 1995-96 Finanzminister.

Csoóri, Sándor (1930). Lyriker, Publizist, Politiker. Mitbegründer des MDF, 1991-2000 Vorsitzender des MVSZ (Weltbund der Ungarn).

Csurka, István (1934). Schriftsteller, Politiker. Mitbegründer des MDF, Ausschluß aus der Partei 1993 wegen seiner rassistisch gesinnten und gegen Antall gerichteten Studie „Einige Gedanken". 1993 gründete Csurka die rechtstradikale Partei MIÉP (Partei der Ungarischen Wahrheit und des Ungarischen Lebens).

G. Nagyné Maczó, Ágnes (1960). Juristin, Politikerin. MDF - später FKgP-Abgeordnete, 1993-1994 Stellvertretende Präsidentin des Parlaments.

Göncz, Árpád (1922). Schriftsteller, Übersetzer, Politiker. Nach 1956 zu lebenslänglicher Haft verurteilt, im Rahmen der Generalamnestie 1963 entlassen. Gründungsmitlied des SZDSZ. 1990-2000 Präsident der Republik.

Hanák, Péter (1921-1997). Historiker.

Horn, Gyula (1932). Politiker. 1989-1990 Außenminister, 1990-1998 Vorsitzender der MSZP, 1994 - 1998 Ministerpräsident.

Horthy, Miklós (1868-1957). Admiral. 1920 - 1944 als Reichsverweser Staatsoberhaupt des Königreichs Ungarn. Hauptfigur der Politik der Zwischenkriegszeit. Außenpolitisch Verbündeter von Hitler und Mussolini, innenpolitisch vertrat er eine rechtskonservative, autokratische Linie.

Illyés, Gyula (1902-1983). Lyriker, Schriftsteller. Führender Vertreter der ländlich orientierten (ungar. népies = volkstümlich) ungarischen Literatur, insbesonders nach dem Zweiten Weltkrieg.

József, Attila (1905-1937). Einer der bedeutendsten ungarischen Lyriker des 20. Jahrhunderts.

Kádár, János (1912-1989). Politiker. 1956-1988 Generalsekretär der MSZMP, 1988-1989 Ehrenpräsident der MSZMP, 1956-58 und 1961-65 Ministerpräsident. Bestimmende Figur der ungarischen Politik zwischen 1956 und 1988, sowohl Symbolfigur der blutigen Vergeltung nach 1956 als auch des „Gulaschkommunismus".

Kossuth, Lajos (1802-1894). Politiker. Hauptfigur des ungarischen Vormärz / Reformzeitalters, Führer der Revolution und des Freiheitskampfes der Ungarn 1848/49.

Kósáné Kovács, Magda (1940). Politikerin. Seit 1990 MSZP-Abgeordnete, 1994-1996 Ministerin für Arbeitswesen.

Madách, Imre (1823-1864). Dramatiker. Bedeutendstes Werk: Az ember tragédiája, 1861 (Die Tragödie des Menschen).

Majakowskij, Vladimir (1893-1930). Russischer Avantgarde-Lyriker.

Mindszenty, József (1892-1975). Erzbischof von Esztergom, Kardinal, Primas von Ungarn.

Nagy, Imre (1896-1958). Politiker, während der Revolution von 1956 Ministerpräsident. 1958 hingerichtet.

Nagy, László (1925-1978). Lyriker.

Németh, Miklós (1948). Politiker. 1988-1990 Ministerpräsident der Übergangsregierung.

Pázmány, Péter (1570-1637). Kardinal, Erzbischof von Esztergom, führender Vertreter der ungarischen Gegenreformation.

Petőfi, Sándor (1823-1849). Lyriker. Ungarischer Nationaldichter und Held des Freiheitskampfes 1848/49. Nach ihm wurde der im Frühjahr 1956 gegründete „Petőfi-Kreis" benannt, dessen Diskussionen bei der Vorbereitung des Oktoberaufstandes eine große Rolle spielten.

Pozsgay, Imre (1933). Politiker. 1976-1980 Kulturminister, 1980-1982 Minister für Bildungswesen. Reformkommunist, 1990 Austritt aus der MSZP.

Rákosi, Mátyás (1892-1971). Politiker. Parteichef der stalinistischen KP von 1945 bis 1956, 1952-1953 Ministerpräsident.

Soros, George (1930). Amerikanischer Geschäftsmann ungarischer Herkunft. 1984 gründete er die Soros-Stiftung, die eine große Rolle im kulturellen und gesellschaftlichen Leben Ost- und Mitteleuropas spielt.

Tamási, Lajos (1923-1992). Lyriker.

Torgyán, József (1932). Rechtsanwalt, Politiker. Seit 1990 Parteichef der FKgP, seit 1998 Landwirtschaftsminister.

Veres, Péter (1897-1970). Schriftsteller. Vertreter der ländlich orientierten ungarischen Literatur.

Zichy. Aristokratische Familie.

ORTSVERZEICHNIS

Békés - Komitat in Ostungarn
Börzsöny - Gegend in Nordungarn
Csepel - Ehemaliges Arbeiterviertel in Budapest
Hortóbágy - die Pußta Hortóbágy, Teile der großen Tiefebene in Ostungarn
Kelenföld, Kőbánya, Óbuda, Újpalota - Stadtteile von Budapest
Kerepestarcsa - Ort in der Nähe von Budapest
Mátészalka, Kántorjánosi - Orte im Komitat *Szabolcs-Szatmár* (Nordostungarn, an der ukrainischen Grenze)
Oktogon - Bekannter Platz in Budapest
Piliscsaba - Ort in der Nähe von Budapest
Siebenbürgen - rumänisch Transilvania, ungarisch Erdély, früher zum Königreich Ungarn gehörig, heute Landesteil Rumäniens mit bedeutenden ungarischen und deutschen Minderheiten.
Túrkeve - Ort in Ostungarn

AUSWAHLBIBLIOGRAPHIE

Die ungarischen Titel enthalten zumeist umfassende Literaturverzeichnisse mit ungarischen und auch englischen Beiträgen.

Andorka, Rudolf: Hungarian Society: Heritage of the Past, Problems of the Transition and Possible Future Development up to 2005. In: Society and Economy in Central and Eastern Europe. Budapest University of Economic Sciences, XVII/1, 1995, S. 7-74.

Eberhardt, Eva (erarbeitet mit Unterstützung von Julia Szalai): Frauen in Ungarn. Untersuchung. Sonderheft Nr. 32 „Frauen Europas“. Kommission der Europäischen Gemeinschaften. Generaldirektion Information, Kommunikation, Kultur, Fraueninformation. Brüssel 1991.

Forray, Katalin/(Mitarbeit: Margot Wieser) (Hrsg.): Nők (Frauen). EDUCATIO 1996/3.

Funk, Nanette/Mueller, Magda (Hrsg.): Gender Politics and Post-Communism. Reflections from Eastern Europe and the former Soviet Union. Routledge. New York-London 1993.

Hadas, Miklós (Hrsg.): Férfiuralom – Írások nőkről, férfiakról, feminizmusról (Männerherrschaft – Schriften über Frauen, Männer, Feminismus). REPLIKA KÖR. Budapest 1994. (Replika könvyek 2)

Havelkova, Hana: Real existierender Feminismus. In: Transit, hrsg. am IWM/Wien. Heft 9: Ex occidente lux? Westliche Theorien – Östliche Wirklichkeiten. Verlag Neue Kritik. Frankfurt/M. 1995, S. 146-158.

Lévai, Katalin: A nő szerint a világ (Die Welt aus der Sicht der Frau). Osiris Kiadó. Budapest 2000

Nőtudomány (Frauenwissenschaft). INFO-Társadalomtudomány 32, Budapest 1995.

Pető, Andrea/Rásky, Béla (Hrsg): Construction. Reconstruction. Wieder. Aufbau. Women, Family & Politics in Central Europe. 1945 – 1998. Frauen, Familie und Politik in Mitteleuropa. Budapest 1999.

Szalai, Julia: Two Studies on Changing Gender Relations in Post-1989 Hungary. Discussion Papers No.30. Collegium Budapest/Institute for Advanced Study. 1996.

UNICEF: „Women in Transition“. Regional Monitoring Reports, No.6. Florence: UNICEF International Child Development Centre. 1999.

Wallace, Claire: Eine Westfeministin geht in den Osten. In: Transit, hrsg. am IWM/Wien. Heft 9: Ex occidente lux? Westliche Theorien – Östliche Wirklichkeiten. Verlag Neue Kritik. Frankfurt/M. 1995, S. 129-145.

Zimmermann, Susan: Die bessere Hälfte? Frauenbewegungen und Frauenbestrebungen im Ungarn der Habsburgermonarchie 1848 bis 1918. Promedia Verlag/Napvilág Kiadó. Wien – Budapest 1999.

Über die Autorin

Margot Wieser, geboren 1963 in Schwarzach/Land Salzburg, Studium der Germanistik und Romanistik in Salzburg und Reims, Lektorin für deutsche Sprache und Literatur an der Pädagogischen Hochschule in Szombathely und am Germanistischen Institut der Eötvös-Loránd-Universität in Budapest. 1994 bis 1998 Redaktionsmitglied der Kulturzeitschrift *was*. Seit 1995 ist Margot Wieser im Bereich der Bildungskooperation zwischen Österreich und Ungarn tätig, sie lebt in Budapest.

Mitherausgeberin des Buches: *Wahlbekanntschaften. Literarische Beziehungen zwischen Österreich und Ungarn 1989 bis 1999*, Wien 1999.

Fordern Sie unser Gesamtverzeichnis an
und besuchen Sie uns auf unserer Homepage!
www.milena-verlag.at
Milena Verlag
Lange Gasse 51/10
A-1080 Wien